[illegible]

[illegible]

[illegible]

[illegible]

[illegible]

Bd. 13: [illegible]
Hamburg [illegible]

[illegible]

Duisburger Volkswirtschaftliche Schriften

Bd. 2: Kurt Demmer, **Stabilitätspolitische Probleme des Bevölkerungsrückgangs in der Bundesrepublik Deutschland**
Hamburg 1987, ISBN 3-89161-802-6, 240 Seiten, kart., DM 58,-

Bd. 3: Frank Schaum, **Wirtschaftspolitik als Entwicklungspolitik**
Hamburg 1988, ISBN 3-89161-803-4, 368 Seiten, kart., DM 58,-

Bd. 4: Herbert Fuchs, **Die Geldmarktabhängigkeit des Kapitalmarktes**
Hamburg 1989, ISBN 3-89161-804-2, 214 Seiten, kart., DM 58,-

Bd. 5: Dieter Cassel, Wladyslaw Jaworski, Dietmar Kath, Tadeusz Kierczynski, Karol Lutkowski, Hans-Joachim Paffenholz (Hrsg.),
Inflation und Schattenwirtschaft im Sozialismus
Bestandsaufnahme, Erklärungsansätze und Reformvorschläge für die Volksrepublik Polen
Hamburg 1989, ISBN 3-89161-805-0, 659 Seiten, kart., DM 78,-

Bd. 6: Günter Lambertz, **Bessere Wirtschaftspolitik durch weniger Demokratie?**
Ökonomische Demokratiekritik und Theorie der Autokratie
Hamburg 1990, – z. Zt. Vvergriffen –

Bd. 7: Michael Bohnet, **Umschuldungen öffentlicher und privater Forderungen an Entwicklungsländer**
Hamburg 1990, ISBN 3-89161-807-7, 329 Seiten, kart., DM 58,-

Bd. 8: Herbert Rath, **Neue Formen der internationalen Unternehmenskooperation**
Hamburg 1990, ISBN 3-89161-808-5, 480 Seiten, kart., DM 68,-

Bd. 9: Albrecht F. Michler, **Lagerhaltung und Konjunkturentwicklung**
Hamburg 1992, ISBN 3-89161-809-3, 260 Seiten, kart., DM 68,-

Bd. 11: Günter Heiduk, Perdita Wingender (Hrsg.),
Polens Integration in die Weltwirtschaft
Hamburg 1992, ISBN 3-89161-811-5, 320 Seiten, kart., DM 86,-

Bd. 12: Birgit Vogelbruch, **Festbeträge für Arzneimittel**
Ein neues Instrument zur Kostendämpfung im Gesundheitswesen
und sein Einfluß auf das Wettbewerbsverhalten auf dem Arzneimittelmarkt
Hamburg 1992, ISBN 3-89161-812-3, 248 Seiten, kart., DM 78,-

Bd. 13: Jürgen Böhm, **Der Einfluß der Banken auf Großunternehmen**
Hamburg 1992, ISBN 3-89161-813-1, 312 Seiten, kart., DM 78,-

Bd. 14: Stefan Lomberg / Frank Neukirchen-Füsers / Hans-Harald Webers,
Mikroelektronik und Arbeitsmarkt
Eine empirische Untersuchung über Arbeitskräfte- und Qualifikationsbedarf
im technischen und strukturellen Wandel am Beispiel der Wirtschaftsregion Duisburg
Hamburg 1992, ISBN 3-89161-814-X, 575 Seiten, kart., DM 98,-

(Die weiteren Bände siehe S. 218)

Kowalski
Marktprozeßanalyse

Duisburger Volkswirtschaftliche Schriften
Band 27

Gerhard-Mercator-Universität
Gesamthochschule Duisburg
Lotharstraße 65

47048 Duisburg

Die Marktprozeßanalyse der Harvard School und neuere Systemtheorie

– Versuch einer systemtheoretisch-evolutionären Synthese dynamischer Wettbewerbskonzepte –

von
Dr. Angelika Kowalski

S + W
Steuer- und
Wirtschaftsverlag
Hamburg

Die Deutsche Bibliothek – CIP-Einheitsaufnahme

Kowalski, Angelika:
Die Marktprozeßanalyse der Harvard School und neuere Systemtheorie /
von Angelika Kowalski. -
Hamburg: S + W Steuer- und Wirtschaftsverl.,
1997
(Duisburger Volkswirtschaftliche Schriften; Bd. 27)

ISBN 3-89161-827-1

ISSN 0936-7020
ISBN 3-89161-827-1

Hamburg 1997

Druck und Buchbinderei: difo-druck, Bamberg

Geleitwort

Externes und internes Unternehmenswachstum sowie die daraus resultierenden Konzentrationsprozesse in der Wirtschaft sind aufgrund des Marktbeherrschungstatbestandes seit jeher Gegenstand nationaler und supranationaler Wettbewerbspolitiken. Gleichwohl werden aus wissenschaftlicher Perspektive Zusammenschlüsse, Konzentrationsprozesse und enge Marktstrukturen völlig unterschiedlich beurteilt. Während wettbewerbsbeschränkende Verhaltensweisen in der Regel als antikompetitives und damit zu verbietendes Verhalten bewertet werden, scheiden sich die Geister vor allem an der Beurteilung von Unternehmenszusammenschlüssen, engen Oligopolen und privater Marktmacht. Dies gilt sowohl für die Politik als auch für die Wirtschaftswissenschaft, respektive die Wettbewerbstheorie. Man kann sagen, daß die verschiedenen Wettbewerbsschulen, die sich in den vergangenen Jahrzehnten international etabliert haben, zu den oben genannten Fragestellungen teils sehr differenzierte bis konträre Positionen beziehen und somit auch unterschiedliche Wettbewerbspolitiken empfehlen. Dies zeigt ein Vergleich der Aussagen der Harvard School einerseits und der Chicago School und des Austrian Approach andererseits. Die Harvard School problematisiert private Marktmacht, während die Chicago School und der Austrian Approach private Marktmacht weniger als wettbewerbsbeschränkendes Gefahrenpotential interpretieren oder zumindest sehr stark relativieren. Aus der unterschiedlichen Sicht von Marktmacht resultieren auch unterschiedliche wettbewerbspolitische Handlungsempfehlungen. Während die Chicago School prinzipiell von der Offenheit der Märkte ohne staatliche Marktbarrieren ausgeht, um Evolutionseffizienz zu erreichen, problematisiert die Harvard School dagegen private Marktmacht mit verschiedenen Argumenten, u.a. mit dem Vorliegen struktureller und strategischer Markteintrittsbarrieren. Deshalb wird neben der Marktverhaltenskontrolle die Marktstrukturpolitik als wettbewerbspolitisches Instrumentarium favorisiert.

Diese Standortbestimmung ist der Ausgangspunkt der Dissertation von Frau Dipl.-Ökonomin A. Kowalski, die mit dem Thema „Marktprozeßanalyse der Harvard School und neuere Systemtheorie“ den Versuch einer systemtheoretischen-evolutionären Synthese dynamischer Wettbewerbskonzepte unternimmt. Es soll gezeigt werden, in welche Richtung sich die konträren Wettbewerbsschulen weiter aufeinander zubewegen können. Dabei steht vor allem die Weiterentwicklung der Harvard School im Vordergrund der Analyse, weil gerade diese Wettbewerbsschule sich durch eine stärker systemtheoretisch-evolutionäre Fundierung weiterentwickeln ließe.

Die vorliegende Arbeit wurde im Sommersemester 1997 vom Fachbereich Wirtschaftswissenschaft der Gerhard-Mercator-Universität – Gesamthochschule Duisburg als Dissertation angenommen.

Duisburg, im Oktober 1997

Für die Herausgeber
Helmut Cox

Inhaltsverzeichnis

Abbildungsverzeichnis

A. Problemstellung und Gang der Untersuchung

Neuartige Technologien, wie zum Beispiel im Bereich der Informations- und Kommunikationstechnik, eröffnen für Unternehmen neue Möglichkeiten, auf globaler internationaler Ebene Gewinnpotentiale zu erschließen. Im Zuge der damit einhergehenden Internationalisierung des Wettbewerbs spielen kreative, innovative Aktivitäten eine immer größere Rolle. Die Unternehmen begegnen den neuen Bedingungen bevorzugt mit der Wahl der externen Wachstumsstrategie über Fusionen. Dabei treten Großfusionen häufig auf, wie Abbildung 1 zeigt.

Aufgliederung der nationalen, gemeinschaftlichen und internationalen Mehrheitsbeteiligungen einschließlich der Fusionen in den Bereichen Industrie, Handel, Banken und Versicherungen (gemeinsamer Umsatz >1, >2, >5, >10 Mrd ECU)

Bereich	Jahr	Nationale Operationen1)				Gemeinschaftliche Operationen2)				Internationale Operationen3)				Insgesamt			
		>1	>2	>5	>10	>1	>2	>5	>10	>1	>2	>5	>10	>1	>2	>5	>10
Industrie	1987/88	135	84	48	24	86	61	34	22	47	40	28	15	268	185	110	61
	1988/89	163	118	60	29	148	110	72	53	62	60	38	24	373	288	170	106
	1989/90	183	117	66	44	212	158	102	70	118	109	56	26	513	384	224	140
	1990/91	158	118	75	42	145	107	65	37	94	89	60	37	397	314	200	116
Handel	1987/88	15	11	6	2	5	3	1	–	2	2	2	–	222	16	9	2
	1988/89	21	17	8	–	1	1	1	–	1	1	1	–	23	19	10	–
	1989/90	13	11	3	2	6	3	3	1	2	2	2	1	21	16	8	4
	1990/91	14	11	6	1	4	4	3	1	1	1	1	–	19	16	10	2
Banken	1987/88	19	14	7	4	10	10	8	4	7	5	4	2	36	29	19	10
	1988/89	22	15	3	1	11	9	4	2	8	8	5	4	41	32	12	7
	1989/90	22	19	14	10	10	9	7	2	5	4	1	0	37	32	22	12
	1990/91	15	12	9	3	12	12	10	8	4	4	2	1	31	28	21	12
Versicherungen	1987/88	1	1	–	–	7	6	1	–	8	3	1	–	16	10	2	–
	1988/89	5	5	3	–	3	3	2	–	4	3	2	–	12	11	7	–
	1989/90	1	–	–	–	9	6	3	1	2	1	–	–	12	7	3	1
	1990/91	5	4	2	1	4	4	1	1	2	1	1	1	11	9	4	3
Insgesamt	1987/88	170	110	61	30	108	80	44	26	64	50	35	17	342	240	140	73
	1988/89	211	155	74	30	163	123	55	55	75	72	46	28	449	350	199	113
	1989/90	219	147	83	56	237	176	115	74	127	116	59	27	583	439	257	157
	1990/91	192	145	92	47	165	127	79	47	101	95	64	39	458	367	235	133

1) Operationen zwischen Unternehmen aus ein und demselben Mitgliedstaat.
2) Operationen zwischen Unternehmen aus verschiedenen Mitgliedstaaten.
3) Operationen zwischen Unternehmen eines Mitgliedstaates und eines Drittlandes mit Auswirkung auf den Markt der Gemeinschaft.

Abb. 1: Häufigkeit von Großfusionen

Quelle: Bericht der EG-Kommission über die Wettbewerbspolitik 1991, Brüssel, Luxemburg 1992, S. 465.

Es stellt sich die Frage, ob die internationalen Marktöffnungsmaßnahmen im Rahmen der Deregulierungspolitik ausreichen, um dynamische Wettbewerbsfunktionen, wie Anpassungsflexibilität und technischen Fortschritt, sicherzustellen, oder ob nicht aufgrund zunehmender ökonomischer Macht durch externes Wachstum die Möglichkeit einer nachlassenden Innovationsdynamik besteht.

Die Wettbewerbsschulen, hier seien besonders die Harvard- und Chicago-Schule sowie der Austrian Approach erwähnt, geben hierauf unterschiedliche, teils widersprüchliche Antworten. Zu dieser Frage herrscht eine wissenschaftliche Diskussion, die zum Teil dogmatische Züge aufweist: Zum einen wird private Marktmacht problematisiert, wie im Falle der Harvard School, zum anderen gilt private Marktmacht nicht als wettbewerbsbeschränkendes Gefahrenpotential – eine Sichtweise der Chicago School und des Austrian Approach.

Die Argumentationslinien der letztgenannten beiden Schulen sind dadurch charakterisiert, daß eine Marktöffnung im Sinne von Deregulierung völlig ausreicht, um Evolutionseffizienz sicherzustellen. Die Harvard-Schule geht demgegenüber von der Möglichkeit aus, daß private Wirtschaftssubjekte dem Druck potentieller Konkurrenten mit privaten Marktzutrittsschranken begegnen können, so daß in dieser Situation keine Evolutionseffizienz erreicht wird, weil der Entwicklungswettbewerb seine Dynamik verliert. In der Folge bleibt technischer Fortschritt, der die Vielfalt individueller Handlungsalternativen steigert, aus: Die wirtschaftliche Entwicklung wird gebremst, weil Wissen im Rahmen des Innovationswettbewerbs nicht intelligent genutzt wird.

Ziel dieser Arbeit ist es, die divergierenden Marktprozeßanalysen und die fusionsbezogenen wettbewerbspolitischen Handlungsempfehlungen der genannten Wettbewerbsschulen darzustellen und kritisch zu würdigen. Weiterhin soll die Marktprozeßanalyse der Harvard School erweitert und die dynamischen Wettbewerbskonzepte auf diese Weise einer Synthese zugeführt werden, um die gegensätzlichen Positionen der Wettbewerbsschulen zu überwinden und die Grundlagen der wettbewerblichen Politikberatung zu versachlichen. In diesem Zusammenhang wird der Versuch unternommen, wettbewerbspolitische Einzelfallanalysen und Entflechtungen systemtheoretisch-evolutorisch zu integrieren. Dies setzt eine Erweiterung der traditionellen systemtheoretisch-evolutionären Perspektive, repräsentiert durch den Austrian Approach der Wettbewerbstheorie, voraus.

Seine theoretische Fundierung erfährt dieser Integrationsversuch durch die "Allgemeine Systemtheorie der Evolution" nach Erich Jantsch – ein Ansatz der stochastischen Systemtheorie, der die Dynamik des Innovationswettbewerbs beschreiben kann.

Im Verlauf der Untersuchung soll analysiert werden, ob die Marktprozeßbetrachtungen der dynamischen Wettbewerbskonzepte der Evolutionsdynamik von Wettbewerbsprozessen gerecht werden. Dazu wird zunächst in Kapitel B. I. die traditionelle systemtheoretisch-evolutorische Marktprozeßperspektive des Austrian Approach dargestellt und kritisch gewürdigt. Im Anschluß daran geht es darum, diese Sichtweise aufgrund der identifizierten offenen Aspekte zu erweitern.

Die in Kapitel B. II. vorgestellte neue "Allgemeine Systemtheorie der Evolution" wird herangezogen, um die in der Kritik herausgearbeitete systemtheoretisch-evolutorische Lücke des Austrian Approach zu schließen. Die Ausführungen dieses Abschnitts sollen zeigen, daß dieser Ansatz, der den neuesten Stand der systemtheoretischen Forschung repräsentiert, geeignet sein kann, von Hayeks Betrachtungen zu Komplexität, Stabilität und Kausalität weiterzuentwickeln. Vor diesem Hintergrund könnte die "Allgemeine Systemtheorie der Evolution" im Rahmen der evolutorischen Ökonomik die Theorienbildung zum Innovationswettbewerb vorantreiben.

Aufbauend auf Kapitel B. II. wird der gegenwärtige Stand der wettbewerbstheoretischen Forschung im Rahmen der neuen systemtheoretisch-evolutionären Perspektive weiter überprüft. Es erfolgt der Versuch, Schlußfolgerungen für die wettbewerbstheoretischen Konzepte der Harvard- und Chicago-Schule sowie für den Contestability-Ansatz abzuleiten. Vor diesem Hintergrund greift Kapitel C. zunächst das Konzept der alten Harvard-Schule, das die Problematisierung von Marktmacht in den Mittelpunkt stellt, auf. In diesem Abschnitt der Arbeit soll verdeutlicht werden, daß die alte Harvard School in den Referenzrahmen der neuen Systemtheorie positioniert werden kann, weil sie die Betrachtungen Schumpeters im Zusammenhang mit dynamischem Wettbewerb hervorhebt. Die damit relevant werdende Prozeßdynamik, die in Kapitel B. II. beschrieben wird, konnte der damalige Stand der Forschung allerdings noch nicht erfassen, wie gezeigt werden wird.

In Kapitel D. wird der wettbewerbstheoretische Zweig der effizienzorientierten Chicago School, der seinen Ursprung in der kritischen Auseinandersetzung mit den wettbewerbstheoretischen Positionen der Harvard School hat, aufgegriffen. Nach der Darstellung dieses wettbewerbstheoretischen Konzepts erfolgt eine kritische Überprüfung, die durch die zentrale Frage geleitet wird, ob die Chicago-School der Dynamik des Entwicklungswettbewerbs gerecht werden kann, wenn man sie an der "Allgemeinen Systemtheorie der Evolution" mißt.

Grundsätzlich kommt der Marktoffenheit in allen wettbewerbstheoretischen Konzepten Bedeutung zu. Mit diesem Aspekt der potentiellen Konkurrenz beschäftigt sich die in Kapitel E. vorgestellte Theorie der bestreitbaren Märkte in ausschließlicher Form. In ihrem Referenzrahmen lassen sich modellhaft unterschiedliche Offenheitsgrade von Märkten konstruieren und den theoretischen Betrachtungen der einzelnen Wettbewerbsschulen entsprechend zuordnen. Der Ansatz ist rein statischer Natur und blendet die Dynamik von Wettbewerbsprozessen aus, wie ausgeführt werden wird.

In Kapitel F. wird untersucht, wie die moderne Harvard-Schule die Komplexität von Marktprozessen berücksichtigt. In diesem Zusammenhang erfolgt die Darstellung des "strategic entry-deterrence"-Ansatzes und des Mobilitätsbarrierenkonzepts. Dabei wird die Frage aufgeworfen, ob die Harvardsche Marktprozeßanalyse den Innovationswettbewerb angemessen erfaßt, oder ob nicht die "Allgemeine Systemtheorie der Evolution" das Potential bereitstellt, die Marktprozeßanalyse der modernen Harvard School weiterzuentwickeln.

Am Schluß der vorliegenden Untersuchung werden die Ergebnisse der Analyse zusammengefaßt.

B. Aspekte einer systemtheoretischen Diskussion unter besonderer Berücksichtigung von Marktstrukturinterventionen

I. Der Austrian Approach

1. Zum Weltbild: Das klassische Paradoxon von prästabilierter Harmonie und Evolution

Als wettbewerbstheoretisch bedeutsame Hauptfiguren der Österreichischen Schule, deren Begründer Carl Menger, Friedrich von Wieser und Eugen von Böhm-Bawerk waren, gelten Ludwig von Mises und Friedrich A. von Hayek.[1] So schuf Ludwig von Mises mit seiner Idee des "homo agens" eine Basis dieser Denkrichtung, die durch Friedrich A. von Hayeks Einsichten zur Bedeutung der Nutzung verstreuten Wissens in der Gesellschaft flankiert wurde.[2] Daneben ist als weiterer wichtiger Repräsentant dieser jüngeren Österreichischen Schule Ludwig M. Lachmann relevant.[3]

Auf den Grundlagen der jüngeren Österreichischen Schule fußen die theoretischen Entwicklungen von Israel M. Kirzner und Dominick T. Armentano, die als die bedeutendsten Vertreter[4] der austro-amerikanischen Schule gelten können.[5]

Für die Österreichische Schule geht eine Beschränkung der Staatsgewalt mit wohltätigen Effekten einher. Diese Grundüberzeugung entspringt dem Weltbild des englischen Liberalismus (Adam Smith, David Hume). Die individuelle Freiheit im Sinne des englischen Liberalismus[6] steht im Mittelpunkt des Gedankengebäudes von Hayeks.[7] Mit der damit einhergehenden Betonung der Problematisierung des Totalitarismus grenzt sich von Hayek vom demokratieorientierten kontinental-europäischen Liberalismus (Voltaire,

---

1 Vgl. Kirzner, I.M. (Hrsg.): Method, Process, and Austrian Economics. Essays in Honor of Ludwig von Mises, Lexington, Massachusetts, Toronto 1982; Loasby, B.J.: The Austrian School, in: Mair, D.; Miller, A.G. (Hrsg.): A Modern Guide to Economic Thought, Aldershot, Brookfield 1991, S. 40 ff.

2 Vgl. Mises, L. v.: Human Action - A Treatise on Economics, London 1949; vgl. Hayek, F.A.v.: Economics and Knowledge, Economica, Bd. 4, 1937, S. 33-54; vgl. ders.: The Use of Knowledge in Society, in: The American Economic Review, Bd. 35, 1945, S. 519-530.

3 Vgl. Lachman, L.M.: The Science of Human Action, in: Economica, Bd. 18, 1951, S. 412-427; vgl. ders.: Nationalökonomie als Sozialwissenschaft, in: ders.: Marktprozeß und Erwartungen, München 1984, S. 162-176.

4 Daneben gehören zur Gruppe der jüngeren "Austrian-Ökonomen" noch Roger Garrison, Gerald O'Driscoll und Mario Rizzo: vgl. Loasby, B.J.: The Austrian School, a.a.O. 1991, S. 40.

5 Armentano, D.T.: Antitrust and Monopoly: Anatomy of a Policy Failure, New York 1982; Kirzner, I.M.: Wettbewerb und Unternehmertum, Tübingen 1978; ders.: Uncertainty, Discovery, and Human Action: A Study of the Entrepreneurial Profile in the Misesian System, in: ders. (Hrsg.): Method, Process, and Austrian Economics, a.a.O. 1982, S. 139-159; vgl. ders.: Unternehmer und Marktdynamik, München 1988.

6 Vgl. z.B. Smith, A.: An Inquiry into the Nature and Causes of the Wealth of Nations, deutsche Übersetzung: Wohlstand der Nationen, München 1974; Hume, D.: A Treatise on Human Nature, London, New York, Bombay 1898.

7 Vgl. Hayek, F.A.v.: Die Verfassung der Freiheit, Tübingen 1971.

Rousseau) ab.[1] Diesen charakterisiert er als konstruktivistisch, traditionsfern und religionsfeindlich,[2] da er gesellschaftliche Phänomene auf eine unabhängige menschliche Vernunft zurückführe. Dagegen skizziert er den englischen Liberalismus als traditionsverbunden und religionsfreundlich,[3] da er unkonstruktivistisch die Phänomene der Gesellschaft evolutionär interpretiere,[4] so daß eine Einsicht in die Begrenztheit menschlicher Vernunft ermöglicht wird. Von dieser philosophischen Basis ausgehend, entwickelt von Hayek seine Konzeption der spontanen Ordnung.[5]

Die Harmoniethese der englischen Moralphilosophen, nach der die natürlichen und gesellschaftlichen Seinsphänomene lediglich Ausdruck einer "natürlichen Ordnung" bzw. einer "unsichtbaren Hand" waren, ist für die Konzeption des Austrian Approach fundamental.

In der Harmoniethese manifestierte sich die Grundüberzeugung des englischen Deismus.[6] Die Freidenker der englischen Aufklärung[7] erblickten in allen gesellschaftlichen und natürlichen Erscheinungen erkennbare Gesetzmäßigkeiten, deren Gesamtheit eine einzige harmonische Ordnung bildete.[8] Diese natürliche Ordnung interpretierten die Deisten als Manifestation der Allmacht und Vorsehung eines göttlichen Schöpfers.[9] Der Mensch galt nicht als sozialfeindlicher Egoist, sondern war Teil der durch "Gottes Vernunft" geschaffenen naturgesetzlichen Ordnung: Unter diesen Bedingungen gelange der Mensch zu der Einsicht, daß sein Glück am besten bei gleichzeitigem Glück der anderen Menschen gewahrt bleibe,[10] so daß staatliche Reglementierung überflüssig sei. Das gesellschaftliche Gleichgewicht entstehe in der "natürlichen Ordnung" von allein, wenn die Individuen ihr Eigeninteresse verfolgten, so daß sich ein wirtschaftliches Machtungleichgewicht nicht herausbilden könne.[11]

Dies ist das deistisch orientierte Axiom des klassisch-ökonomischen Ansatzes von Adam Smith: die These von der prästabilierten Harmonie bzw. die Gleichgewichts- oder Selbsterhaltungsthese,[12] die in von Hayeks "Spontaner Ordnung" die entscheidende Rolle spielt, wenn dem Marktsystem eine homöostatische Stabilisierungstendenz unterstellt wird. So

---

1 Vgl. Hayek, F.A.v.: Grundsätze einer liberalen Gesellschaftsordnung, in: ORDO, Bd. 18, (1967), S. 11 ff.

2 Vgl. ebenda, S. 12 f.

3 Vgl. ebenda.

4 Vgl. ebenda; vgl. Hayek, F.A.v.: Die Theorie komplexer Phänomene, a.a.O. 1972, S. 31.

5 Vgl. dazu Punkt 3. b. α. in diesem Kapitel.

6 Der englische Deismus wurde von Herbert von Cherbury (1581-1648) begründet. Er verstand sich als Vernunftsreligion ("Gottes Vernunft") und lehnte das Christentum als eine Offenbarungsreligion (Theismus: "Gottes Wille") ab: Vgl. Aster, E.v.: Geschichte der Philosophie, Stuttgart 1963, S. 225.

7 Voltaire kann demgegenüber als Hauptfigur des französischen Deismus betrachtet werden.

8 Vgl. Neumann, C.W.: Historische Entwicklung und heutiger Stand der Wettbewerbstheorie, Königsstein 1982, S. 32.

9 Vgl. ebenda.

10 Vgl. ebenda, S. 33; vgl. Aster, E.v.: Geschichte der Philosophie, a.a.O. 1963, S. 224 ff.

11 Vgl. Neumann, C.W.: Historische Entwicklung und heutiger Stand der Wettbewerbstheorie, a.a.O. 1982, S. 39.

12 Vgl. ebenda, S. 33.

betont von Hayek, daß die Marktordnung nach dem kybernetischen Prinzip der negativen Rückkopplung arbeitet.[1] Damit zieht er die Analogie des sich durch Homöostase[2] erhaltenden lebendigen Organismus heran.[3]

Hier zeichnet sich ab, daß die klassische Harmoniethese nicht zu einem (Markt-)System paßt, das sich wandelt bzw. entwickelt, da homöostatische Prozesse lediglich der Erhaltung eines Systems dienen: neben der negativen muß auch die positive Rückkopplung beachtet werden.[4] Neumann ist zuzustimmen, wenn er darauf hinweist, daß die Klassiker die "natürliche Ordnung" zwar als selbststabilisierend und selbsterhaltend voraussetzten, sie jedoch letztlich nicht als ein evolutionäres System verstanden, "innerhalb dessen sich im historischen Prozeß die Gesetzmäßigkeiten und Interdependenzen und ... auch das Gesamtsystem grundlegend ändern konnten"[5]. Sie gingen vielmehr von dem Paradoxon aus, daß sich die evolutionäre Entwicklung immer wieder in der letztlich stationär gleichbleibenden – also prästabilierten "natürlichen Ordnung" niederschlage.[6] Diese Verknüpfung evolutionärer Aspekte mit der Hypothese der prästabilierten Harmonie hat zur logischen Konsequenz, daß das gesellschaftliche und ökonomische Geschehen determiniert war.[7] Weil der Austrian Approach jedoch die Undeterminiertheit von Marktprozessen hervorhebt,[8] was die Ablehnung funktionalistischer Wettbewerbstheorien impliziert,[9] erscheint die Bezugnahme auf die Harmoniethese und des damit verbundenen Rückgriffs auf kybernetische Rückkopplungssysteme unpassend. Dies umso mehr, als der kybernetische, systemtheoretische Ansatz als funktionalistisch charakterisiert wird und mit dem teleologischen Zweckbegriff vereinbar ist.[10] Um sich aus diesem Widerspruch zu befreien, wählt man die biologische Analogiebildung homöostatischer, sich selbst regulierender

---

1 Vgl. Hayek, F.A.v.: Freiburger Studien, Gesammelte Aufsätze, Tübingen 1969, S. 187; vgl. auch Hoppmann, E.: Gleichgewicht und Evolution, in: Erich Carell: Ansprachen und Vorträge, Festschrift, Baden-Baden 1980, S. 30 f.

2 Die Homöostase bezieht sich auf physiologische Kreisprozesse von Organismen zur Herbeiführung des Gleichgewichtszustands, der für ihre Erhaltung notwendig ist. Das kybernetische Prinzip der negativen Rückkopplung wird hier auf Organismen übertragen.

3 Zur Adäquatheit biologischer Organismusmodelle vgl. Thoben, H.: Mechanistic and Organistic Analogies in Economics Reconsidered, in: Kyklos, Vol. 35 (1982), S. 292-306. Neben der bei Homöostase relevanten Koordinationstheorie ist die Evolutionstheorie zu nennen, die sich mit dem historischen Wandel auseinandersetzt. Zu der Angemessenheit biologischer Analogien bei marktlichen Entwicklungsaspekten vgl. Witt, U.: Individualistische Grundlagen der evolutorischen Ökonomik, Tübingen 1987, S. 77 ff., 83 ff.

4 Zur Relevanz positiver Rückkopplungsprozesse siehe Punkt B. II. Zur Unangemessenheit des Austrian Approach bei der Erklärung des Innovationswettbewerbs siehe Punkt 5.

5 Zum Versuch einer systemtheoretischen, evolutionsorientierten Betrachtung im Kontext der Dilemma-These siehe Punkt B. II. Neumann, C.W.: Historische Entwicklung und heutiger Stand der Wettbewerbstheorie, a.a.O. 1982, S. 33.

6 Vgl. ebenda.

7 Vgl. ebenda, S. 55, Fußnote 49.

8 Vgl. Loasby, B.J.: The Austrian School, a.a.O. 1991, S. 69.

9 Hier sei beispielsweise auf die deutsche Kantzenbach-Hoppmann-Kontroverse in den 60er Jahren verwiesen.

10 Vgl. Luhmann, N.: Kybernetische Regelung, in: Kade, G. Hujer, R.: Sozialkybernetik, Düsseldorf, Wien 1974, S. 233 ff. Zur Relevanz positiver Rückkopplungsprozesse siehe Punkt B. II. Zur Unangemessenheit des Austrian Approach bei der Erklärung des Innovationswettbewerbs siehe Punkt 5.

Organismen.[1] Die damit einhergehende einseitige Betonung des Erhaltungsaspekts führt, wie zu zeigen sein wird, zur grundsätzlichen "Untauglichkeit"[2] der Ansätze des neuklassischen Wettbewerbs. Diese Auffassung trifft zumindest im Kontext des Innovationswettbewerbs zu. So betont Witt, daß von Hayek nicht sozioökonomische Veränderungen, sondern die Informationsverarbeitung im koordinierenden Marktprozeß betrachte.[3]

Gleichwohl beschäftigte sich von Hayek auch mit evolutionären Aspekten, wenn er unter Bezugnahme auf Carl Menger die "Zwillingsidee" von "spontaner Ordnung" und "Evolution" hervorhob,[4] die als der Versuch einer Überwindung des Paradoxons von prästabilierter Harmonie und Evolution interpretiert werden kann. Diese "Zwillingsidee" ist von Hayeks Weiterentwicklung der klassischen Harmoniethese in Analogie zur biologischen Evolutionstheorie.[5]

2. Die Betonung der Unangemessenheit der neoklassischen Wohlfahrtsökonomik bei Marktprozessen

Der Austrian Approach charakterisiert den Markt als hochkomplexes, interdependentes Beziehungsgefüge, das sich nicht in Einzelmärkte zerlegen läßt. In diesem Zusammenhang muß die neoklassische Analyse von Gleichgewichtszuständen inadäquat erscheinen, weil sie Marktphänomene, wie z.B. Preise und Mengen, als Resultate eines deterministischen Prozesses auffaßt.[6]

Die spezifischen, gleichgewichtigen Werte der Preis-Mengenvariablen-Kombination lassen sich logisch aus den Annahmen bekannter und konstanter Daten ableiten. Wenn diese Daten (Bedürfnisse, technische Möglichkeiten, Ressourcenausstattung) exogen gegeben sind und vollständige Kenntnis der relevanten Informationen (Wissen) vorliegt, dann kann ein Zustand optimaler Ressourcenallokation ermittelt werden.[7] Jedoch wird in einem hochkomplexen Marktsystem niemand in die Lage versetzt, die relevanten Daten zu kennen.[8] Darüber hinaus sind die Daten nicht exogen gegeben, sondern sie werden endogen verändert, sobald der Markt als geschehnishafter Prozeß verstanden wird.[9]

---

1 Deren Selbstregulation kann mit Regelkreisen beschrieben werden.

2 Neumann, C.W.: Historische Entwicklung und heutiger Stand der Wettbewerbstheorie, a.a.O. 1982, S. 55, FN 49.

3 Vgl. Witt, U.: Individualistische Grundlagen der evolutorischen Ökonomik, a.a.O. 1987, S. 71 f.

4 Vgl. Hayek, F.A.v.: Freiburger Studien. Gesammelte Aufsätze, a.a.O. 1969, S. 156.

5 Zu dieser "soziobiologischen" Betrachtung, die Prästabilisierung evolutionstheoretisch i.S. der Biologie begründet, sh. Punkt 3. b. β.

6 Vgl. Kirzner, I.M.: Wettbewerb und Unternehmertum, a.a.O. 1978, S. 1, 4, 172 f.; vgl. Littlechild, S.C.: Equilibrium and the Market Process, in: Kirzner, I.M. (Hrsg.): Method, Process and Austrian Economics, Lexington, Massachussets, Toronto 1982, S. 85 ff.; vgl. Kirzner, I.M.: Unternehmer und Marktdynamik, München, Wien 1988, S. 13 ff.

7 Vgl. Hoppmann, E.: Wirtschaftsordnung und Wettbewerb, a.a.O. 1988, S. 99 ff.

8 Zum Aspekt des Wissens sh. Punkt 3. a., vgl. Hayek, F.A. v.: The Use of Knowledge in Society, in: American Economic Review, Bd. 35, (1945), S. 519 ff.

9 Zum evolutionären Aspekt Kirzners sh. Punkt 3. d. γ.

Da der Austrian Approach die Prozeßbetrachtung, also nicht die Zustände von Märkten, sondern deren Dynamik in den Vordergrund stellt, paßt die neoklassische Analyse von Zuständen optimaler Ressourcenallokation[1] nicht zu seinem Erkenntnisinteresse. Kirzner hebt hervor, daß die Leistungsfähigkeit des Preis-Marktsystems nicht nach der Ressourcenallokation im Gleichgewichtszustand beurteilt werde,[2] sondern nach dem Ausmaß, "mit dem die Marktkräfte erfolgreich spontane Korrekturen der im Ungleichgewicht bestehenden Allokationsmuster bewirken können".[3] Das Erkenntnisinteresse ist also auf die Veränderungen selbst gerichtet.[4]

Kirzners Aussage zeigt, daß der Austrian Approach vom statischen Effizienzbegriff einer optimalen gesellschaftlichen Ressourcenallokation bzw. Wohlfahrtsmaximierung, der für die Chicago School die entscheidende Rolle spielt, abweicht. Der Mittelpunkt des Erkenntnisinteresses ist vielmehr der sich aus dem oben genannten Kirzner-Zitat ergebende dynamische Effizienzbegriff koordinationstheoretischer Art. Da der Austrian Approach die Wettbewerbswelt dynamisch charakterisiert,[5] muß der statische Gleichgewichtszustand notwendig ineffizient sein.[6] So attestiert Kirzner der neoklassischen Wohlfahrtsökonomik fundamentale Fehler,[7] weil sie von der Annahme der Verfügbarkeit sämtlichen Wissens ausgehe und somit die gesellschaftliche Marktfunktion auf ein Rechenproblem der Ermittlung des Wohlfahrtsmaximums reduziere.[8] Das eigentliche Problem, nämlich der Wissenserwerb, werde damit als bereits gelöst betrachtet.[9] Dies entspräche der Ausblendung des Prozeßcharakters von Märkten und damit entfalle die Frage, ob es eine faktische Tendenz zu einem von der Wohlfahrtsökonomik beschriebenen Gleichgewichtszustand gäbe, so daß die statische Gleichgewichtskonzeption empirische Gültigkeit beanspruchen könne.[10]

Die Kritik an der Annahme vollständigen Wissens der neoklassischen Wohlfahrtsökonomik verweist auf das Aggregationsproblem:

Die individuellen Pläne und Handlungen liefern die Grundlage für die theoretischen Betrachtungen des Austrian Approach.[11] Im Rahmen einer Verknüpfung dieses methodologi-

---

1 Vgl. z.B. Marshall, A.: Principles of Economics, 8. Aufl., London 1952; vgl. Walras, L.: Elements of Pure Economics or the Theory of Social Wealth, London 1954.

2 Vgl. Kirzner, I.M.: Wettbewerb und Unternehmertum, a.a.O. 1978, S. 5.

3 Ebenda.

4 Vgl. ebenda, S. 5, 171.

5 Zur spezifischen Marktprozeßbetrachtung siehe die Punkte 3. a., b., c., d. in diesem Kapitel.

6 Vgl. Armentano, D.T.: Antitrust und Monopoly, a.a.O. 1982, S. 26.

7 Vgl. Kirzner, I.M.: Wettbewerb und Unternehmertum, a.a.O. 1978, S. 171.

8 Vgl. ebenda, S. 172 f.

9 Vgl. ebenda, S. 186. Vgl. zu diesem Koordinationsaspekt Punkt 3. a. in diesem Kapitel. ebenda.

10 Vgl. ebenda, S. 183. Hier betont Kirzner in Abgrenzung zu Coase, daß selbst dann, wenn Transaktionen kostenlos und unbehindert sind, der Gleichgewichtszustand nicht sicher ist und auch nicht notwendig schnell herbeigeführt wird. Vgl. Coase, R.H.: The Problem of Social Cost, in: Journal of Law and Economics, Bd. 3 (1960), S. 1-44.

11 Vgl. Mises, L.v.: Nationalökonomie. Theorie des Handelns und des Wirtschaftens, München 1980, S. 151.

schen Individualismus mit der Bedeutung des Wissens- bzw. Unwissensaspekts[1] betonen Armentano und von Hayek, daß die Kosten und Nutzen jeder individuellen Handlung eine subjektive Natur aufweisen, die kein externer Beobachter kennen kann.[2] Aus diesem Grunde sei eine adäquate Aggregation nicht möglich,[3] woraus sich letztlich die Unangemessenheit des statischen Effizienzbegriffs der Wohlfahrtsökonomik ergebe.

Der dynamische Effizienzbegriff des Austrian Approach lehnt sich demgegenüber an die Koordinationstheorie[4] an. Effizienz liegt demnach vor, wenn die individuellen Ressourcen schnell an die sich ergebenden neuen Gewinnmöglichkeiten (Koordinationslücken) angepaßt werden können, so daß deren volle Nutzung ermöglicht wird.[5] Der freie Marktprozeß im Sinne der Koordinationstheorie ist damit die notwendige und hinreichende Bedingung für effiziente individuelle Aktionen.[6] Ineffizienz wird in diesem Zusammenhang als Abwesenheit von Koordination interpretiert.[7] Durch diese dynamische Interpretation des Effizienzbegriffs kann eine Aussage zur gesellschaftlichen Wohlfahrt unterbleiben.[8]

Der Austrian Approach identifiziert im "Wettbewerb als Entdeckungsverfahren" die Kraft, die eine Gleichgewichtstendenz erzeugt.[9] Damit wird der Wettbewerbsprozeß mit kybernetischer Systemdynamik im Rahmen der Analogie des Marktsystems zum homöostatischen Organismus identifiziert – eine Betrachtung, die ihren Ursprung im harmonischen Weltbild des englischen Liberalismus hat. Der "Wettbewerb als Entdeckungsverfahren" ist mit Marktunvollkommenheiten lediglich deshalb vercinbar,[10] weil er als Prozeß nicht in den Bezugsrahmen der statischen Preistheorie paßt. Die Marktunvollkommenheiten werden hier jedoch nicht mit der Dilemma-These verbunden, sondern dieses Element evolutorischer Marktprozesse[11] wird durch Kirzners "findigen Unternehmer", welcher Koordinationslükken entdeckt,[12] in die Harmoniethese eingeführt,[13] so daß die laufende Machterosion gewährleistet bleibt, soweit Marktoffenheit vorliegt. Die unterstellte homöostatische Marktcharakteristik und das damit verbundene Totalmarktkonzept verbieten partial-

---

1 Vgl. Hayek, F.A.v.: Economics and Knowledge, a.a.O. 1937, S. 33 ff.

2 Vgl. Armentano, D.T.: Antitrust and Monopoly, a.a.O. 1982, S. 28.

3 Vgl. Hayek, F.A.v.: Grundsätze einer liberalen Gesellschaftsordnung, a.a.O. 1967, S. 28.

4 Siehe dazu Punkt 3. a. und insbesondere die Betrachtungen von Kirzner in Punkt 3. d. γ.

5 Vgl. Kirzner, I.M.: Market Theory and the Price System, Toronto, New York 1963, S. 34 f.; zur Politikimplikation dieser Betrachtungsweise siehe Punkt 5. in diesem Kapitel.

6 Vgl. Kirzner, I.M.: Wettbewerb und Unternehmertum, a.a.O. 1978, S. 174.

7 Vgl. ebenda, S. 175.

8 Vgl. Hayek, F.A.v.: Der Wettbewerb als Entdeckungsverfahren, in: ders.: Freiburger Studien. Gesammelte Aufsätze, a.a.O. 1969.

9 Zur hier relevanten systemtheoretischen Modifikation siehe Punkt B. II., vgl. Hoppmann, E.: Marktmacht und Wettbewerb, Tübingen 1977; vgl. ders.: Wirtschaftsordnung und Wettbewerb, a.a.O. 1980, S. 133.

10 Vgl. ebenda. Vgl. Kirzner, I.M.: Wettbewerb und Unternehmertum, a.a.O. 1978, S. 179 ff.; vgl. Armentano, D.T.: Antitrust and Monopoly, a.a.O. 1982, S. 29.

11 Vgl. ebenda.

12 Siehe Punkt 3. d. γ. in diesem Kapitel.

13 Zu einer Kritik und zum Versuch einer systemtheoretischen Integration der Dilemmathese siehe Punkt B. II.

marktorientierte Einzelfallanalysen bei der wettbewerbspolitischen Behandlung des Unternehmenswachstums.[1]

3. Die Marktprozeßanalyse des Austrian Approach

a. Konstitutionelle Unwissenheit im Markt-Koordinierungsprozeß

Im Rahmen des Koordinationsprozesses planen und handeln die Individuen auf der Grundlage subjektiver Daten. Diese subjektivistische Perspektive betont, daß bei menschlichen Handlungen die Dinge subjektiv wahrgenommen und nicht objektiv beobachtet werden können.[2] Die subjektiven Daten sind damit keine empirischen Daten, die direkt zugänglich sind, sondern sie repräsentieren sich in indirekter Weise durch das Handeln der Menschen.[3] Die Betonung dieser subjektiven Ebene lenkt die Aufmerksamkeit auf die Problematisierung des in der Gesellschaft verstreuten Wissens.

Der Aspekt des Wissens tauchte schon bei Hume auf. Dieser begründete seine Forderung nach der Entfaltung der individuellen Freiheit mit dem begrenzten Wissen des Staates.[4] Staatliches Teilwissen führte Hume auf die menschliche Eigenschaft zurück, kurzfristige Aspekte überzubewerten und sich nicht mit langfristigen Notwendigkeiten auseinanderzusetzen, was den Menschen nur zu historisch begrenzter Teilkenntnis befähige. Weiterhin verwies Hume auf die Neigung des Menschen, im Rahmen seines Selbsterhaltungsinteresses die eigenen Lebensbereiche überzubewerten.[5]

Die neoklassische Analyse des Marktgleichgewichts beruht auf der Annahme vollkommenen Wissens. Von Hayek gelangt jedoch zu der Erkenntnis, daß das Wissen in komplexen[6] Gesellschaften verstreut ist und keine zentrale Einheit das gesellschaftliche Gesamtwissen besitzen kann.[7] Vor dem Hintergrund seiner philosophischen Perspektive[8] stellt

---

1 Zur Diskussion dieses Problemkreises siehe Punkt 5. in diesem Kapitel.

2 Vgl. Hayek, F.A.v.: Mißbrauch und Verfall der Vernunft. Ein Fragment. Salzburg 1979, S. 33 ff.; vgl. auch Kirzner, I.M.: Unternehmer und Marktdynamik, a.a.O. 1988, S. 158 f.

3 Vgl. Graf, H.-G.: "Mustervoraussagen" und "Erklärungen des Prinzips" bei F.A. von Hayek, a.a.O. 1978, S. 11.

4 Vgl. Hume, D.: Essays, Moral, Political and Literary, London, New York, Bombay 1898, Vol. II.

5 Vgl. Neumann, C.W.: Historische Entwicklung und heutiger Stand der Wettbewerbstheorie, a.a.O. 1982, S. 55 f. FN 55; vgl. Hayek, F.A.v.: The Legal and Political Philosophy of David Hume; in: ders.: Studies in Philosophy, Politics and Economics, London, Chicago, Toronto 1967, S. 113 f. Dies sind freilich auch Aspekte, die eine Problematisierung privater Machtverhältnisse adäquat erscheinen lassen, was sich im Kontext des englischen Liberalismus aufgrund seiner Harmoniethese allerdings erübrigt.

6 Die Vielfalt ist das Maß der Systemkomplexität. Dabei bezieht sich "Vielfalt" auf die Zahl möglicher Systemzustände. Ein System ist komplex, wenn es von einem Beobachter außerhalb des Systems nicht in seiner Gesamtheit beobachtet und beeinflußt werden kann. Vgl. Ashby, W.R.: Einführung in die Kybernetik, Frankfurt/M. 1974, S. 98.

7 Vgl. Hayek, F.A.v.: Wirtschaftstheorie und Wissen, in: ders.: Individualismus und wirtschaftliche Ordnung, Salzburg 1976, S. 49 ff.; vgl. ders.: Die Verwertung des Wissens in der Gesellschaft, in: ebenda, S. 103 ff.

8 Von Hayek betonte die Grenzen der Vernunft und positionierte sich in die Nähe des kritischen Rationalismus: vgl. Hayek, F.A.v.: Freiburger Studien. Gesammelte Aufsätze, a.a.O. 1969, S. 170.

sich für ihn das Problem der empirischen Relevanz von Gleichgewichtszuständen[1] angesichts der "Unwissenheit" der einzelnen Gesellschaftsmitglieder in bezug auf das gesellschaftliche Gesamtwissen dar. Damit verlagert sich die ökonomische Problemstellung von der Zustandsbetrachtung einer Verteilung gegebener Ressourcen hin zur "Verwertung des Wissens" im Marktprozeß.[2]

Wenn die Gleichgewichtskonzeption empirisch bedeutungsvoll sein soll, so muß es faktisch eine Gleichgewichtstendenz geben, die sich in einem Wissenszuwachs durch Informationsvermittlung und -verwertung niederschlägt, da der Gleichgewichtszustand mit vollkommenem Wissen einhergeht. Damit wird richtige Voraussicht nicht zur Bedingung, sondern zum Definitionskriterium des Gleichgewichtszustandes,[3] der das Resultat eines Lernprozesses, und zwar dem Wettbewerb als Entdeckungsverfahren,[4] ist. Die Vollkommenheit des Wissens im fiktiven Gleichgewichtszustand impliziert die vollständige Koordination der Pläne und Handlungen der Wirtschaftssubjekte. In dieser Situation wäre der Wettbewerb als Koordinationsprozeß, der die Entdeckung, Nutzung und Verbreitung von Wissen bewerkstelligt, zum Stillstand gekommen.

Im Marktprozeß der Wissensvermittlung werden die Preissignale durch einen Lernprozeß entwickelt, der durch Interimspreise gesteuert wird.[5] Dieser Lernprozeß, der mit Planrevisionen der Marktakteure einhergeht, bringt die individuellen Pläne zu immer größerer Übereinstimmung: Die Wissenskoordination geht mit einer Koordination des Handelns einher.[6]

Im Rahmen eines Wettbewerbs als Entdeckungs- bzw. Lernprozeß wird der Gleichgewichtszustand nicht in Preisen und Mengen ausgedrückt, sondern, wegen der Relevanz des Wissens, in Erwartungen und Plänen der Wirtschaftssubjekte.[7] Die vollständige Koordination ist der Zustand der exakten Übereinstimmung der individuellen Erwartungen und Pläne. In dieser Situation eines geschlossenen Marktsystems ist der Lernprozeß abgeschlossen, und Wettbewerb findet nicht mehr statt. Im offenen System jedoch herrscht Wettbewerb, weil ständig Wissens- bzw. Koordinationslücken vorliegen. Diese schlagen sich beispielsweise in Preisdifferenzen nieder; derartige Zwischenergebnisse des Marktprozesses gilt es zu entdecken, denn sie zeigen den Marktakteuren, "wonach zu suchen es sich lohnt"[8].

Die Nutzung des in der Gesellschaft verstreuten Wissens erfolgt nach von Hayek am besten in polyzentrischen, dezentralen Wirtschaftssystemen. Da niemand die für das Han-

---

1 Etwa in der Form der Totalanalyse von Leon Walras.

2 Vgl. Hayek, F.A.v.: Die Verwertung des Wissens in der Gesellschaft, a.a.O. 1976, S. 104; vgl. Kirzner, I.M.: Unternehmer und Marktdynamik, a.a.O. 1988, S. 26.

3 Vgl. Kirzner, I.M.: Wettbewerb und Unternehmertum, a.a.O. 1978, S. 176; vgl. Hayek, F.A.v.: Economics and Knowledge, in: Economica, Bd. 4 (1937), S. 33 ff.

4 Vgl. Hayek, F.A.v.: Der Wettbewerb als Entdeckungsverfahren, in: ders.: Freiburger Studien. Gesammelte Aufsätze, a.a.O. 1969, S. 249 ff.

5 Vgl. Kirzner, I.M.: Wettbewerb und Unternehmertum, a.a.O. 1978, S. 177.

6 Vgl. ebenda.

7 Vgl. Littlechild, S.C.: Equilibrium and the Market Process, a.a.O. 1982, S. 88.

8 Hayek, F.A.v.: Der Wettbewerb als Entdeckungsverfahren, a.a.O. 1969, S. 253; vgl. Hayek, F.A.v.: Economics and Knowledge, a.a.O. 1937, S. 33 ff. Zur Interpretation Kirzners siehe Punkt 3. d. γ. in diesem Kapitel.

deln der Individuen jeweils relevanten Umstände kennen könne,[1] sei der Wettbewerb das geeignetste Verfahren, den besten Gebrauch aller Mittel, die nur den einzelnen Wirtschaftssubjekten bekannt wären, für individuelle Zwecke zu sichern.[2] Durch Wettbewerb würden individuelle, dezentrale Entscheidungen ermöglicht; diese Dezentralität gewährleiste im Rahmen der Wissenszersplitterung eine höhere Informationskapazität als Zentralität.[3]

Von Hayek geht damit davon aus, daß die Gleichgewichtstendenz im Sinne der Koordinationstheorie eine empirische Angelegenheit ist, die auf der Lernfähigkeit der Individuen basiert.[4] Daß diese Sichtweise die Verknüpfung der Harmoniethese mit dem Aspekt des Wissens darstellt, drückt von Hayek wie folgt aus:

> "Weil jeder Einzelne so wenig weiß, und insbesondere, weil wir selten wissen, wer von uns etwas am besten weiß, vertrauen wir darauf, daß die unabhängigen und wettbewerblichen Bemühungen Vieler die Dinge hervorbringen, die wir wünschen werden, wenn wir sie sehen."[5]

b. Zur Zielperspektive

α. Die zweckungebundene spontane Ordnung

Wie dargelegt, orientiert sich der Austrian Approach nicht am statischen Effizienzbegriff der optimalen Ressourcenallokation, sondern er interpretiert Effizienz dynamisch, als Anwesenheit von Koordination. Damit ist das Ergebnis des Koordinationsprozesses offen und nicht ziel- und ergebnisgerichtet. Wichtig ist allein, daß ein Prozeßablauf, also Wettbewerb als Entdeckungsverfahren, vorliegt, in welchem die Individuen ihre individuellen Ziele verfolgen, indem sie wettbewerblich, also koordinierend, handeln.[6]

Hier wird deutlich, daß die wechselseitige Koordination nicht mit dem Begriff "Gleichgewicht", sondern mit dem Terminus "Ordnung" zu belegen ist.[7] Von Hayek versteht unter einer "Ordnung" die Existenz von Beziehungen zwischen wiederkehrenden Elementen.[8] Angewendet auf die Koordinationstheorie, ist die "Ordnung" das sich auf der Grundlage individueller Pläne ergebende Muster der Handelnsabläufe.[9] Dieses Muster ergibt sich spontan, d.h., es ist das "Ergebnis menschlichen Handelns, aber nicht menschlicher Absicht"[10]; damit gehört es zu den polyzentrischen Handelnsordnungen.[11]

---

1 Vgl. Hayek, F.A.v.: The Use of Knowledge in Society, in: The American Economic Review, Vol. 35 (1945), S. 519 ff.; vgl. ders.: Der Wettbewerb als Entdeckungsverfahren, a.a.O. 1969, S. 249.

2 Vgl. Hayek, F.A.v.: Die Verwertung des Wissens in der Gesellschaft, a.a.O. 1976, S. 104.

3 Vgl. ebenda, S. 106.

4 Zur Gleichgewichtstendenz durch unternehmerische Findigkeit bei Kirzner siehe Punkt 3. d. γ. in diesem Kapitel.

5 Hayek, F.A.v.: Die Verfassung der Freiheit, a.a.O. 1971, S. 37 f.

6 Damit ist Wettbewerb ein "Ziel an sich" bzw. "dynamische Effizienz".

7 Vgl. Hoppmann, E.: Wirtschaftsordnung und Wettbewerb, a.a.O. 1988, S. 105.

8 Vgl. Hayek, F.A.v.: Rechtsordnung und Handelnsordnung, Freiburger Studien. Gesammelte Aufsätze von F.A. Hayek, a.a.O. 1969, S. 164.

9 Vgl. Hoppmann, E.: Wirtschaftsordnung und Wettbewerb, a.a.O. 1988, S. 105.

10 Hayek, F.A.v.: Rechtsordnung und Handelnsordnung, a.a.O. 1969, S. 163.

11 Vgl. Hayek, F.A.v. Arten der Ordnung; in: ORDO, Bd. 14 (1963), S. 1 ff.

Von Hayek grenzt die "spontane Ordnung" von der "Organisation" bzw. Zentralordnung ab: Während die Organisation einen Zweck verfolge, der eine Einigung über konkrete Organisationsziele voraussetze, sei die spontane Ordnung nicht zweckgerichtet.[1] Vielmehr diene die spontane Ordnung dem individuellen, wechselseitigen Interessenausgleich: Jeder Marktakteur könne hier seinen individuellen Vorteil ziehen, indem er seine raumzeitlichen Partialkenntnisse des Ganzen für eigene Zwecke nutze.[2]

Diese Betonung des Individualinteresses fußt auf Adam Smith's moralphilosophischer Auffassung: Im Rahmen der These von der prästabilierten Harmonie wurden nur individuelle Zwecksetzungen akzeptiert.[3] Jeder staatliche, an übergeordneten Zwecken orientierte Eingriff mußte im Kontext der Harmoniethese die Entfaltung der Individuen bei ihrer individuellen Zweckverfolgung behindern, soweit ihre Ziele nicht mit den staatlichen Zielen übereinstimmten:[4] Aufgrund der Gleichgewichtstendenz zur "natürlichen Ordnung" unterbinde staatliche Intervention wegen des Teilwissens von Regierungen notwendig die Entfaltung der natürlichen Ordnung.[5]

Vor diesem Hintergrund identifiziert von Hayek "Gemeinwohl" und "öffentliches Interesse" nicht als Summe bestimmter konkreter Ziele, sondern als Möglichkeitsraum persönlicher (Zweck-)Entfaltung.[6] Die Entfaltungsmöglichkeit persönlicher Freiheit, welche immer nur in bezug zum Staat problematisiert wird,[7] bietet die spontane Ordnung bzw. Katallaxie,[8] die auf abstrakten Regeln basiert und nicht zweckbeherrscht ist. In diesem Zusammenhang charakterisiert von Hayek die spontane Ordnung als nomokratische Gesellschaft.[9] In dieser Gesellschaftsform erblickt er eine freie Gesellschaft, da sie auf zweckfreien Gesetzen fuße und so die bestmögliche Entfaltung individueller Freiheit ermögliche.[10] Anders als die aus seiner Perspektive unfreie teleokratische Gesellschaft, die Gesetze inhaltlich festlege, d.h. zentralistische Zielvorgaben vorsähe.[11]

---

1 Vgl. Hayek, F.A.v.: Grundsätze einer liberalen Gesellschaftsordnung, a.a.O. 1967, S. 15.

2 Vgl. ebenda, S. 14; vgl. Hayek, F.A.v.: Rechtsordnung und Handelnsordnung, a.a.O. 1969, S. 164.

3 Vgl. Neumann, C.W.: Historische Entwicklung und heutiger Stand der Wettbewerbstheorie, a.a.O. 1982, S. 35.

4 Vgl. ebenda.

5 Vgl. Neumann, C.W.: Historische Entwicklung und heutiger Stand der Wettbewerbstheorie, a.a.O. 1982, S. 39; zur Politikimplikation des Austrian Approach siehe Punkt 5. in diesem Kapitel.

6 Vgl. Hayek, F.A.v.: Grundsätze einer liberalen Gesellschaftsordnung, a.a.O. 1967, S. 15.

7 Dies ist die Konsequenz der Harmoniethese.

8 Von Hayek schlug diesen Begriff statt "Wirtschaft" vor, weil er die Zweckunabhängigkeit der spontanen Ordnung betonen wollte: Der Begriff "Wirtschaft" ermögliche keine zielbezogene Differenzierung, da er auch die Zentralorganisation umfasse. Den altgriechischen Begriff "katallattein" wählte von Hayek, da er "tauschen", "handeln", "in die Gemeinschaft aufnehmen" bedeute und gut zur Koordinationstheorie passe. Vgl. ebenda, S. 16.

9 Vgl. ebenda, S. 15.

10 Vgl. ebenda.

11 Vgl. ebenda; vgl. auch Oakeshott, M., auf den sich von Hayek bezieht: On Human Conduct, Oxford 1975.

β. Die spontane Ordnung "Markt" in von Hayeks evolutionstheoretischer Interpretation der klassischen Harmoniethese und die Relevanz zweckfreier Gesetze

Die abstrakten Regeln, auf die der Markt als spontane Ordnung basiert, werden durch von Hayek im Rahmen seiner "Zwillingsidee von spontaner Ordnung und Evolution"[1] als Ergebnis eines jahrtausendelangen Entwicklungsprozesses interpretiert.[2] Damit versucht von Hayek, die "natürliche Ordnung" der Klassiker evolutionstheoretisch zu erweitern. Diese entwicklungsgeschichtliche Betrachtung der prästabilierten Harmonie paßt zum Ansatz der Präformation, wie noch zu zeigen sein wird. Von Hayeks evolutionstheoretischer Erklärungsversuch ist somit klassisch orientiert und beinhaltet nicht die positiven Rückkopplungen, die dem Referenzrahmen der Epigenesis, d.h. der schöpferischen Evolution, zuzuordnen sind. Dieses evolutionstheoretische Konzept läßt von Hayeks Betrachtung des Wandels verkürzt erscheinen: Seine Sichtweise bezieht sich nämlich ausschließlich auf kybernetische Regelungssysteme negativer Rückkopplungen und damit lediglich auf den Aspekt der Strukturerhaltung von Systemen. Die Strukturevolution von Systemen, die bei positiven Rückkopplungen relevant wird, berücksichtigt von Hayek nicht.[3] Da positive Rückkopplungen zum damaligen Stand der systemtheoretischen Forschung nicht betont wurden, lag von Hayeks Analogiebildung im Rahmen klassischer biologischer Evolutionstheorien im Zusammenhang mit der Präformation für ihn nahe. Nach von Hayek verläuft im Rahmen seines Ansatzes zur kulturellen und sozioökonomischen Evolution, den er analog zu Lamarcks Evolutionstheorie konstruierte und der aber auch Elemente der Darwinschen Evolutionstheorie enthält,[4] die Entwicklung der menschlichen Gesellschaft über drei Ebenen:[5] Auf der ersten Evolutionsebene, der menschlichen Stammesgeschichte, werden soziales Verhalten, Attitüden und Werthaltungen genetisch fixiert. Die zweite Evolutionsebene repräsentiert für von Hayek die menschliche Intelligenz, deren Produkt das Wissen ist. Variation, Selektion, Replikation – Begriffe der biologischen Evolutionstheorie – werden im Sinne einer inhaltlichen Analogienbildung auf die sozioökonomische und kulturelle Ebene übertragen: So werden neue Ideen mit dem Begriff "Variation" belegt, "Selektion" von Ideen erfolgt nach Präferenzen, die Vervielfältigung erfolgreicher Ideen wird "Replikation" genannt.[6] Das Wis-

---

1 Vgl. Hayek, F.A.v.: Bemerkungen über die Entwicklung von Systemen von Verhaltensregeln, in: ders.: Freiburger Studien, a.a.O. 1969, S. 156.

2 Vgl. Hayek, F.A.v.: Die drei Quellen der menschlichen Werte, Walter Eucken Institut-Vorträge und Aufsätze, Bd. 70, Tübingen 1979.

3 Die systemtheoretische Betonung von Wandel oder Erhaltung impliziert sehr unterschiedliche Prozeßdynamiken und hat erhebliche Politikimplikationen, siehe Punkt 5. in diesem Kapitel.

4 Dabei ist zu erwähnen, daß Lamarcks Evolutionstheorie in der heutigen Biologie lediglich historische Bedeutung hat, da keine Beweise für die Vererbbarkeit erworbener Eigenschaften erbracht werden konnten.

5 Vgl. Hayek, F.A.v.: Die drei Quellen der menschlichen Werte, a.a.O. 1979; vgl. Witt, U.: Bemerkungen zu Hayeks sozioökonomischer Evolution, in: Wirtschaftspolitische Blätter 2/1989, S. 143 ff., S. 146.

6 Von Hayeks Evolutionsbetrachtung stellt dar: Radnitzky, G.: Die ungeplante Gesellschaft. Friedrich von Hayeks Theorie der Evolution spontaner Ordnungen und selbstorganisierender Systeme, in: Hamburger Jahrbuch für Wirtschaft und Gesellschaft, 1984, S. 9-33. Die Möglichkeit, daß es sich bei inhaltlichen Analogien um "verbale Nebelkerzen" handeln kann, die sich nicht zur Klärung

sen in der Gesellschaft ist damit losgelöst von der sterblichen Existenz der Individuen: Es pflanzt sich im Sinne des Lamarckschen Evolutionsprozesses fort, der den entwickelten Zivilisationen als spontanen Ordnungen zugrunde liegt.

Stufe drei der Entwicklung der menschlichen Gesellschaft ist die sozioökonomische Evolution:[1] Hier vollzieht sich ein kultureller Lernprozeß durch Gruppenselektion. Von Hayek stellt die Hypothese auf, daß kulturelle Normen und Verhaltensweisen gelernt werden, ohne daß es ein Bewußtsein über ihre Funktion in der spontanen Ordnung gebe. Die Entstehung und Veränderung der Normen erfolge unkontrolliert und ungeplant. Ihr Auftreten sei zufällig. Das Überleben und der Erfolg der Normen bleibe jedoch nicht Zufälligkeiten überlassen, sondern erfolge durch Gruppenselektion. Diese sorge dafür, daß sich jene Regeln ausbreiten, die das Überleben der Gruppe am besten gewährleisten.[2] Dies ist der darwinistische Kern der Hayekschen Evolutionsthese.[3] Die Evolution bringe jene abstrakten Regeln hervor, die das Wachstum der Gruppe, ihre Anpassungsfähigkeit an gewandelte Umweltbedingungen sowie die Zahl ihrer überlebenden Nachkommen am besten sichern. Dieser evolutionäre Aspekt des Ausleseprozesses von Moralregeln bzw. "conduct-rules" erscheint schon bei Hume, den von Hayek somit als einen Vorläufer Darwins im Bereich der Ethik bezeichnet.[4]

Von Hayeks evolutionstheoretische Interpretation des klassischen Gedankengutes zur "natürlichen Ordnung" ist mit "Naturrecht" kompatibel.[5] Die Legitimation der Normen erfolgt durch Gruppenselektion im lange währenden kulturell-gesellschaftlichen Entwicklungsprozeß. Die Normen, die ein "Survival of the Fittest" in diesem Sinne garantieren, sind jeder Norm überlegen, die auf kurzfristige menschliche Erkenntnis zurückgeht. Jede Normensetzung durch Menschen, d.h. staatliche Gesetzgebung, hat sich an die evolutionär hervorgebrachten Verhaltensregeln zu orientieren. Dies bedeutet, daß die Gesetze keine Zwecksetzungen enthalten dürfen, die genau inhaltlich konkretisiert sind. Statt teleokratischer Zielverfolgung sollten die Gesetze Platz für den jedem menschlichen Teilwissen überlegenen Evolutionsprozeß vorsehen. Dies impliziert die Notwendigkeit nomokratischer, negativ formulierter Gesetze, welche die inhaltliche Zielsetzung offenlassen und so Raum für individuelle Freiheitsentfaltung vor dem Hintergrund der evolutionstheoretischen Analogie eröffnen.[6]

ökonomischer Sachverhalte eignen, sieht beispielsweise Erdmann, G.: Elemente einer evolutorischen Innovationstheorie, Tübingen 1993, S. 22.

1 Vgl. Witt, E.: Bemerkungen zu Hayeks Theorie sozioökonomischer Evolution, a.a.O. 1989, S. 143 f.

2 Survival of the Fittest.

3 Vgl. Witt, E.: Bemerkungen zu Hayeks Theorie sozioökonomischer Evolution, a.a.O. 1989, S. 145.

4 Vgl. Neumann, C.W.: Historische Entwicklung und heutiger Stand der Wettbewerbstheorie, a.a.O. 1982, S. 57, FN 59, FN 61.

5 Vgl. ebenda, S. 35.

6 Vgl. Hayek, F.A.v.: Grundsätze einer liberalen Gesellschaftsordnung, a.a.O. 1967, S. 17, 19 f.

c. Die spontane Ordnung "Markt" als homöostatisches System

Nach von Hayek arbeitet die Marktordnung nach dem kybernetischen Prinzip der negativen Rückkopplung.[1] Er sieht es als eine Tatsache an, daß "alle wirtschaftliche Tätigkeit"[2] eine Anpassung an vorübergehende Änderungen darstellt. Da für von Hayek explizit alle ökonomischen Aktivitäten Anpassungsvorgänge sind, kann man ihn in der Weise interpretieren, daß es kein wirtschaftliches Handeln gibt, das nicht auf Anpassung gerichtet ist. Daraus folgt, daß für von Hayek im Kontext ökonomischer Vorgänge ausschließlich die Erhaltung des Systems eine Rolle spielt. Seine Charakterisierung der Marktordnung als "negatives Rückkopplungssystem" impliziert genau genommen, daß ein Wandel, also die Evolution des Systems, nicht vorkommt, denn sonst hätte er die Möglichkeit einer positiven Rückkopplung berücksichtigen müssen. Hier gerät von Hayek allerdings in Widerspruch zu seiner Auffassung eines durch jahrtausendelange Evolution hervorgegangenen Marktes als spontane Ordnung.[3]

Wenn von Hayek die spontane Ordnung "Markt" als negatives Rückkopplungssystem begreift, so verwundert, daß er spontane Ordnung und Evolution als "Zwillingsidee" charakterisiert. Dies wäre logisch schlüssig, wenn er die spontane Ordnung – und damit den Markt – als ein System begreifen würde, wo positive Rückkopplungen existierten. Dann allerdings wäre der Markt auch ein System der Strukturinstabilität, das dann nicht mehr vollständig der klassischen Harmoniethese entspräche. Die Dilemma-These wäre relevant, weil autonomes Handeln destabilisierende Effekte hervorbringen würde, so daß Wettbewerb mit Tendenzen der Selbstaufhebung einherginge: Autonomes Handeln könnte nicht ausschließlich als anpassende Tätigkeit interpretiert werden.[4] Der Anpassungsprozeß des Marktsystems, wie ihn die Theorie der Handelnskoordination erklärt, repräsentiert ein Gleichgewichtskonzept, das eine Analogie zur kybernetischen Regelungstechnik bzw. zu biologischen, homöostatischen Prinzipien aufweist.[5]

Der Markt wird als Regelinstrument aufgefaßt, das über die Preissignale Angebots- und Nachfragemengen ausgleicht. Die Wirtschaftsakteure stehen nicht in direkter Verbindung, sondern sind über den Markt gekoppelt: Damit liegt ein System verbundener Teile bzw. ein vermaschtes System vor, dessen Funktionsweise aus dem Verhalten der Teilsysteme (Wirtschaftsakteure) abgeleitet wird.[6] Analog zum lebendigen Organismus, der durch physiologische Kreisprozesse seine für das Überleben notwendigen Eigenschaften (Blutzuckerspiegel, Körpertemperatur etc.) aufrechterhält und als adaptives System Störfakto-

1 Vgl. Hayek, F.A.v.: Rechtsordnung und Handelnsordnung, Freiburger Studien, a.a.O. 1969, S. 187.

2 Ebenda.

3 Zur Kritik siehe die Punkte 5., 6. in diesem Kapitel und B. II.

4 Zum Spannungsfeld negativer und positiver Rückkopplungen und der Leistungsfähigkeit des Austrian Approach für die Wettbewerbspolitik siehe Punkt 5. in diesem Kapitel.

5 Vgl. Kade, G.; Hujer, R.; Ipsen, D.: Wirtschaftskybernetik, in: Kade, G.; Hujer, R.: Sozialkybernetik, Düsseldorf, Wien 1974, S. 138 ff.; vgl. Schmidtchen, D.: Wettbewerbspolitik als Aufgabe, a.a.O. 1978, S. 187, FN 213; vgl. Hoppmann, E.: Gleichgewicht und Evolution, a.a.O. 1980, S. 30.

6 Vgl. Kade, G.; Hujer, R.; Ipsen, D.: Wirtschaftskybernetik, a.a.O. 1974, S. 138 f.

ren aus der Umwelt kompensiert,[1] wird auch der Markt als gleichgewichtiges, sich selbst regulierendes System aufgefaßt. Seine Stabilität beruht auf den Anpassungen autonomer, miteinander gekoppelter Wirtschaftsakteure. Deren anpassendes Handeln erfolgt durch die Rückkopplung über Preise.[2] Durch die Koordinationsfunktion des Preises erhält das Marktsystem seine Regelkreisstruktur: Die Marktakteure geben Nachfrage- und Angebotsmengenimpulse an den Markt ab. Der sich daraufhin bildende Preis wird an die Wirtschaftssubjekte zurückgesendet, woraufhin diese wiederum mit Mengenanpassungen reagieren – ein System negativer Rückkopplungen.[3]

In der adaptiven Tätigkeit der Wirtschaftssubjekte kommt die Ausregelung auftretender Störungen, zum Ausdruck.[4] Ein stabiles Marktsystem hat ein hohes Adaptionspotential, also eine ausgeprägte Fähigkeit, Störungen via negativer Rückkopplung zu kompensieren. Die Veränderlichkeit dieses Systems kommt damit durch seine Stabilität zum Ausdruck, die auf autonomes Anpassungshandeln (Störungsausregelung) der verkoppelten Wirtschaftsakteure beruht.

Das Grundschema des Prinzips der rückgekoppelten Regelung[5] ist in Abb. 2 dargestellt.

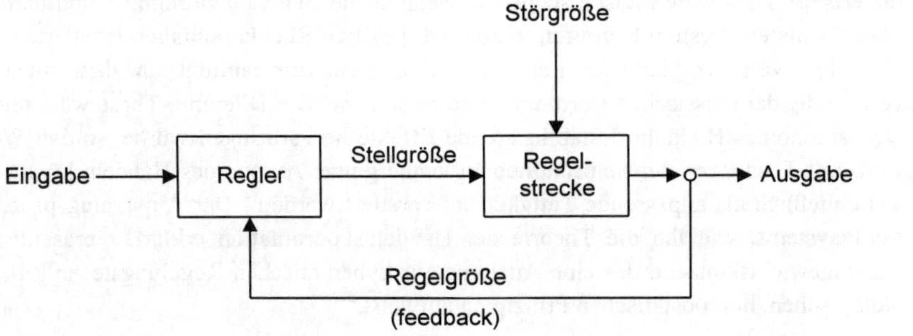

Abb. 2: Prinzip der rückgekoppelten Regelung

Quelle: Lutz, T.: Kybernetik, Struktur und Simulation, in: Kade, G.; Hujer, R.; Ipsen, D.: Sozialkybernetik, Düsseldorf, Wien 1974, S. 23.

---

1 Vgl. Heinemann, K.: Zur Problematik von Gleichgewichtskonzepten in den Sozialwissenschaften, in: Kyklos, Jahrbuch der Sozialwissenschaft, Bd. 27, 1976, S. 329.

2 Vgl. Röpke, J.: Wettbewerb als Problemlösungsverfahren, in: Wirtschaftspolitische Blätter, Heft 5, 1976, S. 39.

3 Vgl. Kade, G.; Hujer, R.; Ipsen, D.: Wirtschaftskybernetik, a.a.O. 1974, S. 139.

4 Vgl. Röpke, J.: Wettbewerb als Problemlösungsverfahren, a.a.O. 1976, S. 39; vgl. ders.: Zur Stabilität und Evolution marktwirtschaftlicher Systeme aus klassischer Sicht, in: Streissler, E.; Watrin, C.: Zur Theorie marktwirtschaftlicher Systeme, Tübingen 1980, S. 149.

5 Die Regelungstheorie ist ein Teilbereich der Kybernetik. Diese ist eine Theorie dynamischer Systeme innerhalb der Systemtheorie. Die Kybernetik ist eine allgemeine formale Wissenschaft von der Struktur dynamischer Systeme, den in ihnen bestehenden Beziehungen und ihrem Verhalten. Kennzeichen eines Systems sind seine Elemente und die Beziehungen zwischen den Elementen. Dieser sehr allgemeine Systembegriff läßt eine Vielzahl von Ganzheiten zu. Bei offenen Systemen sind auch die Beziehungen zur Umwelt zu berücksichtigen. Vgl. Baetge, J.: Systemtheorie, in: Handwörterbuch der Wirtschaftswissenschaften, Bd. 7, S. 510 ff.

Es ist ein allgemeines Modell für Verhaltensanpassungen. Die Adaptionen entstehen aufgrund einer Kommunikation mit einer Umgebung, die Störungen erzeugt.[1]

Das Preissystem übernimmt im kybernetischen Regelungsprozeß die Kommunikationsfunktion: Es entdeckt und überträgt Informationen. Dabei wird die Vielzahl sozialer, zeitlicher und sachlicher Unterschiede im Angebot und der Nachfrage nach Gütern und Dienstleistungen durch ein einziges Signal das Preissignal – dargestellt. Somit reduziert das Preissystem Komplexität,[2] indem es nur die wesentlichen Informationen an die autonomen Wirtschaftsakteure weitergibt.[3] Dies ermöglicht keine direkte, jedoch eine indirekte Nutzung des Wissens anderer Wirtschaftssubjekte.

Ob der Preis als einziges Medium der Informationsvermittlung agiert, ist fraglich. Im Rahmen der kybernetischen Perspektive kann die Frage aufgeworfen werden, ob noch zusätzliche Kommunikationsprozesse zwischen den einzelnen Marktakteuren existieren. So heben Kade u.a. hervor, daß der Preis das Ergebnis bereits durchgeführter Entscheidungen sei und keine Zukunftsinformationen in bezug auf die Zukunftserwartungen der Wirtschaftssubjekte enthielte,[4] die für deren Planungen und Handlungen relevant seien. Damit bestehe die Möglichkeit der Verkopplung weiterer Informationskanäle, die z.B. Informationen über geplante Entscheidungen anderer Marktteilnehmer übermittelten. Diese direkte Informationsvermittlung habe jedoch zur Folge, daß die Entscheidungen der einzelnen Marktakteure nicht mehr unabhängig seien.[5]
Jetzt können die privaten Machtstrukturen eine Rolle spielen. In diesem Falle besteht die Möglichkeit einer machtbedingten Verzerrung des Preissignals, so daß der Markt nicht mehr als kybernetischer Regler erscheint und das Marktsystem seine Regelkreisstruktur verliert. Die Koordinationstheorie berücksichtigt nicht diese Machtrelation zwischen den privaten Wirtschaftssubjekten; deshalb unterläßt sie die Problematisierung der Funktionsfähigkeit des Preismechanismus. Sobald diese durch private Macht gestört ist, bewirkt der Preismechanismus keine geeignete Komplexitätsreduktion, da das verstreute Wissen nicht von allen Wirtschaftssubjekten genutzt werden kann. Dies impliziert eine Dilemma-These, da die Verfolgung des Eigeninteresses nun nicht mehr das allgemeine gesellschaftliche Wohl fördert. Die Ausregelung von Störungen durch das über den Markt gekoppelte Verhalten der Wirtschaftssubjekte unterbleibt. Die Dezentralität der Marktteilnehmer im offenen System garantiert somit nicht mehr die Stabilisierung des Marktsystems.

---

1 Vgl. Lutz, T.: Kybernetik, Struktur und Simulation, a.a.O. 1974, S. 25.
2 Vgl. Röpke, J.: Wettbewerb als Problemlösungsverfahren, a.a.O. 1976, S. 40.
3 Vgl. Hayek, F.A.v.: Der Wettbewerb als Entdeckungsverfahren, a.a.O. 1969, S. 249 ff.
4 Vgl. Kade, G.; Hujer, R.; Ipsen, D.: Wirtschaftskybernetik, a.a.O. 1974, S. 144.
5 Vgl. ebenda.

d. Die spontane Ordnung "Markt" als evolutorisches System mit homöostatischer Stabilisierung

α. Zur kybernetischen Interpretation evolutorischer Phänomene

Für von Hayek ist, wie erwähnt, die Systemdynamik der Marktordnung durch das kybernetische Prinzip der negativen Rückkopplung gekennzeichnet.[1] In diesem Kontext stellen ökonomische Handlungen ausschließlich Anpassungsaktivitäten dar – ein Aspekt der Strukturbewahrung. Die Strukturevolution als Phänomen der positiven Rückkopplung, die ein destabilisierendes Element ist und im Falle des Innovationswettbewerbs relevant wird, war für ihn offensichtlich kein Kriterium der Marktordnung.[2] Somit verwundert es auf den ersten Blick, daß er darauf verweist, daß bei spontanen Ordnungen die Einsicht in Entwicklungsprozesse relevant sei,[3] d.h. der Gesichtspunkt der Strukturevolution. Daß von Hayek in diesem Kontext die Kybernetik als geeigneten Bezugsrahmen identifiziert,[4] kann nur darauf zurückzuführen sein, daß der Stand der systemtheoretischen Forschung in den 60er Jahren das Phänomen der positiven Rückkopplung[5] noch nicht angemessen erfaßt hatte.[6]

Vor dem Hintergrund dieses systemtheoretischen Mankos muß von Hayeks Bezugnahme auf biologische Evolutionstheorien[7] gesehen werden, wenn Kritik an einer entsprechenden Analogienbildung geübt wird, wie sie z.B. in der Gruppenselektion bei der Entwicklung von spontanen Ordnungen zum Ausdruck kommt.[8] So wird z.B. in Analogie zur Evolutionstheorie der Biologie Wettbewerb als Selektionsinstanz charakterisiert, die Variabilität, also die Entstehung neuer Merkmale und Verhaltensweisen produziert.[9] Dabei wird die Veränderlichkeit bzw. Variabilität (Neuerungen) des Marktsystems, das heißt seine Fähigkeit zum Wandel, auf autonomes Anpassungsverhalten der Wirtschaftssubjekte zurückgeführt: "Das stabile Produkt der Selbststeuerung (negative Rückkopplung, d.Verf.) eines Marktsystems ... ist seine Variabilität selbst."[10] Hier kommt zum Ausdruck, wie das systemtheoretische Manko in bezug auf die positive Rückkopplung dazu führt, evolutionäre Aspekte in den kybernetischen Bezugsrahmen zu integrieren: Hier wird positive Rückkopplung ausgeblendet, indem evolutionäre Phänomene des Wandels unzulässigerweise zum Produkt einer erhaltenden Systemdynamik werden. Dieser Widerspruch repräsentiert sich dann in Aussagen

---

1 Vgl. Hayek, F.A.v.: Rechtsordnung und Handelnsordnung, Freiburger Studien, a.a.O. 1969, S. 187.

2 Zur Weiterentwicklung der systemtheoretischen Perspektive in bezug auf die positive Rückkopplung siehe Punkt B. II.

3 Vgl. ebenda, S. 164.

4 Vgl. ebenda.

5 Dies ist der Aspekt der Selbstverstärkung: kleine Ursachen summieren sich auf.

6 Dies geschieht erst heute. Zu diesem moderneren systemtheoretischen Aspekt, der das Element der Destabilisierung berücksichtigt, siehe Punkt B. II.

7 Vgl. Hayek, F.A.v.: Rechtsordnung und Handelnsordnung, Freiburger Studien, a.a.O. 1969, FN 5.

8 Vgl. Hayek, F.A.v.: Bemerkungen über die Entwicklung von Systemen von Verhaltensregeln, Freiburger Studien, a.a.O. 1969, S. 144 ff.

9 Vgl. ebenda; vgl. Röpke, J.: Zur Stabilität und Evolution marktwirtschaftlicher Systeme aus klassischer Sicht, a.a.O. 1980, S. 150; vgl. Röpke, J.: Die Strategie der Innovation, Tübingen 1977, S. 64 ff.

10 Röpke, J.: Zur Stabilität und Evolution marktwirtschaftlicher Systeme aus klassischer Sicht, a.a.O. 1980, S. 150.

wie: "Die Stabilität ... zeigt sich ... in der Veränderlichkeit des Systems ..."[1] Aus der Sicht systemtheoretischer Weiterentwicklungen sorgt das evolutionäre Phänomen des Wandels für Destabilisierung:[2] Die Veränderlichkeit des Systems zeigt sich also vielmehr in seiner Instabilität.

β. Evolutorische Marktprozesse im außenweltoffenen System: Kirzners Interpretation

Der Tradition einer kybernetischen Interpretation evolutorischer Marktprozesse, wie sie im Entwicklungs- bzw. Innovationswettbewerb zum Ausdruck kommt, ist auch Kirzner verpflichtet. Vor dem Hintergrund der Regelungstheorie wird das Marktsystem als offenes System charakterisiert, das durch diese Marktoffenheit seine evolutorische Dynamik entfaltet. Hier wird die Offenheit von Märkten jedoch ausschließlich mit der negativen Rückkopplung in Verbindung gebracht, wenn behauptet wird, daß die Vorgänge innerhalb des Systems von Faktoren außerhalb des Systems gespeist werden,[3] da die systeminternen Vorgänge, wie dargelegt, als Anpassungsvorgänge interpretiert werden.[4]

Die evolutorische Dynamik wird von Kirzner in Anlehnung an von Hayeks "Wettbewerb als Entdeckungsverfahren" als Koordinationslückensuche des findigen Unternehmers beschrieben. Der Unternehmer wird hier also zu einem gleichgewichtsbildenden Faktor, der die Stabilität des Marktsystems garantiert.[5] Evolutorische Dynamik wird somit unzulässigerweise als Stabilisierungsdynamik aufgefaßt.

Auch hier repräsentiert sich das systemorientierte Manko, denn Strukturevolution ist immer destabilisierend.[6] Dieses destabilisierende Element wird theoretisch einfach als stabilisierendes Phänomen behandelt: Positive Rückkopplung zur Enklave im Totalmarkt erklärt.[7] Kirzners findiger Unternehmer gehört damit zu jenen Kräften, die nach Hoppmann die Evolution herbeiführen, aber gleichzeitig ständig damit beschäftigt sind, das Handeln der Marktteilnehmer zu koordinieren, d.h. eine homöostatische Stabilisierung zu bewirken.[8] Man kann also feststellen, daß hier fälschlicherweise eine Identität in bezug auf "Erhaltung" und "Wandel" unterstellt wird.[9]

---

1 Vgl. ebenda.

2 Siehe dazu Punkt B. II.

3 Vgl. Graf, H.-G.: "Muster-Voraussagen" und "Erklärungen des Prinzips" bei F.A.v. Hayek, a.a.O. 1978, S. 106 ff.

4 Die Möglichkeit, daß die Offenheit eines Systems Destabilisierungstendenzen, d.h. positive Rückkopplung, bewirken kann, ist unter Punkt B. II. dargestellt.

5 Vgl. Kirzner, I.M.: Unternehmer und Marktdynamik, a.a.O. 1980, S. 128 f.

6 Damit paßt der Schumpeter-Unternehmer als kreativer gleichgewichtszerstörender Faktor eher zur Strukturevolution. Zum Aspekt der Schumpeter-Dynamik als positive Rückkopplung siehe Punkt B. II.

7 Vgl. Hoppmann, E.: Wirtschaftsordnung und Wettbewerb, a.a.O. 1988, S. 132.

8 Vgl. Hoppmann, E.: Gleichgewicht und Evolution, a.a.O. 1980, S. 30.

9 Der Versuch, diese gegensätzlichen Prozeßdynamiken der "Hemmung" einerseits und der "Verstärkung" andererseits differenzierend in die Wettbewerbstheorie einzuführen, könnte zu ihrer Entideologisierung beitragen.

γ. Die Koordinationslückensuche des findigen Unternehmers bei Kirzner

In Kirzners Konzept stellt das Gewinnstreben der Unternehmer die Antriebskraft evolutionärer Wettbewerbsprozesse dar. Sein Unternehmerbild ist für seine Konzeption fundamental, denn es weicht vom destabilisierenden Schumpeter-Unternehmer ab.[1] Seine Vorstellung vom Unternehmer basiert auf von Mises Idee des "homo agens".[2] Danach ist menschliches Handeln bewußtes Verhalten zum Zwecke, das eigene Wohlbefinden zu steigern.[3] Dieses individuelle Ziel verfolgt der handelnde Mensch, während er sich mit seiner Umwelt auseinandersetzt: Er versucht, sein Wohlbefinden zu steigern, indem er wachsam und findig nach Möglichkeiten Ausschau hält, die seine Situation verbessern könnten.[4] Der Mises'sche "homo agens" handelt also nicht ausschließlich aus einer Situation heraus, in der seine Ziele und Mittel gegeben sind, sondern er will die gegebene Situation verbessern, indem er nach neuen Zielen und Mitteln sucht.[5] Indem er nach neuen Zielen und unbekannten Ressourcen Ausschau hält,[6] offenbart er in Kirzners Interpretation seinen unternehmerischen Charakter der Findigkeit.[7]

In der Suche nach neuen Möglichkeiten bzw. Gewinnchancen[8] zeigt sich die Ausrichtung des Handelns auf die Zukunft; die Aktion beinhaltet also ein spekulatives Element.[9] Unternehmerische Findigkeit ist damit für Kirzner in Anlehnung an von Mises menschliches Handeln unter Unsicherheit, welche Bestandteil jeder menschlichen Aktion ist.[10]

Hier wird unter Bezugnahme auf von Hayeks Entdeckungsverfahren deutlich, daß das unternehmerische Element an die Situation der Gleichgewichtsferne gekoppelt ist: Hier herrscht Wettbewerb, weil die vollkommene Voraussicht des Gleichgewichtszustands[11] noch nicht erreicht ist. Im Kontext der Unsicherheit kommt es zu Erwartungsirrtümern der Wirtschaftssubjekte, die sich in Koordinationslücken niederschlagen, da erwartete und geplante Preise und Mengen nicht übereinstimmen.[12] Hier wird Kirzners findiger Unternehmer als gleichgewichtsbildender Faktor relevant: Er stellt seine Findigkeit unter Beweis, indem er die Koordinationslücken schneller und richtiger als andere Marktakteure

---

1 Vgl. Loasby, B.J.: The Austrian School, a.a.O. 1991, S. 64 f.

2 Vgl. Kirzner, I.M.: Wettbewerb und Unternehmertum, a.a.O. 1978, S. 68 ff.; vgl. Mises, L.v.: Human Action - A Treatise on Economics, London 1949, S. 11 ff.; vgl. Kirzner, Uncertainty, Discovery and Human Action: A Study of the Entrepreneurial Profile in the Misesian System, a.a.O. 1982, S. 139 ff.

3 Vgl. Mises, L.v.: Nationalökonomie. Theorie des Handelns und des Wirtschaftens, a.a.O. 1980, S. 11, 73.

4 Vgl. Witt, U.: Individualistische Grundlagen der evolutorischen Ökonomik, a.a.O. 1987, S. 74.

5 Vgl. Kirzner, I.M.: Wettbewerb und Unternehmertum, a.a.O. 1978, S. 27.

6 Vgl. ebenda.

7 Vgl. ebenda, S. 68.

8 Vgl. ebenda, S. 69.

9 Vgl. Mises, L.v.: Nationalökonomie, a.a.O. 1980, S. 246 ff.; vgl. Littlechild, S.C.: Equilibrium and the Market Process, a.a.O. 1982, S. 86 f.

10 Vgl. Kirzner, I.M.: Wettbewerb und Unternehmertum, a.a.O. 1978, S. 68; vgl. Mises, L.v.: Nationalökonomie, a.a.O. 1980, S. 246.

11 Siehe Punkt 2. in diesem Kapitel.

12 Vgl. Hoppmann, E.: Wirtschaftsordnung und Wettbewerb, a.a.O. 1988, S. 104.

antizipiert und die sich daraus ergebenden Gewinnchancen nutzt. Kirzner kennzeichnet diese Perspektive als "Arbitrage"-Theorie des Gewinns;[1] er bringt damit die Gleichgewichtstendenz infolge der Koordinationslückenerosion zum Ausdruck.

Findigkeit und Wachsamkeit sind nach Mises jedem Handeln inhärent.[2] Daraus folgt, daß jeder Mensch als Unternehmer charakterisiert werden kann, unabhängig von Eigentums- und Machtaspekten. Auf der Suche nach Koordinationslücken bzw. ungenutzten Gelegenheiten kann der findige Unternehmer eine Vielzahl von Aktivitäten entfalten. Der Wettbewerb ist das Verfahren, mit dem bisher ungenutzte Gelegenheiten entdeckt werden. Besonders wettbewerbsfähig ist jener Unternehmer, der Gewinnchancen besser antizipiert als seine Konkurrenten. Die Offenheit des Marktsystems sorgt dafür, daß die Gewinngelegenheiten nie versiegen, da laufend Störungen auftreten, die Koordinationslücken hervorrufen. In diesem Zusammenhang werden alle unternehmerischen Aktivitäten zu Anpassungshandlungen des arbitragierenden Unternehmers. Nicht nur der Preiswettbewerb, auch die Produktivität sowie der Produkt- und Innovationswettbewerb werden in den Kontext arbitragierender Handlungen gestellt.[3] Kirzner betont, daß der Kern seiner Auffassung darin bestehe, daß der wettbewerblich-unternehmerische Marktprozeß immer derselbe sei, egal, ob er sich auf Preisanpassungen, neue Güter, Produktionsmethoden oder neue Organisationsformen bezieht.[4] Innovationen sind hier ein Ausdruck der Findigkeit, nicht der Kreativität: Innovationsgelegenheiten tauchen auf, weil die Marktakteure die zukünftigen Entwicklungen nicht richtig antizipieren können. Der findige Unternehmer nutzt die schon bestehende Innovationsgelegenheit in Form des Innovationsgewinns, er entdeckt und nutzt also Wissen, das schon vorhanden ist.[5] Der Aspekt der Wissensentwertung wird nicht thematisiert.[6]

Die Innovation wird so in die Betrachtung der Koordinationstheorie eingefügt. Im Falle des Innovationswettbewerbs als kreativer Prozeß würde das verstärkende Element der positiven Rückkopplung relevant, und das Marktsystem könnte nicht mehr als homöostatisches System interpretiert werden,[7] da es sich selbst destabilisieren würde.

Im Gegensatz zu Schumpeter geht Kirzner von der Ungleichgewichtssituation aus, und zeigt, wie eine Gleichgewichtstendenz entsteht.[8] Somit betrachtet Kirzner auch keine Differenzierung von Unternehmerpersönlichkeiten; er braucht, im Gegensatz zu Schumpeter, keine Nachahmer, die ein vorher zerstörtes Gleichgewicht wieder herbeiführen.[9]

---

1 Vgl. Kirzner, I.M.: Wettbewerb und Unternehmertum, a.a.O. 1978, S. 69.

2 Vgl. ebenda; vgl. Mises, L.v.: Nationalökonomie, a.a.O. 1980, S. 246.

3 Vgl. Kirzner, I.M.: Market Theory and the Price System, a.a.O. 1963, S. 252 f., 253 ff., 255 ff., 258 f.

4 Vgl. Kirzner, I.M.: Wettbewerb und Unternehmertum, a.a.O. 1978, S. 105.

5 Vgl. Loasby, B.J.: The Austrian School, a.a.O. 1991, S. 65 f.; vgl. Kirzner, I.M.: Wettbewerb und Unternehmertum, a.a.O. 1978, S. 54.

6 Die Möglichkeit der Wissensentwertung ist implizit in Punkt B. II. enthalten.

7 Zur Implikation insbesondere im Hinblick auf das Totalmarktkonzept, die Abgrenzung des relevanten Marktes und die "rule of reason" siehe Punkt B. II.

8 Vgl. Kirzner, I.M.: Wettbewerb und Unternehmertum, a.a.O. 1978, S. 101 ff.

9 Zur Weiterentwicklung der Schumpeter-Betrachtung siehe Punkt B. II.

4. Die methodologische Perspektive von Hayeks als Basis einer marktinterventionskritischen Perspektive

a. Die methodologische Abgrenzung der Sozialwissenschaften von den exakten Naturwissenschaften: von Hayeks "Szientismus"-Kritik

Für die Sozialwissenschaften lehnt von Hayek die Nachahmung exakter, naturwissenschaftlicher Methoden ab und bezeichnet ein derartiges Vorgehen als szientistischen Irrtum.[1] Er begründet seine methodische Grundüberzeugung mit der Komplexität des Erkenntnisgegenstandes der Sozial- und Wirtschaftswissenschaften:[2] Im Gegensatz dazu seien die Erfahrungsobjekte der Naturwissenschaften relativ einfache Phänomene.[3] Von Hayek hebt hervor, daß komplexe Phänomene, wie z.B. der Wettbewerb, durch die Aktivitäten einer Vielzahl von Marktakteuren bestimmt seien.[4] Angesichts dieser Komplexität werde man nicht in der Lage sein, alle Umstände, die das Ergebnis des Wettbewerbsprozesses bestimmen, genau zu spezifizieren.[5] Die unmittelbare Beobachtung und Messung aller für das Auftreten konkreter, individueller Ereignisse bedeutsamen Daten (oder: Anfangs- und Randbedingungen) sind also unmöglich, weil diese relevanten Daten so zahlreich vorkommen.[6]
Im Gegensatz zur Situation in den Naturwissenschaften fehlen in den Sozialwissenschaften vollständige, spezielle Informationen über die Anwendungsbedingungen[7] von Theorien. Die Komplexität dieser Prämisse des Explanans geht also mit Informationslücken des Wissenschaftlers einher, die eine exakte Ableitung des Explanandums unmöglich machen.[8] Dieser Fall liegt in den Naturwissenschaften insofern nicht vor, als sie sich nur mit jenen Teilaspekten der Wirklichkeit auseinandersetzen, die sie experimentierend erfassen können.[9] Diese Beschränkung gewährleistet jene Exaktheit, die sozialwissenschaftlich nicht möglich ist. Wenn von Hayek die "einfachen Phänomene" in den Naturwissenschaften hervorhebt,[10] so kann er in der Weise interpretiert werden, daß er sich auf die Möglichkeit dieser experimentellen Beschränkung, die mit einer genauen Spezifizierung von Anwendungsbedingungen im Rahmen der deduktiv-nomologischen Erklärung einhergeht, bezieht. Angesichts der Komplexität des Erkenntnisgegenstandes in den Sozialwissenschaften nimmt von Hayek Modifikationen der deduktiv-nomologischen Erklärungsweise vor.[11]

---

1 Vgl. Hayek, F.A.v.: Die Anmaßung von Wissen, in: ORDO, Heft 26, 1975, S. 12.

2 Vgl. ebenda, S. 13; vgl. Graf, H.-G.: "Muster-Voraussagen" und "Erklärungen des Prinzips" bei F.A. von Hayek, a.a.O. 1978, S. 8 f.

3 Vgl. Hayek, F.A.v.: Die Theorie komplexer Phänomene, a.a.O. 1972, S. 11, 13; zum Komplexitätsvergleich siehe auch ebenda, S. 12, FN 8.

4 Vgl. Hayek, F.A.v.: Die Anmaßung von Wissen, a.a.O. 1975, S. 14.

5 Vgl. ebenda, S. 13.

6 Vgl. Hayek, F.A.v.: Die Theorie komplexer Phänomene, a.a.O. 1972, S. 25 f.

7 Von Hayek benutzt in diesem Zusammenhang den Begriff "Daten".

8 Vgl. Hayek, F.A.v.: Die Anmaßung von Wissen, a.a.O. 1975, S. 15.

9 Vgl. Büchel, W.: Naturwissenschaften, in: Seiffert, H.; Radnitzky, G. (Hrsg.): Handlexikon zur Wissenschaftstheorie, S. 222-231, hier: S. 224.

10 Vgl. Hayek, F.A.v.: Die Theorie komplexer Phänomene, a.a.O. 1972, S. 11.

11 Zu "Erklärungen im Detail" und "Erklärungen im Prinzip" siehe Punkt 4. b. in diesem Kapitel.

Popper wies darauf hin, daß der Kontrast zwischen Sozial- und Naturwissenschaften nicht so extrem sei, wie die Ausführungen von Hayeks vermuten lassen.[1] Popper identifiziert in den Naturwissenschaften die Möglichkeiten von Erklärung und Voraussage einzelner Ereignisse einerseits und von Ereignistypen andererseits; dabei erblickt er für die Sozialwissenschaften allein die letztgenannte Erklärungsweise.[2] Dadurch wird deutlich, daß es auch in den Naturwissenschaften ganzheitliche Tendenzen gibt, wie die Evolutions- und Selbstorganisationstheorie beispielsweise zeigen.[3] Eine scharfe Trennung der Sozialwissenschaften von den Naturwissenschaften ist angesichts der Bedeutung der ganzheitlichen Sichtweise nicht ohne weiteres möglich.

Wenn von Hayek jedoch in seiner "Theorie komplexer Phänomene" diese Abgrenzungslinie zieht, ist dies nur unter dem Aspekt der Exaktheit akzeptabel.[4] Dies gilt umso mehr, als von Hayek für seine "Erklärung des Prinzips" die Evolutionstheorie als typisches Beispiel wählt.[5] Damit nennt er eine naturwissenschaftliche Theorie, die keine exakten Prognosen erlaubt und somit als exemplarisch für die Unangemessenheit einer methodischen Kontrastierung sozial- und naturwissenschaftlicher Phänomene gelten kann.

b. Modifikationen wissenschaftlicher Erklärungen im Kontext komplexer Phänomene: Von Hayeks "Erklärungen des Prinzips" bzw. "Muster-Voraussagen"

Die methodologischen Ausführungen von Hayeks kann man als dritten Weg zwischen einem sozialwissenschaftlichen Exaktheitsanspruch und einem gesellschaftswissenschaftlichen Erkenntnisskeptizismus einordnen. In seiner "Theorie komplexer Phänomene" bezweifelt er, "ob wir Kenntnis von irgendeinem 'Gesetz' haben, dem soziale Phänomene gehorchen".[6] Damit stellt er die Angemessenheit ahistorischer Gesetzmäßigkeiten bei gesellschaftlichen Phänomenen zur Disposition. Das Festhalten an einem sozialwissenschaftlichen Exaktheitsanspruch führt zu jenem verbindungslosen Nebeneinanderbestehen von reiner Theorie und empirischer Wirtschaftsforschung, das in der Ökonomie häufig beobachtet werden kann.[7] Diese

---

1 Vgl.: Graf, H.-G.: "Muster-Voraussagen" und "Erklärungen des Prinzips" bei F.A. von Hayek, a.a.O. 1978, S. 70 f.; Popper, K.R.: Das Elend des Historizismus, Tübingen 1964, S. 107 ff.

2 Vgl. Graf, H.-G.: "Muster-Voraussagen" und "Erklärungen des Prinzips" bei F.A. von Hayek, a.a.O. 1978, S.71. Im Rahmen der Relevanz des Rationalitätsprinzips für Erklärungen von Ereignistypen verweist Graf in FN 42, S. 71 auf K.R. Poppers "Rationality and the Status of the Rationality Principle", o.O., o.J.

3 Vgl. Zimmerli, W.Ch.: Geisteswissenschaften, in: Seiffert, H.; Radnitzky, G. (Hrsg.): Handlexikon zur Wissenschaftstheorie, a.a.O. 1992, S. 88-101, hier: S. 98.

4 Hervorzuheben ist, daß auch in den Naturwissenschaften angesichts von Idealisierungen in den Antecedenzbedingungen – z.B. Vakuum – die Adäquatheitsbedingungen nicht immer erfüllt sind, d.h. nicht alle Aussagen des Explanans empirisch wahr sind. Da dies die Unmöglichkeit von "Erklärungen im Detail" impliziert, liegen auch in den Naturwissenschaften "Erklärungen des Prinzips", oder wie Popper es nennt, "Erklärungen von Ereignistypen" vor.

5 Vgl. Hayek F.A.v.: Die Theorie komplexer Phänomene, a.a.O. 1972, S. 21 ff.

6 Ebenda, S. 37.

7 Vgl. Graf, H.-G.: "Muster-Voraussagen" und "Erklärungen des Prinzips" bei F.A. von Hayek, a.a.O. 1978, S. 35. So verweist beispielsweise Scherer auf die erfahrungswissenschaftliche Bedeu-

Situation ist dann die Konsequenz der Komplexität des Erkenntnisobjektes "Gesellschaft". Von Hayek hält die Suche nach Gesetzen lediglich im Falle einfacher Phänomene für adäquat,[1] d.h. für angemessen im Bereich experimenteller Naturwissenschaften. Im Bereich komplexer Phänomene[2] lehnt er nomologische Theorien ab.[3] Er vermutet sogar: "Das Vorurteil, daß man, um wissenschaftlich zu sein, Gesetze formulieren muß, wird sich vielleicht noch als eine der schädlichsten methodologischen Konzeptionen herausstellen."[4]

Trotz seiner Kritik an nomologischen Theorien im Rahmen komplexer gesellschaftlicher Phänomene, wie z.B. dem Wettbewerb,[5] erblickt von Hayek doch eine erfahrungswissenschaftliche Erkenntnismöglichkeit: Wenn auch angesichts von Komplexität Abstriche an der Exaktheit wissenschaftlicher Erklärungen vorgenommen werden müssen, so sind doch Muster-Voraussagen und Erklärungen des Prinzips[6] möglich.

Das Kernproblem dieser methodologischen Konzeption besteht in der ablehnenden Position von Hayeks gegenüber der Rolle von Gesetzen bei wissenschaftlichen Erklärungen: Ohne eine Gesetzesaussage, die eine logische Verbindung zwischen den Anwendungsbedingungen (vermutete Ursachen) und dem Explanandum (beobachtete Wirkung) herstellt, ist die Erklärung im Sinne einer Begründung (Explanans) unvollständig.[7] Fehlen Gesetzesaussagen, sind wissenschaftliche Voraussagen – jene von konkreten Einzelereignissen und jene von Mustern – unmöglich.[8] In diesem Zusammenhang stellt Graf fest, daß die Frage nach dem Platz nomologischer Aussagen in der erfahrungswissenschaftlichen Theorie komplexer Phänomene noch offen ist.[9] Ausgehend von einer Kritik am Gesetzesbegriff von Hayeks, versuchen Schmidtchen und Graf von Hayeks methodologisches Konzept in das deduktiv-nomologische Schema wissenschaftlicher Erklärungen zu positionieren.[10]

Von Hayek stellt als typisches Merkmal einer Theorie komplexer Phänomene deren Bezugnahme auf eine große Anzahl besonderer Tatsachen heraus.[11] Alle diese Einzeltatsachen müßten ermittelt werden, wollte man eine Voraussage ableiten.[12] Diese Einzeltatsachen, auf die von Hayek bezug nimmt, sind die singulären Sätze in den Antecedenzbedin-

---

tung einer Zusammenarbeit von empirischer und theoretischer Forschung: vgl. Scherer, F.M.: Stand und Perspektiven der Industrieökonomik, a.a.O. 1985, S. 3 ff.

1 Vgl. Hayek, F.A.v.: Die Theorie komplexer Phänomene, a.a.O. 1972, S. 37.

2 In der Naturwissenschaft können die Anwendungsbereiche von Gesetzen durch spezifizierte ceteris-paribus-Klauseln abgegrenzt werden. Dies ist bei komplexen Phänomenen nicht möglich.

3 Vgl. Hayek, F.A.v.: Die Theorie komplexer Phänomene, a.a.O. 1972, S. 36.

4 Ebenda, S. 38.

5 Vgl. ebenda, S. 26 f.

6 Vgl. Hayek, F.A.v.: Studies in Philosophy, Politics and Economics, London, Chicago, Toronto, 1967, S. 3 ff.

7 Vgl. Graf, H.-G.: "Muster-Voraussagen" und "Erklärungen des Prinzips" bei F.A. von Hayek, a.a.O. 1978, S. 56.

8 Vgl. Schmidtchen, D.: Wettbewerbspolitik als Aufgabe, Baden-Baden 1978, S. 133, 142 f.

9 Vgl. Graf, H.-G.: "Muster-Voraussagen" und "Erklärungen des Prinzips" bei F.A. von Hayek, a.a.O. 1978, S. 69.

10 Vgl. ebenda, insb. S. 64 ff.; vgl. Schmidtchen, D.: Wettbewerbspolitik als Aufgabe, a.a.O. 1978, insb. S. 145 ff.

11 Vgl. Hayek, F.A.v.: Die Anmaßung von Wissen, a.a.O. 1975, S. 19.

12 Vgl. ebenda.

gungen – er nennt sie auch "individuelle Daten". Von Hayek betont, daß in einer komplexen Situation nicht alle individuellen Daten zu erfassen sind.[1] Dies bedeutet, daß es unmöglich ist, gesellschaftliche Randbedingungen zu kontrollieren, so daß einer Exaktheitsforderung nicht entsprochen werden kann.[2] Typisch für eine komplexe Situation ist der Wettbewerb. Von Hayek hebt hervor, daß dieses komplexe Phänomen gar nicht vorkommen würde, wenn die Zahl der in ihm enthaltenen Elemente nicht ziemlich groß wäre.[3] Das sich schließlich im wettbewerblichen Prozeß ergebende Gesamtmuster geht nach von Hayek auf bedeutsame Verhaltensdifferenzen der individuellen Elemente zurück.[4]

Dazu bemerkt Graf, daß der konkrete Ablauf von Wettbewerbsprozessen von diesen singulären Tatsachen, individuellen Elementen, bestimmt wird, die niemand alle kennt und als Randbedingungen in einer Erklärung bzw. Prognose einsetzen könnte.[5] Exakte Erklärungen und Prognosen sind somit unmöglich, weil die Antecedenzbedingungen nicht vollständig bekannt sind. Konkrete, spezifische Ereignisse, wie z.B. Marktpreise und -mengen, technische Innovationen usw., können nicht vorausgesagt werden.[6]

Das fehlende Wissen über die vollständigen Antecedenzbedingungen führt zur Erklärungs- und (im Rahmen der strukturellen Identitätsthese) somit auch Prognoseunmöglichkeit von Ereignissen (Explanandum) spezifischer und konkreter Art. Von Hayeks methodologische Strategie zielt darauf ab, ein weniger spezifisches und konkretes Explanandum zu erklären oder vorauszusagen.[7] Diese wissenschaftliche Zielsetzung ist die Konsequenz aus dem komplexitätsbedingten eingeschränkten Wissen über die Antecedenzbedingungen: Da man jetzt nur allgemeine Explananda ableiten möchte, kommt man im Explanans ohne jene unerreichbare vollumfängliche, spezifische Faktenkenntnis aus.[8] Da von Hayek die Möglichkeit wissenschaftlicher Erklärungen auch bei komplexen Phänomenen nicht aufgeben will, verwundert seine ablehnende Haltung gegenüber nomologischen Aussagen.[9] Seine Ausführungen beziehen sich jedoch nicht auf die wissenschaftstheoretische Gesetzesauffassung, die lediglich Allgemeinheit und empirischen Gehalt der Gesetzesaussage fordert.[10] Das Prinzip der Nomologisierbarkeit im deduktiv-nomologischen Modell ist nicht mit einem Prinzip der Kausalität identisch:[11] So ist das Gesetz ein gedankliches Schema, das Phänomene in eine

---

1 Vgl. Hayek, F.A.v.: Die Theorie komplexer Phänomene, a.a.O. 1972, S. 30.

2 Vgl. Bayer, O.; Stölting, E.: Sozialwissenschaften, in: Seiffert, H.; Radnitzky, G. (Hrsg.): Handlexikon zur Wissenschaftstheorie, a.a.O. 1992, S. 302-313, hier: S. 304.

3 Vgl. Hayek, F.A.v.: Die Theorie komplexer Phänomene, a.a.O. 1972, S. 26 f.

4 Vgl. ebenda, S. 27.

5 Graf, H.-G.: "Muster-Voraussagen" und "Erklärungen des Prinzips" bei F.A. von Hayek, a.a.O. 1978, S. 33.

6 Vgl. ebenda.

7 Vgl. Hayek, F.A.v.: Die Theorie komplexer Phänomene, a.a.O. 1972, S. 17, 27 ff.

8 Vgl. Graf, H.-G.: "Muster-Voraussagen" und "Erklärungen des Prinzips" bei F.A. von Hayek, a.a.O. 1978, S. 46 f.

9 Vgl. Hayek, F.A.v.: Die Theorie komplexer Phänomene, a.a.O. 1972, S.37 f.

10 Vgl. Graf, H.-G.: "Muster-Voraussagen" und "Erklärungen des Prinzips" bei F.A. von Hayek, a.a.O. 1978, S. 67.

11 Vgl. Jammer, M.: Gesetz, in: Seiffert, H.: Radnitzky, G. (Hrsg.): Handlexikon zur Wissenschaftstheorie, a.a.O. 1992, S. 112-119, hier: S. 116.

vornehmlich mathematisch formulierbare Beziehung bringt.[1] Es handelt sich dabei um "Wenn-dann-Aussagen" in funktionaler Verknüpfung, also um einen funktionalen und nicht um einen kausalen Zusammenhang. Durch die mathematische Funktionsabhängigkeit wird also keine kausale Abhängigkeit der Phänomene voneinander behauptet. Ein derartig verstandenes Gesetz, nicht ein Kausalgesetz, ist als ein Teil des Explanans eine Basis für Erklärungen.[2] Von Hayek jedoch benutzt bei seiner Gesetzesbetrachtung einen kausalen Gesetzesbegriff. Er wählt eine Gesetzesdefinition, nach der ein wissenschaftliches Gesetz eine Regel ist, durch die zwei Phänomene aufgrund des Kausalprinzips miteinander als Ursache und Wirkung verbunden sind.[3] Zwar ist von Hayek zuzustimmen, wenn er Kausalgesetze und Zwei-Variablen-Verknüpfungen bei komplexen Phänomenen für unangemessen hält,[4] doch folgt daraus nicht ein Verwerfen nomologischer Aussagen im Falle von Komplexität. Die Erscheinungen komplexer Phänomene lassen sich lediglich nicht mehr als Funktionen nur weniger Variabler darstellen;[5] eine unüberschaubar große Anzahl Variabler ist relevant. In einer derartigen Situation wird die Abgrenzung des Anwendungsbereichs von Gesetzen zum Problem. Diese Abgrenzung ist aber notwendig, wenn man inhaltsleere Theorien vermeiden will und somit erfahrungswissenschaftlichen Anforderungen gerecht werden will.

Weil einfache nomologische Hypothesen, deren Wenn-Komponente den Anwendungsbereich genau abgrenzt, bei komplexen Phänomenen nicht möglich sind, entwickelte von Hayek "Erklärungen des Prinzips". Dies sind Systeme verallgemeinerter historischer Hypothesen über Zusammenhänge.[6] Sie haben bei der Erklärung im Rahmen komplexer Phänomene eine Funktion, die jener nomologischer Hypothesen entspricht,[7] d.h., sie liefern eine Erklärungsbasis allgemeiner Art und weisen einen empirischen Gehalt auf. Damit erfüllen sie, wenn auch eingeschränkt, wie noch zu zeigen sein wird, das Falsifikationskriterium und somit erfahrungswissenschaftliche Anforderungen. Dies verwundert auf den ersten Blick, da ihnen jene klare Abgrenzung ihres Anwendungsbereichs fehlt,[8] die ebenfalls notwendig wäre. Der Weg aus diesem methodologischen Dilemma führt über die Koppelung der "Erklärungen des Prinzips" bzw. Erklärungsmuster an hypothetische Anwendungsbedingungen.[9] Für "Erklärungen des Prinzips" wird unter diesen hypothetischen Anwendungsbedingungen eine Allgemeingültigkeit unterstellt,[10] welche sich bewährt oder nicht.[11]

---

1 Vgl. ebenda, S. 113.

2 Vgl. ebenda, S. 114.

3 Vgl. Hayek, F.A.v.: Die Theorie komplexer Phänomene, a.a.O. 1972, S. 35.

4 Vgl. ebenda, S. 36 f.

5 Vgl. Graf, H.-G.: "Muster-Voraussagen" und "Erklärungen des Prinzips" bei F.A. von Hayek, a.a.O. 1978, S. 25.

6 Vgl. ebenda, S. 92, 97.

7 Vgl. ebenda, S. 97.

8 Vgl. ebenda.

9 Vgl. ebenda, S. 100 f.

10 Diese Unterstellung von Allgemeingültigkeit unter hypothetischen Anwendungsbedingungen entspricht der Beschränkung des Allgemeinheitscharakters auf raum-zeitlich beschränkte Gebiete bei Quasi-Gesetzen.

11 Vgl. Graf, H.-G.: Muster-Voraussagen" und "Erklärungen des Prinzips" bei F.A. von Hayek, a.a.O. 1978, S. 101.

Die Anwendungsbedingungen werden erfahrungswissenschaftlich durch Versuch und Irrtum festgestellt und liefern den Rahmen, innerhalb dessen das Erklärungsmuster universell gilt.[1] Da Erklärungsmuster bzw. "Erklärungen des Prinzips" so an erfahrungswissenschaftlich zugängliche Bedingungsrahmen gekoppelt sind und damit eine bewährungsfähige Relation gegeben ist, liegt grundsätzlich ein Voraussage-Potential vor.[2] In Anlehnung an von Hayek ist also die Kenntnis der Bedingungen anzustreben, unter denen das von der Theorie beschriebene Muster erscheint.[3]

Da man also die Daten bzw. die Anfangs- und Randbedingungen durch Versuch und Irrtum erschließen kann, werden "Erklärungen des Prinzips" gehaltvoll, so daß Muster-Voraussagen abgegeben werden können.

Die durch Versuch und Irrtum geleitete Erforschung der Geltungsbedingungen von Erklärungsmustern kann damit als heuristisches Verfahren interpretiert werden, das durch das methodologische Ideal der deduktiv-nomologischen Erklärung, welche die Adäquatheitsbedingungen erfüllt,[4] geleitet wird.[5]

In diesem Zusammenhang sind "Erklärungen des Prinzips" auch auf das Falsifikationsideal ausgerichtet, denn das Bestehen eines Musters schließt manche Ereignisse aus. Der empirische Gehalt von Erklärungen des Prinzips besteht in dem, was sie verbieten, nicht, in dem, was sie erlauben.[6] Die Möglichkeit von Muster-Voraussagen und die Unmöglichkeit exakter Prognosen implizieren damit zwar einen sinkenden Grad von Falsifizierbarkeit, jedoch keine Unmöglichkeit derselben: "Das ist der Preis, den wir für ein Vordringen in das Gebiet der komplexen Phänomene zu zahlen haben."[7] Erklärungen des Prinzips erlauben lediglich die Voraussage allgemeiner Züge einer Situation ("Muster-Voraussagen"); diese allgemeine Charakteristik ist mit vielen Umständen kompatibel.[8] "Und doch werden wir zu Voraussagen kommen, die falsifiziert werden können und daher empirisch bedeutsam sind."[9]

---

1 Vgl. ebenda, S. 100.

2 Vgl. ebenda, S. 99 ff.

3 Vgl. Hayek, F.A.v.: Die Theorie komplexer Phänomene, a.a.O. 1972, S.16 f.

4 Diese Adäquatheitsbedingungen, welche in den Sozialwissenschaften nur als Leitideen aufgefaßt werden können, weil die Anforderungen insbesondere in bezug auf Allgemeingültigkeit von Gesetzen nicht erfüllt werden, lauten: Das Explanandum folgt logisch aus dem Explanans, welches allgemeine Gesetze enthält, die man auch tatsächlich benötigt. Der empirische Gehalt des Explanans muß durch Beobachtung bzw. Experiment überprüfbar sein. Neben diesen logischen Adäquatheitsbedingungen müssen die empirischen Adäquatheitsbedingungen erfüllt sein: Hier wird gefordert, daß die Sätze des Explanans wahr sein müssen.

5 Vgl. dazu auch im Kontext von idealisierten Erklärungen: Tietzel, M.: Idealisierte Erklärungen, in: Zeitschrift für allgemeine Wissenschaftstheorie XVII/2, 1986, S. 315-321, hier: S. 315, 319 f.; vgl. auch im Rahmen unspezifischer C.p.-Klauseln: Graf, H.-G.: "Muster-Voraussagen" und "Erklärungen des Prinzips" bei F.A. von Hayek, a.a.O. 1978, S. 37 f.

6 Vgl. Hayek, F.A.v.: Die Theorie komplexer Phänomene, a.a.O. 1972, S.23; vgl. Popper, K.R.: Logik der Forschung, Tübingen 1971, S. 15 f.

7 Hayek, F.A.v.: Die Theorie komplexer Phänomene, a.a.O. 1972, S.18.

8 Vgl. ebenda, S. 17.

9 Hayek, F.A.v.: Die Anmaßung von Wissen, a.a.O. 1975, S. 20.

Weil Daten einer bestimmten Klasse (die durch Versuch und Irrtum ermittelten) Muster einer bestimmten Art hervorbringen, die individuelle Erscheinungsform des Musters (Explanandum, i.S. eines konkreten Einzelfalls) jedoch nicht vorausgesagt werden kann,[1] bedeutet das Scheitern eines Erklärungsmusters, daß seine Anwendungsbedingungen im vorliegenden Fall nicht zutreffen.[2] Man versucht in einer derartigen Situation, die Anwendungsbedingungen des Musters zu überprüfen (Versuch-Irrtum-Prozeß) und so die Ereignisklasse (Explanandum allgemeiner Art), die das Muster im Prinzip erklärt, zu präzisieren.[3]

Wenn solche Anpassungsversuche ständig scheitern, wird das Erklärungsmuster aufgegeben.[4] Als Ergebnis dieses Prozesses erhält man einen Erklärungsmustervorrat mit Anwendungsbedingungen.[5] Man erreicht so mit "Wenn-dann"-Aussagen auf der Basis empirischer Tests der Form: "Wenn die Bedingungen a, b, ... vorliegen, dann wird das Erklärungsmuster M relevant".[6] Das Erklärungsmuster M stellt losgelöst von seinen Anwendungsbedingungen eine logische Deduktionskette dar.[7]

c. Die Entwicklung von "Erklärungen des Prinzips" im Rahmen homöostatischer Mechanismen

Da der Austrian Approach den Markt als ein System komplexer Art auffaßt, wo jeder Bestandteil von allen anderen Bestandteilen abhängig ist und sie seinerseits beeinflußt,[8] werden systemtheoretische Aspekte bedeutsam.

Die unterstellte Dynamik dieses Totalmarktes ist die homöostatische Stabilisierung, also das kybernetische Prinzip der negativen Rückkopplung.[9] Nach Ansicht der Vertreter dieses Ansatzes darf man den homöostatischen Totalmarkt, dem die Vorstellung des lebendigen Organismus zugrunde liegt, nicht in Teilmärkte zerlegen. Ein derartiges Vorgehen würde erkenntnisrelevante (und auch politikrelevante) interdependente Kausalzusammenhänge unzulässig durchtrennen.[10]

Die Konstruktion von "Erklärungen des Prinzips" ist darauf ausgerichtet, einige abstrakte Züge einer Situation (Explanandum) innerhalb der Komplexität des Gesamtmarktes zu erklären und vorauszusagen. Dabei bezieht man sich auf nur wenige allgemeine Bedin-

1 Vgl. Hayek, F.A.v.: Die Theorie komplexer Phänomene, a.a.O. 1972, S. 10, 29; vgl. ders.: Die Anmaßung von Wissen, a.a.O. 1975, S. 14.

2 Vgl. Graf, H.-G.: "Muster-Voraussagen" und "Erklärungen des Prinzips" bei F.A. von Hayek, a.a.O. 1978, S. 93 f.

3 Vgl. Graf, H.-G.: "Muster-Voraussagen" und "Erklärungen des Prinzips" bei F.A. von Hayek, a.a.O. 1978, S. 93 f.

4 Vgl. ebenda, S. 94.

5 Vgl. ebenda, S. 95.

6 Vgl. ebenda.

7 Vgl. ebenda.

8 Vgl. Mises, L.v.: Markt, in: Handbuch der Sozialwissenschaften, Bd. 7, S. 131 ff.

9 Siehe Punkt 3. in diesem Kapitel.

10 So wäre beispielsweise die partialmarktorientierte Abgrenzung von relevanten Märkten als Grundlage praktischer Wettbewerbspolitik abzulehnen, da die Funktionsfähigkeit des Marktes beeinträchtigt würde.

gungen (hypothetische Anwendungsbedingungen), da die Komplexität die Berücksichtigung der Gesamtmenge der bedeutsamen Fakten unmöglich macht.[1] Dieses methodische Vorgehen, weniger spezifische Erklärungen und Voraussagen auf weniger komplexe und zahlreiche Bedingungen zu beziehen, wird systemtheoretisch als "Reduktion von Komplexität" bezeichnet.[2] Bei der Formulierung der hypothetischen Anwendungsbedingungen, unter denen die Erklärungsmuster gelten, kommt es nur darauf an, im Sinne des Totalmarktkonzepts keine relevanten Kausalverknüpfungen abzutrennen. Die Abgrenzung der Anwendungsbedingungen muß mit den realen Systemgrenzen in Einklang stehen.[3] Graf nennt diese Systemgrenzen "Orte der faktischen Komplexitätsreduktion"[4]. Er plädiert dafür, solche Hypothesen für die Anwendungsbedingungen zu formulieren, welche für die Wirksamkeit negativer Rückkoppelungsprozesse bedeutsam sind,[5] da man ja annimmt, daß hinter den Phänomenen eine Tiefenstruktur in Form systemtheoretischer, kybernetischer Rückkoppelungsprozesse liegt. Die hypothetischen Anwendungsbedingungen passen dann zu der von Graf vorgeschlagenen Erklärungsmusterkonstruktion, die Aussagen zu homöostatischen Mechanismen enthalten soll.[6]

Grafs Ausführungen zeigen, wie von Hayeks methodologische Konzeption im Rahmen einer spezifischen Marktsystemannahme angewendet wird: Die hypothetischen Anwendungsbedingungen und die dazu passenden Erklärungsmuster sind in eine homöostatische Systemdynamik eingepaßt, die unterstellt wird, jedoch nicht zu beweisen ist.[7] Durch einen Wechsel der systemtheoretischen Perspektive hin zur positiven Rückkopplung, also der Unterstellung einer erweiterten Marktsystemcharakteristik, können prinzipiell damit korrespondierende Anwendungsbedingungen hypothetischer Art mit entsprechenden Mustern entwickelt werden.[8] Man würde dann hinter den Phänomenen eine Tiefenstruktur annehmen, die von der homöostatischen Marktsystemcharakteristik abweicht. Hier wird deutlich, daß von Hayeks methodologische Überlegungen nicht notwendig an der Marktsystemannahme des Austrian Approach gekoppelt sind,[9] sondern universell angewendet werden können. Damit könnte das methodologische Konzept von Hayeks beispielsweise auch eine Orientierung für die eher an der Dilemma-These orientierten Harvard School darstellen. Dies erscheint oberflächlich betrachtet unpassend, da von Hayek ja z.B. im Hinblick auf Marktprozeßinterventionen die Grenzen unseres Wissens angesichts kom-

---

1 Vgl. Graf, H.-G.: "Muster-Voraussagen" und "Erklärungen des Prinzips" bei F.A. von Hayek, a.a.O. 1978, S. 104 f.

2 Vgl. ebenda, S. 105.

3 Vgl. Hayek, F.A.v.: Die Theorie komplexer Phänomene, a.a.O. 1972, S. 13 ff.; vgl.. auch Hoppmann, E.: Wirtschaftsordnung und Wettbewerb, a.a.O. 1988, S. 128 f.

4 Graf, H.-G.: "Muster-Voraussagen" und "Erklärungen des Prinzips" bei F.A. von Hayek, a.a.O. 1978, S. 105.

5 Vgl. ebenda, S. 106: Eine solche Hypothese wäre z.B. nach Graf die allgemeine Annahme eines Einkommensmotivs, die für die Gleichgewichtstendenz des Preismechanismus sorgt.

6 Vgl. ebenda. Man konstruiert also gleichgewichtsorientierte Modelle unter dazu passenden Annahmen.

7 Vgl. ebenda, S. 102.

8 Zur Diskussion dieser Möglichkeit siehe Punkt 5. in diesem Kapitel.

9 Wenn von Hayek sich auch selbst von kybernetischen Marktsystembetrachtungen leiten ließ.

plexer Phänomene betonte. Aber dieses Unwissen erstreckt sich auch auf die unterstellte Marktsystemcharakteristik, welche den klassischen Harmoniegedanken Adam Smiths zum Ausdruck bringt. Doch auch hier sollten die unüberschreitbaren Grenzen seines Wissens den Forscher "Demut lehren"[1].

Schmidtchen verlangt für den Versuch von Gegenhypothesen zur unterstellten Marktsystemcharakteristik die Berücksichtigung neuer systemtheoretischer Erkenntnisse.[2] Damit verwirft er die Möglichkeit einer Abkehr von der mit kybernetischem Denken verflochtenen Harmoniethese nicht völlig. Auch Graf schließt nicht jeden Zweifel an der unterstellten Marktsystemcharakteristik aus, wenn er nicht sicher ist, "ob es überhaupt auf der Ebene der 'komplexen Phänomene' hinter dem historischen Fluß der Ereignisse invariante Verursachungsmuster gibt."[3] Diese Äußerung gewinnt vor dem Hintergrund der positiven Rückkopplung ihre Bedeutung: Die positiven Feedbacks implizieren nämlich, daß sich im historischen Entwicklungsprozeß die Gesetzmäßigkeiten, Interdependenzen, ja sogar das Gesamtsystem, ändern können. Die Verursachungsmuster werden also variant. Lediglich in der ex post-Betrachtung kann bei positiven Rückkopplungen erklärt werden, welche Bedingungen gerade zur jeweils vorliegenden historischen Entwicklung geführt haben. Das Phänomen der positiven Feedbacks schließt sowohl Prognosen als auch Mustervoraussagen aus, da es die Bedingungen, unter denen die Erklärungsmuster gelten, radikal und qualitativ verändert, d.h. Erklärungsmuster obsolet werden läßt.

Die methodologischen Betrachtungen von Hayeks sowie die jeweiligen Interpretationen Grafs und Schmidtchens kontrastieren die instrumentalistische Perspektive der Chicago School: Vor dem Hintergrund der "austrian view" ist die Kenntnis der Bedingungen, unter denen Erklärungsmuster gelten, relevant. Damit ist die Wahrheit von Annahmen wesentlich.[4] Im Gegensatz dazu vertritt Friedman die Position, daß es nicht auf die Realitätsnähe der Annahmen ankomme, sondern vielmehr der Test der abgeleiteten Prognosen ausschlaggebend sei.[5]

5. Politische Handlungsempfehlungen – Zur Unangemessenheit des Austrian Approach für die Beurteilung des dynamischen Wettbewerbs

a. Zur Interventionismuskritik auf der Basis der "Theorie komplexer Phänomene"

Die methodologischen Betrachtungen von Hayeks zeigen, daß die Komplexität des Marktsystems eine Erkenntnis- und Gestaltungsschranke darstellt.[6] Die organisierte Kom-

---

1 Hayek, F.A.v.: Die Anmaßung von Wissen, a.a.O. 1975, S. 21.

2 Vgl. Schmidtchen, D.: Wettbewerbspolitik als Aufgabe, a.a.O. 1978, S. 184. Genau dies wird unter Punkt B. II. versucht.

3 Graf, H.-G.: "Muster-Voraussagen" und "Erklärungen des Prinzips" bei F.A. von Hayek, a.a.O. 1978, S. 102.

4 Vgl. Loasby, B.J.: The Austrian School, a.a.O. 1991, S. 54.

5 Vgl. ebenda; vgl. Friedman, M.: The Methodology of Positive Economics, a.a.O. 1953, S. 3 ff.; vgl. auch Punkt D. III: Damit akzeptiert Friedman die Verletzung der Adäquatheitsbedingungen und strebt ihre Erfüllung auch nicht als methodologisches Ideal an.

6 Vgl. Schmidtchen, D.: Wettbewerbspolitik als Aufgabe, a.a.O. 1978, S. 180.

plexität[1] des Marktsystems im Sinne vernetzter Regelkreise impliziert das Wirken einer großen Anzahl kausaler Faktoren. Angesichts dieser Vielzahl von interdependenten Einzelfaktoren und der damit einhergehenden Unmöglichkeit einer Erfassung aller wichtigen Randbedingungen im konkreten Einzelfall lassen sich konkrete Ereignisse bzw. Marktergebnisse nicht vollständig erklären und voraussagen.[2]

Da die Informationen im Einzelfall also nicht vollständig erfaßt werden können, sind Erklärungen und Voraussagen nur in allgemeiner Form möglich: Konkrete Einzelergebnisse des Marktsystems lassen sich nur im Prinzip erklären und voraussagen.[3] Nomologische Hypothesen, deren Dann-Komponente also lediglich Muster enthält, sind nicht ausreichend, um die individuelle Ausprägung des Musters zu prognostizieren.[4] Das Explanans stellt also nur eine Erklärung zur Verfügung, die sich lediglich auf einige Aspekte des beschriebenen Explanandums bezieht; das Explanandum wird also nicht in all den Hinsichten, in denen es beschrieben wird, erklärt.[5] Der Grund dafür ist die unvollständige Erfassung der Randbedingungen bei komplexen Phänomenen.

Vor diesem Hintergrund halten es die Vertreter des Austrian Approach für möglich, die Einzelfallbeurteilung mit behördlicher Willkür gleichzusetzen,[6] die die Freiheitsräume der Marktakteure unangemessen beschränkt: Denn keine Zentralinstanz sei im Besitz jenes relevanten Gesamtwissens, welches sie zur sozialtechnologischen Gestaltung und Steuerung von Marktprozessen befähige.[7]

Unsere Grenzen der Vernunft im Rahmen der methodologischen Perspektive von Hayeks sind langfristig besonders relevant: Eine exakte Steuerung und Prognose langfristiger Ereignisse im historischen Entwicklungsprozeß des Wirtschaftssystems ist nicht möglich; dies wäre eine Anmaßung von Wissen. Eine allgemeine "Erklärung des Prinzips" gewährleistet hier lediglich eine "Muster-Voraussage" und kann nur als Orientierungshilfe bei der Lösung wirtschaftspolitischer Probleme dienen,[8] indem man Aussagen darüber abgeben kann, unter welchen Bedingungen welche Muster relevant sind. Es kann jedoch nichts darüber ausgesagt werden, ob diese Bedingungen langfristig einmal bedeutsam werden.

---

1 Hier ist die Art und Weise der Verbindung der einzelnen Elemente relevant, vgl. Hayek, F.A.v.: Die Anmaßung von Wissen, a.a.O. 1975, S. 15.

2 Vgl. ebenda, S. 19; vgl. Graf, H.-G.: "Muster-Voraussagen" und "Erklärungen des Prinzips" bei F.A. von Hayek, a.a.O. 1978, S. 23 f.

3 Vgl. Schmidtchen, D.: Wettbewerbspolitik als Aufgabe, a.a.O. 1978, S. 181.

4 Vgl. ebenda, S. 180 f.

5 Vgl. Schmidtchen, D.: Wettbewerbspolitik als Aufgabe, a.a.O. 1978, S. 181. Schmidtchen beruft sich hier zur Veranschaulichung auf Ausführungen Stegmüllers.

6 Vgl. Graf, H.-G.: "Muster-Voraussagen" und "Erklärungen des Prinzips" bei F.A. von Hayek, a.a.O. 1978, S. 27.

7 Vgl. Hayek, F.A.v.: Der Wettbewerb als Entdeckungsverfahren, a.a.O. 1969, S. 249; vgl. ders.: Die Irrtümer des Konstruktivismus und die Grundlagen legitimer Kritik gesellschaftlicher Gebilde, München, Salzburg 1970.

8 Vgl. Hayek, F.A.v.: Die Theorie komplexer Phänomene, a.a.O. 1972, S. 34.

b. Kritische Anmerkungen zu von Hayeks Position im Rahmen einer systemtheoretischen Modifikation

Kritikwürdig ist, daß von Hayeks methodologische Argumentation keine zeitliche Differenzierung enthält: Besteht die Möglichkeit einer kurzfristigen Komplexitätsreduktion? Von Hayeks Antwort auf diese Frage ist der Verweis auf die Rolle des Preissignals im Wettbewerbsprozeß. Das Preissignal sei das Medium der Komplexitätsreduktion, da es die relevanten Informationen liefere und damit die Entdeckung und Nutzung des in der Gesellschaft verstreuten Wissens, das hinter den Preissignalen steht, ermögliche. Damit sei der Marktmechanismus jeder wettbewerbspolitischen Instanz, die Einzelfallanalysen vornimmt, überlegen: Keine Zentralinstanz könne je im Besitz des relevanten Gesamtwissens sein.[1] Wie in Punkt 3 dargestellt, hängt die durch von Hayek unterstellte Systemdynamik der negativen Rückkopplung von der Funktionsfähigkeit des Preismechanismus ab. Sobald diese nicht gegeben ist, verliert das Marktsystem seine Regelkreisstruktur: Die unterstellte stabile Gesamtsystemdynamik verkoppelter Regelkreise, die durch wettbewerbspolitische Interventionen nur gestört wird, liegt dann nicht mehr vor.

Ist die Gesamtsystemdynamik, wie durch von Hayek unterstellt, nicht mehr ausschließlich stabil, sondern kommt das destabilisierende Element der positiven Rückkopplung[2] als integraler Bestandteil der Marktsystemdynamik hinzu,[3] dann funktioniert das Preissignal nicht mehr als Informationsvermittler.[4] Die destabilisierende Marktsystemdynamik, ein wichtiger Bestandteil des Entwicklungswettbewerbs, war nicht Gegenstand der Betrachtungen von Hayeks. Ist der dynamische Wettbewerb als Innovationswettbewerb, der technischen Fortschritt und Wachstum ermöglicht, erwünscht, dann treten Zielkonflikte in Bezug zur Wettbewerbsfreiheit auf, derer sich die Wettbewerbsbehörde im Einzelfall annehmen muß: Der Preismechanismus kann im dynamischen Wettbewerbsprozeß durch die positive Rückkopplung gestört werden, so daß er nicht mehr das Medium der adäquaten Komplexitätsreduktion ist und somit nicht jeder Marktakteur das verstreute Wissen nutzen kann.[5] Die Marktsystemdynamik, die durch stabilisierende und destabilisierende Prozesse charakterisiert ist, macht angesichts dadurch auftretender Dilemma-Situationen Einzelfallbeurteilungen der Wettbewerbsbehörde im Rahmen der Grenzen menschlicher Vernunft erforderlich. Sie muß kontrollieren, ob die auftretenden Störungen dauerhafter oder vorübergehender Natur sind.

---

1 Vgl. Hayek, F.A. v.: Der Wettbewerb als Entdeckungsverfahren, a.a.O. 1969, S. 249 ff. Zur wettbewerbspolitischen Forderung von negativ formulierten per se-Regeln im Rahmen der "rule of law" siehe Punkt 5. d. in diesem Kapitel.

2 Beispiele positiver Rückkopplung sind die bekannten Marktunvollkommenheiten; aus der Sicht der Institutionenökonomik Kooperationen infolge sinkender Transaktionskosten sowie asymmetrische Informationen.

3 Vgl. zur neuen systemtheoretischen Perspektive Punkt B. II.

4 Vgl. ebenda. Die traditionellen Marktunvollkommenheiten des dynamischen Wettbewerbs werden hier systemtheoretisch integriert und wettbewerbspolitische Prozeßinterventionen werden erforderlich.

5 Zur systemtheoretischen Betrachtung der Dilemma-These siehe Punkt B. II.

Der faktische Einzelfall, der wettbewerbspolitisch beurteilt werden muß, ist die konkrete Ausprägung eines Musters. Er gehört damit zur Klasse eines Musters, für das unter bestimmten Bedingungen eine Allgemeingültigkeit unterstellt wird.[1] Die Wettbewerbsbehörde muß also in vollumfänglichen Einzelfallanalysen, wie sie von der Harvard-Schule vorgeschlagen werden, die Bedingungen bzw. die Randbedingungen des Explanans, z.B. die Marktstrukturkriterien im Rahmen des Struktur-Verhalten-Ergebnis-Paradigmas, soweit es geht, erfassen. Es ist denkbar, daß die Randbedingungen am vollständigsten erfaßt werden, wenn kurzfristig eine hohe Komplexitätsreduktion vorliegt, wie sie z.B. durch Unternehmen im Rahmen von Fusionen herbeigeführt wird. Ist die kurzfristige Komplexitätsreduktion sehr hoch, wie z.B. im Falle hoher Marktzutrittsschranken, dann könnten kurzfristig exakte Prognosen im Rahmen funktionalistischer Wettbewerbskonzepte abgegeben werden. Der systemtheoretische Ansatz, der unter Punkt B. II. vorgestellt wird, ermöglicht diese zeitliche Differenzierung in eine kurz- und langfristige Perspektive. Das deterministische Struktur-Verhalten-Ergebnis-Paradigma bezieht sich in diesem Bezugsrahmen auf die Kurzfristperspektive. Die Einzelfallbeurteilung ist dieser zuzuordnen und systemtheoretisch integrierbar, sobald der systemtheoretische Ansatz eine Differenzierung der Zeitperspektive erfährt. Von Hayeks methodologische Ausführungen sind vor diesem Hintergrund der langfristigen Perspektive zuzuordnen. Damit ergibt sich im Rahmen des vorgestellten systemtheoretischen Ansatzes die Notwendigkeit einer Weiterentwicklung der methodologischen Perspektive im Zusammenhang mit dem kurzfristigen Zeitaspekt.

So kann die Frage aufgeworfen werden, ob die Systemelemente (Marktakteure) in einer unsicheren Umwelt nicht geneigt sind, Komplexität beispielsweise durch externes Unternehmenswachstum zu reduzieren. So können kurzfristig stabile Beziehungskonstellationen (z.B. in Form von Oligopolen) im Rahmen einer langfristigen Systemevolution entstehen, die im Zeitablauf wieder destabilisiert werden oder sich aber als persistent erweisen. Die Abgrenzung des relevanten Marktes, die jetzt angesichts der Abkehr von einer von Hayekschen homöostatischen Systemdynamik zulässig ist, muß sich an dieser durch die Marktakteure vorgenommenen Komplexitätsreduktion orientieren. Je höher die Komplexitätsreduktion kurzfristig ist, desto besser sind die relevanten Randbedingungen erfaßbar und desto weniger maßt sich die Wettbewerbsbehörde, die Kurzfristperspektive vorausgesetzt, Wissen an.

c. Zum Totalmarktkonzept auf der Basis der homöostatischen Analogie und zur Ablehnung partialmarktorientierter Einzelfallanalysen

Da das Marktsystem als komplexes Gebilde interdependent vernetzter Regelkreise den Charakter der Selbstregulierung im Sinne einer homöostatischen Stabilisierung aufweist und somit keine Instabilitätseigenschaft besitzt, darf es nicht in Partialmärkte zerlegt werden.[2] Jede partialmarktorientierte wettbewerbspolitische Maßnahme stört das via Preismechanismus interdependente Zusammenspiel der Systemelemente und behindert damit die

1 Siehe Punkt 4. in diesem Kapitel.

2 Vgl. Schmidtchen, D.: Wettbewerbspolitik als Aufgabe, a.a.O. 1978, S. 194 f.

Funktionsfähigkeit, d.h. die Stabilitätseigenschaft, des Marktsystems.[1] Eine Abgrenzung des relevanten Marktes zur Feststellung der Machtposition von Unternehmen verbietet sich somit aus systemtheoretischen Gründen im Rahmen der Regelungstheorie.

Eine Wettbewerbspolitik, die einzelfallorientiert in einem durch interdependente Regelkreise vermaschten System Maßnahmen an einem Systempunkt vornimmt, produziert – angesichts der komplexen Verkoppelung – unerwartete Ereignisse in einem anderen Systemteil.[2] Wettbewerbspolitische Einzelfallinterventionen sind hier überflüssig, weil jede noch so große Unternehmung in einem derartigen Marktsystem dem "anonymen Marktzwang"[3] unterliegt. Die Systemgesetze sorgen für Machtzügelung, da die einzelne Unternehmung angesichts ihrer Einbindung im interdependenten Marktsystem nicht in der Lage ist, gewünschte Ereignisse bewußt herbeizuführen. Denn durch diesen Versuch würde eine Koordinationslücke entstehen, die findige Unternehmer aufspüren und erodieren würden. Damit wird deutlich, daß die interdependente Vernetzung des Totalmarktes den Blick auf das Phänomen der potentiellen Konkurrenz in Form findiger Unternehmer lenkt. Durch das Anpassungsverhalten des findigen Unternehmers ist die marktstrukturunabhängige Wettbewerblichkeit von Marktprozessen gewährleistet. Die Machterosion erfolgt durch negative Rückkopplung infolge unternehmerischen Anpassungsverhaltens. Die Macht von Unternehmen im Wettbewerb kann also vor dem Hintergrund des Austrian Approach nicht problematisiert werden.

Der Grund dafür ist eine einseitige systemtheoretische Perspektive, die sich im Rahmen kybernetischer Betrachtungen ausschließlich dem Phänomen der negativen Rückkopplung widmet. In diesem Zusammenhang der stabilen Dynamik erscheinen die Unternehmen ausschließlich als machtlose Anpasser, die dem anonymen Marktzwang ausgesetzt sind. Dieser bewirkt, daß sie nicht willentlich Ereignisse in der von ihnen gewünschten Form herbeiführen können: Angesichts homöostatischer Marktsystemgesetze sind sie machtlos. Sie sind nicht in der Lage, die Systemgesetze zu ändern; dies käme einer positiven Rückkopplung gleich, sondern sie müssen sich ihnen unterordnen (Anpassungsleistungen im Rahmen negativer Rückkopplungen). Könnten sie die Systemgesetze ändern, würde dies im Bedeutungszusammenhang der Kybernetik eine Funktionsstörung darstellen, die die stabilisierende Systemdynamik aufhebt.

Erst eine um das Phänomen der positiven Rückkopplung erweiterte systemtheoretische Perspektive, die positive Feedbacks als integrale Bestandteile einer funktionsfähigen Systemdynamik auffaßt, liefert neue Erklärungs- und Erkenntnismöglichkeiten in bezug auf die Rolle privater Macht im Wettbewerbsprozeß: Dann erscheinen Unternehmer nicht mehr ausschließlich als machtlose Anpasser im Sinne homöostatischer Systemgesetze, sondern die erweiterte Systemdynamik läßt die Möglichkeit zu, daß sie in der Lage sind, aufgrund ihrer Macht, die Systemgesetze zu ändern. Das destabilisierende Element positiver Feed-

---

1 Vgl. ebenda; vgl. auch Mises, L.v.: Markt, a.a.O. 1961, S. 131 ff.

2 Vgl. Forrester, J.W.: Das Verhalten sozialer Systeme, in: Kade, G.; Hujer, R.: Sozialkybernetik, a.a.O. 1974, s. 224 f. Forrester stellt das Kybernetikkonzept dar. Seine Ausführungen sind jedoch allgemeiner Natur und nicht spezifisch auf das Wettbewerbsphänomen gerichtet.

3 Schmidtchen, D.: Wettbewerbspolitik als Aufgabe, a.a.O. 1978, S. 197.

backs, das eine systemtheoretisch erweiterte Behandlung von Marktunvollkommenheiten als typische Elemente des dynamischen Wettbewerbs ermöglicht, wird durch kybernetische Betrachtungen ausgeblendet. Erst wenn dieses destabilisierende Element berücksichtigt wird, steht auch das Totalmarktkonzept interdependent verkoppelter Regelkreise zur Disposition, weil Marktmacht die Wettbewerbsfreiheit anderer Marktakteure behindern kann. Wettbewerbsprozesse wären dann nicht mehr notwendig marktstrukturunabhängig wettbewerblich. In Einzelfalluntersuchungen müßte dann entschieden werden, wieviel Marktunvollkommenheiten noch erwünscht wären, da mit deren destabilisierender Wirkung in Form einer Störung von Preissignalen (positive Rückkopplung) gerechnet werden müßte.[1] Die Wettbewerbsbehörde müßte negative Verhaltensweisen, Marktstrukturen und Marktergebnisse beurteilen. Dabei könnte sie sich auf theoretische Konzepte der Harvard School beziehen.[2] Wegen der Relevanz des destabilisierenden Elements könnte ein derartiges Vorgehen nicht mehr als Wirtschaftslenkung interpretiert werden,[3] da via positiver Feedbacks systemintern der Preismechanismus gestört würde. Da die negativen und positiven Feedbacks wichtige Elemente einer stabilisierenden und destabilisierenden Gesamtsystemdynamik wären, ergäbe sich das Ambivalenzproblem bei privater Marktmacht.[4]

d. Zur Relevanz einer wettbewerbspolitischen Abstinenz und zur Unangemessenheit einer wettbewerbspolitischen Normierung allgemeiner Regeln

Von Hayek fordert allgemeingültige Verhaltensregeln zur Orientierung der Wirtschaftssubjekte: Sie seien die beste Bedingung zur Entfaltung spontaner Ordnungen.[5]

Die allgemeingültigen Verhaltensregeln gehören zum liberalen Gesetzesbegriff der "rule of law", der die individuellen Freiheitsrechte betont.[6] Von Hayek grenzt in diesem alt-liberalen Zusammenhang die allgemeinen Verhaltensregeln von Regeln des öffentlichen Rechts ab, welche konkrete Handlungen in bezug auf bestimmte Ziele direkt festlegen und die dazu notwendige Macht auf eine Behörde übertragen.[7] Von Hayek kritisiert, daß der heutige Gesetzesbegriff sich nicht ausschließlich auf die Regeln des Privat- und Strafrechts, sondern auch auf diese Organisationsregeln bezieht und erblickt darin eine Umwandlung liberaler Gesellschaften in totalitäre Gesellschaftsformen. Von Hayeks Auffassung impliziert somit,

---

1 Angewandt auf die europäische Marktöffnungsproblematik wäre eine gewisse Marktschließung denkbar, die mit sinkenden economies of scale einherginge.

2 Angesichts einer Bedeutung positiver Rückkopplungen ist die Harvard School systemtheoretisch integrierbar.

3 Vgl. anders Hoppmann, E.: Wirtschaftsordnung und Wettbewerb, a.a.O. 1988, S. 134.

4 Die Ambivalenz eines Phänomens erfordert eine genaue Einzelfallanalyse, da es – je nach Einzelfall – wettbewerblich oder unwettbewerblich sein kann, wie z.B. im Falle strategischen Verhaltens. In diesem Zusammenhang ist kritikabel, daß Hoppmann von der Ambivalenz privater Macht ausgeht und gleichzeitig per se Regeln fordert: Vgl. Hoppmann, E.: Wirtschaftsordnung und Wettbewerb, a.a.O. 1988, S. 134.

5 Vgl. Hayek, F.A.v.: Rechtsordnung und Handelnsordnung, a.a.O. 1969, S. 173 ff., S. 180; vgl. ders.: Grundsätze einer liberalen Gesellschaftsordnung, a.a.O. 1967, S. 14.

6 Vgl. ebenda, S. 13, 23.

7 Vgl. ebenda, S. 22 f.

daß auch Wettbewerbsbehörden, wenn sie auf der Grundlage von Gesetzen im Einzelfall zielorientiert (z.B. im Sinne dynamischer Wettbewerbsfunktionen) intervenieren, zur Transformation der Gesellschaft in Richtung eines Totalitarismus beitragen. Zu dieser altliberalen Rechtsphilosophie paßt die Ablehnung der wettbewerbspolitischen Einzelfallbeurteilung im Rahmen der "rule of reason", jedoch nicht zwangsläufig die Forderung nach einer "rule of law" in der Wettbewerbspolitik, wie noch gezeigt werden wird.

Dem "Primat der verbotenen Ungerechtigkeit"[1] entsprechend, sind die allgemeinen Verhaltensregeln negativ formuliert; sie schreiben also nichts vor: "Freie Menschen, denen erlaubt sein soll, ihre Mittel und Kenntnisse für ihre persönlichen Ziele einzusetzen, dürfen keinen Regeln unterworfen werden, die ihnen sagen, was sie tun sollen, sondern nur Regeln, die ihnen sagen, was sie *nicht* tun dürfen... ."[2] Der unterstellte Gerechtigkeitsbegriff entspringt einer evolutionstheoretischen Betrachtung der Entwicklung spontaner Ordnungen. Da im historischen Entwicklungsprozeß niemand einen Zustand bewußt herbeiführen kann, ist der Gerechtigkeitsbegriff niemals auf einen Zustand, sondern nur auf menschliche Handlungen anwendbar.[3] Daraus folgt, daß kein Zustand, sondern nur eine Handlung verboten werden kann, weil die Resultate der spontanen Ordnung bzw. die Marktergebnisse offen sind, niemand kann sie bewußt planen und herbeiführen. Entsprechend sind in der Interpretation Hoppmanns auch z.B. die Marktstrukturen Ergebnisse, die von den Wirtschaftsakteuren nicht bewußt herbeigeführt werden können. Da für die Marktergebnisse niemand verantwortlich sei, dürfe auch die Wettbewerbspolitik nach Hoppmann nicht ergebnisorientiert vorgehen; sie müsse sich mit der Normierung zweckfreier Verhaltensregeln begnügen, damit die individuelle Wettbewerbsfreiheit bei der Koordinierung der Pläne und Handlungen gewährleistet bleibe. Die allgemeinen Verhaltensregeln würden im Gegensatz zu diskretionären Einzelfallbeurteilungen Rechtssicherheit ermöglichen, da sie für die Marktakteure voraussehbar seien.[4]

Der Versuch Hoppmanns, die alt-liberalen rechtsphilosphischen Betrachtungen von Hayeks auf den Bereich der Wettbewerbspolitik zu übertragen, kann nicht als Weiterentwicklung des Austrian Approach der Wettbewerbstheorie aufgefaßt werden, weil innerhalb dieses theoretischen Bezugsrahmens private Macht kein Problem darstellt: Im homöostatischen Marktsystem macht der anonyme Systemzwang Wettbewerbsregeln überflüssig. Im Bereich der Wettbewerbspolitik geht es um die Beziehungen zwischen den privaten Wirtschaftssubjekten und ihrer Machtverhältnisse zueinander. Der Austrian Approach befaßt sich jedoch nicht mit der Machtproblematik zwischen den Privaten, sondern problematisiert die staatliche Macht im Verhältnis zu den Privaten. Die wettbewerbspolitische Kernimplikation des Austrian Approach ist demnach, wie auch von Hayek betont, daß Wettbewerbsbeschränkungen ausschließlich staatlich verursacht sind.[5] Hoppmann verwendet also bei seiner Suche nach geeigneten Wettbewerbsregeln einen anderen Freiheitsbegriff als die Klas-

1 Vgl. Hayek, F.A.v.: Grundsätze einer liberalen Wirtschaftsordnung, a.a.O. 1967, S. 20.
2 Ebenda.
3 Vgl. ebenda, S. 19. Deutlich wird hier die ausschließliche Betrachtung der Langfristperspektive.
4 Vgl. z.B. Hoppmann, E.: Fusionskontrolle, Tübingen 1972, S. 24 ff., 66 ff.
5 Vgl. Hayek, F.A.v.: Grundsätze einer liberalen Wirtschaftsordnung, a.a.O. 1967, S. 31.

siker, wenn er ihn auf die Beziehungen zwischen Privaten anwendet.[1] Darüber hinaus würde sich ein wettbewerbspolitischer Regelungsbedarf nur dann ergeben, wenn das Marktsystem sich nicht selbst regeln würde und entsprechend nicht die Eigenschaft eines homöostatischen Systems, die ja gerade von Hoppmann hervorgehoben wird,[2] aufweisen würde.[3] Die Störung der Preissignale kann im Rahmen des Austrian Approach nur staatlicherseits verursacht sein, denn wenn die Systemelemente, also die Wirtschaftssubjekte, diese Störung verursachen würden – ein Fall wettbewerbspolitischen Regelungsbedarfs – läge keine Regelkreisstruktur vor. Hoppmanns wettbewerbspolitischer Versuch ist also schon vom Ansatz her problematisch: Er steht im Widerspruch zum klassischen Freiheitsbegriff und zur unterstellten Systemdynamik.[4]

Die Vertreter des austro-amerikanischen Ansatzes sind demgegenüber stringent und schlagen konsequent eine wettbewerbspolitische Abstinenz vor, so daß man sie als "nihilistische Schule" klassifizieren kann.[5] So betont Armentano, daß Kartellierung und Monopolisierung unproblematisch seien, da sie auf individuelle Kosten-Nutzen-Betrachtungen (subjektive Daten) der Marktteilnehmer im Kordinierungsprozeß zurückgingen, die kein externer Beobachter (mangelhaftes Wissen der Zentralinstanz) kennen könne.[6] In Anlehnung an von Mises betont er die individuelle Zwecksetzung, die eigene Situation zu verbessern: Wenn dieses Ziel durch die Mittel der Kartellierung oder Monopolisierung im Koordinierungsprozeß realisiert werden könne, dann passe diese geplante Aktivität zur geplanten Aktivität anderer Marktakteure.[7] Hier wird deutlich, daß das Machtverhältnis zwischen den privaten Wirtschaftssubjekten nicht problematisiert wird und der Freiheitsbegriff der Klassik verwendet wird. Auf der Basis der unterstellten Systemdynamik der Selbstregulierung im Sinne der Regelungstheorie und in Anlehnung an den dynamischen Effizienzbegriff einer Anwesenheit von Koordination, sind alle Verhaltensweisen wettbewerblich, wenn sie sich im Koordinationsprozeß verwirklichen lassen. Jeder Versuch, die Verhaltensweisen als ambivalent zu betrachten bzw. sie als wettbewerblich oder nichtwettbewerblich zu klassifizieren und darauf wettbewerbspolitische Handlungen zu gründen, ist ein schädlicher Interventionismus, der dynamische Effizienz verhindert, d.h. den Koordinationsprozeß der Selbstregulation stört.[8]

Alle Marktaktivitäten der Marktteilnehmer sind Koordinierungs- bzw. Anpassungsaktivitäten, so daß jede Fusion, jede Kollusion, jedes strategische Verhalten inhärent wettbe-

1 Vgl. Neumann, C.W.: Historische Entwicklung und heutiger Stand der Wettbewerbstheorie, a.a.O. 1982, hier: S. 255.

2 Vgl. Hoppmann, E.: Wirtschaftsordnung und Wettbewerb, a.a.O. 1988, S. 109.

3 Siehe Punkt 3. in diesem Kapitel.

4 Vgl. Hoppmann, E.: Wirtschaftsordnung und Wettbewerb, a.a.O. 1988, S. 109. Auf die Darstellung und Diskussion der alten Hoppmann-Kantzenbach-Kontroverse wird hier verzichtet. Eine umfassende Analyse und Kritik der jeweiligen Positionen sowie des wettbewerbspolitischen Versuchs Hoppmanns liefert C.W. Neumann: Historische Entwicklung und heutiger Stand der Wettbewerbstheorie, a.a.O. 1982.

5 Vgl. Audretsch, D.B.: The Four Schools of Thought in Antitrust Economics, a.a.O. 1985.

6 Vgl. Armentano, D.T.: Antitrust and Monopoly: Anatomy of a Policy Failure, a.a.O. 1982.

7 Vgl. ebenda, S. 29, 30.

8 Vgl. ebenda, S. 29 f.

werblich ist, weil sie nicht realisiert würden, wenn die Marktakteure nicht die Möglichkeit individueller Zielrealisierung erblickten.[1] Die Stabilitätseigenschaft des Marktsystems ist infolge dieser Freiwilligkeit stets gegeben. Preiskartelle und Oligopole sind Ausdruck der Koordinationsleistung, die auf individuellen Kosten-Nutzen-Kalkülen basiert. Werden sie nicht aufgelöst, so kommt darin die Übereinstimmung der Pläne und Handlungen der Teilnehmer im Koordinationsprozeß zum Ausdruck. Andernfalls könnten sie gar nicht realisiert werden, weil findige Unternehmer im Falle einer Nicht-Übereinstimmung der Pläne und Handlungen diese Koordinationslücke erodieren würden. In Oligopolen und Preiskartellen kommt also, soweit sie persistent sind, ökonomische Effizienz auf der Basis individueller Kosten-Nutzen-Kalküle zum Ausdruck. Die Koordinationslückenerosion ist angesichts anonymen Systemzwangs (potentielle Konkurrenz findiger Unternehmer) lediglich durch staatliche Barrieren aufzuhalten. Wettbewerbsfreiheit ist also stets vorhanden. Für Armentano ist somit der Staat die Quelle der Monopolisierung und nicht das Verhalten der Unternehmen: Dauerhafte Machtpositionen können nur im Schutze staatlicher Barrieren entstehen,[2] und so fordert Armentano eine Deregulierung, damit sich der Koordinationsmechanismus frei entfalten könne.[3]

Die Wettbewerbsfähigkeit kann also nur durch den Staat eingeschränkt werden. Die Wettbewerbspolitik braucht demnach also die Wettbewerbsfreiheit zwischen den Marktakteuren nicht zu sichern. Es reicht allein staatliche Deregulierung. Der Marktmechanismus ist damit sowohl eine notwendige als auch hinreichende Bedingung für dynamische Effizienz.[4] Da private Macht also unbedeutend ist, solange der Staat keine Barrieren schafft, ist das Erkenntnisinteresse von Hayeks somit auch nicht auf die Gestaltung der Wettbewerbsordnung gerichtet.[5]

e. Zum Unternehmenswachstum und zur marktstrukturunabhängigen Wettbewerblichkeit von Marktprozessen

Eine Ablehnung von Einzelfallanalysen bei der Beurteilung von Unternehmensmachtpositionen erfolgt im Austrian Approach auf der Basis der methodologischen Perspektive,[6] auf der Grundlage des kybernetisch inspirierten Totalmarktkonzepts[7] und vor dem Hintergrund der von Hayekschen alt-liberalen Rechtsphilosophie.[8] In diesem Zusammenhang

---

1 Insbesondere wegen der Zurückweisung einer Ambivalenzmöglichkeit bei strategischem Verhalten kann hier eine Nähe zur Chicago School festgestellt werden. In bezug auf die Ablehnung statischer Wohlfahrtskriterien und der Betonung der dynamischen Effizienz sind die Schulen konträr.

2 Hier wird der Gegensatz zum "strategic entry-deterrence"-Ansatz der Harvard School deutlich.

3 Vgl. Armentano, D.T.: Antitrust and Monopoly: Anatomy of a Policy Failure, a.a.O. 1982, S. 273.

4 Vgl. Kirzner, I.M.: Market Theory and the Price System, a.a.O. 1963, S. 34 f.

5 Damit unterscheidet er sich von den Ordoliberalen, die sich mit den privaten Machtverhältnissen auseinandersetzten, sich dabei jedoch an althergebrachte statische Kriterien der vollkommenen Konkurrenz orientierten. Vgl. Woll, A.: Freiheit durch Ordnung: Die gesellschaftspolitische Leitidee im Denken von Walter Eucken und Friedrich A. v. Hayek, in: ORDO, Bd. 40, 1989, S. 87 ff.

6 Zur Komplexität und Erkenntnisgrenzen siehe Punkt B. I. 4.

7 Siehe Punkt B. I. 3.

8 Totalitarismustendenzen infolge eines das öffentliche Recht integrierenden Gesetzesbegriffs.

verweist von Hayek darauf, daß nicht die Unternehmensgröße schädlich sei, sondern lediglich die Hindernisse gegen den Eintritt in eine Branche,[1] was auf eine Deregulierungsforderung[2] hinausläuft.[3] Erst wenn staatlich errichtete Zutrittsbarrieren existieren, hält von Hayek es für möglich, daß private Macht Gefahren für die individuelle (Wettbewerbs-)Freiheit bewirken kann.[4] Damit sind für von Hayek die Regierungen für Wettbewerbsbeschränkungen verantwortlich.[5] In Übereinstimmung mit von Mises führt er überhöhte Preise bzw. Monopolpreise ausschließlich auf staatliche Interventionen, wie z.B. Patentgesetze und Schutzzölle, zurück.[6] Diese Argumentation ist auf der Basis der homöostatischen Marktprozeßbetrachtung logisch schlüssig: Die "unsichtbare Hand" des Marktes in Form negativer Rückkopplungsprozesse sorgt für die Stabilität des Systems. Destabilisierungstendenzen sind aus dieser Systemdynamik selbst heraus nicht möglich. Diese gehen vielmehr auf staatliche Interventionen zurück, die die homöostatischen Stabilisierungskräfte stören. Der Preismechanismus kann somit ausschließlich durch Regierungsinterventionen außer Kraft gesetzt werden. Wenn sich der Staat enthielte, wären infolge des anonymen Marktzwangs keine überhöhten Preise möglich. Preiserhöhungen gingen dann lediglich auf die Findigkeit eines Unternehmers zurück, der eine Koordinationslücke aufgespürt hätte. Eine mißbräuchliche Preiserhöhung würde dieser nicht vornehmen, denn seine diesbezüglichen Pläne ließen sich im Koordinierungsprozeß nicht mit den Plänen der anderen Marktakteure (z.B. Konsumenten) in Übereinstimmung bringen, d.h. sein mißbräuchliches Verhalten würde eine Koordinationslücke erzeugen – eine Gelegenheit für einen anderen findigen Unternehmer, der die Lücke nutzt, indem er durch Preisunterbietungen Konsumenten auf sich zieht.

Vor diesem Hintergrund ist das Unternehmenswachstum unproblematisch, denn der anonyme Marktzwang, der durch die potentielle Konkurrenz findiger Unternehmer zum Ausdruck kommt, sorgt dafür, daß auch im Falle persistenter Unternehmensmacht bzw. Monopolstellungen kein mißbräuchliches Verhalten entsteht. Das Großunternehmen kann vielmehr seine Stellung im Markt behaupten, weil es seine individuellen Ziele und Pläne mit denen anderer Marktakteure in Übereinstimmung bringen kann. Hier liegt also eine Koordination vor, d.h. das Kriterium dynamischer Effizienz wird erfüllt. Der Austrian Approach betont also den Prozeßcharakter des Marktgeschehens und lehnt daher die neoklassische Gleichgewichtszustandsbetrachtung einer optimalen Ressourcenallokation ab. Da er von der Offenheit der Marktprozesse ausgeht, identifiziert er das statische, zustandsorientierte Effizienzkriterium nicht als wettbewerbspolitisches Ziel, sondern die Wettbewerbsfreiheit steht im Mittelpunkt der Wettbewerbspolitik. Wettbewerbsfreiheit ist gegeben, wenn Koordination vorliegt, d.h. wenn die Anpassungsflexibilität der Marktteilnehmer sich voll entfalten kann (dynamische Effizienz). Im Gegensatz dazu spielt für die

---

1 Vgl. Hayek, F.A.v.: Die Verfassung der Freiheit, a.a.O. 1971, S. 337.

2 Vgl. Armentano, D.T.: Antitrust and Monopoly: Anatomy of a Policy Failure, a.a.O. 1982, S. 273.

3 Dieser Aspekt verweist auf eine Ähnlichkeit mit der Chicago School.

4 Vgl. Hayek, F.A.v.: Grundsätze einer liberalen Wirtschaftsordnung, a.a.O. 1967, S. 31.

5 Vgl. ebenda.

6 Vgl. ebenda; vgl. Mises, L.v.: Nationalökonomie, a.a.O. 1980, S. 620.

Chicago School das wettbewerbspolitische Ziel "Wettbewerbsfreiheit" keine Rolle, wie in Kapitel D. gezeigt werden wird. Sie verfolgt, unbesehen der Offenheit von Marktprozessen, nur ein wettbewerbspolitisches Ziel, nämlich das der Konsumentenwohlfahrtsmaximierung im Sinne von allokativer und produktiver Effizienz und fällt damit in jene statischen, zustandsorientierten neoklassischen Kategorien zurück, die der Austrian Approach überwinden wollte.

Im Rahmen des Austrian Approach zeigt sich im externen und internen Unternehmenswachstum das Element unternehmerischer Findigkeit: z.B. Fusionen dienen der Entdekkung neuer Gewinnmöglichkeiten bzw. Koordinationslücken. Insofern erscheint die Fusionskontrolle – genauso wie die Entflechtung und die Mißbrauchsaufsicht – als schädliches wettbewerbspolitisches Interventionsinstrumentarium. Nach Armentano dient die Wettbewerbspolitik somit auch nicht dem Wettbewerb, sondern den Interessen jener Unternehmer, die sich im Wettbewerbsprozeß nicht behaupten können.[1]

Kirzner weicht von der Position Armentanos insoweit ab, als er die Entstehung eines Ressourcenmonopols als wettbewerbspolitisch problematisch einschätzt.[2] Solange jedoch die von den Unternehmen genutzten Ressourcen für alle zugänglich sind, sei jede unternehmerische Aktivität, jede Marktform und auch eine Monopolstellung wettbewerbspolitisch unbedenklich.[3] Internes und externes Unternehmenswachstum ist damit inhärent wettbewerblich und auch die entstehenden Marktstrukturen geben keinen Anlaß zu wettbewerbspolitischem Handlungsbedarf.

Die Forderung eines freien Marktzugangs und ungestörter Marktinformationen ist wettbewerbspolitisch allgemeingültig. Diese wichtigen Voraussetzungen für eine "spontane Ordnung"[4] bzw. einen "Markt" werden auf der Grundlage des Austrian Approach allein durch Deregulierung und Ermöglichung von Wettbewerbsfreiheit erreicht. Dies ist die Konsequenz der "unsichtbaren Hand" des Marktes, einer einseitigen Systemdynamik kybernetischer Ausprägung, die sich allein mit dem Prinzip der negativen Rückkopplung befaßt und das destabilisierende Element der positiven Rückkopplung, das eine endogene Störung der Preissignale erzeugt, unbeachtet läßt.

Durch die Nichtbeachtung dieser destabilisierenden Systemdynamik gerät der gesamte Austrian Approach in Widerspruch zu sich selbst: Gäbe es das Prinzip der positiven Rückkopplung nicht, würde das Marktsystem nicht evolvieren.[5]

Wettbewerbspolitik, die sich typischerweise mit den Machtrelationen zwischen den privaten Wirtschaftssubjekten auseinandersetzen muß, erhält erst durch das Prinzip der positiven Rückkopplung ihre Notwendigkeit.[6] Das Prinzip der positiven Rückkopplung bedeutet, daß Unternehmer sich nicht ausschließlich den Systemgesetzen beugen müssen

1 Vgl. Armentano, D.T.: Antitrust and Monopoly: Anatomy of a Policy Failure, a.a.O. 1982, S. 244.
2 Vgl. Kirzner, I.M.: Wettbewerb und Unternehmertum, a.a.O. 1978, S. 17 ff.
3 Vgl. ebenda, S. 20.
4 Vgl. Woll, A.: Freiheit durch Ordnung, a.a.O. 1989, S. 122.
5 Siehe dazu Punkt B. II.
6 Zur systemtheoretischen Integration der Dilemma-These siehe Punkt B. II.

(Anpassung und Koordination), sondern daß sie in der Lage sind, aus eigener Kraft die Systemgesetze zu ändern. Die Einführung des Prinzips der positiven Rückkopplung setzt einen Wechsel der evolutorischen Perspektive voraus: Die Darwinsche Evolutionsanalogie von Anpassung und "Fitness" wird durch eine schöpferische, emergente Evolutionsauffassung ersetzt, welche die endogenen Faktoren der Evolution hervorhebt. Eine Kraft, welche die Fähigkeit besitzt, eine positive Rückkopplung zu erzeugen, braucht sich nicht den anonymen Systemgesetzen unterzuordnen, sondern hat sogar das Potential, das Gesamtsystem zu verändern. Dies setzt eine private Macht voraus, die zu mehr als Anpassungsleistungen befähigt. Nicht mehr die anpassende Handlung ist dann bedeutungsvoll, sondern die revolutionierende Aktion, die zur Strukturevolution führt. Dieses Phänomen blendet der Austrian Approach aus. Angesichts der positiven Rückkopplung ist die Vorstellung von der Zwillingsidee von Koordination und Evolution nicht mehr haltbar: Die Kräfte, die die Evolution herbeiführen, sind nicht mehr jene Kräfte, die anpassend koordinieren. Systemtheoretisch ausgedrückt bedeutet dies, daß zur negativen Rückkopplung die positive Rückkopplung hinzukommt. Der Austrian Approach der Wettbewerbstheorie geht angesichts seiner verkürzten systemtheoretischen Perspektive nur von negativen Rückkopplungen aus, was vor dem Hintergrund des Innovationswettbewerbs und angesichts neuer systemtheoretischer Forschungen, wie noch zu zeigen sein wird, unangemessen ist. Der Austrian Approach konnte somit die koordinierenden Kräfte nicht von den evolutionären Kräften abgrenzen.

Die Einführung der positiven Rückkopplung geht mit einer vom Austrian Approach abweichenden Beurteilung der Rolle privater Macht einher: Sie wird nicht mehr passiv durch die anonymen Marktkräfte gezügelt. Aus diesem Grunde ist sie immer problematisch: Nicht allein durch staatliche Intervention können Barrieren errichtet werden, die vor potentieller Konkurrenz schützen, sondern auch private Macht besitzt das Potential zur Errichtung von Marktschranken. In einer um die positive Rückkopplung erweiterten systemtheoretischen Perspektive legt die Systemdynamik also eine Kontrollnotwendigkeit von privater Macht nahe: Wettbewerbspolitik beschränkt sich dann nicht allein auf die Bereitstellung von Wettbewerbsfreiheit durch staatliche Abstinenz (Deregulierung).

Vor dem Hintergrund dieser Erweiterung der systemtheoretischen Perspektive offenbart sich von Hayeks Position als wettbewerbspolitischer Fatalismus, wenn er z.B. bemerkt, daß Monopolsituationen zwar unerwünscht, aber aus Gründen, die wir nicht ändern können, oft unvermeidlich sind.[1] Diese "Gründe, die wir nicht ändern können", hängen aus der Sicht der systemtheoretischen Erweiterung mit jenen positiven Rückkopplungen zusammen. Ein relevanter Fall wären economies of scale[2] – eine typische Ursache für das Unternehmenswachstum. Dieses Element der traditionellen "Marktunvollkommenheiten" wird in die Systemtheorie übersetzt: Jetzt werden Einzelfallanalysen bei der Beurteilung des Unternehmenswachstums bedeutungsvoll. Eine Marktmachtbekämpfung ist im Rah-

1 Vgl. Hayek, F.A.v.: Grundsätze einer liberalen Wirtschaftsordnung, a.a.O. 1967, S. 31. Hier kann man ihn interpretieren: Möglicherweise bezieht er sich auf strukturelle Barrieren.

2 Vgl. Erdmann, G.: Elemente einer evolutorischen Innovationstheorie, a.a.O. 1993, S. 48. Siehe auch Punkt B. II.

men der systemtheoretischen Erweiterung nicht mehr marktsystemwidrig,[1] da das Marktsystem eine zusätzliche destabilisierende Charakteristik aufweist, die die Wettbewerbspolitik ständig vor Dilemma-Situationen stellt,[2] welche Einzelfallentscheidungen erfordern.[3] Eine derartige Einzelfallentscheidung könnte z.B. eine Entflechtung auch im Falle eines internen Unternehmenswachstums sein.

6. Zusammenfassende Betrachtung zum Austrian Approach der Wettbewerbstheorie

Den Austrian Approach der Wettbewerbstheorie kennzeichnet eine Überinterpretation der Betrachtungen von Hayeks. Dessen Erkenntnisinteresse galt nicht den sozioökonomischen Veränderungen, wie sie im Innovationswettbewerb, der mit Wissensentwertung einhergeht, zum Ausdruck kommen, sondern seine Forschungen bezogen sich auf die empirische Relevanz der Gleichgewichtstendenz.

In Abweichung von der neoklassischen Gleichgewichtszustandsbetrachtung mit der Annahme vollkommenen Wissens ist für von Hayek die Prozeßbetrachtung der Verwertung des Wissens bei der Koordination der Handlungen der Marktteilnehmer bedeutungsvoll und nicht die Wissensentwertung im Innovationsprozeß. Wettbewerb wird nun zum Entdeckungsverfahren dezentral verstreuten Wissens, das keine Zentralinstanz je kennen kann. In seiner Marktprozeßanalyse erklärt von Hayek die Möglichkeit einer Gleichgewichtstendenz, indem er sich auf den Koordinationsaspekt bezieht (Koordinationstheorie). Da er von der Zustandserklärung zur Marktprozeßerklärung wechselt, ist für ihn nicht mehr der Gleichgewichtszustand relevant, sondern die sich augenblicklich im Marktprozeß ergebende "spontane Ordnung", die von den Marktteilnehmern nicht absichtlich herbeigeführt werden kann.

Der Markt als Koordinationsinstanz erscheint als homöostatisches System, und von Hayeks Auffassung, daß alle ökonomische Tätigkeit als Anpassung an vorübergehende Änderungen aufgefaßt werden müsse, stimmt nur im Bezugsrahmen seiner Koordinationstheorie. Sie ist nicht vollständig auf den Innovationswettbewerb übertragbar, wie dies Kirzner in seiner Konzeption versucht.

In Kirzners Marktprozeßerklärung erscheint derjenige, der die Änderungen herbeiführt (Innovator), als gleichgewichtsbildende Kraft. Diese Vorstellung ermöglicht die für den Austrian Approach typische Koppelung von kybernetischer Systemtheorie und einer an Darwin orientierten Evolutionsanalogie, die nur die externen Umweltfaktoren der Evolution betrachtet (Anpassung: "Fitness"): Jene Kräfte, die die Evolution herbeiführen, sind

---

1 Vgl. anders Hoppmann, E.: Wirtschaftsordnung und Wettbewerb, a.a.O. 1988, S. 134.

2 Siehe Punkt B. II.

3 Da das Marktsystem dann nicht mehr als homöostatischer Totalmarkt charakterisiert ist, können Fälle der Kollusion – positive Rückkopplungen infolge sinkender Transaktionskosten – nicht mehr als "Enklaven" charakterisiert werden: Vgl. dazu Hoppmann, E.: Wirtschaftsordnung und Wettbewerb, a.a.O. 1988, S. 132.

gleichzeitig auch mit anpassender Koordination beschäftigt.[1] Jetzt läßt sich jedes Handeln unter der stabilisierenden Prozeßdynamik im Sinne negativer Rückkopplungen zusammenfassen. Damit wird bei Kirzner der systemumwälzende Aspekt (Strukturevolution) der kreativen Aktion des Innovators, die zur Wissensentwertung führt, ausgeblendet: Umwälzendes Handeln wird in anpassendes Handeln uminterpretiert. Kirzners Versuch, innovative Aktionen zu endogenisieren, knüpft damit an den Rückstand der systemtheoretischen Forschung der 60er Jahre an, das Phänomen der destabilisierenden positiven Rückkopplung zu erfassen.

Eine evolutorische Dynamik ist durch positive Rückkopplungsprozesse gekennzeichnet. Sie ist keine Stabilisierungsdynamik, wie dies im Rahmen der Zwillingsidee von Koordination und Evolution unterstellt wird. Darin kommt die Überinterpretation des von Hayekschen Gedankenguts zum Ausdruck, und es bedarf einer systemtheoretischen Revision in bezug auf den Innovationswettbewerb.

Die im Austrian Approach angelegte Ausblendung der positiven Rückkopplung ist auf der Basis neuerer systemtheoretischer Forschungen, die das Manko der 60er Jahre überwinden, als konzeptionelles Defizit in bezug auf den Innovationswettbewerb zu bezeichnen, wie im nächsten Kapitel gezeigt wird. Im Austrian Approach werden koordinierende und evolutionäre Kräfte vor dem Hintergrund seines systemtheoretischen Defizits nicht ausdifferenziert. Dies hat Konsequenzen für die Beurteilung privater Macht im Wettbewerbsprozeß: Solange das Element der positiven Rückkopplung nicht explizit als Konzeptionselement in die Betrachtung eingeht, verharren die Unternehmen in stabilisierender, anpassender Koordinationsdynamik. Als machtlose Anpasser sind sie dem anonymen Marktzwang im komplexen System unterworfen, d.h., sie haben nicht die Macht, die Systemgesetze zu ändern, Wissen zu entwerten bzw. eine positive Rückkopplung zu erzeugen. Dies wäre jedoch die Voraussetzung für eine systemendogen erzeugte Evolution des Marktsystems. Diese Evolution betrachtet der österreichische Ansatz jedoch nicht. Der Innovationswettbewerb verlangt einen Wechsel der Evolutionsperspektive, hin zur schöpferischen, endogenen Evolution, die positive Feedbacks voraussetzt. Private Macht würde dann jedoch nicht mehr durch die anonymen Marktkräfte im vermaschten System gezügelt, sondern sie hätte neben dem Staat auch das Potential, Barrieren gegenüber potentiellen Konkurrenten zu errichten. Kräfte, die positive Rückkopplungen erzeugen können, weisen eine Macht auf, die durch wettbewerbspolitische Instanzen kontrolliert werden muß, weil sie sich den anonymen Marktzwängen in Form potentieller Konkurrenz auch in mißbräuchlicher Form entgegenstellen können. Im Austrian Approach der Wettbewerbstheorie jedoch erfährt der neoklassische machtlose Anpasser eine dynamische, prozeßorientierte Interpretation durch die theoretischen Elemente der Kybernetik und der Darwinschen Evolutionsanalogie.

Der österreichische wettbewerbstheoretische Ansatz liefert somit keinen passenden theoretischen Bezugsrahmen für den Innovationswettbewerb, der durch schöpferische F&E-Aktivitäten technischen Fortschritt hervorbringt. Dieser dynamische Wettbewerb verlangt eine Prozeßanalyse, die die endogenen Bedingungen einer schöpferischen Evolution be-

---

1 Vgl. dazu Hoppmann, E.: Wirtschaftsordnung und Wettbewerb, a.a.O. 1988, S. 109.

trachtet. Dies setzt eine systemtheoretische Erweiterung um das Phänomen der positiven Rückkopplung voraus. Erst dann kann die Strukturevolution des Marktsystems erschlossen werden, ein Aspekt, den der Austrian Approach durch seine an Darwinsche Evolutionsanalogien (Anpassung an externe Umweltfaktoren) gekoppelte kybernetische systemtheoretische Perspektive ausblendet. Die Konzeption des Austrian Approach muß also in systemtheoretischer und evolutorischer Hinsicht überarbeitet werden, und es gilt, die systemtheoretische Lücke der 60er Jahre zu überwinden. Durch die Integration positiver Feedbacks wird das Schwergewicht auf eine evolutionäre, destabilisierende Dynamik gelegt. Kirzners findiger Unternehmer wird durch den Schumpeter-Unternehmer abgelöst, der in neuer Form zum zentralen Element der neuen "Systemtheorie der Evolution" wird.

II. Zur Weiterentwicklung und Kritik des Austrian Approach der Wettbewerbstheorie im Rahmen einer evolutorischen Ökonomik

1. Evolutorische Ökonomik: der Beginn eines neuen Forschungsprogramms – Abgrenzungen

Die evolutorische Ökonomik ist ein Forschungsprogramm, das am Anfang seiner Entwicklung steht und das aus der Unzufriedenheit mit dem neoklassischen Paradigma entstanden ist. Die Hauptkritik hebt hervor, daß das Maximierungskalkül in Verbindung mit dem Gleichgewichtskonzept als Elemente des "harten Kerns" des neoklassischen Paradigmas den Zugang zum Verständnis von Prozeß und Wandel als prägende Elemente moderner Industriegesellschaften blockiert.[1] Die evolutorische Ökonomik wird als eine "neue Heterodoxie"[2] bezeichnet, weil viele unterschiedliche Denkschulen, wie z.B. die Österreichische Schule, die Schumpeter-Tradition, der Institutionalismus sowie die marxistische Schule sich mit evolutionären Phänomenen auseinandersetzen.[3] Jede dieser Denkschulen beschäftigt sich auf spezifische Weise mit ökonomischer Evolution, d.h. der Entstehung und Ausbreitung von Neuerungen,[4] also dem Entwicklungswettbewerb.[5]

---

1 Vgl. Witt, U.: Überlegungen zum Stand der evolutorischen Ökonomik; in: Biervert, B.; Held, M. (Hrsg.): Evolutorische Ökonomik. Neuerungen, Normen, Institutionen; Frankfurt a.M., New York 1992, S. 23 f.

2 Ebenda, S. 23.

3 Vgl. ebenda. Dem neuen Forschungsansatz kann beispielsweise Jochen Röpke zugeordnet werden, der eine "Österreichische Perspektive" vertritt: vgl. z.B. ders.: Die Strategie der Innovation, a.a.O. 1977. In der Tradition des evolutionären Institutionalismus steht beispielsweise K.E. Boulding: Evolutionary Economics, London 1981; vgl. auch den Überblicksaufsatz von Foster, J.: The Institutionalist (Evolutionary) School; in: Mair, D.; Miller, A.G.: A Modern Guide to Economic Thought, Aldershot, Brookfield 1991, S. 207-231. Der Schumpeter-Tradition z.B. gehören an: Heuss, E.: Allgemeine Markttheorie, Tübingen 1965, Hanusch, H.: Evolutionary Economics-Applications of Schumpeters Ideas, Cambridge 1988; Day, R.H.: The General Theory of Disequilibrium Economics and of Economic Evolution; in: Batten, D.; Casti, J.; Johannson, B. (Hrsg.): Economic Evolution and Structural Adjustment, Berlin 1987, S. 46-63.

4 Eine Kritik an der spezifischen Sichtweise des Austrian Approach, der davon ausgeht, daß das Marktsystem ein evolutorisches System mit homöostatischer Kontrolle ist, klang bereits unter Punkt B. I. an und soll hier ausgeführt werden.

5 Vgl. Arndt, H.: Macht und Wettbewerb, in: Cox, H. u.a. Handbuch des Wettbewerbs, a.a.O. 1981, S. 51.

Es sei erwähnt, daß neoklassische Analytiker im Rahmen ihrer Weiterentwicklungen via Annahmenvariationen auch eine neoklassische Evolutionsökonomik anvisieren.[1]

Im vorliegenden Kapitel wird die Schumpeter-Tradition weiterverfolgt, indem neueste Erweiterungen der allgemeinen Systemtheorie Berücksichtigung finden. Aus der Sicht dieser neuen "Systemtheorie der Evolution" erscheinen die Marktsystembetrachtungen des Austrian Approach verkürzt. Die neue systemtheoretische Sichtweise[2] eröffnet ein – bisher weitgehend unerschlossenes – wettbewerbstheoretisches Entwicklungspotential in Richtung auf eine systemtheoretische Integration industrieökonomischer Ansätze. Da hier insbesondere die Strukturevolution im Vordergrund steht, kann z.B. das Marktphasenschema von Heuss in einen passenden systemtheoretischen Kontext der Instabilität gestellt werden, wo die Marktmachterosion nicht wie im Rahmen des Austrian Approach unter der Bedingung eines offenen Systems prästabiliert ist. Die wettbewerbspolitische Implikation ist u.a. eine systemtheoretische Renaissance der Marktstrukturpolitik im Zusammenhang mit partialmarktorientierten Einzelfallanalysen und Marktabgrenzungen,[3] also eine zum Austrian Approach konträre Politik.[4] Im neuen systemtheoretischen Ansatz, der Entwicklungsprozesse beschreiben will, spielen die positiven Rückkopplungen eine entscheidende Rolle bei der Entwicklung von Systemen, wie z.B. dem Marktsystem. Die neue "Systemtheorie der Evolution" ist besonders geeignet, die Dynamik des Innovationswettbewerbs darzustellen und ist damit für dynamische Wettbewerbsprozesse angemessener als die an Anpassungshandlungen orientierte Koordinationstheorie in Verbindung mit der Darwinschen Evolutionsanalogie des Austrian Approach. Die Zwillingsidee von Koordination und Evolution ist somit in bezug auf den Innovationswettbewerb nicht mehr notwendig und kann aufgegeben werden: Jene Marktteilnehmer, die anpassend koordinieren, sind nicht mehr identisch mit jenen, die die Entwicklung des Marktsystems vorantreiben. Diese den positiven Feedbacks zugeordneten Innovatoren unterscheiden sich grundlegend von den koordinierenden Unternehmertypen: Sie sind die bekannten Schumpeter-Unternehmer, die im neuen theoretischen Bezugsrahmen eine Renaissance erfahren.

---

1 Einen Überblick über die Literatur liefert Witt, U.: Überlegungen zum gegenwärtigen Stand der evolutorischen Ökonomik, a.a.O. 1992, S. 24: Hier verweist er u.a. auf Lehmann-Waffenschmidt, M.: Economic Evolution: A General Equilibrium Analysis, Heidelberg 1990; Ursprung, H.W.: Evolution and the Economic Approach to Human Behavior, in: Journal of Social and Biological Structure, Vol. 11, 1988, S. 257-279.

2 Siehe Punkt 3. c. in diesem Kapitel.

3 Siehe Punkt 4. in diesem Kapitel.

4 Das überwiegend unbeackerte Feld der neuen evolutionären Schumpeter-Tradition betreten z.B. Fehl, U.: Die Theorie dissipativer Strukturen als Ansatzpunkt für die Analyse von Innovationsproblemen in alternativen Wirtschaftsordnungen, in: Schüller; A.; Leipold, H.; Hamel, H. (Hrsg.): Innovationsprobleme in Ost und West, Stuttgart, New York 1983, S. 65-89; Erdmann, G.: Elemente einer evolutorischen Innovationstheorie, Tübingen 1993; vgl. auch einen Forscher, der zunächst der österreichischen Denkschule verbunden war: Röpke, J.: Externes Unternehmenswachstum im ökonomischen Evolutionsprozeß, in: ORDO Bd. 41 (1990), S. 151-172.

2. "Wettbewerb als Entdeckungsverfahren" und "Wettbewerb als kreatives Verfahren" als konträre evolutionstheoretische Interpretationen

a. Wettbewerbstheorien als evolutorische Theorien

Witt entwickelte drei Kriterien, denen eine evolutorische Theorie genügen muß:[1]

- Die Theorie soll dynamisch in dem Sinne sein, daß sie eine in der Zeit ablaufende Entwicklung betrachtet, d.h. die zeitliche Abfolge historischer Ereignisse wird relevant.
- Der Zeitbegriff der Theorie bezieht sich somit auf die historische Zeit. Damit beschäftigt sich die Theorie mit Entwicklungen, die eine zeitlich nicht umkehrbare Richtung aufweisen (irreversible Prozeßabläufe), im Gegensatz zum physikalischen Zeitbegriff, der Zeit als Dauer im Uhrsinn begreift.
- Die Theorie enthält Hypothesen über das zeitliche Verhalten von Systemen, in denen Neuerungen auftreten und sich ausbreiten. Sie beschäftigt sich also mit dem Beitrag von Neuerungen zum Wandel, Entstehen und Vergehen von Systemen (Dabei wird die Entwertung des Wissens im Innovationsprozeß relevant; d.Verf.).

In den Kapiteln zur Chicago School und zum Austrian Approach der Wettbewerbstheorie zeigt sich, daß biologische Evolutionstheorien wettbewerbstheoretische Konzeptionen stark beeinflußt haben.[2] Damit erhalten die Theorien einen evolutorischen Prozeßcharakter, so daß sie mit den obengenannten Kriterien in Einklang stehen.

Da diese Einflüsse der traditionellen Evolutionstheorie entspringen, scheinen sie allerdings aus heutiger Sicht obsolet, denn es haben Weiterentwicklungen stattgefunden, die Witts Einwand, die evolutorische Theorie Schumpeters weise keinerlei Analogie zur biologischen Evolutionstheorie auf,[3] entkräften.[4] Damit entspricht die Schumpeter-Tradition neuesten evolutionstheoretischen Erkenntnissen, die zu einer Erweiterung der systemtheoretischen Perspektive geführt haben.[5]

Die wettbewerbstheoretisch jeweils relevanten evolutionstheoretischen Basisinterpretationen im Rahmen des Austrian Approach, der Chicago School und der Schumpeter-Tradition sollen im folgenden gegenübergestellt werden:[6]

---

1 Vgl. Witt, U.: Individualistische Grundlagen der evolutorischen Ökonomik, a.a.O. 1987, S. 9.

2 Problematisch wird dies immer dann, wenn keinerlei Bezüge zum wirtschaftlichen Geschehen vorliegen. Im interdisziplinären Forschungskonzept der allgemeinen Systemtheorie werden indes fachübergreifende Bezüge hergestellt.

3 Vgl. ebenda.

4 Für die Ökonomik und andere Disziplinen wird der Bezug über die allgemeine Systemtheorie möglich. Die Ansätze von Fehl und Erdmann sind Beispiele dafür, daß diese Weiterentwicklungen mittlerweile in die evolutorische Ökonomik Einzug gehalten haben. Gleiches gilt für den Bereich der Soziologie. Vgl. z.B. Willke, H.: Systemtheorie, 4. Aufl. 1993.

5 Siehe Punkt 3. c. in diesem Kapitel.

6 Vgl. dazu besonders Altner, G.: Der Begriff der Evolution in Biologie und Sozialwissenschaften – Zur Differenzierung einer pauschalen Grundkategorie, in: Biervert, B.; Held, M. (Hrsg.): Evolutorische Ökonomik, a.a.O. 1992, S. 56 ff.; vgl. auch Willke, H.: Systemtheorie, a.a.O. 1993, S. 82, 89 f., 122 ff., 146 ff.

Es bestehen grundsätzlich zwei entgegengesetzte Auffassungen zur Evolution: Der Ansatz der Präformation – hier sind die evolutorischen Elemente des Austrian Approach und der Chicago School einzuordnen – und der Ansatz der Epigenesis, dem die evolutionäre Schumpeter-Tradition zugeordnet werden kann.

b. "Wettbewerb als Entdeckungsverfahren" und Präformation

Die Präformation deutet evolutionäre Phänomene mechanistisch, d.h., das Naturgeschehen wird auf ein natürliches Grundgesetz zurückgeführt.[1] Hier ist Darwins Selektionstheorie (externe Selektion) einzuordnen. Diese traditionelle Evolutionstheorie, auf die in den Wirtschaftswissenschaften häufig Bezug genommen wird, betrachtet nur die äußeren Umweltfaktoren der Evolution:[2] Diese externen Faktoren wirken durch die Konkurrenz in Richtung auf ein Überleben unter Knappheitsbedingungen, d.h. sie zielen auf eine Anpassung an die Lebensbedingungen der Umwelt ab. Der "Kampf ums Dasein" durch Konkurrenz bzw. die Auslese (Selektion) führt von Anpassungsleistung zu Anpassungsleistung.[3] Der historische Wandel vollzieht sich durch das von Darwin betonte Konkurrenzprinzip in Richtung auf eine bessere Anpassung an Umweltbedingungen.[4] Das unmittelbare Ergebnis dieses Prozesses ist die "Fitness", d.h. die gute Anpassung an die Umwelterfordernisse.[5]

Derjenige, der am besten an die Umweltbedingungen angepaßt ("Fitness") ist, überlebt im "Kampf ums Dasein":[6] Das Überleben der Art zeigt sich dabei in einer hohen Reproduktionsrate.[7]

Die traditionelle Evolutionstheorie beschäftigt sich mit der primitivsten Form der Auseinandersetzung mit der Umwelt: der Anpassung.[8] Das jeweilige System (z.B. Organismus, Individuum) kann sich nicht der Umwelt widersetzen, sondern nur auf Umweltreize reagieren, d.h., es ist durch die Umwelt determiniert.[9] Ein derartiges System ist auf seine Selbsterhaltung gerichtet und verfügt nur über wenige Handlungsalternativen,[10] da es auf die Anpassung festgelegt ist. Die Reiz-Reaktions-Verknüpfung kann durch einen Regelkreis dargestellt werden, d.h., das System funktioniert nach dem Prinzip der negativen Rückkopplung.[11] Damit liegt ein System vor, das seine Eigenkomplexität im Sinne einer

1 Vgl. Altner, G.: Der Begriff der Evolution in Biologie und Sozialwissenschaften – Zur Differenzierung einer pauschalen Grundkategorie, a.a.O. 1992, S. 57.

2 Vgl. Willke, H.: Systemtheorie, a.a.O. 1993, S. 90.

3 Vgl. Altner, G.: Der Begriff der Evolution in Biologie und Sozialwissenschaften, a.a.O. 1992, S. 57.

4 Vgl. ebenda S. 61.

5 Vgl. Altner, G.: Der Begriff der Evolution in Biologie und Sozialwissenschaften, a.a.O. 1992, S. 61.

6 Für Darwin selbst war der "Kampf ums Dasein" lediglich eine Metapher. Überdies war für ihn das Kriterium "Survival of the Fittest" und damit das Konkurrenzprinzip nur eine Hypothese, die er zur Diskussion stellte: Vgl. Altner, G.: Der Begriff der Evolution in Biologie und Sozialwissenschaften, a.a.O. 1992, S. 61.

7 Vgl. Willke, H.: Systemtheorie, a.a.O. 1993, S. 89.

8 Vgl. ebenda, S. 82.

9 Vgl. ebenda, S. 39, 105.

10 Vgl. ebenda, S. 40.

11 Siehe Punkt 3. a. in diesem Kapitel.

Steigerung von Handlungsalternativen nicht ausdehnen kann. Hier zeigt sich, daß die Darwinsche Evolutionstheorie wegen der besonderen Bedeutung von Anpassungsleistungen wenig für soziale Systeme geeignet ist, da diese nicht rein defensiver Natur sind, sondern sich der Umwelt widersetzen können.[1] Wenn von Hayek behauptet, alle wirtschaftliche Tätigkeit stelle eine Anpassung an unvorhergesehene Änderungen dar,[2] und die Marktordnung arbeite nach dem kybernetischen Prinzip der negativen Rückkopplung,[3] so interpretiert er sozioökonomische, evolutionäre Phänomene im Sinne der Präformation. In Analogie zum anpassungsfähigen Organismus weist das Marktsystem dann die Eigenschaften eines evolutorischen Systems mit homöostatischer Selbstkontrolle auf. Dadurch, daß die koordinierenden Wettbewerbskräfte die Anpassung des Marktsystems an die Außenwelt herbeiführen, entwickelt es sich,[4] so daß der Markt als "spontane Handelnsordnung" und die Evolution untrennbar miteinander verbunden sind.[5] Der Wandel des Systems findet seinen Niederschlag ausschließlich in einer besseren Anpassung des Systems an seine Umweltbedingungen. Damit dient er nur der Erhaltung des Systems: Die gleichen Wettbewerbskräfte, die die Evolution herbeiführen, koordinieren – sie stabilisieren das System homöostatisch.[6]

Dieses stabile, auf Strukturerhaltung und nicht auf Strukturevolution gerichtete System besitzt allerdings nicht die Fähigkeit, seine Komplexität endogen zu steigern, weil dies, wie noch zu zeigen sein wird,[7] nur in instabilen bzw. metastabilen Systemen möglich ist. Soziale Systeme sind bei ihrer Auseinandersetzung mit der Umwelt allerdings nicht nur auf Handlungsalternativen im Rahmen einer Anpassung verwiesen. Die kreative Aktion wird im Rahmen einer Selbsttranszendenzmöglichkeit bedeutungsvoll, eine Fähigkeit, die auf die internen Faktoren der Evolution verweist: Das System entwickelt sich aus sich selbst heraus und paßt sich nicht nur der Umwelt an; es kann seine Eigenkomplexität endogen steigern.

Dieses Problem der emergenten Evolution umgeht der Austrian Approach der Wettbewerbstheorie, indem Kreativität und Aktion als "Findigkeit" der Anpassung und der Systemerhaltung dienen: Kirzners findiger Unternehmer sorgt als gleichgewichtsbildender Faktor für den Erhalt des Systems: Sein Handeln bezieht sich auf die Koordinationslückensuche und sorgt so für eine bessere Anpassung des Systems an seine Umweltbedingungen. Sein Verhalten erstreckt sich nicht zusätzlich auf die Schaffung einer Koordinationslücke. Die Kreativität bezieht sich hier lediglich auf die Schließung der Koordinationslücke. Diese Rolle des Kirznerschen findigen Unternehmers im "Wettbewerb als Entdek-

---

1 Vgl. Willke, H.: Systemtheorie, a.a.O. 1993, S. 39.

2 Vgl. Hayek, F.A. v.: Rechtsordnung und Handelnsordnung, in: Freiburger Studien, gesammelte Aufsätze, a.a.O. 1969, S. 187.

3 Vgl. ebenda.

4 Die Entwicklung dient hier der Strukturerhaltung.

5 Vgl. Hoppmann, E.: Wirtschaftsordnung und Wettbewerb, a.a.O. 1988, S. 109; vgl. auch zur "Zwillingsidee von spontaner Ordnung und Evolution": Hayek, F.A.v.: Bemerkungen über die Entwicklung von Systemen und Verhaltensregeln, in: ders.: Freibuger Studien, a.a.O. 1969, S. 156; vgl. auch Thoben, H.: Mechanistic and Organistic Analogies in Economics Reconsidered, a.a.O. 1982, S. 292 ff.

6 Vgl. Hoppmann, E.: Wirtschaftsordnung und Wettbewerb, a.a.O. 1988, S. 109.

7 Siehe Punkt 3. c. in diesem Kapitel.

kungsverfahren" entspringt der Anwendung des Konzepts der Präformation der Evolutionstheorie auf soziale Phänomene.

c. "Wettbewerb als kreatives Verfahren" und Epigenesis

Wettbewerb als kreatives Verfahren läßt bei Wettbewerbsprozessen die Möglichkeit der Instabilität zu und entspringt Schumpeters Sicht des Wettbewerbs als Prozeß der "schöpferischen Zerstörung". Schumpeter interpretiert die ökonomische Evolution damit als einen schöpferischen Prozeßablauf.[1] Diese Sichtweise evolutionärer Prozesse entspricht der Betrachtung der Epigenesis.[2] Im Gegensatz zum mechanistischen Ansatz der Präformation[3] geht die Entwicklung nicht auf die Anpassung an die Erfordernisse der Umwelt zurück, sondern sie ist der Effekt systeminterner "Kipp-Prozesse",[4] die neue Systemeigenschaften und Qualitätsumschläge hervorbringen.

Die Neuerungen sind hier nicht aus einem immer gleichbleibenden Evolutionsgesetz ableitbar,[5] wie es das Prinzip des "Survival of the Fittest" vorsieht, sondern der Evolutionsprozeß ist nicht prästabiliert. Im Austrian Approach der Wettbewerbstheorie dagegen ist dies jedoch der Fall, weil die Prozeßdynamik ausschließlich stabilisierende Prozesse zuläßt. In diesem Zusammenhang ist auch von Hayeks "Zwillingsidee von spontaner Ordnung und Evolution" einzuordnen, wenn er die klassische Harmoniethese im Sinne der Präformation evolutionstheoretisch interpretiert.

Eine nicht-prästabilierte Evolution wird demgegenüber durch autokatalytische Prozesse möglich, die das System destabilisieren.[6] Der Systemtheoretiker und Physiker Erich Jantsch verweist darauf, daß dieses autokatalytische Prinzip im menschlichen Bereich häufig anzutreffen ist;[7] insbesondere ökonomische Aktivität wirke autokatalytisch.[8] Vor dem Hintergrund der Kybernetik stellen sich diese autokatalytischen Prozesse dergestalt dar, daß eine Abweichung nicht zurückgeregelt wird: vielmehr führt sie eine immer größere Abweichung herbei, d.h. es liegt eine positive Rückkopplung vor.[9] Dies bedeutet, daß

---

1 Vgl. Schumpeter, J.A.: Theorie der wirtschaftlichen Entwicklung, 7. Aufl., Berlin 1987.

2 Vgl. Altner, G.: Der Begriff der Evolution in Biologie und Sozialwissenschaften, a.a.O. 1992, S. 63.

3 Diesem kann die klassische Harmoniethese zugeordnet werden. Dabei ist anzumerken, daß Darwin bei der Beobachtung der biologischen Phänomene den Konkurrenzgedanken von den Ökonomen A. Smith und Thomas Malthus übernommen hatte. Die Beobachtungen könnten auch kooperativ gedeutet werden.

4 Ebenda, S. 65. Der allgemeine systemtheoretische Ansatz der Evolution nennt das zugrundeliegende Ordnungsprinzip "Wandel durch Fluktuation". Dieses Ordnungsprinzip kann der "spontanen Ordnung" gegenübergestellt werden. Siehe dazu Punkt 3. c. in diesem Kapitel.

5 Vgl. ebenda, S. 63, 65.

6 Siehe Punkt 3. c. in diesem Kapitel.

7 Vgl. Jantsch, E.: Die Selbstorganisation des Universums, München 1982, S. 111.

8 Vgl. ebenda, S. 114.

9 Vgl. das Zitat bei Fehl, E.: Die Theorie dissipativer Strukturen als Ansatzpunkt für die Analyse von Innovationsproblemen in alternativen Wirtschaftsordnungen, in: Schüller, A.; Leipold, H.; Hamel, H. (Hrsg.): Innovationsprobleme in Ost und West, Stuttgart, New York 1983, S. 71. Beispielsweise kommt es in einem solchen Falle nicht zu Markträumungs- oder Marktmachterosionsprozessen: Vielmehr wachsen die Marktmacht sowie die Angebots- oder Nachfrageüberschüsse an. Vor dem sta-

sich das System nicht ausschließlich homöostatisch im Sinne eines adaptiven Organismus stabilisiert. Im Gegensatz zur Auffassung von Hayeks ist wirtschaftliche Betätigung hier nicht ausschließlich Anpassung zur Systemerhaltung im Kontext negativ rückgekoppelter Prozesse, sondern die schöpferische Aktion setzt autokatalytische Prozesse in Gang, in deren Folge Innovationen alte Systemeigenschaften beseitigen (z.B. Wissensentwertung) und für einen Komplexitätszuwachs im Sinne neuer Handlungsalternativen sorgen.[1] Derartige autokatalytische Prozesse sind aus der Sicht eines dynamischen Wettbewerbs gewünscht. Sie sind jedoch nicht per se wettbewerbspolitisch unproblematisch, weil sie mit einer Ressourcenverschwendung einhergehen können.

Überdies kann der Entwicklungsprozeß einen Marktversagensfall hervorbringen. So kann beispielsweise im Wettbewerb ein natürliches Monopol entstehen. Die Relevanz steigender Skalenerträge hat dann dazu geführt, daß im Wettbewerbsprozeß Marktmacht nicht erodiert, sondern immer stärker aufgebaut wurde.[2]

Die wettbewerbspolitische Problematik liegt nun darin, daß die Marktöffnung durch Deregulierung allein nicht ausreicht, um ein wettbewerbliches Verhalten des Monopolisten herbeizuführen. Da sich dieser aktiv seiner Umwelt widersetzen kann und nicht im Sinne der evolutionären Perspektive der Präformation durch diese determiniert wird, kann ein strategisches Abwehrverhalten gegenüber potentiellen Konkurrenten nicht ausgeschlossen werden. Damit ist der strategic entry-deterrence-Ansatz der Harvard School mit der evolutionären Betrachtung der Epigenesis vereinbar und systemtheoretisch integrierbar.[3]

Im Rahmen der Epigenesis sind damit die internen, kreativen Faktoren der Evolution und nicht ausschließlich die externen Umweltfaktoren bedeutungsvoll. Das Kriterium der Evolution ist nicht allein das Prinzip des "Survival of the Fittest", sondern die Zunahme an "Vielfalt" bzw. organisierter Komplexität.[4] Durch systeminterne Faktoren der schöpferischen Aktion (z.B. Inventionen, Innovationen aller Art) vermag das System seine Eigenkomplexität im Sinne immer neuer Handlungsalternativen zu steigern. Damit wird es in die Lage versetzt, neue Freiheitsgrade gegenüber der Umwelt zu erlangen.[5] Das System ist jetzt nicht mehr durch die Umwelt determiniert, sondern kann dieser seinen eigenen Willen entgegensetzen,[6] d.h. seine "operative Komplexität" steigern.[7] Die wettbewerbspo-

---

tischen Hintergrund des Cobweb-Theorems liegt ein divergierender Prozeß vor, der vom Gleichgewichtspunkt wegstrebt.

1 Zur Darstellung des Ansatzes und seiner wettbewerbspolitischen Implikationen siehe die Punkte 3. c. und 4. in diesem Kapitel.

2 Vgl. Erdmann, G.: Elemente einer evolutorischen Innovationstheorie, a.a.O. 1993, S. 50.

3 Da die Selbstorganisation des Systems sich nicht ausschließlich im Rahmen negativer Feedbacks vollzieht, kann sie wettbewerbspolitische Probleme auch bezüglich des Anpassungs- und Entwicklungswettbewerbs aufwerfen.

4 Vgl. Wilke, H.: Systemtheorie, a.a.O. 1993, S. 82; vgl. Jantsch, E.: Design for Evolution, a.a.O. 1975, S. 33 ff.

5 Vgl. Willke, H.: Systemtheorie, a.a.O. 1993, s. 82. Die schöpferische Aktion dient nicht der Anpassung und damit der Systemerhaltung, sondern sie führt zur Zerstörung des alten Systems: Die Revolution ist Element der Evolution.

6 Vgl. Willke, H.: Systemtheorie, a.a.O. 1993, S. 105.

7 Vgl. ebenda, S. 103.

litische Implikation ist demnach, daß die Öffnung des Systems durch Deregulierung allein nicht ausreicht, um wettbewerbspolitische Probleme zu beseitigen.

Zur Strukturevolution im Sinne der "schöpferischen Zerstörung" nach Schumpeter kommt es dann, wenn die Neuerungen systemintern durch Autokatalyse verstärkt werden. Die operative Komplexität[1] eines Systems erlaubt damit selbstinduzierte Zustandsänderungen bis hin zur Revision der Systemstrukturen.[2] Dieser Aspekt impliziert eine Partialmarktbetrachtung. Das System[3] überschreitet somit durch seine Selbstorganisation die eigenen Identitätsgrenzen.[4] Damit ist der Evolutionsprozeß, z.B. jener einer "industry" bzw. Branche (Partialmarktbetrachtung), ein offener, d.h. nicht-prästabilierter,[5] selbsttranszendenter[6] Prozeß. Übertragen in den Bezugsrahmen des Lebenszyklusmodells von Heuß bedeutet dies, daß Märkte durch Innovationen neu entstehen, sich wandeln und wieder vergehen. Dabei kann ein exakter Phasenverlauf nicht prognostiziert werden.

Die Perspektive der Epigenesis erfuhr durch neue Forschungsergebnisse,[7] die zu einer systemtheoretischen Erweiterung im Sinne einer allgemeinen Systemtheorie der Evolution[8] führten, eine Renaissance. Man kann feststellen, daß damit die evolutionäre Betrachtung im Sinne der Schumpeter-Tradition dem aktuellen Stand der Forschung entspricht. Für das System "Markt" folgt daraus, daß es systemintern nicht nur eine Koordinations-, sondern auch eine Evolutionsinstitution ist, die nach dem Prinzip der Autokatalyse funktioniert.

3. Alternative Wettbewerbsprozeßbetrachtungen im Rahmen der allgemeinen Systemtheorie

a. Der Austrian Approach der Wettbewerbstheorie und die kybernetische Systemtheorie

Im Austrian Approach der Wettbewerbstheorie wird im Zusammenhang mit der spezifischen evolutionären Betrachtung im Sinne der Präformation auch systemtheoretisch argumentiert, wenn das ökonomische System als "äußerst komplexes System"[9] beschrieben wird.

---

1 Das System ist in der Lage, nicht nur extern bestimmt, sondern auch aus sich selbst heraus Handlungsziele zu bilden. Siehe zum Begriff ebenda, S. 103.

2 Vgl. ebenda, S. 106 f. Damit gehört auch, jenseits der österreichischen Sicht, die Revolution zur Evolution: Siehe ebenda, S. 122, vgl. auch S. 29. Dieser Aspekt der operativen Komplexität ermöglicht auch die Problematisierung von Marktmacht im systemtheoretischen Kontext.

3 Zum Begriff siehe Punkt 3. a. in diesem Kapitel.

4 Vgl. Altner, G.: Der Begriff der Evolution in Biologie und Sozialwissenschaften, a.a.O. 1992, S. 65.

5 So kann z.B. nicht ex ante behauptet werden, daß der Marktprozeß – Offenheit vorausgesetzt – zur Erosion von Marktmacht führen wird. Diese Offenheit bezeichnet man als makroskopische Unbestimmtheit.

6 Vgl. zum Begriff Jantsch, E.: Die Selbstorganisation des Universums, a.a.O. 1982, S. 253. Unter Selbsttranszendenz versteht Jantsch die Selbstüberschreitungsfähigkeit eines Systems. Vgl. auch dazu Altner, G.: Der Begriff der Evolution in Biologie und Sozialwissenschaften, a.a.O. 1992, S. 65.

7 Die Theorie der dissipativen Strukturen, der Hyperzyklus von Eigen.

8 Siehe Punkt 3. c. in diesem Kapitel.

9 Schmidtchen, D.: Wettbewerbspolitik als Aufgabe, a.a.O. 1978, S. 122.

Die allgemeine Systemtheorie ist eine interdisziplinäre Wissenschaft, die bestrebt ist, die Realwissenschaften zu einer "Einheit der Wissenschaft" zu integrieren, indem versucht wird, eine für alle Systeme geltende formale Theorie zu entwickeln. Diese formale Theorie kann dann in völlig unterschiedlichen Objektbereichen, wie jenen der Soziologie,[1] der Wirtschaft[2] usw. angewandt werden. Damit ist die Tradition der allgemeinen Systemtheorie bestrebt, Gemeinsamkeiten zwischen gesellschaftlichen, physikalischen, biologischen usw. Systemen[3] herauszuarbeiten, indem sie Isomorphien aufzeigt. Die systemtheoretische Denkweise ist nicht-reduktionistisch und betont, daß ein System nicht als Summe seiner Einzeleigenschaften beschrieben werden könne, sondern es auf die Verknüpfungen der einzelnen Elemente ankomme. Ihr Durchbruch erfolgte in den 20er Jahren durch Bertalanffy, der den Organismus erstmals als offenes, selbstorganisierendes System betrachtete.[4] Parallel dazu entwickelte sich die Kybernetik in den 40er Jahren. Sie führte zu einer Anwendung der allgemeinen Systemtheorie auf technische, biologische und gesellschaftliche Systeme.[5] Insbesondere W. Ross Ashby, ein englischer Psychiater, war der Pionier der kybernetisch aufgebauten Systemtheorie.[6]

Die Vertreter des Austrian Approach der Wettbewerbstheorie betonen, wenn sie marktwirtschaftliche Regelungs- und Steuerungsprozesse beschreiben, die kreiskausalen Rückkopplungsprozesse im Kontext eines komplexen homöostatischen Mehrfachregelungssystems. Jenes System kommt dem anpassungsfähigen lebenden Organismus am nächsten.[7]

Das Grundprinzip eines Mehrfachregelungssystems ist genau wie bei einem Einfachregelungssystem die negative Rückkopplung (formale Regelungstheorie), wie sie in Abb. 3 als allgemeines Regelkreisschema dargestellt ist.

Dieses Regelkreisschema ist ein inhaltsleerer Formalismus, dessen Variablenstruktur inhaltlich vielfältig belegt werden kann.[8]

---

1 Wichtige Vertreter des systemtheoretischen Ansatzes sind Talcott Parsons, Kurt Lewin, Niklas Luhmann.

2 Ein Pionier war Kenneth Boulding.

3 Zum Systembegriff vgl. Seiffert, H.: System, Systemtheorie, in: ders. u.a. (Hrsg.): Handlexikon zur Wissenschaftstheorie, a.a.O. 1992, S. 330: Die allgemeine Systemtheorie faßt das System nicht als gedankliches System auf, d.h. Klassifikationen oder philosophische Lehrgebäude werden nicht dem Systembegriff zugeordnet. Dieser erstreckt sich vielmehr auf gegenständliche Systeme, wie die natürlichen Systeme – Planetensysteme, Materie etc., – einerseits und auf von Menschen geschaffene Systeme – Staaten, Regierungssystem, Wirtschaftssystem, Markt etc. – andererseits.

4 Vgl. Jantsch, E.: System, Systemtheorie, a.a.O. 1992, S. 332.

5 Vgl. ebenda.

6 Vgl. Ashby, W.R.: Einführung in die Kybernetik, Frankfurt a.M. 1974.

7 Vgl. Stachowiak, H.: Kybernetik; in: Seiffert, H. u.a. (Hrsg.): Handlexikon zur Wissenschaftstheorie, a.a.O. 1992, S. 184.

8 Vgl. Stachowiak, H.: Kybernetik, in: Seiffert, H. u.a. (Hrsg.): Handlexikon zur Wissenschaftstheorie, a.a.O. 1992, S. 183.

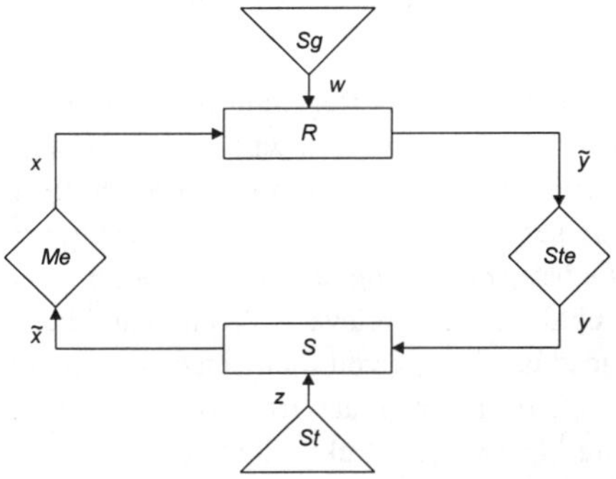

Zeichenerklärung:
Sg Soll(wert)geber
w Führungsgröße, Sollwert der zu regelnden Größen
R Regler
ỹ Input-Stellgröße
Ste Stellort ("Effektor" von R)
y Output-Stellgröße
S Regelstrecke (das gegen Störungen zu regelnde System)
St Störquelle
z Störgröße
x̃ Input-Meßgröße
Me Meßort ("Perzeptor" von R)
x Output-Meßgröße, Istwert der zu regelnden Größe
x-w = x_w heißt Regelabweichung. Unter Regelung wird die fortwährende Minimierung von x_w verstanden.

Abb. 3: Allgemeines Regelkreisschema

Quelle: Stachowiak, H.: Kybernetik, in: Seiffert H. u.a. (Hrsg.): Handlexikon zur Wissenschaftstheorie, München 1992, S. 183.

Der Begriff der negativen Rückkopplung bezieht sich auf eine kreisförmige Zusammenschaltung zweier oder mehrerer Übertragungsbestandteile eines Systems in der Weise, daß die Ausgangsgrößen eines jeden Systemteils Eingangsgrößen des unmittelbar folgenden Teils sind.[1] Beim Rückkopplungsvorgang wird die zu regelnde Größe (Istwert) laufend mit der Führungsgröße (Sollwert) verglichen und dieser angenähert.[2] Bei der Festwertregelung ist dieser Sollwert konstant, bei der Folgeregelung ist er veränderlich.[3] Im Falle eines komplexen homöostatischen Mehrfachregelungssystems können die Sollwerte variieren; sie werden überdies nicht von außen vorgegeben, sondern sie ergeben sich aus den immanenten Systemzuständen.[4]

Das komplexe Mehrfachregelungssystem[5] besitzt vielfach rückgekoppelte Mehrfachregelkreise, die innere Regelkreise aufweisen. Der jeweilige Mehrfachregelkreis ist dabei ein Regelkreis 1. Ordnung, der einen inneren Regelkreis 2. Ordnung besitzt, der sich nur über einen Teil der Systemglieder des Regelkreises 1. Ordnung erstreckt. Der innere Regelkreis 2. Ordnung besitzt einen inneren Regelkreis 3. Ordnung, der sich nun lediglich über einen Teil der Systemglieder des Regelkreises 2. Ordnung erstreckt usw. Dabei können auch die inneren Regelkreise miteinander verkoppelt sein.[6] Hieran zeigt sich die komplexe Struktur des Systems.

---

1 Vgl. ebenda.
2 Vgl. ebenda.
3 Vgl. ebenda.
4 Vgl. ebenda, S. 184.
5 Vgl. ebenda.
6 Vgl. ebenda.

Ein komplexes homöostatisches Mehrfachregelungssystem ist in der Lage, sich selbst zu stabilisieren, indem sämtliche zu regelnde Größen ihre Sollwerte variieren: Hier zeigt sich, wie infolge einer Störung ein spontanes Beziehungsgefüge als Ausdruck von Anpassungsprozessen entsteht:[1]

Tritt bei einem Mehrfachregelungssystem S eine Störung des Regelungsuntersystems Sl von S auf, so wird das Regelungssystem S2 von S kompensatorisch wirksam und restabilisiert Sl. Dabei weicht bei dem Regelungssystem S2 der Istwert vom optimalen Sollwert ab usw. Die Soll-Ist-Abweichung eines Regelkreises erstreckt sich auf diese Weise über das Gesamtsystem, wodurch seine Fähigkeit zur Selbststabilisierung und Selbsterhaltung zum Ausdruck kommt. Damit ist der Aspekt der Strukturerhaltung relevant. Wenn Schmidtchen in Anlehnung an Beer unter einem System eine Ansammlung von Elementen versteht, die miteinander in Beziehung stehen,[2] so repräsentiert sich hier das traditionell räumliche Strukturdenken der kybernetischen Betrachtung.[3] Die Systemstruktur beruht demnach auf die Bauelemente des Systems und nicht auf Ereignisse.[4] Die Strukturevolution des Systems ist demnach nicht durch eine kybernetische Analyse zu erschließen; damit steht die Systembildung selbst im Austrian Approach der Wettbewerbstheorie nicht zur Diskussion. Die zentrale Frage ist vielmehr, ob es funktionsfähige, stabile Regelkreise und damit eine Gleichgewichtstendenz gibt.[5] Die kybernetische Denkweise der Vertreter des Austrian Approach der Wettbewerbstheorie beschreibt Schmidtchen:[6] Bei den Wirtschaftssubjekten – den Elementen des Systems – kommt es laufend zu Planrevisionen, weil die anderen Marktakteure sich anders verhalten als erwartet, so daß eine einmal als richtig eingeschätzte Handlung sich als falsch herausstellt. Die Planabweichungen repräsentieren eine Situation fehlender Koordination und sie bewirken Planänderungen als Anpassungsleistungen, die sich im Aufbau eines neuen Beziehungsgefüges zwischen den Wirtschaftssubjekten im Rahmen der komplexen Systemstruktur niederschlagen. Diese innerhalb des möglichen Beziehungsgeflechts sich vollziehenden Veränderungen im Beziehungsgefüge zwischen den Wirtschaftssubjekten sind spontane Anpassungsreaktionen. Diese wiederum führen bei anderen Wirtschaftssubjekten ebenfalls zu Planrevisionen.

Man erkennt, daß sich diese systeminternen Anpassungsleistungen über das gesamte System ausbreiten können, indem die Veränderungen in den Beziehungskonstellationen Anpassungsprozesse an einer anderen Stelle des Systems erzeugen. Marktstrukturänderungen erscheinen hier als Reflex dieses Anpassungs-Verhaltens.[7] Schmidtchen verweist auf den

---

1 Vgl. ebenda.

2 Vgl. Schmidtchen, D.: Wettbewerbspolitik als Aufgabe, a.a.O. 1978, S. 112; siehe auch dort den Verweis auf Beer, St.: Kybernetik und Management, Hamburg 1967.

3 Vgl. Jantsch, E.: System, Systemtheorie, in: Seiffert, H. u.a. (Hrsg.): Handlexikon zur Wissenschaftstheorie, a.a.O. 1992, S. 331.

4 Vgl. ebenda; vgl. ders.: Struktur, in: Seiffert, H. u.a. (Hrsg.): Handlexikon zur Wissenschaftstheorie, a.a.O. 1992, S. 327.

5 Vgl. Grossekettler, H.: Marktprozesse; in: WiSt, Wirtschaftswissenschaftliches Studium, Heft 3, März 1988, S. 107. Vgl. auch Hayek, F.A. von: Wirtschaftstheorie und Wissen, in: ders.: Individualismus und Wirtschaftliche Ordnung, Erlenbach, Zürich 1952, S. 49 ff.

6 Vgl. Schmidtchen, D.: Wettbewerbspolitik als Aufgabe, a.a.O. 1978, S. 126.

7 Vgl. ebenda, S. 125.

kybernetischen Charakter dieser im Markt auftretenden Anpassungsprozesse: "Zu jedem Zeitpunkt gibt es Soll-Ist-Abweichungen in irgendeinem Regelkreis, die über entsprechende Rückkopplungen in einem vielfach vermaschten System zu Veränderungen der Stellgrößen anderer Regelkreise führen."[1]

Die Komplexität des Marktsystems zeigt sich hier im Reichtum an möglichen Beziehungen zwischen den Elementen des Marktsystems.[2] Dieser Komplexitätsbegriff bezieht sich auf die Komplexität eines homöostatischen Mehrfachregelungssystems und kann aus der Zahl der Elemente des Systems rein rechnerisch abgeleitet werden.[3] Komplexität bezieht sich damit auf die Zahl der zwischen den Systemelementen bestehenden möglichen Beziehungen.[4]

Dieser Komplexitätsbegriff greift zu kurz, weil er sich lediglich auf die systeminternen Konstellationen bezieht und die systemexterne Umweltrelation des Systems ausblendet.[5] Die Umwelt erscheint hier lediglich als Störquelle, die systeminterne Anpassungsreaktionen auslöst. Die selbstorganisierende Systemdynamik zielt auf einen Gleichgewichtszustand, so daß eine Charakterisierung als konservative Selbstorganisation möglich ist.[6] Das Gleichgewichtsprinzip, das in der konventionellen Systemtheorie vorherrscht,[7] ist neben mechanistischen Systemen nur auf adaptive Systeme anwendbar, die auf ihre Strukturerhaltung ausgerichtet sind.[8] Der Aspekt einer schöpferischen Strukturevolution wird durch die kybernetische Systemtheorie nicht erschlossen.[9]

b. Komplexitätsreduktion und evolutorische Systembildung: Zur Möglichkeit einer systemtheoretischen Partialmarktanalyse jenseits des Totalmarktkonzepts

Der Komplexitätsbegriff, den die Vertreter des Austrian Approach der Wettbewerbstheorie verwenden, greift zu kurz. Eine Komplexitätsdefinition, die lediglich auf die Zahl der zwischen den Systemelementen bestehenden Beziehungen gerichtet ist, paßt zur Innenwelt eines kybernetischen Mehrfachregelungssystems, blendet jedoch die Umweltrelationen des Systems aus.[10]

---

1 Ebenda, S. 126.
2 Vgl. ebenda, S. 122 ff.
3 Vgl. ebenda, S. 124.
4 Vgl. Willke, H.: Systemtheorie, a.a.O. 1993, S. 26.
5 Vgl. ebenda.
6 Vgl. Jantsch, E.: System, Systemtheorie, a.a.O. 1992, S. 336.
7 Vgl. die komplexen, interaktiven Rückkopplungssysteme bei Forrester, J.: World Dynamics, Cambridge, Mass, 1971; vgl. ders.: Das Verhalten sozialer Systeme; in: Kade, G., u.a. (Hrsg.): Sozialkybernetik, a.a.O. 1974, S. 201 ff.
8 Vgl. Jantsch, E. System, Systemtheorie, a.a.O. 1992, S. 336.
9 Siehe Punkt 3. c. in diesem Kapitel.
10 Vgl. Willke, H.: Systemtheorie, a.a.O. 1993, S. 26.

Durch die Identifikation des Gesamtmarktsystems mit einem Mehrfachregelungssystem bleibt die Analyse auf Gleichgewichtsprozesse beschränkt; die evolutionäre Umwandlung des Systems aus sich selbst heraus kann nicht in die theoretische Betrachtung eingehen.[1]

Luhmann weist darauf hin, daß sich die Stabilität eines Systems auf die Beziehung zwischen dem System und seiner Umwelt bezieht. Er begreift die Stabilität eines Systems als relative Invarianz der Systemstruktur und der Systemgrenzen gegenüber einer veränderlichen Umwelt.[2] Diese Betrachtung wirkt sich auf die Komplexitätsbetrachtung aus: Es besteht jetzt ein Komplexitätsgefälle zwischen dem System und seiner Umwelt in der Weise, daß die Komplexität der Umwelt größer ist, als jene des Systems.[3]

Willke liefert eine Komplexitätsdefinition, die in Abkehr von jener Schmidtchens[4] die Umweltrelation des Systems beachtet:[5] Komplexität bezeichnet er als "den Grad der Vielschichtigkeit, Vernetzung und Folgelastigkeit eines Entscheidungsfeldes"[6].

Unter Vielschichtigkeit versteht er den Grad der funktionalen Differenzierung eines Systems sowie die Zahl der Referenzebenen (Individuen, Gruppen, Organisationen).[7] Die Vernetzung bezieht sich auf den Grad und die Art wechselseitiger Abhängigkeit zwischen den Systemteilen und zwischen den Teilen zum Ganzen.[8] Die Folgelastigkeit zeigt sich in Zahl und Gewicht der durch eine Entscheidung in Gang gesetzten Folgeprozesse.[9] Das Entscheidungsfeld führt Willke an, weil es Komplexität nicht an sich, sondern nur problembezogen gibt.[10] Wenn Schmidtchen unter einem System eine Ansammlung von Elementen versteht, die miteinander in Beziehung stehen,[11] dann entspricht diese Auffassung einer analytischen Umweltisolierung von Einzelsystemen.[12]

Die Ausgangsannahme des strukturell-funktionalen Ansatzes von Parsons ist, daß soziale Systeme bestimmte Strukturen aufweisen, die als gegeben vorausgesetzt werden.[13] Hier liegt eine Ähnlichkeit zum herrschenden systemtheoretischen Ansatz in der Wettbewerbstheorie vor: Das Marktsystem hat die Struktur eines homöostatischen Mehrfachregelungssystems. Alles hängt mit allem zusammen, so daß eine Partialmarktanalyse angesichts der kybernetischen Systemgesetze als unangebracht erscheint. Die Struktur des Gesamtmarkt-

---

1 Vgl. Luhmann, N.: Soziologische Aufklärung II, Opladen 1975, S. 150 ff.

2 Vgl. Luhmann, N.: Soziologische Aufklärung I, Opladen 1971, S. 39.

3 Vgl. Luhmann, N.: Soziologische Aufklärung, a.a.O. 1975, S. 211.

4 Schmidtchen soll hier stellvertretend für alle Verfechter des Austrian Approach der Wettbewerbstheorie aufgeführt werden.

5 Vgl. Willke, H.: Systemtheorie, a.a.O. 1993, S. 24.

6 Ebenda.

7 Vgl. ebenda.

8 Vgl. ebenda.

9 Vgl. ebenda.

10 Vgl. ebenda.

11 Vgl. Schmidtchen, D.: Wettbewerbspolitik als Aufgabe, a.a.O. 1978, S. 112.

12 Vgl. Willke, H.: Systemtheorie, a.a.O. 1993. Diese Betrachtung ist in der Soziologie überholt. Siehe dazu den Überblick bei Willke, der die Entwicklung der soziologischen Systemtheorie vom strukturell-funktionalen über den system-funktionalen bis hin zum funktional-strukturellen Ansatz von Luhmann skizziert: Willke, H.: Systemtheorie, a.a.O. 1993, S. 5 ff.

13 Vgl. Willke, H.: Systemtheorie, a.a.O. 1993, S. 5.

systems ist damit gegeben und wegen des Beziehungsreichtums im Mehrfachregelungssystem komplex.[1]

Die Strukturevolution des Systems aus sich selbst heraus wird damit nicht thematisiert. Eine systemintern ausgelöste Strukturevolution ginge mit einer autokatalytischen Dynamik einher, die nicht mehr auf den Erhalt des Systems gerichtet wäre, sondern dessen Revision bewirken würde. Das Phänomen der Autokatalyse erscheint kybernetisch lediglich als positive Rückkopplung. Diese impliziert in der spezifisch kybernetischen Systembetrachtung des Austrian Approach eine Funktionsstörung, die als Marktversagen interpretiert wird.[2] Wie aber noch zu zeigen sein wird, sind autokatalytische Prozesse eine wichtige Voraussetzung des Entwicklungswettbewerbs.

Im Austrian Approach der Wettbewerbstheorie herrscht eine Marktsystemauffassung, die den Markt als adaptives, homöostatisches Mehrfachregelungssystem begreift. Diese Sichtweise beeinflußt die Auffassung zur Zulässigkeit einer Abgrenzung von Märkten. Die unterschiedlichsten Märkte erscheinen als Teilsysteme dieses homöostatischen Gesamtsystems. Als vermaschte Regelkreise tragen sie zur Fähigkeit dieses homöostatischen Systems bei, sich selbst zu stabilisieren, d.h. gleichgewichtige Dynamik zu entfalten. Die Funktionsfähigkeit dieses homöostatischen Totalmarktes ist allerdings nur gewährleistet, wenn kein Teilsystem bzw. Teilmarkt aus dem Gesamtsystem herausgelöst wird. Sobald dies geschieht, verliert das homöostatische System die Fähigkeit, Störungen gleichgewichtig auszuregeln, d.h. es liegt eine Funktionsstörung vor, und die Anpassungsfähigkeit des Systems geht verloren. Vor dem Hintergrund der Analogie des homöostatischen Mehrfachregelungssystems macht es folglich keinen Sinn, den Totalmarkt als Gesamtsystem in seine Teilsysteme, d.h. Teilmärkte, zu zergliedern, um Abgrenzungen zu treffen. Dies würde dem unterstellten Funktionsprinzip des Gesamtsystems widersprechen. Dieses Funktionsprinzip ist das Gleichgewichtsprinzip, das – neben den mechanistischen Systemen – nur auf adaptive Systeme wie dem homöostatischen Organismus als Analogie zum Totalmarkt angewendet werden kann.

Da es bei den adaptiven Systemen darum geht, die Selbsterhaltung des Systems durch Anpassung an exogene Umweltbedingungen zu gewährleisten, ist in diesem Zusammenhang der Aspekt der schöpferischen, systemendogen bewirkten Strukturevolution ausgeblendet, die beim Innovationswettbewerb (technischer Fortschritt) relevant wird. Weil der Austrian Approach der Wettbewerbstheorie sich nicht mit dieser Strukturevolution befaßt, beschäftigt er sich auch nicht mit der positiven Rückkopplung. Diese ist nämlich die Voraussetzung für die Strukturevolution von Systemen und kann in diesem Bezugsrahmen nicht mehr als Funktionsstörung betrachtet werden. Dies war lediglich vor dem Hintergrund der kybernetischen Systemtheorie möglich, die eine Strukturevolution von Systemen nicht beschreiben kann. Dies vermag jedoch die neue Systemtheorie der Evolution. Sie bezieht sich nicht auf Gleichgewichtsprozesse, sondern für die Funktionsfähigkeit der von ihr beschriebenen Systemdynamik sind Ungleichgewichtsprozesse in Form der Auto-

1 Vgl. Schmidtchen, D.: Wettbewerbspolitik als Aufgabe, a.a.O. 1978, S. 122.
2 Vgl. Grossekettler, H.: Marktprozesse, a.a.O. 1988, S. 107 ff.

katalyse bedeutsam. Sie bewirken die evolutionäre Umwandlung eines Systems aus sich selbst heraus, d.h., die endogenen, schöpferischen Faktoren der Evolution werden in Abweichung zum Darwinschen Evolutionskonzept (exogene Umweltfaktoren und Anpassung) relevant. Da es im Zusammenhang mit der Systemtheorie der Evolution nicht mehr um die Strukturerhaltung im Rahmen eines homöostatischen Mehrfachregelungssystems geht, sondern um die Strukturevolution, löst sie das kybernetische und das evolutorische Konzept des Austrian Approach ab.

Gegenstand ist jetzt im Rahmen des Innovationswettbewerbs nicht mehr die Erhaltung der Funktionsfähigkeit eines kybernetischen Totalmarktes im Rahmen Darwinscher Evolutionsanalogien, sondern die systemintern induzierte Entwicklung von Systemen, also die Strukturevolution, ist von Interesse. Die Kernfrage ist also, wie Märkte entstehen, sich verändern und wieder vergehen. Der neue theoretische Zusammenhang enthält somit keine innere Logik, die eine Zerlegung des Gesamtsystems in Teilsysteme verbietet. Er lenkt gerade das Interesse auf die Teilsysteme. Bezogen auf die Wettbewerbstheorie werden jetzt Partialmarktbetrachtungen im Gegensatz zur Auffassung des Austrian Approach bedeutsam, und gerade die Erfassung von Marktabgrenzungen gemäß der augenblicklichen Strukturevolution des Gesamtsystems liegt nahe. Die Frage ist also, wie sich die Wirtschaftsakteure verkoppelt haben, d.h., welche Beziehungen relevant sind, und wie der Informationsaustausch in diesem Beziehungsnetz funktioniert.

Zusammenfassend ist also festzustellen, daß sich Marktabgrenzungen nur im Kontext der Strukturerhaltung verbieten. Sobald aber der Aspekt der Strukturevolution bedeutsam wird, richtet sich das Erkenntnisinteresse gerade auf die Abgrenzung von Märkten, die im wettbewerbspolitisch problematischen Einzelfall jeweils relevant sind.

Das Partialmarktkonzept geht jetzt mit einem Systembegriff einher, welcher jenem der neuen soziologischen Systemtheorie entsprechen würde, der Systeme nur im Zusammenhang mit ihren jeweiligen Umwelten erfaßt.[1] Diese Systemauffassung geht davon aus, daß nicht alle Ereignisse der komplexen Umwelt systemrelevant sind.[2] Hier stellt sich die Frage: Was ist das systemrelativ Sinnvolle?[3] So wird sich beispielsweise ein Unternehmen nur für jene Umweltbezüge (Zielgruppen, Käuferschichten etc.) interessieren, die sein Produkt betreffen.[4] Für die Wettbewerbspolitik bedeutet dies, daß sie sich jenseits kybernetischer Totalmarktkonzepte, die nicht mit autokatalytischen Prozessen vereinbar sind, mit dem Problem der Abgrenzung des relevanten Marktes auseinandersetzen muß, d.h., fokale Systeme, also jeweils in Frage stehende Systeme, wie Branchen, strategische Gruppen usw., werden dann unter dem Aspekt der Systemrelevanz in einer komplexen wirtschaftlichen Umwelt bestimmt. Die Komplexität bezieht sich also jetzt immer auf die System-Umwelt-Relation, in welcher der Beziehungsreichtum der Umwelt dem System zum Problem wird.[5] Die Komplexität der Umwelt ist damit der Grund für die Entstehung

---

1 Vgl. Willke, H.: Systemtheorie, a.a.O. 1993, S. 56.
2 Vgl. ebenda.
3 Vgl. ebenda.
4 Vgl. ebenda.
5 Vgl. Willke, H.: Systemtheorie, a.a.O. 1993, S. 31.

von Systemen. Durch die Systembildung im Sinne einer Themenbildung wird eine Komplexitätsreduktion herbeigeführt: Die Komplexität übersteigt die menschliche Aufnahmekapazität. Deshalb schafft der Mensch eingegrenzte Bereiche. Er bildet somit Systeme, die ein Regulativ zwischen anfallender und verarbeitbarer Komplexität darstellen.[1] Was aus der Komplexität der Umwelt für das System relevant ist, hängt vom Einzelfall des jeweiligen Problems ab.[2]

Im Gegensatz zum Begriff "Komplexität", bezieht sich der Begriff "Kontingenz" auf die dem System selbst zur Verfügung stehenden Handlungsalternativen.[3] Man kann also differenzieren zwischen der Komplexität des Marktsystems und der Kontingenz der Teilsysteme (Unternehmen, Branchen etc.), für die das Gesamtmarktsystem die komplexe Umwelt darstellt.[4]

Der neue Systembegriff, der dem hier vorgeschlagenen systemtheoretischen Integrationsversuch des Partialmarktkonzepts zugrunde liegt, versteht unter einem System ein Netz zusammengehöriger Operationen, die sich von nichtdazugehörigen Operationen abgrenzen lassen.[5] Bei der Bestimmung des Systems – hier: eines Partialmarktes – wird das Nichtdazugehörige als Umwelt mitgedacht.[6] Luhmann betont, daß Systeme interne Grenzen zwischen Teilsystemen bilden können. Diese Grenzen sind Schwellen, die eine Effektübertragung beschränken.[7] Dies bedeutet, daß punktuelle Maßnahmen nicht mehr zwangsläufig mit Effekten in irgendeinem Teil des Gesamtmarktes einhergehen müssen.[8] Dies ist für die Einführung autokatalytischer Prozesse deshalb bedeutungsvoll, weil damit verbundene spill over-Effekte nicht zwangsläufig das Gesamtsystem durchziehen müssen. Die Koordination ist dabei der Aspekt des teilsystem-relevanten Handelns. Sie bezieht sich auf die Elemente des relevanten Marktes. Diese Koordination kann nun aber durch Autokatalyse durchbrochen werden, ein Aspekt, der bei der Systemevolution relevant wird.[9]

Die systemtheoretische Integration des Partialmarktkonzepts geht mit der Möglichkeit einer Problematisierung von Marktmacht einher. Macht relativiert sich nicht angesichts der Systemgesetze (Ashby's Gesetz der erforderlichen Vielfalt) eines homöostatischen Totalmarkts, da nicht jeder Teil des Marktes von allen anderen Teilen abhängig ist und diese über Anpassungen seinerseits beeinflußt.

Als wichtige Implikation für die Wettbewerbspolitik ergibt sich folglich, daß nicht alle Faktoren des Totalmarktes bei der Beurteilung berücksichtigt werden müssen, weil das Beziehungsgeflecht nicht allumfassend ist, wie es im Austrian Approach der Wettbe-

---

1 Vgl. ebenda, S. 7.

2 Vgl. ebenda, S. 58.

3 Vgl. ebenda, S. 31.

4 Diese Differenzierung wird im Austrian Approach der Wettbewerbstheorie nicht vorgenommen. Hier wird ohne weitere Unterscheidung von der Komplexität des Marktsystems ausgegangen.

5 Vgl. Willke, H.: Systemtheorie, a.a.O. 1993, S. 56.

6 Vgl. ebenda.

7 Vgl. Willke, H.: Systemtheorie, a.a.O. 1993, S. 95; vgl. Luhmann, N.: Soziologische Aufklärung I, a.a.O. 1971, S. 123.

8 Dies geschieht in einem Mehrfachregelungssystem: vgl. Forrester, J.W.: Das Verhalten sozialer Systeme, a.a.O. 1974, S. 225.

9 Siehe Punkt 3. c. in diesem Kapitel.

werbstheorie vor dem Hintergrund des homöostatischen Mehrfachregelungssystems als Analogie zum Marktsystem unterstellt ist.[1] In dieser Arbeit wird die Hypothese aufgestellt, daß im Rahmen der endogen erzeugten Strukturevolution, die der Austrian Approach ausblendet, das Phänomen "relevanter Markt" eigenständig existieren kann.[2] Dies ist möglich, weil das kybernetische Konzept des Mehrfachregelungssystems in Verbindung mit dem ausschließlich an exogenen Umweltfaktoren orientierten evolutorischen Konzept aufgegeben wird. Bedeutsam wird diese Hypothese durch die neue Systemdefinition, die im Sinne der modernen Systemtheorie die System-Umwelt-Relation betont sowie durch die Einführung der Autokatalyse in die allgemeine Systemtheorie, die in jüngster Zeit zu einer allgemeinen Systemtheorie der Evolution erweitert wird.

c. "Wettbewerb als kreatives Verfahren" im Rahmen der "Allgemeinen Systemtheorie der Evolution"

α. Die Relevanz der Entwicklungsperspektive Schumpeters

Der Austrian Approach der Wettbewerbstheorie lehnt sich an die gleichgewichtsstabilisierende Prozeßdynamik kybernetischer Mehrfachregelungssysteme an und verbindet diese mit dem evolutorischen Konzept der Präformation.[3] Diese spezifische Betrachtungsweise führt dazu, daß ökonomische Tätigkeit der Anpassung und Systemerhaltung dient: Die Umwelt des Systems definiert die systeminternen Prozeßabläufe, so daß allein die Öffnung des Systems dessen funktionstüchtige Koordinationsleistung garantiert. In diesem Falle sind die einzelnen vermaschten Regelkreise stabil, was zur globalen Stabilität des Gesamtsystems führt.[4]

Die kybernetische Prozeßdynamik bleibt erhalten, weil der permanente Einfluß auszuregelnder Störgrößen aus der Systemumgebung im offenen System dafür sorgt, daß der Gleichgewichtszustand nie erreicht wird. Im funktionsfähigen System gibt es ständig eine Gleichgewichtstendenz der Prozeßabläufe, eine Vorstellung, die durch die Fiktion des Kirznerschen findigen Unternehmers zum Ausdruck gebracht wird, der durch seine Koordinationslückensuche und -erosion zum gleichgewichtsbildenden Faktor wird.

Das kybernetisch-evolutorische Systemverständnis der Österreichischen Schule impliziert, daß auch die Schaffung neuer Handlungsmöglichkeiten, also auf Kreativität beruhende Neuerungen, der Systemerhaltung dienen. Aktives Handeln in Auseinandersetzung mit der Umwelt bewirkt keine Revision des Systems.[5] Damit ist der findige Unternehmer ein Marktteilnehmer, der seine "Fitness" in Form seiner Anpassungsflexibilität an Umweltbedingungen unter Beweis stellt und für funktionsfähige Regelkreise sorgt. Als Teil des Mehrfachregelungssystems "Totalmarkt" ist er nicht in der Lage, eigene Zielsetzungen gegenüber seiner Umwelt durchzusetzen: Seine Machtposition relativiert sich am Gesamtmarkt.

---

1 Vgl. anders Schmidtchen, D.: Wettbewerbspolitik als Aufgabe, a.a.O. 1978, S. 195.

2 Vgl. den Hinweis Schmidtchens: ebenda.

3 Siehe Punkt B. I.

4 Vgl. Grossekettler, H.: Marktprozesse, a.a.O. 1988, S. 107 f.

5 Vgl. Kirzner, I.M.: Discovery and the Capitalist Process, London, Chicago 1985.

Zur kybernetisch-systemtheoretischen Begründung dieser Sichtweise ziehen die Vertreter des Austrian Approach der Wettbewerbstheorie Ashby's Gesetz der erforderlichen Vielfalt heran:[1] Danach muß ein System, wenn es seine Umwelt kontrollieren will, eine der Umweltkomplexität mindestens entsprechende Komplexität aufweisen. (Der Autofahrer steuert das Auto und nicht umgekehrt.) Das betrachtete System muß also über eine Vielzahl an Handlungsmöglichkeiten verfügen, die jener der Umwelt mindestens entspricht.[2] Dieses Argument trifft lediglich im Falle der Umweltbeziehungen mechanistischer Systeme zu, nicht aber in den Fällen lebender und gesellschaftlicher Systeme.[3] Derartige Systeme sind in der Lage, ihre Fähigkeiten endogen zu entwickeln,[4] so daß sie aktiv der Umwelt eigene Ziele entgegensetzen können.[5] Die Möglichkeit, eigene Fähigkeiten durch F&E-Investitionen zu steigern, ist besonders im Innovationswettbewerb relevant und sie führt dazu, daß sich die Marktakteure nun nicht mehr ausschließlich anpassen und so ausschließlich in eine Gleichgewichtstendenz einfügen müssen.

Die angesichts anonymen Systemzwangs und Ashby's Gesetz verbleibende Anpassungsmöglichkeit bewirkt zusammen mit dem Darwinschen Evolutionskonzept überdies die Ausblendung des Aufbaus von Markteintrittshemmnissen gegenüber der Umwelt potentieller Konkurrenten. Damit ist im Gegensatz zur Position der Harvard School für Marktmachterosion gesorgt.

Ein fortschreitender Vermachtungsprozeß, in welchem Macht zu noch größerer Macht führt,[6] würde demgegenüber eine Systemsicht jenseits kybernetischer Betrachtungen voraussetzen, d.h. eine allgemeine Systemtheorie, die sich – im Gegensatz zur Kybernetik – mit evolutionären Phänomenen im Rahmen der Epigenesis auseinandersetzen kann und den Blick von der Strukturerhaltung hin zur Strukturevolution lenkt.

Die nicht-kybernetische und damit evolutionäre Systemsicht entsteht erst heute.[7] Sie kann als "vervollständigte Systemtheorie"[8] aufgefaßt werden, da sie sich mit autokatalytischen, d.h. verstärkenden Prozeßabläufen auseinandersetzt, welche im Bezugsrahmen der kybernetischen Systemtheorie lediglich positive Rückkopplungen – und damit Funktionsstörungen – darstellen. Übertragen auf die Wettbewerbstheorie, handelt es sich dabei um die systemtheoretisch-dynamische Interpretation der Unvollkommenheit, welche schon Clark als wichtige Voraussetzung dynamischen Wettbewerbs ansah.[9]

Eine tendenzielle Unvollkommenheitserosion im Rahmen einer Gleichgewichtstendenz muß hier jedoch nicht auftreten. Man kann damit feststellen, daß autokatalytische Prozes-

---

1 Vgl. Ashby, W.R.: An Introduction to Cybernetics, London 1956, S. 202 ff.; vgl. auch Schmidtchen, D.: Wettbewerbspolitik als Aufgabe, a.a.O. 1978, S. 187.

2 Vgl. Jantsch, E.: System, Systemtheorie, a.a.O. 1992, S. 336.

3 Vgl. ebenda.

4 Zum Beispiel steigert eine Unternehmung ihr Fähigkeitspotential durch F&E-Aktivitäten.

5 Vgl. ebenda.

6 Vgl. Grossekettler, H.: Marktprozesse, a.a.O. 1988, S. 109.

7 Vgl. Jantsch, E.: System, Systemtheorie, a.a.O. 1992, S. 332.

8 Ebenda.

9 Vgl. Clark, J.M.: Competition as a Dynamic Process, a.a.O. 1961.

se Erscheinungen eines dynamischen Wettbewerbs sind, die durch die kybernetische Systembetrachtung nicht erfaßt werden können. Die Kybernetik vermag es nicht, die systemendogenen, sprunghaften Entwicklungen, die zur Strukturevolution eines Systems führen, zu erfassen. Damit ist sie zwar ein geeignetes Instrumentarium für den Anpassungswettbewerb, nicht jedoch für den Entwicklungs- bzw. Innovationswettbewerb. Hier sind Innovations- oder Technologiesprünge relevant, d.h. "industrielle Mutationen" als diskontinuierliche Veränderungen,[1] die zu einem grundlegenden Wandel der Marktstrukturen bzw. der Teilmarktsysteme führen.[2]

Anders ausgedrückt, werden beim Innovationswettbewerb kleine Schwankungen (Fluktuationen) bedeutsam, die die Strukturevolution vorantreiben. Dieser systemumwälzende Effekt infolge kleiner Schwankungen setzt die Irrelevanz von Ashby's Gesetz, in dessen Referenzrahmen sich die ausschließliche Möglichkeit von Anpassungsleistungen ergibt, voraus.

Dabei ist also hervorzuheben, daß die sich bildenden Marktstrukturen nun nicht mehr das Ergebnis einer wirtschaftlichen Anpassung im Rahmen einer Gleichgewichtstendenz sind. Vielmehr sind sie Ausdruck einer endogen bewirkten Steigerung der Eigenkomplexität des Marktsystems, welche durch das Arbitrageverhalten des Kirznerschen findigen Unternehmers nicht erzeugt werden könnte.[3]

Schumpeters Unternehmer fügt sich nicht wie der findige Unternehmer in eine Gleichgewichtstendenz ein. Als "dynamisch-energischer" Wirtschaftsakteur[4] treibt er die Entwicklung der Wirtschaft im Sinne der Epigenesis an: Schumpeter versteht unter der Entwicklung der Wirtschaft nur jene Veränderungen der Ökonomie, die diese aus sich selbst heraus erzeugt[5] und nicht jene, die Reflex eines äußeren Anstoßes sind.[6] Man kann somit feststellen, daß Schumpeter nicht vom evolutorischen Konzept der Präformation ausgeht, wie dies die Vertreter der Österreichischen Schule tun. Für Schumpeter ist, im Gegensatz zu von Hayek, wirtschaftliche Aktivität nicht ausschließlich Anpassung.

Daß sein Entwicklungskonzept der Österreichischen Denkschule widerspricht, zeigt folgendes Zitat:

> "Würde sich ergeben, daß es solche auf dem wirtschaftlichen Gebiete selbst entstehende Veränderungsursachen nicht gibt und das Phänomen, was wir in praxi wirtschaftliche Entwicklung nennen, lediglich darauf beruht, daß sich die Daten ändern und daß sich die Wirtschaft ihnen fortschreitend anpaßt, so würden wir sagen, daß es keine wirtschaftliche Entwicklung gäbe. Damit würden wir meinen, ... daß die Wirtschaft, an sich entwicklungslos, von den Veränderungen ihrer Umwelt gleichsam mitgezogen werde ...".[7]

---

1 Vgl. Schumpeter, J.: Capitalism, Socialism, and Democracy, a.a.O. 1950; vgl. ders.: Theorie der wirtschaftlichen Entwicklung, a.a.O. 1987, S. 99.

2 Vgl. Erdmann, G.: Elemente einer evolutorischen Innovationstheorie, a.a.O. 1993, S. 4.

3 Vgl. Röpke, J.: Externes Unternehmenswachstum im ökonomischen Evolutionsprozeß, in: ORDO, Bd. 41, 1990, S. 154.

4 Vgl. Dopfer, K.: Elemente einer Evolutionsökonomik: Prozeß, Struktur und Phasenübergänge, in: Witt, U. (Hrsg.): Studien zur evolutorischen Ökonomik I, Schriften des Vereins für Socialpolitik, Neue Folge Band 195/I, Berlin 1990, S. 29.

5 Vgl. Schumpeter, J.A.: Theorie der wirtschaftlichen Entwicklung, a.a.O. 1987, S. 95.

6 Vgl. ebenda.

7 Schumpeter, J.A.: Theorie der wirtschaftlichen Entwicklung, a.a.O. 1987, S. 95 f.

Das "konzeptionelle Defizit" Schumpeters Betrachtungen zum "Prozeß der schöpferischen Zerstörung" repräsentiert sich in seiner Gleichgewichtsorientierung.[1] Mit der Zerstörung eines Ausgangsgleichgewichts wird ein Prozeß in Gang gesetzt, der auf einen neuen, verschobenen Gleichgewichtszustand zustrebt.[2] Damit bleibt Schumpeter letztlich den neoklassischen Gleichgewichtszustandsbeschreibungen verhaftet, und die prozessuale Frage, wie sich Systeme jenseits eines Gleichgewichts verhalten, bleibt ungeklärt.[3] Diesen Mangel könnte in Zukunft die allgemeine Systemtheorie der Evolution heilen.

β. Zur Weiterentwicklung der Schumpeterschen Entwicklungsperspektive: Autokatalytische Prozeßbetrachtungen und das Ordnungsprinzip "Wandel durch Fluktuation"

Der Vorteil der Betrachtungen Schumpeters besteht darin, daß er ökonomische Prozesse als diskontinuierliche Prozesse auffaßt, deren Diskontinuitäten systemintern via Verhaltensänderungen der Wirtschaftsakteure erzeugt werden.[4] Dies ist der Gegensatz zur kybernetischen Betrachtung, welche Diskontinuitäten lediglich auf durch die Systemumwelt bedingte mechanistische Störungen zurückführen kann und so die kreativ-internen Bedingungen der Evolution ausblendet. Die Schumpeter-Tradition unterscheidet sich somit vom Ordnungsprinzip der "spontanen Ordnung", das die spontane Entstehung der Koordination aus einem Ungleichgewicht heraus in den Mittelpunkt stellt. Schumpeters "diskontinuierliche Veränderungen "[5] werden im Kontext der allgemeinen Systemtheorie der Evolution "Fluktuationen" genannt. Fluktuationen sind sprunghafte Geschehnisse im Mikrobereich. Sie gehen auf das strategische Verhalten der Marktakteure zurück. Weil dieses Verhalten auf eine Vielzahl von Freiheitsgraden beruht, kann es nur stochastisch – z.B. als Wahrscheinlichkeit, daß ein Unternehmen in einem Zeitintervall die Strategie wechselt – und nicht deterministisch erfaßt werden.[6]

Die allgemeine Systemtheorie der Evolution vermag es, Prozeßabläufe jenseits der Gleichgewichtsidee zu beschreiben. Dabei bedarf es für die Prozeßdynamik keiner exogenen Störung. Damit ist sie der kybernetischen Systemtheorie überlegen. Für die Wettbewerbstheorie ist sie besonders fruchtbar, weil dynamische Wettbewerbsprozesse nur in Gleichgewichtsferne (Unvollkommenheit) aufrechterhalten werden können. Der Wettbewerb kann jedoch nicht mehr als eine Kraft interpretiert werden, die eine Gleichgewichtstendenz hin auf einen Optimalzustand bewirkt. Hier zeigt sich der Unterschied zur kybernetisch orientierten Österreichischen Schule. Der Wettbewerbsprozeß ist im Gegensatz zur klassischen Schumpeter-Orientierung mehr als ein bloßer Vorstoß-Verfolgungsprozeß von Gleichgewichtszustand zu Gleichgewichtszustand, denn er befördert als evolutionärer

---

1 Vgl. Dopfer, K.: Elemente einer Evolutionsökonomik, a.a.O. 1990, S. 29.

2 Vgl. Schumpeter, J.A.: Theorie der wirtschaftlichen Entwicklung, a.a.O. 1990, S. 98 f.

3 Vgl. Dopfer, K.: Elemente einer Evolutionsökonomik, a.a.O. 1990, S. 30.

4 Vgl. Dopfer, K.: Elemente der Evolutionsökonomik, a.a.O. 1990, S. 30.

5 Schumpeter, J.A.: Theorie der wirtschaftlichen Entwicklung, a.a.O. 1987, S. 99.

6 Vgl. Erdmann, G.: Elemente einer evolutorischen Innovationstheorie, a.a.O. 1993, S. 138.

Prozeß die Strukturevolution des Marktsystems, in der die Entfaltung von Vielfalt[1] zum Ausdruck kommt.

Die allgemeine Systemtheorie der Evolution[2] begreift Evolution als einen irreversiblen, in der Zeit fortschreitenden, sich-selbst-organisierenden Prozeß der Entfaltung von Vielfalt bzw. Komplexität, was bedeutet, daß im Zeitablauf die Menge realer Möglichkeiten zunimmt.[3] Die ökonomische Evolution zeigt sich in der Steigerung der Fähigkeit des Systems, neue Vielfalt in Form neuer Handlungsmöglichkeiten hervorzubringen.[4] Dies geschieht durch die Erschließung neuer Absatzmärkte, neuer Rohstoffquellen, durch die Einführung neuer Güter, neuer Organisationsformen und Produktionsverfahren. Dieser Innovationswettbewerb ist durch positive Feedbacks, wie Skalenerträge, Fixkosten, sunk costs, Externalitäten, charakterisiert. Diese autokatalytischen Prozesse, die mit einer Folge kaskadenförmiger Phasenübergänge als Ausdruck der makroskopischen Unbestimmtheit einhergehen, vermag die allgemeine Systemtheorie der Evolution zu beschreiben. In diesem Bezugsrahmen sind positive Feedbacks die Voraussetzung für eine offene Evolution. Übertragen auf den Innovationswettbewerb sind diese positiven Rückkopplungen somit verantwortlich für dessen Entwicklungsdynamik. Evolvierende Systeme verharren nicht in einer einzigen Struktur, sondern sie entwickeln sich in einer Abfolge von Strukturen.[5] Ihr Übergang in eine neue Struktur wird durch eine systeminterne Verstärkung von Fluktuationen vorbereitet.[6] Diese katalytischen Prozesse sind die Grundbedingung für die Strukturevolution.[7] Dabei sind Erwartungsirrtümer, fehlkoordinierte Pläne sowie allokative und produktive Ineffizienzen normale evolutionäre Phänomene.[8] Hier wird offenbar, daß die New-Learning-Hypothese der Chicago School als problematische inhaltliche Analogiebildung aufgefaßt werden muß.[9]

---

1 Dieses Evolutionskriterium der Epigenesis steht dem "Survival of the Fittest" der Präformation entgegen.

2 Hintergrund ihrer Entstehung war die Theorie der dissipativen Strukturen, die ein Gegenkonzept zur klassischen Thermodynamik darstellt: Prigogine, I; Nicolis, G.: Self-Organization in Non Equilibrium Systems, New York 1977. Die Theorie gab einen systemtheoretischen Anstoß zur Vereinheitlichung der Wissenschaft, da sie einen Formalismus bereitstellt, der auf selbstorganisierende Systeme aller Art angewendet werden kann. Prigogine zeigte auf, daß seine Theorie auch auf soziale Phänomene anwendbar ist: Prigogine, I.: Order through Fluctuation. Self-Organization and Social System; in: Jantsch, E.; Waddington, C.H. (Hrsg.): Evolution and Consciousness, Human Systems in Transition, London u.a. 1976. Vgl. auch Koblitz, G.; Rieter, H.: Wirtschaftliches Gleichgewicht – Zum "Glanz-Verfall" einer zentralen Konzeption der theoretischen Ökonomie; in: Ollenburg, G.; Weding, W. (Hrsg.): Gleichgewicht, Entwicklung und soziale Bedingungen der Wirtschaft, Berlin 1979.

3 Vgl. Weizsäcker, C.F.v.: Der Garten des Menschlichen, 5. Auflage, München, Wien 1977, S. 184.

4 Vgl. Röpke, J.: Externes Unternehmenswachstum im ökonomischen Evolutionsprozeß, a.a.O. 1990, S. 152.

5 Vgl. Jantsch, E.: System, Systemtheorie, a.a.O. 1992, S. 336. Dabei ist hier insbesondere die interne Evolution im Rahmen der Epigenesis gemeint, so daß die Strukturentwicklung nicht der Systemerhaltung dient.

6 Vgl. ebenda.

7 Vgl. Jantsch, E.: Die Selbstorganisation des Universums, a.a.O. 1982, S. 37.

8 Vgl. Röpke, J.: Externes Unternehmenswachstum im ökonomischen Evolutionsprozeß, a.a.O. 1990, S. 153.

9 Siehe die Kritik in Punkt D. X.

Jantsch nennt als weitere Grundbedingung für das Prinzip "Wandel durch Fluktuation" die Offenheit eines Systems. Dies kann übertragen auf die Wettbewerbstheorie mit freiem Marktzutritt in Verbindung gebracht werden, wobei hervorzuheben ist, daß die Marktakteure der Umwelt ihren eigenen – auch nichtwettbewerblichen – Willen entgegensetzen können: Im Sinne des "strategic entry-deterrence"-Ansatzes der Harvard School sind sie in der Lage, potentielle Konkurrenten aus der systemspezifischen Umwelt abzuwehren. Sie verhindern damit in der Sprache der Systemtheorie Verkopplungen und unterbinden die Strukturevolution, so daß eine Struktur sich als persistent erweisen kann. Hier liegt also Zwang vor,[1] der mögliche Fluktuationen, die aufgrund der Aktivitäten eines Newcomers entstehen könnten, blockiert. Als weitere Grundbedingung für das Prinzip "Ordnung durch Fluktuation" nennt Jantsch hohes Ungleichgewicht.[2] Übertragen auf die Wettbewerbstheorie kann dies mit Unvollkommenheit gleichgesetzt werden. Unter Wettbewerbsbedingungen, d.h. bei Vorliegen von Verhaltensheterogenität, wird ein System aus sich selbst heraus Fluktuationen erzeugen: Vermehrte Inventionen neuer Technologien werden das in Frage stehende fokale System in die Phase seiner Instabilität treiben, so daß ein neues System mit einer anderen systemspezifischen Ordnung als Ausdruck der Strukturevolution entsteht.[3] Mit anderen Worten: Dieses Überwinden der Potentialschwelle, z.B. durch eine Basisinnovation, leitet den Phasenübergang ein. Dazu bedarf es eines Schumpeter-Unternehmers, der einen innovativen Vorstoß wagt, d.h. aus einer Gleichgewichtssituation "herausspringt". Erdmann bezeichnet den Phasenübergang als grundlegende Modifikation des wirtschaftlichen Umfelds – so verändern sich die Angebots- und Nachfrageelastizitäten, die Präferenzen etc. schockartig, und die Akteure müssen sich neu orientieren.[4]

Gemessen an der Situation vollkommener Konkurrenz ist der Phasenübergang somit durch Marktunvollkommenheiten gekennzeichnet. Die Fluktuationen als stochastische Elemente sind für die sprunghaften Veränderungen und damit für Phasenübergänge verantwortlich. Stagnation und persistente Marktstrukturen – also das Ausbleiben von Phasenübergängen sind Kennzeichen einer mangelnden Funktionsfähigkeit des Entwicklungswettbewerbs, die auf Verhaltenshomogenität infolge stark konzentrierter Märkte beruhen kann. Das Auftreten von Phasenübergängen ist demgegenüber der Ausdruck evolutorischer Effizienz: Innovationen eröffnen das Potential für neue technologische Gelegenheiten und damit neuen Vorstößen im Innovationswettbewerb.

Hervorzuheben ist, daß derartige schockartige Marktveränderungen keiner exogenen Störung bedürfen. Die Nicht-Linearität im Ansatz der allgemeinen Systemtheorie der Evolution gewährleistet die endogene Erklärung von Sprüngen: In einem nichtlinearen Modell kann schon die stetige Veränderung eines einzelnen Modellparameters zu einer Folge von

---

1 Vgl. Prigogine, I.: Order through Fluctuation. Self-Organization and Social System, a.a.O. 1976, S. 123.

2 Vgl. Jantsch, E.: Die Selbstorganisation des Universums, a.a.O. 1982, S. 37.

3 Auf diese Schumpetersche Analogie, die auch mit dem Marktphasenschema von Heuss in Verbindung gebracht werden kann, verweist Prigogine selbst: Vgl. ders.: Order through Fluctuation, a.a.O. 1976, S. 125.

4 Vgl. Erdmann, G.: Elemente einer evolutorischen Innovationstheorie, a.a.O. 1993, S. 173.

Phasenübergängen führen.[1] Je größer der Zwang – mithin die Verhaltenshomogenität, also die Nichtwettbewerblichkeit – in einem System ist, desto seltener treten Fluktuationen auf, die das System verändern können.[2] Vor dem Hintergrund dieses Ansatzes ist die Persistenz der Strukturen, also das Erlahmen der Strukturevolution, welches mit dem Ausbleiben von Fluktuationen einhergeht und auf Verhaltenshomogenität beruht, im offenen System denkbar. Daraus folgt, daß die Offenheit eines Systems für die Entwicklungsdynamik – also für funktionsfähigen Wettbewerb – allein nicht ausreicht.

In der Phase der Instabilität eines Systems, d.h. im Phasenübergang, ist, im Gegensatz zur Phase seiner Stabilität, nicht mehr die Mehrheit des Systems für seine zukünftige Entwicklung entscheidend, sondern die mitreißende Minderheit,[3] wie z.B. der revolutionierende Schumpeter-Unternehmer. Der Grund dafür ist die große Bedeutung der Fluktuationen im Phasenübergang – jenseits der Instabilitätsschwelle: Schon eine geringfügige Schwankung (Fluktuation) kann das bestehende System revolutionieren, d.h. die Strukturevolution vorantreiben. Eine Fluktuation bestimmt somit den Pfad, auf welchem sich ein neues System stabilisiert.[4] Dies ist das fundamentale Grundprinzip eines Wandels durch Fluktuation. Innovative Durchbrüche weisen vor dem Hintergrund dieses Prinzips im Phasenübergang eine hohe Wahrscheinlichkeit auf. Hier erscheint Heuss' Allgemeine Markttheorie im neuen Licht: In der Phase der Stabilität eines Systems überwiegen die konservativen Unternehmer, in der Phase seiner Instabilität reicht nur eine Minderheit initiativer Unternehmer, um das System in ein neues zu überführen.

Für jedes System besteht beim Übergang in eine neue Struktur Wahlfreiheit zwischen mehreren möglichen Strukturen, die man als verschiedene mögliche Systemzukünfte interpretieren kann. Das System befindet sich dann an einem Bifurkationspunkt. Dies ist ein Verzweigungspunkt in der zeitlichen Entwicklung eines Systems. An dieser Gabelungsstelle gibt es für die weitere Entwicklung eines Systems eine Vielzahl verschiedener Zukunftsalternativen.[5] Die zukünftige Entwicklung ist hier makroskopisch unbestimmt.[6] Dies bedeutet z.B., daß ex ante kein idealtypischer Diffusionsprozeß behauptet werden kann. Wie noch gezeigt werden wird, entscheidet die systeminterne Verstärkung (Autokatalyse) von Fluktuationen, welchen Entwicklungspfad das System einschlägt. Die Entwicklung kann den Pfad in Richtung eines Monopols, Oligopols oder einer Situation monopolitischer Konkurrenz einschlagen.[7] Da die Wirtschaftssubjekte der Umwelt ihren eigenen Willen entgegensetzen, sich also selbstorganisierend mit dieser verkoppeln und entkoppeln, sind sie auch fähig, eine autonome Stellung gegenüber dieser einzunehmen, indem sie strategische Eintrittsbarrieren errichten und damit die Integration systemexter-

1 Vgl. Erdmann, G.: Elemente einer evolutorischen Innovationstheorie, a.a.O. 1993, S. 203.

2 Vgl. Prigonine, I.; Order through Fluctuation, a.a.O. 1976, S. 125.

3 Vgl. Jantsch, E.: System, Systemtheorie, a.a.O. 1992, S. 336; vgl. Prigogine, I.: Order through Fluctuation, a.a.O. 1976, S. 94.

4 Schwache Signale sind in dieser Phase besonders bedeutsam.

5 Vgl. Prigogine, I.; Stengers, I.: Order Out of Chaos, Toronto 1984.

6 Vgl. Jantsch, E.: System, Systemtheorie, a.a.O. 1992, S. 336.

7 Vgl. Erdmann, G.: Evolutionäre Ökonomik als Theorie ungleichgewichtiger Phasenübergänge, in: Witt, U. (Hrsg.): Studien zur Evolutorischen Ökonomik I, a.a.O. 1990, S. 156.

ner Wirtschaftssubjekte mit ihrem System verhindern. Darin zeigt sich die wettbewerbspolitische Problematik, die mit der Strukturevolution verbunden ist. Die jeweils neu entstehenden Systeme, welche die Wirtschaftssubjekte bilden,[1] können, je nach Einzelfall, wettbewerbspolitisch problematisch oder aber gewünscht sein.

Hier wird deutlich, daß angesichts makroskopischer Unbestimmtheit und autokatalytischer Prozesse der Widerstreit zwischen Harmonie- und Dilemmathese obsolet ist; die Evolution ist offen und steuert auf keinen optimalen Zustand zu. Der Wettbewerb dezentral handelnder Akteure impliziert nicht grundsätzlich die Tendenz in Richtung einer optimalen Situation.[2] Wegen der Relevanz der Epigenesis ist die Evolution wirklich offen, so daß eine Harmoniethese nicht postuliert werden kann. Vielmehr wird ein dynamischer Schumpeter-Trade-Off im Rahmen einer prozessualen Dilemma-These bedeutsam. Die jeweils entstehenden raumzeitlichen Prozeßstrukturen[3] weisen partialmarktspezifische Ordnungsmuster auf,[4] die auf einem Konsens bezüglich kommunikativ-interaktiver Inhalte beruhen.[5] Übertragen auf die Perspektive der Harvard School handelt es sich hier um die Struktur-Verhalten-Beziehung. Für die Wettbewerbspolitik stellt sich die Aufgabe, diese marktmäßige "Themenbildung", die sich auf Transaktionen, Austausch, Konkurrenz und Kooperation bezieht,[6] einzelfallspezifisch zu überprüfen: So können die Marktakteure eines Systems z.B. feststellen, daß Kooperation sie individuell besser stellt als Konkurrenz (individuelle Dilemma-These).

Die Verstärkung von Fluktuationen[7] unterbricht die Tendenz gegen ein stabiles marktspezifisches Koordinationsgleichgewicht, so daß die Markträumung nicht erreicht wird. In der Sprache der Kybernetik liegt somit ein positives Feedback vor, welches eine Funktionsstörung des Marktes repräsentiert. Vor dem Hintergrund der allgemeinen Systemtheorie der Evolution jedoch, ist das Auftreten und die Verstärkung von Fluktuationen gerade die Voraussetzung für die Strukturevolution. Übertragen auf die dynamische Wettbewerbstheorie bedeutet dies, daß derartige autokatalytische Prozesse wettbewerbspolitisch wünschenswert sind, weil sie den Innovationswettbewerb befördern.

---

1 Bei dieser Systembildung reduzieren die Wirtschaftssubjekte Komplexität: Sie verkoppeln sich nicht mit dem Gesamtsystem, sondern nur in bezug auf ihren Problemkreis: Deshalb ist die Abgrenzung relevanter Märkte wettbewerbspolitisch sinnvoll.

2 Vgl. Erdmann, G.: Elemente einer evolutorischen Innovationstheorie, a.a.O. 1993, S. 50, 52.

3 Diese entstehen im Zuge eines kommunikativ-interaktiven Prozesses mit der Umwelt, der zu neuen Verkopplungen führt. Man kann dies als die Entstehung eines relevanten Marktes interpretieren.

4 Vgl. Kühne, K.: Evolutionsökonomie, Stuttgart, New York 1982, S. 183.

5 Vgl. Dopfer, K.: Elemente einer Evolutionsökonomik, a.a.O. 1990, s. 39.

6 Vgl. ebenda.

7 Vgl. Erdmann, G.: Elemente einer evolutorischen Innovationstheorie, a.a.O. 1993, S. 32. Die Fluktuationen beziehen sich auf die stochastische Beschreibung der Entstehung einer Systemstruktur: Vgl. Prigogine, I.: Order through Fluctuation, a.a.O. 1976, S. 115 ff. Prigogine verweist darauf, daß bei der Analyse komplexer sozialer Probleme nichtlineare Gleichungen zu verwenden sind: vgl. ebenda, S. 122. Nichtlineare Beziehungen herrschen in Gleichgewichtsferne; sie sind die Mechanismen, die zur Autokatalyse führen. Auch Erdmann hält nicht-lineare Phänomene bei wirtschaftlichen Prozessen für relevant und verweist auf das Versagen linearer Modelle bei der Politikberatung: Vgl. Erdmann, G.: Elemente einer evolutorischen Innovationstheorie, a.a.O. 1993, S. 37 f.

Die wettbewerbspolitische Ambivalenz der Autokatalyse besteht darin, daß die Störung des Markträumungsprozesses[1] nicht nur vorübergehender Natur sein muß. Das neu entstehende System kann durch monopolistischen oder oligopolistischen Wettbewerb charakterisiert sein, so daß insbesondere beim Vorliegen von sunk costs der Wettbewerb seine Entmachtungsfähigkeit verlieren kann. Die österreichische, kybernetisch-systemtheoretische Ablehnung von jetzt notwendigen partialmarktanalytischen Einzelfalluntersuchungen relativiert implizit Erdmann, wenn er darauf verweist, daß "jeder Marktprozeß in einem beschränkten Raum stattfindet"[2]. Die grundlegende Ambivalenz besteht darüber hinaus in dem dynamischen Konflikt zwischen Anpassungs- und Entwicklungswettbewerb. Wünscht die Wettbewerbspolitik beides, steht sie vor einem dynamischen Schumpeter-Trade Off.[3]

Diese wettbewerbstheoretischen Interpretationen im Rahmen der neuen allgemeinen Systemtheorie der Evolution beziehen sich auf die in Abb. 4 dargestellten Zusammenhänge:[4]

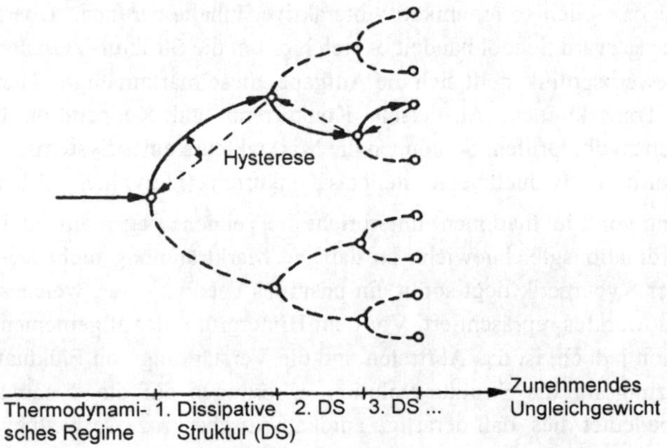

Abb. 4: Makroskopische Unbestimmtheit in der Strukturevolution

Quelle: Jantsch, E.: Die Selbstorganisation des Universums, München 1982, S. 85.

Die Verzweigungsstellen sind Bifurkationspunkte. An einem solchen Punkt hat ein System die "Wahl" zwischen verschiedenen, mindestens 2, möglichen zukünftigen Entwicklungen. Zwischen 2 Bifurkationspunkten befindet sich das System in der Stabilitätsphase, hier gehorcht es deterministischen Gesetzen.[5] In der Nähe der Bifurkations-

1 Hier liegt eine prozeßorientierte Dilemmasituation zwischen Anpassungs- und Entwicklungsprozessen vor.

2 Erdmann, G.: Elemente einer evolutorischen Innovationstheorie, a.a.O. 1993, S. 49.

3 Hier wird also eine prozeßorientierte Dilemma-These möglich, die angesichts der Ressourcenverschwendung bei autokatalytischen Prozessen den Blick auf eine F&E-Politik lenkt: Siehe Punkt 4. in diesem Kapitel.

4 Vgl. Fehl, U.: Die Theorie dissipativer Strukturen als Ansatzpunkt für die Analyse von Innovationsproblemen in alternativen Wirtschaftsordnungen, a.a.O. 1983, S. 71 ff. Zunehmendes Ungleichgewicht kann mit steigender Ressourcenverschwendung bei steigender Entwicklungswettbewerbsintensität in Verbindung gebracht werden.

5 Dies könnte man interpretieren als Harvardsche Struktur-Verhalten-Beziehung.

punkte befindet sich das System in der Instabilitätsphase; hier werden Fluktuationen systemintern verstärkt und der Übergang in eine neue Struktur vorbereitet.[1] Gerade die Fähigkeit eines Systems, Fluktuationen zu verstärken, ist Ausdruck seiner Kreativität (schöpferische Evolution). Bei ausschließlich selbsterhaltenden Systemen, wie jenem im Austrian Approach der Wettbewerbstheorie relevanten homöostatischen Organismus, werden die Fluktuationen ausgeregelt. Diese Situation kann hier der Stabilitätsphase zugeordnet werden. Der Bifurkationspunkt ist die Stelle höchster Instabilität und die zukünftige Entwicklung des Systems ist hier völlig offen. Im Phasenübergang[2] entscheiden die Fluktuationen, auf welchem Pfad sich das System stabilisiert. Die Stabilisierung des neuen Systems wird in der Sprache der neuen Systemtheorie Symmetriebruch[3] genannt; die Fluktuationen haben dann den Zweig der weiteren Entwicklung des Systems bestimmt; sie haben den Wandel des Systems herbeigeführt, der sich in einer neuen Systemordnung, einem neuen strukturellen Regime, niederschlägt.[4] Dieses neue Regime kann eine hohe Persistenz aufweisen. Diese für den Entwicklungswettbewerb problematische Situation ist mit Verhaltenshomogenität kompatibel: Je homogener das Verhalten, desto stabiler ist das bestehende Regime, und desto mehr wird die evolutorische Dynamik gebremst. Diese Situation kann im Rahmen des Marktstruktur-Marktverhalten-Ansatzes z.B. als oligopolistisches Parallelverhalten interpretiert werden. Derartige Vorgänge laufen bei Offenheit und in Gleichgewichtsferne ab, weil nur hier die notwendigen Voraussetzungen[5] für autokatalytische Prozesse vorliegen.[6]

Wenn man in der Abbildung 4 den Pfeil der Gleichgewichtsferne durch einen Zeitpfeil ersetzt, dann zeigen die durchgezogenen Linien die evolutorische Entwicklung eines Systems in der Zeit, die durch die Fluktuationen herbeigeführt wurde. Die gestrichelten Linien stellen potentielle Zukünfte in Form nicht-eingeschlagener Entwicklungswege des Systems dar.

Ein wichtiger Aspekt dieser Analyse ist, daß das kurzfristig gegebene Teilsystem (z.B. Branche) nicht allein aufgrund der gegenwärtig herrschenden Bedingungen erklärt werden kann, sondern daß auch seine Geschichte bei der Erklärung der gegenwärtigen Situation mitberücksichtigt werden muß. Die ausschließliche Konzentration auf die Analyse gegebener Gleichgewichtszustände erscheint somit problematisch.[7] Der Zusammenhang zwischen Verhalten und Struktur findet sich hier im Aspekt des Phasenübergangs wieder, wo

---

1 Vgl. Prigogine, I.: Order through Fluctuation, a.a.O. 1976, S. 119.

2 Dies ist ein Ausdruck der Mathematik nichtlinearer dynamischer Differentialgleichungssysteme. Die durch diese Gleichungen beschriebenen Trajektorien springen in einer solchen Situation abrupt um, wenn verschiedene Parameter kritische Grenzwerte überschreiten. Vgl. dazu Erdmann, G.: Elemente einer evolutorischen Innovationstheorie, a.a.O. 1993, S. 27 ff.

3 Unter Symmetriebrechung wird allgemein die Verletzung einer Symmetrie von physikalischen Zuständen oder Naturgesetzen verstanden.

4 "Wandel durch Fluktuation" bzw. "Ordnung durch Fluktuation".

5 Dies sind nicht-lineare Beziehungen.

6 Vgl. zu den Formalismen der neuen Systemtheorie auch Dopfer, K.: Elemente einer Evolutionsökonomik, a.a.O. 1990, S. 36 ff.

7 Vgl. Koblitz, G.; Rieter, H.: Wirtschaftliches Gleichgewicht – Zum Glanz-Verfall der zentralen Konzeption der theoretischen Ökonomie, a.a.O. 1979, S. 261.

die Fluktuation in Form eines neuen Verhaltens den Symmetriebruch und damit ein neues strukturelles Regime determiniert. Die Stochastik der Mikroebene findet somit auf der Makroebene in der Strukturevolution – z.B. in Gestalt einer Industriestruktur – ihren Ausdruck. Diese stochastische Mikro-Makro-Verbindung[1] ermöglicht die systemtheoretische Interpretation des modernen Marktverhalten-Marktstruktur-Ansatzes der Harvard School. Der Struktur-Verhalten-Zusammenhang der alten Harvard School findet sich in der Stabilitätsphase des Systems zwischen zwei Bifurkationspunkten wieder. Die allgemeine Systemtheorie der Evolution könnte somit ein Potential für die Weiterentwicklung der Harvardschen Marktprozeßanalyse darstellen.

Vor dem Hintergrund dieses neuen systemtheoretischen Ansatzes hat sich die Wettbewerbspolitik mit dem Aspekt der Unvollkommenheit (Gleichgewichtsferne) und den Markteintrittsbedingungen (Offenheit, Wettbewerbsintensität) in jedem Einzelfall einer raum-zeitlichen Prozeßstruktur auseinanderzusetzen. Fluktuationen sind umso häufiger, je höher die Zahl agierender autonomer Handlungseinheiten – z.B. die Anzahl der Unternehmungen – ist. Somit steigert die individuelle Verhaltensheterogenität, die zentrale Determinante für Innovationserfolge,[2] die Wahrscheinlichkeit der auf die Fluktuationen zurückgehenden innovativen Durchbrüche. Für die Wettbewerbspolitik geht es in diesem Bezugsrahmen darum, die Zahl der autonomen Handlungseinheiten tendenziell zu steigern, um durch die Vielfalt des individuellen Handelns innovative Durchbrüche – mithin die Einleitung von Phasenübergängen – wahrscheinlicher werden zu lassen. Vor dem Hintergrund dieses "Vielfalt"-Prozeßziels sucht sie dabei jene Bedingungen, die zum optimalen Entwicklungswettbewerb führen.

Unter methodischen Aspekten werden dabei auf der Basis stochastischer, nichtlinearer dynamischer Differentialgleichungssysteme vom Typ der Mastergleichung[3] Simulationsexperimente durchführt, indem man unterschiedliche Szenarien berechnet, d.h. Muster des Entwicklungswettbewerbs abbildet. Die Mastergleichung wird angewendet, wenn die Strukturbildung bzw. Strukturevolution auf der Makroebene aus dem Verhalten der individuellen, stochastisch erfaßten Einheiten resultiert.[4] Beispielsweise kann eine solche Strukturbildung auf den F&E-Aktivitäten von Unternehmungen beruhen. Mit der Mastergleichung könnte die Marktprozeßanalyse der Harvard School im Rahmen der Verhalten-Struktur-Rückkopplung methodisch erweitert werden. Jenseits prognostischer Aussagen können die Simulationsmodelle als Prozeßmuster dazu dienen, in der ex post-Betrachtung zu ergründen, welche Bedingungen für eine vorliegende Entwicklung verantwortlich waren.

---

1 Vgl. Erdmann, G.: Elemente einer evolutorischen Innovationstheorie, a.a.O. 1993, S. 137.

2 Vgl. Erdmann, G.: Elemente einer evolutorischen Innovationstheorie, a.a.O. 1993, S. 217.

3 Die Mastergleichung ist ein universelles Werkzeug der stochastischen Systemtheorie, dessen Anwendung Erdmann im Rahmen einer Politikberatung auch für die Wirtschaftswissenschaften vorschlägt: Vgl. Erdmann, G.: Elemente einer evolutorischen Systemtheorie, a.a.O. 1993, S. 143.

4 Vgl. Erdmann, G.: Elemente einer evolutorischen Systemtheorie, a.a.O. 1993, S. 143.

4. Zusammenfassende Betrachtung zur neuen "Allgemeinen Systemtheorie der Evolution": Implikationen für die dynamische Wettbewerbstheorie

Die neue Systemtheorie der Evolution erweitert die traditionelle systemtheoretische und evolutorische Perspektive der neuen Österreichischen Schule der Wettbewerbstheorie:

Sie bezieht sich nicht nur, wie die österreichische Sichtweise, auf die stabilisierende Dynamik, welche auf eine Systemerhaltung gerichtet ist (negative Rückkopplung), sondern integriert auch die Möglichkeit einer destabilisierenden Dynamik, die zur Revision von Systemen führen kann und durch Autokatalyse die Strukturevolution befördert.

Damit geht ein evolutorischer Perspektivenwechsel einher, der nicht ausschließlich die externen Umweltfaktoren der Evolution in Analogie zur traditionellen Evolutionstheorie[1] betont, sondern die systeminternen Faktoren der emergenten Evolution in den Mittelpunkt stellt. Die jetzt relevant werdende Selbstüberschreitung von Systemen im Sinne einer Revolution, ist nicht mehr mit dem von der österreichischen Sicht ausschließlich betrachteten Aspekt der Systemerhaltung vereinbar.

Der neue systemtheoretische Ansatz relativiert das Gesamtmarktkonzept des Austrian Approach der Wettbewerbstheorie, weil das homöostatische Mehrfachregelungssystem "Totalmarkt" in Verbindung mit dem Gesetz der erforderlichen Vielfalt nach Ashby aufgegeben wird. Jenseits der kybernetischen Denkweise wird eine Systemtheorie bereitgestellt, die wegen der Berücksichtigung systemintern erzeugter Kipp-Prozesse und damit verbundener Autokatalyse, die zur Selbstüberschreitung des Systems führt, dem sozioökonomischen Leben mehr entgegenkommt. Im Gegensatz zu der mit der kybernetischen Systemtheorie verbundenen Evolutionsperspektive der Präformation (traditionelle Evolutionstheorie) im Austrian Approach der Wettbewerbstheorie[2], wird nun die Strukturevolution erschlossen: Bei einer wettbewerbspolitischen Untersuchung braucht jetzt nicht mehr der Totalmarkt betrachtet zu werden, sondern nur jene von den Wirtschaftssubjekten geschaffenen Verknüpfungen im Rahmen der Selbstüberschreitungsmöglichkeit von Systemen, die Ausdruck der Strukturevolution und damit des relevanten Marktes sind. Dies stellt den systemtheoretischen Fortschritt gegenüber dem kybernetischen Konzept dar. Die Einzelfallintervention wird sich hier lediglich auf die vorliegenden Verknüpfungen (relevanter Markt) auswirken, die zur teilsystemmäßigen Themenbildung gehören. Somit sind Einzelfalluntersuchungen im Rahmen von Partialmarktkonzepten auch systemtheoretisch gerechtfertigt.

Da die neue Systemtheorie sowohl die Strukturerhaltung als auch die Strukturevolution betont, berücksichtigt sie zwei Prozeßdynamiken. Dies eröffnet die Möglichkeit einer differenzierten Betrachtung von Unternehmertypen, dem konservativen (Stabilitätsphase: Strukturerhaltung) und dem initiativen Unternehmer (Instabilitätsphase: Strukturevolution), die man in bezug auf ihr Handeln ebenfalls differenzieren kann: Während die konservativen Unternehmer der Stabilitätsphase eines Systems durch ihr anpassendes Verhalten zur

---

1 Anpassung an Umweltbedingungen zur Erhaltung der Art bzw. des Systems.

2 Ausschließliche Betonung der Strukturerhaltung: gegebener Totalmarkt.

Stabilisierung und damit zur Systemerhaltung beitragen, sind die initiativen Unternehmer der Instabilitätsphase eines Systems (Phasenübergang) in der Lage, Fluktuationen zu erzeugen, die letztlich die Revision der alten Systemstrukturen bewirken: Ihr initiatives Handeln dient nicht der Anpassung des Systems an seine Umweltbedingungen, weil es zur Revision bzw. Zerstörung des alten Systems, d.h. zur Strukturevolution, führt. Die dabei relevant werdenden autokatalytischen Prozesse gehen nicht in die österreichische Perspektive ein, so daß hier kein Konflikt zwischen einem Anpassungs- und einem Entwicklungswettbewerb auftreten kann. Vielmehr sind im Austrian Approach der Wettbewerbstheorie Anpassungs- und Entwicklungsprozeß identisch. Im Rahmen der allgemeinen Systemtheorie der Evolution jedoch, erscheint der Anpassungsprozeß lediglich als eine Phase des Entwicklungsprozesses, die unterschiedlich lange dauern kann. Dabei indizieren vor dem Hintergrund des Innovationswettbewerbs lange Stabilitätsphasen (Anpassung und Systemerhaltung) ohne das Auftreten eines Phasenübergangs einen funktionslosen Anpassungswettbewerb im Hinblick auf den technischen Fortschritt. Ebenso können sie ein Indiz dafür sein, daß der Wettbewerb z.B. angesichts von sunk costs seine Entmachtungsfähigkeit verloren hat. In beiden Fällen werden wettbewerbspolitische Einzelfallanalysen notwendig.

Der Ansatz der neuen Systemtheorie der Evolution erweitert die österreichische Sicht um den Aspekt der Autokatalyse und damit der Strukturevolution. Dies eröffnet die Möglichkeit einer systemtheoretisch begründeten Partialmarktanalyse jenseits des Totalmarktkonzepts und damit die Problematisierung von Marktmacht.

Der Marktöffnungsaspekt erhält eine unterschiedliche Gewichtigkeit, je nachdem, ob die evolutorische Perspektive ausschließlich die externen Umweltfaktoren (z.B. die potentiellen Konkurrenten) oder auch die systeminternen Faktoren (z.B. die Unternehmung einer Branche) betont. Erst wenn die internen Faktoren der Evolution relevant werden[1], ist mehr als allein die Anpassung und damit die Systemerhaltung möglich. Von Hayeks Position, jede ökonomische Tätigkeit sei Anpassung[2] und das Marktsystem funktioniere nach dem kybernetischen Prinzip der negativen Rückkopplung, erscheint vor dem Hintergrund des erweiterten systemtheoretischen Ansatzes der Evolution obsolet:

Ökonomische Tätigkeit präsentiert sich hier angesichts der internen Faktoren der Evolution auch als schöpferisches Handeln im Sinne der Selbsttranszendenzmöglichkeit, wobei die Wirtschaftssubjekte ihre Fähigkeitspotentiale, die dies bewirken können, aus sich selbst heraus entwickeln.

Erst die Abkehr von der ausschließlichen Betonung externer Umweltfaktoren im Sinne der traditionellen Evolutionstheorie macht eine neben der Anpassung zusätzliche erweiterte Form der Auseinandersetzung mit der Umwelt möglich: Schöpferisches Handeln im Sinne des Entgegensetzens eigener Zielvorstellungen gegenüber der Umwelt.[3] Die Markt-

---

1 Aspekt der systemendogenen Faktoren nach Schumpeter.

2 Hier werden ausschließlich die externen Umweltfaktoren im Kontext der Systemerhaltung betrachtet.

3 Die Wirtschaftssubjekte widerstreben Ashby's Gesetz der erforderlichen Vielfalt.

öffnung durch Deregulierung allein reicht für die Funktionsfähigkeit des Wettbewerbs jetzt nicht mehr aus. Die wettbewerbspolitische Problematik der Selbstorganisation zeigt sich hier in der Fähigkeit der Wirtschaftssubjekte, der Umwelt eigene Ziele auch in nichtwettbewerblicher Form entgegenzusetzen: Die Errichtung von Markteintrittsbarrieren ist eine Form dieser Auseinandersetzung mit der Umwelt potentieller Konkurrenten. Aus österreichischer Sicht ist dies nicht möglich, weil die Marktteilnehmer infolge Ashby's Gesetz der erforderlichen Vielfalt die Umwelt nicht kontrollieren können.

Die Marktstrukturpolitik kann relevant werden, weil die Marktstrukturentwicklung, im Gegensatz zu den Betrachtungen des Austrian Approach der Wettbewerbstheorie, nicht mehr der Reflex einer gleichgewichtsbildenden Anpassungsreaktion ist. Die Herausbildung der Marktstrukturen kann auf die Fähigkeit der Wirtschaftssubjekte zurückgehen, auch in nichtwettbewerblicher Weise der Umwelt den eigenen Willen entgegenzusetzen.[1] Der Marktstrukturaspekt wird auch unter dem evolutionären Kriterium "Vielfalt", der Zielvorstellung einer dem Entwicklungswettbewerb verpflichteten Wettbewerbspolitik, bedeutsam: Unternehmenszusammenschlüsse können sich tendenziell hemmend auf die Vielfaltproduktion auswirken, d.h. die Möglichkeit einer Behinderung der Ausbildung innovativer Kompetenzen und damit verbundener Neuerungsprozesse muß im Einzelfall überprüft werden.[2]

Sinkt die Anzahl der Unternehmen im Markt und liegt Unternehmensgrößenwachstum vor, so verringert sich tendenziell die Entwicklungrate (Vielfaltproduktion, Fluktuationen) einer Volkswirtschaft in dem Sinne, daß die tatsächliche Entwicklungsrate hinter der potentiellen Entwicklungsrate zurückbleibt.[3] Dieser Effekt tritt besonders dann auf, wenn eine Wettbewerbspolitik verfolgt wird, die sich an der New-Learning-Hypothese[4] der Chicago School orientiert. Eine permissive Fusionskontrollpolitik, die ausschließlich statische Effizienzkriterien zur Orientierung heranzieht, gerät in Konflikt zum dynamischen Effizienzkriterium "Vielfalt".

Fusioniert ein Unternehmen mit einem Innovator, statt seine eigenen Neuerungspotentiale zu entwickeln, so erscheint dies aus einzelwirtschaftlicher Sicht als effizient, weil der Ressourceneinsatz geringer als jener bei der Entwicklung des eigenen Fähigkeitspotentials ausfallen kann.[5] Die Tendenz zur gesamtwirtschaftlichen Vielfaltproduktion sinkt jedoch, weil durch den Kauf eines potentiellen Konkurrenten die Rate möglicher Fluktuationen sinkt. Bei einer strengen Fusionskontrolle müßte der Innovator-Käufer im Falle der Untersagung der Fusion mit seinem Marktaustritt rechnen, soweit er nicht bereit wäre, sein eigenes Leistungsniveau auszubauen. Diese Marktaustrittsmöglichkeit repräsentiert jedoch

1 Integrationsfähigkeit des "strategic entry-deterrence"-Ansatzes der Harvard School und damit einhergehender Problematisierung internen und externen Unternehmenswachstums.

2 Vgl. zum Vielfaltsaspekt Röpke, J.: Externes Unternehmenswachstum im ökonomischen Evolutionsprozeß, a.a.O. 1990, S. 155 f.

3 Vgl. ebenda, S. 162.

4 Siehe Kapitel D.

5 Vgl. Röpke, J.: Externes Unternehmenswachstum im ökonomischen Evolutionsprozeß, a.a.O. 1990, S. 161 ff.

einen Anreiz, das eigene Fähigkeitspotential zu entfalten,[1] so daß systeminterne Fluktuationen entstehen können. Röpke verweist zum Beleg dieser Argumente auf empirische Untersuchungen von Ravenscraft und Scherer, die zeigen, daß steigende Fusionsaktivitäten mit einem Rückgang an F&E-Aufwendungen einhergehen.[2] Großunternehmen sind in der Lage, Fluktuationen nicht-wettbewerblich durch Zwang zu unterdrücken, so daß sich eine bestehende raum-zeitliche Prozeßstruktur[3] als persistent erweisen kann.[4]

In der stabilen Phase eines Systems kann Anpassungswettbewerb als spezifische Möglichkeit der interaktiven Kommunikation zwischen den Systemelementen vorliegen, soweit die Kostenvorteile an die Preise weitergegeben werden bzw. Qualitätswettbewerb auftritt. Diese mögliche Koordinationsstruktur eines Systems als Ausdruck der systemspezifischen Ordnung wird beim Auftreten des Entwicklungswettbewerbs gestört. Befinden sich initiative Unternehmer im System, so kommt es zu einem Entwicklungswettbewerb, der zur Ressourcenverschwendung führt, da in einer komplexen Welt der Unsicherheit und des Wandels die Innovatoren nicht über die mit einer Innovation verbundenen Kosten und Nutzen informiert sind.[5]

Ursache dieser Ressourcenverschwendung sind autokatalytische Prozesse, die als wichtige Voraussetzung dynamischen Wettbewerbs für die Strukturevolution und Vielfaltproduktion des Marktsystems sorgen: Eine Investition in das unternehmensindividuelle Fähigkeitspotential stellt für die Wettbewerber eine Herausforderung dar, so daß diese ebenfalls F&E-Investitionen vornehmen. Dies wiederum veranlaßt jene Unternehmung, die diesen verstärkenden Prozeß angestoßen hat, zu weiteren Investitionen usw.[6] Im kybernetischen Konzept erscheinen derartige Prozesse lediglich als positive Feedbacks bzw. Marktversagen und werden als Funktionsstörung interpretiert, weil die Koordinationskraft des Wettbewerbs fehlt. Hier wird deutlich, daß Wettbewerb nicht ausschließlich als gleichgewichtsbildende Kraft verstanden werden kann, wie dies der Austrian Approach der Wettbewerbstheorie vorsieht. Jenseits der Zwillingsidee von spontaner Ordnung und Evolution erscheint funktionierender Wettbewerb hier auch als dekoordinierende Kraft, die zur Selbst-Überschreitung des Systems führen kann.[7] Damit liegt eine prozessuale Dilemmasituation zwischen dem Anpassungswettbewerb einerseits und dem Entwicklungswettbe-

---

1 Vgl. ebenda, S. 160.

2 Vgl. ebenda, S. 160; vgl. Ravenscraft, D. J.; Scherer, F.M.: Mergers, Sell-Offs, and Economic Efficiency, Washington 1987, S. 34 f.

3 Z.B. im Sinne des Konzepts der strategischen Gruppen von Porter.

4 Vgl. zum allgemeinen systemtheoretischen Zusammenhang Prigogine, I.: Order through Fluctuation, a.a.O. 1976, S. 103, 115.

5 Keine Übereinstimmung des erwarteten Gegenwartswerts aller zukünftigen Nettoerträge (Grenznutzen) einer Innovation mit den Grenzkosten dieser Innovation. Im neoklassischen Modell geht das Innovationsverhalten auf die Maximierung des individuellen Erwartungsnutzens zurück: Vgl. Stoneman, P.: The Economic Analysis of Technological Change, Oxford 1983.

6 Vgl. Röpke, J.: Externes Unternehmenswachstum im ökonomischen Evolutionsprozeß, a.a.O. 1990, S. 157; vgl. Rahmeyer, F.: The Evolutionary Approach to Innovation Activity, in: Journal of Institutional and Theoretical Economics, 145 (1989), S. 290; vgl. auch Prigogine, I.: Order through Fluctuation, a.a.O. 1976, S. 125. Harris, C.: Vikkers, J.: Patent Races and the Persistence of Monopoly, in: Journal of Industrial Economics, Vol. 33 (1985), S. 461 ff.

7 Möglich wird dies durch die emergente Evolution im Rahmen der Epigenesis.

werb andererseits vor, die durch kybernetisch ausgerichtete Wettbewerbskonzepte nicht erschlossen wird, da diese nur den Systemerhaltungsaspekt betonen. Die prozessuale Konfliktsituation kann überwunden werden, indem die am Vielfaltkonzept ausgerichtete Marktstrukturpolitik durch eine Forschungs- und Entwicklungspolitik frankiert wird, die eine F&E-Kooperation kleiner und mittlerer Unternehmen unterstützt.[1] Die Förderung kleinerer und mittlerer Unternehmen ist gerade deshalb bedeutungsvoll, weil empirische Untersuchungen zeigen, daß die Innovationsfähigkeit auf monopolistischen und atomistischen Märkten nicht sehr ausgeprägt ist.[2]

Die im neuen Ansatz auftretende makroskopische Unbestimmtheit kann in der Weise interpretiert werden, daß die volle Entfaltung des Diffusionsprozesses nur eine Möglichkeit einer Vielzahl möglicher Entwicklungen ist. Wegen des stochastischen Charakters der Fluktuationen ist die Möglichkeit einer deterministischen Prognostizierbarkeit und Antizipierbarkeit der ökonomischen Entwicklung nicht gegeben. Eine offene Evolution – also makroskopische Unbestimmtheit – setzt autokatalytische Prozesse und die ständige Erzeugung von Marktunvollkommenheiten voraus. Diesen Aspekt beachtet der Austrian Approach bisher nicht.

Die wettbewerbstheoretischen Implikationen der vervollständigten Systemtheorie der Evolution haben gezeigt, daß eine Marktöffnungspolitik in Verbindung mit einer permissiven Handhabung der Fusionskontrolle tendenziell die Vielfaltproduktion im Wettbewerb blokkiert. Die wettbewerbspolitischen Instanzen sollten deshalb eine strenge einzelfallorientierte Fusionskontrollpraxis zur Sicherstellung des Entwicklungswettbewerbs verfolgen. Angesichts der im Falle des Innovationswettbewerbs relevant werdenden autokatalytischen Prozesse, die zu Störungen des Anpassungswettbewerbs führen (dynamischer Schumpeter-Trade-Off), sollte die Wettbewerbspolitik durch eine F&E-Politik frankiert werden, die auf F&E-Kooperationen zwischen kleinen und mittleren Unternehmen gerichtet ist.

Darüber hinaus gilt es, die Fähigkeit der Marktteilnehmer in bezug auf ihre Umwelt in die Richtung eines wettbewerblichen Verhaltens zu beeinflussen:

Angesichts der praktischen Probleme einer Verhaltenskontrolle bei der Mißbrauchsaufsicht empfiehlt sich zur Verhinderung strategischen Abwehrverhaltens gegenüber potentiellen Konkurrenten die Einführung der Entflechtung wegen ihrer präventiven Wirkung.

Die Marktstrukturpolitik auf der Basis eines systemtheoretischen Perspektivenwechsels steht in konträrer Position zur New-Learning-Hypothese der Chicago-School. Dies um so mehr, als das Argument der Leistungsüberlegenheit der Großunternehmung empirisch nicht bestätigt werden konnte, wie die Untersuchungen von Porter in Kapitel F. zeigen werden.

Eine an der Chicago School orientierte Wettbewerbspolitik begünstigt aus einer systemtheoretischen Sicht das Erlöschen des Innovationswettbewerbs wegen tendenzieller Verhaltenshomogenität aufgrund statischer Kosten-Nutzen-Kalküle und der damit einher-

---

1 Vgl. Rahmeyer, F.: The Evolutionary Approach to Innovation Activity, a.a.O. 1989, S. 291.

2 Vgl. Scherer, F.M.; Ross, D.: Industrial Market Structure and Economic Performance, a.a.O. 1990, S. 644 ff.

gehenden sinkenden Wahrscheinlichkeit einer Überwindung von Potentialschwellen. Gleiches gilt für eine Industriepolitik, die sich als undifferenzierte Größenpolitik der Konzentrationsförderung verschreibt. Darüber hinaus sind gerade angesichts des komplexen Phänomens Wettbewerb und damit verbundener Ambivalenzen ausführliche Einzelfallanalysen im Rahmen einer "rule of reason" notwendig. Die vervollständigte systemtheoretische Sichtweise ist jenseits der "Zwillingsidee von spontaner Ordnung und Evolution" sowie kybernetischer Betrachtungen, die dem sozio-ökonomischen Leben nicht gerecht werden, mit der "rule of reason" vereinbar.

Die Implikationen der "Allgemeinen Systemtheorie der Evolution" für den dynamischen Wettbewerb lassen auch die Wettbewerbskonzepte der Industrial Organization sowie jene der Chicago School in einem neuen Licht erscheinen. Dies führt zur Notwendigkeit, diese Ansätze zu überdenken und neu zu positionieren, ein Aspekt, dem die folgenden Kapitel gewidmet sind.

C. Dynamischer Wettbewerb aus der Sicht der traditionellen Harvard School und ihrer workable competition-Analyse: Der Beginn eines Prozeßverständnisses

I. Die Wurzeln

Die Denktradition der Harvard-Schule schlägt sich im Struktur-Verhalten-Ergebnis-Paradigma nieder. Diese Denkschule wurde von E.S. Mason an der Harvard University begründet. Er schuf den analytischen Rahmen, der die Marktstruktur mit dem Marktergebnis in Verbindung brachte.[1] J.S. Bain, neben Scherer der wichtigste Vertreter der Harvard-Schule, erweiterte Masons Analyse, indem er die Rolle der Eintrittsbarrieren einbezog.[2] Seine Forschung gipfelte schließlich im Struktur-Verhalten-Ergebnis-Paradigma. Diese grundlegenden Arbeiten waren vor dem Hintergrund der damals zu beobachtenden Konzentrationsentwicklung entstanden. Dieses Phänomen wurde problematisiert, indem ein möglicher Zusammenhang zwischen Konzentration und der Fähigkeit, den Preis über den Wettbewerbspreis anzuheben, erforscht wurde: Marktmacht wurde somit in den Mittelpunkt der Analyse gerückt. Das Struktur-Verhalten-Ergebnis-Paradigma war der analytische Rahmen für die workability-Konzepte. Grundlegend für die workable competition-Analyse war J.M. Clarks Aufsatz "Toward a concept of workable competition", der auf der Basis einer Kritik an den Prämissen des Modells der vollständigen Konkurrenz von der Entwicklung eines realitätsnäheren Gegenkonzepts handelte.[3]

Die workability-Ansätze wurden in den 50er bis 70er Jahren entwickelt. Mit ihnen versuchte man auf der Basis eines starren Kausalzusammenhangs[4] im Rahmen des Struktur-Verhalten-Ergebnis-Paradigmas normativ jene Struktur-, Verhaltens-, Ergebniskriterien zu erarbeiten, die einen funktionsfähigen Wettbewerb gewährleisteten.[5] In diesem deterministischen Ansatz wurden Rückkopplungen zwischen den Kriterien "Marktergebnis", "Marktverhalten" und "Marktstruktur" noch nicht beachtet. Diese gingen erst später in die Analyse ein.[6] Aus aktueller wettbewerbstheoretischer Perspektive können diese Ansätze als erste Schritte in Richtung einer dynamischen Wettbewerbsanalyse gelten. Da sie für die Entstehung der Harvard-Chicago-Kontroverse verantwortlich waren, die zur Weiterentwicklung der dynamischen wettbewerbstheoretischen Ansätze der Harvard-Schule führte, werden sie hier kurz vorgestellt.

---

1 Vgl. Mason, E.S.: Price and Production Policies of Large-Scale Enterprice, in: The American Economic Review, Supplement 29, März, 1939.

2 Vgl. Bain, J.S.: Barriers to New Competition, Cambridge, Mass. 1956.

3 Vgl. Clark, J.M.: Toward a Concept of Workable Competition, in: The American Economic Review Bd. 30, 1940, S. 241-256, vgl. auch Cox, H.; Hübener, H.: Wettbewerb: Eine Einführung in die Wettbewerbstheorie und Wettbewerbspolitik, in: Cox, H. u.a. (Hrsg.): Handbuch des Wettbewerbs, München 1981, S. 14 ff.

4 Vgl. Wenzel, R.: Konzentration, Effizienz und Gewinne, Baden-Baden 1986, S. 14.

5 Vgl. Sosnick, S.H.: A Critique of Concepts of Workable Competition, in: Quarterly Journal of Economics, 72, 1958, S. 380-423; vgl. Bain, J.S.: Industrial Organization, New York u.a. 1968.

6 Vgl. Scherer, F.M.: Industrial Market Structure and Economic Performance, 2. Aufl., Chicago 1980, S. 4.

II. Workable competition als "second-best"

Das workable competition-Konzept wurde von J.M. Clark auf der Basis einer Kritik am Leitbild der vollständigen Konkurrenz entwickelt.[1] Dieses Orientierungsmuster wurde insofern aufgegeben, als Marktunvollkommenheiten aus Realitätsgründen akzeptiert wurden.[2] Nach Clark kamen in der ökonomischen Wirklichkeit Märkte vor, in denen ein Preiswettbewerb im Sinne des Modells der vollkommenen Konkurrenz ruinös wäre. Als in diesem Zusammenhang besonders relevant bezeichnete er Märkte mit hohem Fixkostenanteil und ausgeprägten Nachfrageschwankungen.[3] In diesen Fällen sollte eine Marktform angestrebt werden, die einerseits zur großbetrieblichen Wirtschaft paßte, andererseits auch in der Lage war, Marktergebnisse herbeizuführen, die im Einklang mit dem Ideal des preistheoretischen Gleichgewichts der Neoklassik standen. Dies vermochte nach Clark die Marktform der workable competition: "something intermediate between pure oligopoly and the ruinously low prices likely to result from unlimited market chaos."[4] Man erkennt, daß das Modell der vollkommenen Konkurrenz im Hinblick auf die Marktergebnisbetrachtung als normative Orientierung beibehalten wurde. Lediglich die Marktstruktur brauchte nicht dem Ideal der vollkommenen Konkurrenz gleichzukommen: Hier wären "imperfections" zu akzeptieren, da sie meist kurzfristiger Natur seien und sich langfristig kompensieren würden, so daß die allokative Effizienz langfristig gewahrt bliebe.[5] Diese "second-best"-Betrachtung mündete schließlich in die Gegengiftthese, nach der Marktunvollkommenheiten unter dem Aspekt der Interdependenz beurteilt werden sollten: Die Effizienz des Wettbewerbsprozesses bzw. seine Funktionsfähigkeit könne erreicht werden, wenn auf einem unvollkommenen Markt weitere Unvollkommenheiten hinzugefügt würden. Es zeige sich dann, daß die second-best-Lösung[6] der first-best-Lösung überlegen sei.[7]

Damit stand Clark in Opposition zur Theorie des unvollkommenen Wettbewerbs (Chamberlin, Robinson, v. Stackelberg)[8] aus deren Erkenntnissen sich die Empfehlung zur Reduzierung von Marktunvollkommenheiten ergab, weil die Marktform der vollkommenen Konkurrenz das wettbewerbspolitische Leitbild blieb .[9]

---

1 Vgl. Clark, J.M.: Toward a Concept of Workable Competition, a.a.O., S. 241-256.

2 Vgl. ebenda, S. 244.

3 Vgl. ebenda, S. 253.

4 Ebenda.

5 Vgl. ebenda, S. 246. Vgl. auch Cox, H.; Hübener, H.: Wettbewerb. Eine Einführung in die Wettbewerbstheorie und Wettbewerbspolitik, a.a.O. 1981, S. 14 f.

6 Vgl. Lipsey, R.S.; Lancaster, K.: The General Theory of Second Best; in: Review of Economic Studies, Vol. 24, 1956/57, S. 11.

7 Vgl. Cox, H.; Hübener, H.: Wettbewerb, a.a.O. 1981, S. 14.

8 Vgl. Chamberlin, E.H.: The Theory of Monopolistic Competition, 8. Aufl., Cambridge, Mass. 1962; vgl. Robinson, J.: The Economics of Imperfect Competition, 13. Aufl., London 1964; vgl. Stackelberg, H. v.: Marktform und Gleichgewicht, Wien, Berlin 1934.

9 Vgl. Cox, H.; Hübener, H.: Wettbewerb, a.a.O. 1981, S. 13.

III. Von der "workable"- zur "effective-competition"-Analyse

Die "workable competition" war für Clark schließlich kein zufriedenstellendes Gegenkonzept zum Modell der vollständigen Konkurrenz mehr, weil sie statischer Natur war und zur Ermittlung von "imperfektions" nach wie vor das Ideal des vollkommenen Wettbewerbs als Bezugsrahmen benötigte. In seinem Werk "Competition as a Dynamic Process" betrachtete er den Wettbewerb nunmehr als dynamisches Phänomen.[1] Das methodische Umdenken bestand in der Abkehr vom Modell der vollkommenen Konkurrenz: An diesem Modell gemessene Marktunvollkommenheiten galten fortan als notwendige Voraussetzungen eines dynamischen Wettbewerbsprozesses.[2] Möglich wurde dies durch das neue Referenzkriterium des Schumpeter-Prozesses der schöpferischen Zerstörung: Wettbewerb wird hier als fortlaufender Prozeß sich abwechselnder, nicht endender Vorstoß- und Verfolgungsphasen aufgefaßt.[3] Marktmacht entsteht infolge eines innovativen Vorstoßes eines Unternehmers. Sie ist jedoch nicht beständig, da die Monopolstellung des Innovators durch die Verfolgung der Imitatoren wieder abgebaut wird. Es handelt sich also lediglich um prozessuale Monopolstellungen, welche Clark angesichts ihrer Bedeutung für den wirtschaftlichen Fortschritt positiv beurteilte.

In seinem Konzept der "effective competition" galt Wettbewerb als effektiv, wenn prozessuale Monopole durch die Aktivitäten der Nachfolger aufgelöst wurden.[4] Die Dynamik des Wettbewerbsprozesses mußte also die Marktmachterosion gewährleisten.

IV. Positive Theorie: Zur frühen Industrieökonomik der Harvard School

1. Der structure-conduct-performance approach als Basis der Analyse

a. Exogene Marktstruktur und starrer Kausalzusammenhang

Da Marktunvollkommenheiten für einen funktionsfähigen Wettbewerb grundsätzlich notwendig sind, ergibt sich das Problem, die wettbewerbspolitisch erwünschten von den unerwünschten Marktunvollkommenheiten abzugrenzen. Für die dazu notwendige theoretische und empirische Analyse liefert das Marktstruktur-Marktverhalten-Marktergebnis-Paradigma die formale Basis.[5] Dieses Forschungsprogramm wird im Rahmen der "workable competition"-Lehre streng deterministisch angewendet. Die Struktur eines Marktes bzw. einer Branche ("industry") bestimmt das Verhalten der Unternehmen, die in dieser

---

1 Vgl. Clark, J.M.: Competition as a Dynamic Process, 2. Aufl., Washington D.C. 1961/63; vgl. Cox, H., Hübener, H.: Wettbewerb. Eine Einführung in die Wettbewerbstheorie und Wettbewerbspolitik, in: Cox, H., Jens, K., Markert, K. (Hrsg.): Handbuch des Wettbewerbs, München 1981, S. 14 ff.

2 Vgl. Clark, J.M.: Competition as a Dynamic Process, 2. Aufl., Washington D.C. 1961/63.

3 Vgl. Schumpeter, J.: Capitalism, Sozialism and Democracy, New York 1950, S. 139; vgl. Cox, H.; Hübener, H.: Wettbewerb, a.a.O. 1981, S. 15.

4 Vgl. Cox, H., Hübener: Wettbewerb – Eine Einführung in die Wettbewerbslehre und Wettbewerbspolitik, a.a.O. 1981, S. 14 ff., vgl. auch Bartling, H.: Leitbilder der Wettbewerbspolitik, München 1980, S. 20 ff.

5 Vgl. Poeche, J. (Hrsg.): Das Konzept der "Workable competition" in der angelsächsischen Literatur, Köln u.a. 1970; vgl. Geroski, P.A.: Competition Policy and the Structure-Performance Paradigm, Discussion papers, JJM ICP 86 – 27, S. 1.

"industry" agieren. Dies wiederum bestimmt das Ergebnis der "industry".[1] Im Gegensatz zum dynamischen Anspruch des Konzepts wird die Marktstruktur nicht als Ergebnis des Wettbewerbsprozesses angesehen; sie hat also keinen endogenen Charakter.

Aufgrund dieser strengen Kausalkette, d.h. ohne Berücksichtigung von Rückkoppelungen,[2] kann das Marktergebnis aus der Marktstruktur abgeleitet werden – es handelt sich somit um einen Strukturansatz. Die "workable competition"-Lehre geht davon aus, daß sich Marktprozesse über die Gestaltung der Marktstruktur in Richtung auf ein gewünschtes Marktergebnis lenken lassen.[3]

b. Exemplarische Skizzierung der Kriterien der Marktstruktur, des Marktverhaltens und des Marktergebnisses

Marktstruktur

Die Marktstruktur umfaßt die Formen, den Zustand und die Art der Zusammensetzung einer "industry" (Markt, Branche).[4] Die bedeutendsten Elemente der Marktstruktur[5] sind die Unternehmenskonzentration, der Marktanteil, die Nachfragekonzentration, die Markteintrittsschranken, die Produktdifferenzierung[6] und die Preiselastizität der Nachfrage, welche Aufschluß über den Substitutionsgrad zwischen einzelnen Märkten gibt.

Die Anbieteranzahl, ihre Größenverteilung und die Preiselastizität der Nachfrage werden als relevante Bestimmungsfaktoren kollusiver Verhaltensweisen angesehen, unter der Voraussetzung, daß strukturelle Markteintrittsschranken vorliegen. Als wichtigste Strukturkriterien zur Bestimmung von Marktmacht können zum einen die Unternehmenskonzentration, die sich auf die aktuelle Konkurrenz bezieht, und zum anderen die ökonomischen Markteintrittsschranken, die auf die potentielle Konkurrenz gerichtet sind, bezeichnet werden.[7]

Unternehmenskonzentration im Sinne eines Konzentrationsprozesses liegt vor, wenn sich im Laufe der Zeit die Zahl der Unternehmen als selbständige Wirtschaftseinheiten vermindert.[8] Dies kann durch überproportionales internes Wachstum oder durch externes Wachstum über Fusionen bewirkt werden. Dabei spielt das externe Unternehmenswachs-

1 Vgl. Bain, J.S.: Industrial Organization, a.a.O. 1968, S. 18 ff.

2 Vgl. Scherer, F.M.: Industrial Market Structure and Economic Performance, a.a.O. 1980, S. 4.

3 Repräsentativ für die deutsche Wettbewerbstheorie wurde in diesem Zusammenhang Kantzenbach, E.: Die Funktionsfähigkeit des Wettbewerbs, Göttingen 1967.

4 Vgl. Poeche, J.: Das Konzept der "Workable Competition" in der angelsächsischen Literatur, Köln u.a. 1970, S. 17.

5 Die wichtigsten industrieökonomischen Ansätze im Rahmen des Struktur-Verhalten-Ergebnis-Paradigmas repräsentieren die Arbeiten von Bain (1968), Caves (1972), Koch (1974), Shepherd (1979), Scherer (1980).

6 Vgl. Bain, J.S.: Industrial Organization, a.a.O. 1968, S. 464 ff; vgl. Shepherd, W.G.: The Elements of Market Structure, in: Review of Economics and Statistics, 54, 1972, S. 254; siehe auch Shepherd, W.G.: The Economics of Industrial Organization, Englewood Cliffs 1979.

7 Vgl. Wenzel, R.: Konzentration, Effizienz und Gewinne, a.a.O. 1986, S. 16.

8 Vgl. Schmidt, I.: Wettbewerbspolitik und Kartellrecht, 3. Aufl., Stuttgart 1990, S. 125.

tum die wettbewerbspolitisch bedeutsamere Rolle, weil es schneller zu realisieren ist als das interne Wachstum.[1] Die wettbewerbspolitische Problematik liegt darin, daß einzelne Unternehmen stärker wachsen als ihre Wettbewerber, ohne daß dies in ihrer Leistungsfähigkeit begründet sein muß.[2]

Die Unternehmenskonzentration als Effekt des Unternehmenswachstums erstreckt sich nicht nur auf die Unternehmensgröße und die Ballung von Betrieben im Unternehmen, sondern auch auf die Verflechtung (Konzern- und Kartellbildung) bzw. Abhängigkeit.[3] Davon zu unterscheiden ist die Konzentration der Verfügungsmacht, die auch eigentumsunabhängig vorkommt und in der Ballung von Rechten und Kompetenzen besteht.[4] Hinter jeder Unternehmenskonzentration steht in der Regel eine Konzentration von Verfügungsmacht.[5]

Der hier verwendete Begriff des Unternehmenswachstums bezieht sich dann auf die Expansion der Kontrolle über Produktionskapazitäten, d.h. auf die Ausweitung von Verfügungsmacht. Die Kontrolle kann sich dabei auf die Art und den Umfang der Kapazitätsauslastung, den Bezug von Produktionsfaktoren und den Absatz der Produktion beziehen.[6] Der Ausbau der Verfügungsmacht kann durch internes und externes Unternehmenswachstum erreicht werden,[7] das jeweils horizontal, vertikal und konglomerat erfolgen kann, wie Abbildung 5 skizziert.

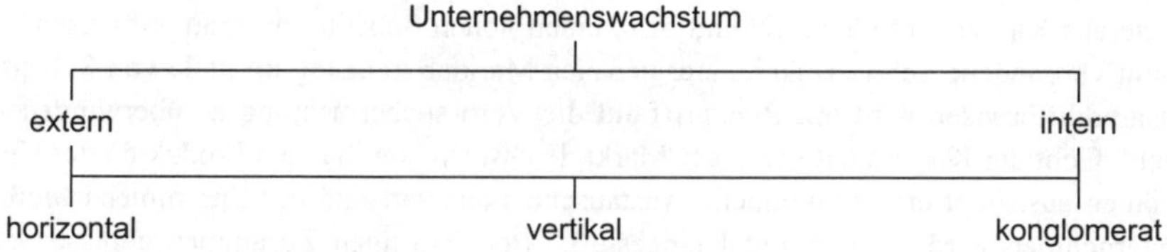

Abb. 5: Arten des Unternehmenswachstums

Das Kennzeichen des internen Unternehmenswachstums sind die durch autonome Investitionsentscheidungen geschaffenen neuen Produktionskapazitäten.[8] Das Charakteristi-

---

1 Vgl. Schmidt, I.; Röhrich, M.: Zielkonflikte zwischen dem Erhalt kompetitiver Marktstrukturen und der Realisierung von Effizienzsteigerungen durch externes Unternehmenswachstum? In: WiSt, Heft 4, April 1992, S. 179.

2 Vgl. Arndt, H.; Ollenburg, G.: Begriff und Arten der Konzentration; in: Arndt, H. (Hrsg.): Die Konzentration in der Wirtschaft, Schriften des Vereins für Socialpolitik, NF. Bd. 20/I, 2. Aufl., Berlin 1971, S. 3 ff.

3 Vgl. Arndt, H.; Ollenburg, G.: Begriff und Arten der Konzentration; in: Arndt, H. (Hrsg.): Die Konzentration in der Wirtschaft, Schriften des Vereins für Socialpolitik, NF. Bd. 20/I, 2. Aufl., Berlin 1971, S. 22.

4 Vgl. ebenda.

5 Vgl. ebenda, S. 32.

6 Vgl. Rothhardt, U.: Statistische Konzentrationsmessungen in ausgewählten Mitgliedsstaaten der Europäischen Gemeinschaften, Univ. Diss., Heidelberg 1984, S. 38.

7 Vgl. Lenel, H.O.: Die Bedeutung der großen Unternehmen für den technischen Fortschritt, Tübingen 1968.

8 Vgl. Lenel, H.O.: Konzentration, in: Handwörterbuch der Wirtschaftswissenschaft, Bd. 4, Stuttgart u.a. 1978, S. 541.

kum des externen Unternehmenswachstums ist das Erreichen einer Kontrolle über bereits vorhandene Produktionskapazitäten bzw. die Expansion dieser Kontrolle.[1] Das externe Unternehmenswachstum erfolgt meist durch Beteiligungserwerb (Konzernbildung oder -vergrößerung) oder durch Zusammenfassung der Aktiva mehrerer Unternehmen in einem Unternehmen (Fusion). Darüber hinaus ist externe Expansion auch über die Gründung eines Gemeinschaftsunternehmens möglich, soweit diese Zusammenschlußform durch den gemeinsamen Erwerb eines bestehenden Unternehmens durch mehrere Unternehmen gekennzeichnet ist.[2]

Ein horizontales Unternehmenswachstum liegt vor, wenn sich die Expansion auf den gleichen Markt und die gleiche Wirtschaftsstufe bezieht. Im Falle eines externen Unternehmenswachstums bestand also ein unmittelbares Konkurrenzverhältnis:[3] Die vormals selbständigen Unternehmen verkauften konkurrierende Produkte im gleichen Markt.[4] Bei derartigen Unternehmensverbindungen werden vorhandene Kapazitäten vereinigt, und die Summe der Marktanteile der vormals unabhängigen Konkurrenten stellt nunmehr den Marktanteil nur eines Anbieters dar.[5] Horizontales Unternehmenswachstum ist typischerweise mit der Realisierung von economies of scale verbunden. Bei der Spezifikation der Beziehungen zwischen den Produkten der sich zusammenschließenden Unternehmen kommt es beim horizontalen externen Unternehmenswachstum darauf an, daß die Produkte aus Käufersicht identisch sind bzw. einen hohen Substitutionsgrad aufweisen.[6] Die damit verbundene Schwierigkeit einer genauen Marktabgrenzung im Falle von Substitutionsgraddifferenzen wird mit Rückgriff auf die Verbrauchermeinung zu überwinden versucht: Geht der Konsument von einer Marktgleichwertigkeit bei den Produkten der Unternehmen aus, liegt eine funktionelle Austauschbarkeit vor, und der Zusammenschluß der Unternehmen wird als horizontal eingestuft.[7] Bei derartigen Zusammenschlüssen ohne Produktausweitung kann es zu einer Verstärkung der Marktstellung kommen, weil direkte Wettbewerber mit einem identischen Produktspektrum übernommen werden.[8] Bühner stuft auch jene Zusammenschlüsse als horizontal ein, die zu einer Produktausweitung führen.[9] Solche Übernahmen von Unternehmen mit verwandtem Produktionsprogramm erhöhen die Leistungsbreite eines Unternehmens und können als vorsichtige Diversifikation angesehen werden,[10] so daß diese Unternehmenszusammenschlüsse auch als Konglome-

1 Vgl. Rothhardt, U.: Statische Konzentrationsmessungen in ausgewählten Mitgliedsstaaten der Europäischen Gemeinschaften, a.a.O. 1984, S. 39.

2 Vgl. Lenel, H.O.: Konzentration, a.a.O. 1978, S. 541.

3 Vgl. Emrich, H.M.: Die Problematik der Fusionskontrolle bei Konglomeraten, Berlin 1978, S. 30.

4 Vgl. Grimm, A.: Motive konglomerater Zusammenschlüsse, Wirtschaftspolitische Studien, 71, Göttingen 1987, S. 10.

5 Vgl. Emrich, J.M.: Die Problematik der Fusionskontrolle bei Konglomeraten, a.a.O. 1978, S. 30.

6 Vgl. Emrich, J.M.: Die Problematik der Fusionskontrolle bei Konglomeraten, a.a.O. 1978, S. 30.

7 Vgl. ebenda.

8 Vgl. Bühner, R.: Erfolg von Unternehmenszusammenschlüssen in der Bundesrepublik Deutschland, Stuttgart 1990, S. 5.

9 Vgl. ebenda.

10 Vgl. ebenda.

rate spezifiziert werden können, was der Einordnung der Federal Trade Commission in den USA entspricht.[1]

Vertikales Unternehmenswachstum bezieht sich auf unmittelbar vor- und/oder nachgelagerte Wirtschaftsstufen. Im Falle der externen Expansion waren die betreffenden Wirtschaftssubjekte vor dem Zusammenschluß selbständig und auf verschiedenen Wirtschaftsstufen im Sinne einer Käufer-Verkäufer-Beziehung tätig.[2] Vertikale Expansion ermöglicht es, die Fertigungs- oder Leistungstiefe eines Unternehmens zu erhöhen und Absatz- und Versorgungsquellen zu sichern.[3] Sie kann insbesondere der Realisierung von Transaktionskostenvorteilen dienen.

Bei der vertikalen Rückwärtsintegration ist die Unternehmung in der Lage, den zur Produktion des Outputs erforderlichen Input selbst zu erstellen.[4] Im Falle der vertikalen Vorwärtsintegration wird der Output eines Unternehmens fortan durch dieses selbst weiter be- und verarbeitet oder abgesetzt.[5]

Vertikales Unternehmenswachstum ist also verbunden mit einem Eindringen in den Bereich Weiterverarbeitung/Absatz bzw. in jenen des Vorprodukts.[6]

Durch vertikales Unternehmenswachstum kann die Absicht realisiert werden, Ressourcen einzusparen, falls die interne Organisation von Transaktionen vorteilhafter ist als die Markttransaktion.[7] Vertikale Expansion wirft wettbewerbspolitische Probleme auf, wenn das Unternehmen in einem verbundenen Markt eine marktbeherrschende Stellung aufweist, was wettbewerbspolitisch anhand des Marktanteils beurteilt werden kann.[8] Marktmächtige, vertikal expandierende Unternehmen können Schwierigkeiten beim Zugang zu Beschaffungs- und Absatzmärkten erzeugen und so aktuelle Konkurrenten durch Behinderungsstrategien, wie z.B. eine Lieferverweigerung, verdrängen sowie potentielle Konkurrenten am Markteintritt hindern.[9] Derartige Abschottungsstrategien bei Beschaffungs- und Absatzmärkten führen zu Marktschließungseffekten, deren Ausmaß von der Höhe des Marktanteils abhängt, welcher den Wettbewerbern verschlossen wird.[10]

---

1 Vgl. Markert, K.: Beurteilungsgesichtspunkte diagonaler Zusammenschlüsse anhand amerikanischer Fälle; in: Gützler, H. (Hrsg.): Wettbewerb im Wandel, Baden-Baden 1976, S. 407 ff.

2 Vgl. Schmidt, I.; Kirschner, U.: Der Markterschließungseffekt, in: Wist, H. 1, 1988, S. 23; vgl. auch Lenel, H.O.: Konzentration, a.a.O. 1978, S. 542.

3 Vgl. Emrich, J.M.: Die Problematik der Fusionskontrolle bei Konglomeraten, a.a.O. 1978, S. 30.

4 Vgl. Kaufer, E.: Industrieökonomik, München 1980, S. 108.

5 Vgl. ebenda; vgl. auch Grimm, A.: Motive konglomerater Zusammenschlüsse, a.a.O. 1987, S. 11; vgl. auch Scherer, Industrial Market Structure and Economic Performance, 2. Aufl., Chicago 1980, S. 78.

6 Vgl. Emrich, J.M.: Die Problematik der Fusionskontrolle bei Konglomeraten, a.a.O. 1978, S. 31.

7 Vgl. Kaufer, E.: Industrieökonomik, a.a.O. 1980, S. 108; vgl. auch Williamson, O.E.: Markets and Hierarchies. Analysis and Antitrust Implications, New York 1975.

8 Vgl. Emrich, J.M.: Die Problematik der Fusionskontrolle bei Konglomeraten, a.a.O. 1978, S. 31.

9 Vgl. Schmidt, I.; Kirschner, U.: Der Marktschließungseffekt, a.a.O. 1988, S. 23.

10 Vgl. ebenda.

Schmidt und Kirschner nennen typische Fälle von Marktschließungseffekten:[1] Ein Unternehmen, das auf dem Rohstoffmarkt stark ist, bietet gleichzeitig Endprodukte an. Es erschwert seiner Endproduktkonkurrenz den Zugang zum Rohstoffmarkt und kann so auch den Endproduktmarkt kontrollieren. Gleichzeitig erfolgt die Kontrolle des Rohstoffmarktes, indem die dortigen Konkurrenten durch die Zutrittserschwernis zum nachgelagerten Markt behindert werden. Diese Situation kann potentielle Konkurrenten abschrecken, die neben diesen Absatz- oder Beschaffungsschwierigkeiten noch weitere Probleme beachten müssen.[2] Hat der Newcomer die Absicht, in den Markt nur einer Wirtschaftsstufe einzutreten, so hat er im Vergleich zu den vorwärts- bzw. rückwärtsintegrierten etablierten Anbietern Kostennachteile in Form höherer Transaktionskosten zu berücksichtigen, was ihn vom Zutritt abhalten könnte. Falls er stattdessen jedoch die Möglichkeit eines Eintritts auf mehreren Wirtschaftsstufen in die Betrachtung einbezieht, so erfordert dies einen erhöhten Kapitalbedarf. Kapitalmarktunvollkommenheit vorausgesetzt, können nun erhebliche Finanzierungsprobleme auftreten, falls der Newcomer nicht schon in einem anderen Markt erfolgreich tätig war.[3]

Im Falle des konglomeraten Unternehmenswachstums sind immer unterschiedliche Märkte betroffen. In einer Negativabgrenzung handelt es sich hier um Wachstumsprozesse, die weder einen horizontalen noch einen vertikalen Charakter aufweisen. Sie können insbesondere der Risikostreuung und der Realisierung von economies of scope dienen. Beim konglomeraten Unternehmenswachstum tritt die Notwendigkeit einer Unterscheidung zwischen Diversifikation und Konglomeration auf.

Betrachtet man zunächst das konglomerate externe Unternehmenswachstum, so können folgende Fälle konglomerater Zusammenschlußmöglichkeiten identifiziert werden:[4]

Produkterweiterungszusammenschlüsse:

Die Produkte der Zusammenschlußpartner stehen nicht in einer Konkurrenzbeziehung. Ihre Produktionsprozesse oder Absatzwege sind aber durch Ähnlichkeiten gekennzeichnet, d.h., es liegt eine funktionelle Verbundenheit vor.

Markterweiterungszusammenschlüsse:

Hier schließen sich Unternehmen zusammen, die gleichartige Produkte herstellen. Diese Konkurrenzprodukte werden jedoch in unterschiedlichen geographischen Märkten angeboten. Bei einem derartigen externen Unternehmenswachstum handelt es sich um Grenzfälle der horizontalen Integration.[5] Es mindert die Zahl der potentiellen Konkurrenten.

---

1 Vgl. ebenda.

2 Vgl. Otembra, W.: Die empirische Relevanz von Marktzutrittsbarrieren, in: Konjunkturpolitik, H. 2/3, 1982, S. 191.

3 Vgl. Comanor, W.S.: Vertical Mergers, Market Powers, and the Antitrust Law, in: The American Economic Review, Bd. 57, 1967, S. 255 ff.

4 Vgl. Kaufer, E.: Industrieökonomik, a.a.O. 1980, S. 93; vgl. Scherer, F.M.: Industrial Market Structure and Economic Performance, a.a.O. 1980, S. 124; vgl. Grimm, A.: Motive konglomerater Zusammenschlüsse, a.a.O. 1987, S. 12; vgl. Veltrup, B.: Die wettbewerbspolitische Problematik konglomerater Fusionen, a.a.O. 1975, S. 22 ff.

5 Vgl. Schmidt, I.: Wettbewerbspolitik und Kartellrecht, Stuttgart, New York 1990, S. 134, S. 132.

Marktverkettungszusammenschlüsse:

Von den Fällen dieser Markterweiterungszusammenschlüsse sind die Möglichkeiten der Marktverkettungszusammenschlüsse zu unterscheiden. Sie sind ein Grenzfall der vertikalen Integration, in dessen Folge künstliche Wettbewerbsvorteile entstehen können. Marktverkettungszusammenschlüsse liegen vor, wenn eines der am Zusammenschluß beteiligten Unternehmen Kunde eines Kunden des anderen beteiligten Unternehmens oder Lieferant eines Lieferanten des anderen beteiligten Unternehmens war.[1]

Reine konglomerate Zusammenschlüsse:

Diese Zusammenschlüsse erfolgen zwischen Unternehmen, deren Aktivitäten in unverbundenen Märkten stattfinden und die keinerlei funktionale Verbundenheit aufweisen.

Eine Produkterweiterungs- bzw. Markterweiterungsstrategie (Marktentwicklung) ist auch durch internes Unternehmenswachstum zu realisieren. Bei der Produkterweiterungsstrategie handelt es sich um eine Diversifikation, die wie folgt definiert werden kann: Die Diversifikation ist die bewußte und gezielte Ausweitung des Leistungsprogramms auf Unternehmensbereiche, die zwar grundsätzlich neu sind, aber in einem Zusammenhang mit der bisherigen Leistung stehen.[2] Oder auch: Diversifikation ist die "Aufnahme neuer Produkte, die in mehr oder weniger engem Bezug zum bisherigen Verkaufsprogramm stehen, um neue Märkte ... zu erschließen"[3].

Die Wachstumsstrategien der Diversifikation und der Marktentwicklung sind also sowohl intern als auch extern möglich, weil Produktverwandtschaften vorliegen. Sie sind von der Konglomeration abzugrenzen. In Unterscheidung zur Diversifikation handelt es sich bei der Konglomeration um "die externe Vergrößerung von Unternehmen in Produktions- oder Leistungsbereiche hinein, die keinerlei Verbindung zur bisherigen Tätigkeit haben."[4] Diese Zusammenschlußform ist wettbewerbspolitisch problematisch, da sie Möglichkeiten der Mischkalkulation eröffnet, die für einen Verdrängungswettbewerb instrumentalisiert werden können. Andererseits ermöglicht sie aber auch die Überwindung hoher Marktschranken – ein Aspekt der Belebung potentieller Konkurrenz.

Alle Formen des Unternehmenswachstums sind wettbewerbspolitisch ambivalent. Die Beurteilung ihres wettbewerbspolitischen Gefahrenpotentials fällt je nach wettbewerbstheoretischer Ausrichtung unterschiedlich aus.

Strukturelle Markteintrittbarrieren sind zur Erklärung der Entstehung negativer Marktergebnisse infolge von Konzentrationsprozessen besonders bedeutungsvoll. Sie haben aus der Sicht der traditionellen Harvard-Schule die Eigenschaft, potentielle Konkurrenten abzuschrecken[5] und können so Dekonzentrationsprozesse behindern.[6]

---

1 Vgl. ebenda.

2 Vgl. Emrich, H.M.: Die Problematik der Fusionskontrolle bei Konglomeraten, a.a.O. 1978, S. 34 f.

3 Gabler, Wirtschaftslexikon, 12. Aufl., Wiesbaden 1988, S. 2572.

4 Emrich, H.M.: Die Problematik der Fusionskontrolle bei Konglomeraten, a.a.O. 1978, S. 37.

5 Zu diesem Aspekt siehe insbesondere Punkt F.

6 Vgl. Otremba, W.: Die empirische Relevanz von Marktzutrittsbarrieren, in: Konjunkturpolitik, 28. Jg., Heft 2/3, 1982, S. 197

Bain hat neben Clark mit der Einführung struktureller Eintrittsbarrieren als Element der Marktstruktur einen weiteren Schritt in Richtung einer dynamischen Analyse von Wettbewerbsprozessen geleistet.[1] Nach Bain ist all jenes als Eintrittsbarriere anzusehen, was es etablierten Unternehmen ermöglicht, die Preise über jene des Wettbewerbsniveaus (nichtstückkostengleiche Preise) anzuheben, ohne jedoch dadurch einen Eintritt eines Newcomers in die "industry" zu veranlassen.[2] Dazu können die strukturellen Eintrittsbarrieren nach Bain, nämlich absolute Kostenvorteile, economies of scale, Kapitalerfordernisse und Produktdifferenzierungen,[3] instrumentalisiert werden. Diese Barrieren begründen einen Gewinn- bzw. Wettbewerbsvorteil etablierter Unternehmen gegenüber den Newcomern, deren Wettbewerbsposition wegen des Vorsprungs der Etablierten schlechter ist, ein Umstand, der sie am Markteintritt hindern könnte. Dies bedeutet jedoch nicht, daß diese Barrieren unüberwindbar sind.

Absolute Kostenvorteile (z.B. aufgrund von Kapitalmarktvorteilen oder günstigen Inputpreisen) treten auf, wenn die in einem Markt etablierten Unternehmen jedes Outputniveau zu niedrigeren Kosten realisieren können als die potentiellen Konkurrenten. Sofern die etablierten Unternehmen einen Teil ihrer positiven Kostendifferenz zu den potentiell Eintretenden an die Preise abgeben, werden potentielle Konkurrenten am Eintritt gehindert. Sie unterlassen den Marktzutritt, weil sie infolge ihres absoluten Kostennachteils zu Preisen anbieten müßten, die nicht konkurrenzfähig wären.[4]

Hohe Kapitalerfordernisse liegen vor, wenn die minimale effiziente Größe sehr hoch ist, wie z.B. im Falle kapitalintensiver Produktionsprozesse. Auch Bedingungen, bei denen die vertikale Integration sehr bedeutsam ist, können einen hohen Kapitaleinsatz erfordern. Dieser stellt dann eine Eintrittsbarriere für Newcomer dar, wenn die Beschaffung der notwendigen Finanzmittel für diese unmöglich ist. Derartige Situationen können bei unvollkommenen Kapitalmärkten entstehen: So ist die Bewältigung des Finanzierungsproblems für Großunternehmen aufgrund z.B. günstiger Konditionen und Zinsen leichter als für kleine und mittlere Unternehmen.[5]

Die Produktdifferenzierung begründet insofern eine Eintrittsbarriere für Newcomer, als diesen absolute Kostennachteile entstehen können- Während potentiell neu Eintretende sich erst ein Produzenten- und Produkt-Image mittels hoher Marktdurchdringungskosten schaffen müssen, profitieren die etablierten Unternehmen davon, daß viele Konsumenten ihre schon lange eingeführten Produkte bevorzugen.[6] Weiterhin kontrollieren die schon lange im Markt tätigen Unternehmen die Distributionskanäle und Absatzgebiete, so daß

---

1 Siehe zu diesem Aspekt auch Weizsäcker, C.C.v.: Barriers to Entry: A Theoretical Treatment, Heidelberg 1980.

2 Vgl. Bain, J.S.: Barriers to New Competition, a.a.O. 1956, S. 3

3 Vgl. ebenda, S. 15 f.

4 Aus der Sicht der Chicago-Schule wäre dieser Sachverhalt wettbewerbspolitisch nicht problematisch, sondern würde vielmehr Wettbewerbsprozesse charakterisieren. Siehe dazu Punkt D. VII. 4.

5 Vgl. Otremba, W.: Die empirische Relevanz von Marktzutrittsbarrieren, a.a.O. 1982, S. 191.

6 Vgl. ebenda, S. 191.

auch unter diesem Aspekt für Newcomer beim Aufbau entsprechender Systeme hohe Kosten anfallen, die absolute Kostennachteile repräsentieren.

Economies of scale sind vom Grundsatz her, aus Gründen produktiver und allokativer Effizienz, positiv zu beurteilen, weil es sich dabei um die kostengünstige Herstellung großer Mengen handelt. Die Realisierung effizienter Größen kann in bezug auf den Markt zu einem hohen Konzentrationsgrad führen. Der entsprechende Struktur-Ergebnis-Zusammenhang wurde von Bain[1] empirisch untersucht.[2] Die economies of scale können als Eintrittsbarrieren gelten, weil sie wegen des hohen Kapitalbedarfs einen erschwerten Marktzutritt bedingen. Aus neuerer Sicht sind bei economies of scale Bedingungen denkbar, die Ausschließlichkeitspraktiken, wie z.B. die Vorhaltung von Überkapazitäten ermöglichen: Für den potentiell Eintretenden ergibt sich z.B. das Bild eines Angebotsüberschusses. Weil er die Verkaufsmöglichkeiten negativ einschätzt und ruinösen Preiswettbewerb nicht ausschließt, wird er den Markteintritt unterlassen.[3]

Marktverhalten

Die Kategorie des Marktverhaltens bezieht sich auf unterschiedliche Verhaltensoptionen, Zielsetzungen, Geschäftspraktiken und Strategien von Unternehmen. Berücksichtigt wird ihr Verhalten zueinander und jenes zum Markt. Typische Verhaltensweisen sind z.B. alternative Gewinnstrategien, Preispolitik, Preisführerschaft, kollusives Verhalten, Produktdifferenzierung, F&E-Aktivitäten, Investitionsentscheidungen.[4] Das Marktverhalten wird nach der "workable competition"-Lehre streng von der Marktstruktur determiniert, wie noch zu zeigen sein wird.

Marktergebnis

Marktergebnisse sind jene ökonomischen Größen, die der Wettbewerbsprozeß im Sinne des Marktstruktur-Marktverhalten-Marktergebnis-Determinismus schließlich hervorbringt. Bedeutsam ist die Effizienz einzelner Unternehmen, der Unternehmensgruppe und/oder der "industry". Typische Marktergebnismerkmale sind z.B. Preise, Kosten, technischer und organisatorischer Fortschritt und Produktqualität.[5] Die Marktergebniselemente können überwiegend den Kategorien allokativer, produktiver und dynamischer Ef-

---

1 Vgl. Bain, J.S.: Relation of Profit Rate to Industry Concentration, in: Quarterly Journal of Economics, 1951, S. 293-324; vgl. Bain, J.S.: Barriers to new Competition, a.a.O. 1956.

2 Siehe dazu Punkt C. IV. 2.

3 Vgl. Wenders, J.T.: Excess Capacity as a Barrier to Entry, in: Journal of Industrial Economics, Bd. 20, 1971, S. 1419; vgl. auch: Sylos-Labini, P.: Oligopoly and Technical Process, Cambridge, Mass. 1957; vgl. auch Böbel, I.: Wettbewerb und Industriestruktur, Berlin-Heidelberg 1984, S. 27 ff. Zu den Elementen der Marktstruktur siehe statt vieler Scherer, F.M., Ross, D.: Industrial Market Structure and Economic Performance, 3. Aufl., Boston u.a. 1990, S. 57 ff., 97 ff.

4 Vgl. Poeche, J.: Das Konzept der "Workable Competition" in der angelsächsischen Literatur, a.a.O. 1970, S. 18. Eine Übersicht über alternative Marktverhalten liefert z.B. Herdzina, K.: Marktentwicklung und Marktverhalten, in: Bombach, G.; Gahlen, B.; Ott, A.: Industrieökonomik: Theorie und Empirie, Tübingen 1985, S. 108.

5 Vgl. z.B. Hoppmann, E.: Wirtschaftsordnung und Wettbewerb, 1. Aufl., Baden-Baden 1988, S. 181.

fizienz zugeordnet werden. Berücksichtigung finden aber auch Aspekte wie Vollbeschäftigung und Einkommensverteilung.[1]

Allokative Effizienz liegt vor, wenn der Marktpreis eines Gutes seinen Grenzkosten entspricht. Dies ist sichergestellt, wenn die Produktionsfaktoren auf alternative Verwendungszwecke so zugeteilt werden, daß die soziale Wohlfahrt maximiert wird. Die Definition der sozialen Wohlfahrt kann dabei im Sinne des Kaldor-Hicks-Kriteriums erfolgen, das in Abgrenzung zur Pareto-Superiorität nicht erfordert, daß niemand durch die Veränderung schlechter gestellt werden darf. Das Kriterium ist schon dann erfüllt, wenn die "Wohlfahrtsgewinner" die "Wohlfahrtsverlierer" voll kompensieren und noch einen Nettozuwachs an Wohlfahrt verzeichnen.[2] In Anlehnung an den Wohlfahrtsverlust im Monopolfall kann von allokativer Effizienz gesprochen werden, wenn keine Outputrestriktion vorliegt.

Bei produktiver Effizienz entspricht der Marktpreis eines Gutes dem Minimum der langfristigen Durchschnittskosten. Dieser Fall liegt vor, wenn die Produktionsfaktoren bei einer einzelnen Verwendung so eingesetzt werden, daß ein maximaler Output erzeugt wird bzw. wenn der Output zum Kostenminimum produziert wird. Bedeutsam ist hier die Möglichkeit von economies of scale auf der Basis einer Monopolisierung ohne das Auftreten von X-Ineffizienzen.[3]

Dynamische Effizienz liegt vor, wenn Ressourcen den F&E-Aktivitäten in der Weise zugeteilt werden, daß eine optimale Rate technologischen Wachstums erzeugt wird: Der Grenznutzen einer zusätzlichen Einheit F&E-Aktivität muß den Grenzkosten entsprechen.[4]

c. Die Betrachtung des Zusammenhangs zwischen Konzentration und Kollusion

Unter dem Begriff "Kollusion" faßt man verschiedene Grade von Wettbewerbsbeschränkungen (Kartelle, Preismeldestellen, abgestimmtes Verhalten etc.) zusammen. Relevant sind heimliche oder offene Abreden sowie auch vertraglich streng geregelte Abstimmungen. Die Kooperation gilt als eine lose Form der Kollusion, wohingegen die Koordination gemeinsame Maßnahmen in Verfolgung eines bestimmten Ziels umfaßt. Aus diesem Grunde sind bei diesem Typ der Kollusion Abreden, Abstimmung, Zusammenarbeit oder Zwang erforderlich.[5]

Die positive Forschung der früheren "Industrial Organization", welche die Grundlagen für das wettbewerbspolitische Leitbild der "Workable Competition" lieferte, ging von der Annahme aus, daß Konzentration bei gleichzeitigem Vorliegen hoher Marktzutrittsbarrie-

---

1 Siehe hierzu Scherer, F.M.: Industrial Market Structure and Economic Performance, a.a.O. 1980, Kap. 13 und S. 5.

2 Vgl. die Kritik an ökonomischen Effizienzbegriffen von Möschel, W.: Effizienz und Wettbewerbspolitik, in: Wist, Heft 7, 1986, S. 343.

3 Vgl. zu diesem Begriff Leibenstein, H.: General X-Efficiency Theory and Economic Development, New York 1978.

4 Diese Ergebniskriterien wurden hier lediglich skizziert. Ihre Abhängigkeit von den Bedingungen der Marktstruktur sowie dem Marktverhalten wird in den folgenden Kapiteln diskutiert.

5 Vgl. Machlup, F.: The Economics of Sellers' Competition, Baltimore 1952, S. 432-448; vgl. auch Aberle, G.: Wettbewerbstheorie und Wettbewerbspolitik, Stuttgart u.a. 1980, S. 42 ff.

ren die Kollusion erleichtere,[1] was schließlich zur allokativen Ineffizienz führen würde.[2] Diese Interpretation des Marktstruktur-Marktverhalten-Marktergebnis-Paradigmas implizierte, daß Marktmacht per se schlecht sei und als illegal einzustufen wäre.[3]

Kollusives Verhalten und damit verbundene schlechte Marktergebnisse wurden als umso wahrscheinlicher angesehen, je geringer die Anbieterzahl, je unelastischer die Preiselastizität der Nachfrage und je ungleicher die Unternehmensgrößen verteilt waren. Dabei eröffneten die Eintrittsbarrieren zunächst die grundsätzliche Möglichkeit zur Kollusion.

Kollusion kann bei steigender oligopolistischer Interdependenz infolge sinkender Anbieterzahlen ab einer kritischen Konzentrationsschwelle auch durch sinkende Transaktionskosten (Informations-, Verhandlungs-, Durchsetzungskosten) erklärt werden.[4] Eine preisunelastische Nachfrage erhöht darüber hinaus noch die Wahrscheinlichkeit der Kollusion, da infolge des geringen Substitutionsgrades zwischen den einzelnen Märkten die Erfolgsaussichten einer Durchsetzung überhöhter Preise und Gewinne besonders günstig sind. In Anknüpfung an die Wohlfahrtsverluste einer Monopolisierung muß nur über eine geringe Outputreduktion verhandelt werden, um einen erheblichen Preisanstieg zu erhalten. Eine erfolgreiche Kollusion ist weiterhin besonders leicht durchzuführen, wenn Großunternehmen kleineren Unternehmen ihren Willen aufzwingen können.

2. Die empirische Forschung

Die Relevanz marktstruktureller Faktoren für das Marktergebnis versuchte die Forschungsrichtung der Industrial Organization empirisch zu untersuchen. Dabei betrachtete man insbesondere die "Konzentration-Gewinn-Korrelation". Die empirische Überprüfung des Kausalzusammenhangs im Rahmen des Struktur-Verhalten-Ergebnis-Paradigmas bezog sich hauptsächlich auf die Struktur-Ergebnis-Beziehung, weil die Verhaltensaspekte empirisch nur schwer zu erfassen waren.[5] In Anlehnung an die starre Kausalkette des traditionellen Struktur-Verhalten-Ergebnis-Paradigmas gingen die Strukturkriterien "Unternehmenskonzentration" und "Markteintrittsschranken" als unabhängige und das Ergebniskriterium "Gewinn" als abhängige Variable in die Testgleichung zur Korrelationsanalyse ein.[6] Die Marktstrukturkriterien wurden also als exogene Variable betrachtet;[7] sie galten nicht als ein Ergebnis des Wettbewerbsprozesses.

---

1 Vgl. z.B. Bain, J.S.: Industrial Organization, a.a.O. 1968 S. 92 f.

2 Vgl. ebenda, S. 430; vgl. auch Bain, J.S.: Relation of Profit Rate to Industry Concentration, a.a.O., S. 293 ff.

3 Vgl. Böbel, I.: Marktmacht versus Effizienz: Ein wirtschaftspolitisches Dilemma?, in: List Formum, Band 14, 1987/88, S. 51.

4 Vgl. dazu z.B. Bradburd, R.M.; Over, A.M.: Organizational Cost, "Sticky Equilibria" and Critical Levels of Concentration; in: The Review of Economics and Statistics, Febr. 1982, S. 50-58.

5 Vgl. Bain, J.S.: Industrial Organization, a.a.O. 1968, S. 32 ff.; vgl. Scherer, F.M.: Industrial Market Structure and Economic Performance, a.a.O. 1980, S. 5 ff.

6 Vgl. Wenzel, R.: Konzentration, Effizienz und Gewinne, a.a.O. 1986, S. 18.

7 Vgl. Geroski, P.A.: Competition Policy and the Structure-Performance Paradigma, a.a.O. 1986, S. 2.

Wichtige empirische Forschungsarbeit im Kontext dieses alten strukturalistischen Ansatzes leistete J.S. Bain. Seinem Ansatz lag die Annahme zugrunde, daß eine hohe Anbieterkonzentration kollusive Verhaltensweisen und damit schlechte Marktergebnisse begünstige. Weiterhin ging er davon aus, daß die Gewinne der Marktakteure, die Absprachen trafen, durch hohe Eintrittsbarrieren vor Erosion durch Newcomer geschützt wären.[1] Bain begründete einen hohen Konzentrationsgrad zunächst rein kostentheoretisch: Die Realisierung von economies of scale führe zur Konzentration und damit zur Effizienz.[2] Diese Massenproduktionsvorteile faßte er als Marktzutrittsschranken auf, da der Zutritt, je nach Produktmengenumfang des neu Eintretenden, entweder nur unter Hinnahme von Kostennachteilen möglich war,[3] oder zum Preisverfall und damit zu Verlusten innerhalb der Branche führte.[4] Diese Marktzutrittsschranken versuchte Bain empirisch zu ermitteln, indem er Ingenieure zur kostenoptimalen Betriebsgröße befragte.[5] Diese "engineering estimates" brachten das Ergebnis, daß die tatsächliche Konzentration erheblich größer war, als zur Realisierung des Kostenminimums erforderlich. Aus diesem Resultat zog Bain den Schluß, daß Größe kollusive Verhaltensweisen und damit negative Marktergebnisse begünstige.[6] Die empirische Untersuchung der Konzentration-Gewinn-Beziehung zeigte zunächst nur eine schwache Korrelation dieser Struktur-Ergebnis-Größen.[7] Dies änderte sich jedoch, als die Branchen im Sinne einer kritischen Konzentrationsschwelle sortiert wurden: Lag der Marktanteil der größten 8 Unternehmen über 70 v.H., ermittelte man eine Gewinnrate von durchschnittlich 12,1 v.H. War der Marktanteil der größten 8 Unternehmen geringer als 70 v.H., lag die durchschnittliche Gewinnrate nur bei 6,9 v.H.[8] Dieses Ergebnis entsprach der traditionellen Auffassung der Struktur-Ergebnis-Beziehung im Falle dieser kritischen Konzentrationsschwelle. Ab dieser Grenze konnte ein kooperatives Oligopolverhalten[9] erwartet werden, was zu negativen Marktergebnissen in Form überhöhter Preise, schlechter Produkte etc. führte.

Die Wahl des Gewinns als ein Element (unter vielen Elementen) des Marktergebnisses läßt lediglich Aussagen zur allokativen Effizienz zu: Überdurchschnittliche Gewinne einer konzentrierten Branche liegen vor, wenn die Preise die Grenzkosten übersteigen. Dies wäre der Effekt einer kollusiven Outputrestriktion, die eine derartige allokative Ineffizienz verursacht. Man erkennt, daß empirische Untersuchungen zur Konzentration-Gewinn-Beziehung nichts über die Effekte der Marktstruktur auf die produktive oder dynamische Effizienz aussagen.

---

1 Vgl. Bain, J.S.: Relation of Profit Rate to Industry Concentration: American Manufacturing, 1936-1940, a.a.O. 1951, S. 293 ff.; vgl. Bain, J.S.: Barriers to New Competition, a.a.O. 1956.

2 Vgl. Böbel, I.: Marktmacht versus Effizienz, a.a.O. 1987/88, S. 41.

3 Der Output des Newcomers liegt unter dem kostenoptimalen Niveau.

4 Der Output des Newcomers entspricht dem kostenoptimalen Niveau.

5 Vgl. Bain, J.: Barriers to New Competition, a.a.O. 1956.

6 Vgl. Böbel, I.: Marktmacht versus Effizienz, a.a.O. 1987/88, S. 41.

7 Vgl. Bain, J.S.: Relation of Profit Rate to Industry Concentration, a.a.O. 1951.

8 Vgl. Geroski, P.A.: Competition Policy and the Structure-Performance-Paradigm, a.a.O. 1986, S. 9.

9 Hierunter fallen z.B. Ausschließlichkeitspraktiken, die darauf abzielen, Leistungsdruck zu mindern oder den Gewinn zu stabilisieren.

L.W. Weiss dokumentierte eine Vielzahl empirischer Untersuchungen zur Konzentration-Gewinn-Beziehung. Seine Analyse dieser empirischen Forschungen zeigte, daß in der überwiegenden Mehrzahl der Fälle eine signifikante positive Korrelation festgestellt werden konnte.[1] Es handelte sich dabei um einen stetigen und keinen diskreten Zusammenhang, d.h., die Bain'sche kritische Oligopolschwelle trat lediglich in drei Fällen in Erscheinung. Weiss sah die Konzentration noch als Ursache der überhöhten Gewinne an: Er ging also von dem traditionellen, starren Kausalzusammenhang des Struktur-Verhalten-Ergebnis-Paradigmas und seiner impliziten Kollusionsauffassung aus.

Diese Sicht des Struktur-Ergebniszusammenhangs, die mit den klassischen Cournot-Oligopol-Modellen begründet wurde, fand Kritik durch die Chicago-Schule[2] und wurde auch durch modernere Forschungen der Harvard-Schule[3] modifiziert,[4] wie noch gezeigt werden wird.

V. Normative Theorie: Die Wettbewerbsnormenvielfalt der workability-Konzepte

Die workability-Konzepte stellen einen Versuch dar, praktikable Kriterien für die Beurteilung der Funktionsfähigkeit des Wettbewerbs zu liefern.[5] Angesichts der Komplexität von Wettbewerbsprozessen entstanden zahlreiche Definitionen des funktionsfähigen Wettbewerbs,[6] die darauf abzielten, die erwünschten Unvollkommenheiten, die einen funktionsfähigen Wettbewerb sicherstellten, von den unerwünschten Unvollkommenheiten, welche eine Funktionslosigkeit von Wettbewerbsprozessen bewirkten, zu trennen.[7]

Die normativen Workability-Ansätze gründen ihre Kriterien auf dem "structure-conduct-performance approach" der frühen Industrial Organization. Für die unterschiedlichen Marktdimensionen dieses Paradigmas werden entweder reine oder kombinierte Definitionsnormen (Marktprozeßdefinitionen) gebildet.[8] Nach Hoppmann wird der Marktprozeß als eine Gesamtheit "spezifischer Normen" beschrieben.[9] Hoppmann ist der deutsche Kri-

---

1 Vgl. Weiss, L.W.: The Concentration-Profit Relationship and Anti-Trust, in: Goldschmid, H.J.; Mann, H.; Weston, J.F. (Hrsg.): Industrial Concentration: The New Learning, Boston, London, Toronto 1974, S. 184-233.

2 Siehe dazu Punkt D.

3 Siehe dazu Punkt D. VII.

4 Zur Verbesserung des statistischen Datenmaterials und der steigenden Bedeutung der Marktanteile einzelner Unternehmen bei der Struktur-Ergebnis-Beziehung vgl. Scherer, F.M.: Stand und Perspektiven der Industrieökonomik, in: Bombach, G.; Gahlen, B.; Ott, A.E. (Hrsg.): Industrieökonomik, Theorie und Empirie, Tübingen 1985, S. 6 ff.

5 Vgl. Poeche, J. (Hrsg.): Das Konzept der "Workable Competition" in der angelsächsischen Literatur, a.a.O. 1970, S. 23.

6 Vgl. Sosnick, S.H.: A Critique of Concepts of Workable Competition, a.a.O. 1958, S. 380 ff.

7 Vgl. Hoppmann, E.: Wirtschaftsordnung und Wettbewerb, a.a.O. 1988, S. 182.

8 Vgl. Aberle, G.: Wettbewerbstheorie und Wettbewerbspolitik, a.a.O. 1980, S. 27.

9 Vgl. Hoppmann, E.: Wirtschaftsordnung und Wettbewerb, a.a.O. 1988, S. 182; einen Überblick über Definitionen des Workability-Konzepts liefert auch Poeche, J. (Hrsg.): Das Konzept der "Workable Competition" in der angelsächsischen Literatur, a.a.O. 1970, S. 20 ff.; vgl. auch Bartling, H.: Leitbilder der Wettbewerbspolitik, a.a.O. 1980, S. 22.

tiker derartiger funktionalistischer Wettbewerbstheorien, die den Wettbewerb als ein Mittel auffassen, vorgegebene Ziele im Sinne der Marktergebniskriterien (Funktionen) zu erreichen. Die Funktionsfähigkeit des Wettbewerbs wird also unter dem Aspekt der Zielerreichungswirkung beurteilt: Im Vordergrund stehen dabei die ökonomischen Wettbewerbsfunktionen, welche einerseits statisch, andererseits dynamisch orientiert sind.[1] Besonderes Gewicht erhalten die dynamischen Wettbewerbsfunktionen, welche die Anpassungsflexibilität der Produktionskapazitäten und der Produktion auf Datenänderungen (z.B. veränderte Produktionstechniken, Änderungen der Nachfragestruktur) und die Entstehung des technischen Fortschritts herausstellen. Im Verhältnis zur Zielkomponente "Wettbewerbsfreiheit" wird eine Dilemma-These unterstellt: Man erblickt eine Konfliktbeziehung zwischen ökonomischer Vorteilhaftigkeit und Wettbewerbsfreiheit. Dieser Trade Off kann auf die Notwendigkeit von Unvollkommenheiten (Marktmacht) für die dynamische Zielerfüllung (z.B. technischer Fortschritt) zurückgeführt werden. Er kann auch übersetzt werden in einen Trade Off zwischen allokativer und dynamischer Effizienz.

Die Betonung der Zielerreichungswirkung dokumentiert das instrumentalistische Wettbewerbsverhältnis der "workable competition-Ansätze": Wettbewerb ist ein Mittel zur Erreichung inhaltlich vorher bestimmter Ziele. Dabei wird im Sinne der Dilemma-These zwischen wirtschaftlicher Freiheit und ökonomischem Fortschritt und damit einhergehender Monopolelemente abgewägt.[2] Wegen der Vielzahl der Workability-Definitionen – Mason wies 1957 schon darauf hin, daß: "... there are as many definitions of 'effective' or 'workable competition' as there are effective or workable economists"[3] – und der damit verbundenen großen Ermessensspielräume für die Wettbewerbspolitik, versuchte die Industrieökonomik der frühen Harvard School über ihre empirische Forschung im Rahmen des Struktur-Verhalten-Ergebnis-Paradigmas die relevanten workability-Kriterien einzugrenzen und so eine bessere Operationalisierung zu erreichen.[4] Dabei wurde das Struktur-Verhalten-Ergebnis-Paradigma im Sinne eines strukturellen Determinismus interpretiert. Die frühe Harvard-Schule kann mit einem ausschließlichen Strukturansatz in Verbindung gebracht werden: Im Rahmen der oben dargestellten empirischen Struktur-Ergebnis-Forschung sollte die Funktionsfähigkeit des Wettbewerbs der "industries" herausgefunden werden.[5] Bain beispielsweise, versuchte aus einer Marktergebnisdefinition eine Marktstrukturnorm abzuleiten, die die Funktionsfähigkeit des Wettbewerbs sichern sollte.[6] Vor dem Hintergrund der Dilemma-These galt die Funktionsfähigkeit des Wettbewerbs als nicht gewährleistet, wenn Marktmacht die Neigung zu kollusiven Verhaltensweisen steigerte. Sobald jedoch die Dynamik von Wettbewerbsprozessen in den Vordergrund der Betrachtung trat, konnte nicht mehr von einer strukturell determinierten starren Kausal-

---

1 Vgl. z.B. Kantzenbach, E.: Die Funktionsfähigkeit des Wettbewerbs, a.a.O. 1967, S. 16 ff.

2 Vgl. Hoppmann, E.: Wirtschaftsordnung und Wettbewerb, a.a.O. 1988, S. 200 ff.

3 Mason, E.: Economic Concentration and the Monopoly Problem, Cambridge/Mass. 1957, S. 381.

4 Vgl. z.B. Bain, J.S.: Industrial Organization, a.a.O. 1968.

5 Vgl. Wenzel, R.: Konzentration, Effizienz und Gewinne, a.a.O. 1986, S. 14.

6 Vgl. Bain, J.S.: Workable Competition in Oligopoly. Theoretical Considerations and some empirical Evidence, in: The American Economic Review, Bd. 40, 1950, S. 36, 46. Im deutschen Sprachraum wurde Kantzenbach durch die Forschungen von Bain angeregt.

kette (exogene Marktstruktur) ausgegangen werden. Die Marktstruktur wurde selbst das Ergebnis von Wettbewerbsprozessen (endogene Marktstruktur), und eine reduzierte Operationalisierung im Sinne eines ausschließlichen Strukturansatzes konnte sich als verfehlt erweisen: Die Komplexität von Wettbewerbsprozessen führte wieder zurück in die "unendlichen" Möglichkeiten von Workability-Definitionen. Typische Marktprozeßabläufe konnten unter dynamischen Bedingungen mit Hilfe der Empirie nicht identifiziert werden.[1] Wie noch zu zeigen sein wird, führte dieses Defizit zur Entwicklung des Verhaltensansatzes der modernen Harvard School.

VI. Wettbewerbspolitische Handlungsempfehlungen zur Behandlung des Unternehmenswachstums bei dynamischem Wettbewerb

Die workability-Konzepte sind nicht ausreichend markttheoretisch fundiert und sollten es ursprünglich auch nicht sein: Mit dem workability-Konzept wurde der Versuch unternommen, die Wettbewerbspolitik auf der Basis eines an wirtschaftlichen Realitäten orientierten Leitbildes zu gestalten. Methodologisch vertraten die Verfechter dieses Konzepts die Ansicht, daß die Komplexität des Wettbewerbsprozesses sich nicht für eine formalisierte Theorie eigne, da modelltheoretische Ansätze infolge ihres hohen Abstraktionsniveaus die vielfältigen relevanten ökonomischen Faktoren nicht berücksichtigen könnten.[2] Dieser Verlust an Bestimmtheit und Exaktheit wurde als Preis für eine größere Wirklichkeitsnähe angesehen.[3] Aus diesem Grunde kann im Rahmen dieser Konzeptionen nicht von einer rationalen Wettbewerbspolitik im Sinne technologischer Zweck-Mittel-Aussagen gesprochen werden. Da die Ansätze auf normativen Kriterienkatalogen im Kontext der Marktdimensionen beruhen, können sie keinen Anspruch auf Allgemeingültigkeit erheben. Ihre wettbewerbspolitischen Handlungsempfehlungen müssen als normativ-praktische Aussagen eingeordnet werden.[4] Typisch ist die normative Festlegung von Marktergebniskriterien als Zielvorgabe für einen instrumentalistisch verstandenen Wettbewerb.[5] Das instrumentalistische Wettbewerbsverständnis beruht auf der Interpretation des Struktur-Verhalten-Ergebnis-Paradigmas im Sinne einer strengen strukturellen Kausalität.[6] Die empirische Forschung der frühen Industrieökonomik der Harvard-Schule ging von dieser strukturellen Determiniertheit von Marktergebnissen aus.[7] Unter dieser Betrachtungsweise und angesichts der gefundenen empirischen Bestätigung der Marktstruktur-Marktergebnis-Korrelation rückte die Struktur von Märkten in den Vordergrund einer wettbewerbspoliti-

1 Vgl. dazu Clark, J.M.: Competition als a Dynamic Process, a.a.O. 1961, S. 7.

2 Vgl. Poeche, J.: Das Konzept der "Workable Competition" in der angelsächsischen Literatur, a.a.O. 1970, S. 32. Siehe auch die Methodologische Perspektive von Hayeks unter Punkt B. I. 4.

3 Vgl. ebenda.

4 Vgl. Cox, H.; Hübener, H.: Wettbewerb. Eine Einführung in die Wettbewerbstheorie und Wettbewerbspolitik, a.a.O. 1981, S. 24 ff.

5 Vgl. ebenda S. 26, 28.

6 Zur Weiterentwicklung der modernen Harvard School siehe Punkt F.

7 Diese strenge Kausalbeziehung löste sich schließlich bei einer stärkeren Betonung der Dynamisierung auf, was die empirische Erschließung typischer Prozeßabläufe unmöglich machte. Siehe dazu Punkt V. in diesem Kapitel.

schen Handlungsempfehlung: Interventionen in die Marktstruktur wurden als notwendig erachtet, um die Funktionsfähigkeit des Wettbewerbs im Hinblick auf eine Zielerfüllung zu gewährleisten.

In Anbetracht der beobachteten Konzentration-Gewinn-Korrelationen und der impliziten kollusiven Verhaltensweisen ging es darum, eine hohe Konzentration zu vermeiden: Die sehr restriktive Marktstrukturpolitik fand ihren Niederschlag in den US-amerikanischen Merger Guidelines von 1968, die den Abbau von Marktmacht über eine Dekonzentrationspolitik sowie die Sicherung der Funktionsfähigkeit des Wettbewerbs über eine strenge Fusionskontrolle vorsahen.[1]

Vor dem Hintergrund der Dilemma-These und des sich daraus ergebenden Ambivalenzproblems bei Marktmacht ging es darum abzuwägen, welche Konzentration im Hinblick auf allokative und vor allem dynamische Effizienz noch akzeptabel war. Bei Strukturinterventionen mußte also darauf geachtet werden, ob die hohen Konzentrationsraten infolge von economies of scale oder von F&E-Erfordernissen nicht doch berechtigt waren. Bei der Zulassung oder Ablehnung einer Fusion mußten deren Effizienzeffekte abgeschätzt werden. Dies erwies sich in der Realität als äußerst schwierig. Die Workable-Competition-Ansätze der frühen Harvard-Schule schätzten die Gefahren von Fusionen für die allokative Effizienz sehr hoch ein, da sie davon ausgingen, daß eine hochkonzentrierte Marktstruktur kollusive Verhaltensweisen begünstige, was letztlich zur allokativen Ineffizienz (Outputrestriktion) führe. Die Probleme bei der Abschätzung der negativen Auswirkungen von Fusionsuntersagungen auf produktive und dynamische Effizienz in Form eines Verzichts auf potentielle Effizienzgewinne führte aufgrund des diesbezüglich unsicheren Forschungsstandes zur Empfehlung einer strengen Fusionskontrolle.[2]

VII. Zwischenergebnis vor dem Hintergrund der "Allgemeinen Systemtheorie der Evolution"

Die alte Harvard-Schule erkennt zwar die Bedeutung von Marktunvollkommenheiten für dynamische Wettbewerbsprozesse, sie wird jedoch Schumpeters Auffassung von einer evolutorischen Wirtschaft schöpferischer Art nicht gerecht. Vielmehr leitet sie auf der Grundlage des deterministischen Kausalzusammenhangs zwischen der Marktstruktur, dem Marktverhalten und dem Marktergebnis eine Marktstrukturnorm aus einer Marktergebnisdefinition ab. Die Ergebnisse eines evolutorischen Marktprozesses sind jedoch makroskopisch unbestimmt, weil seine Entwicklung nicht vorhergesagt werden kann. Die funktionalistische Wettbewerbsauffassung widerspricht somit der Idee dynamischer Wettbewerbsprozesse. Damit fällt der Workability-Ansatz hinter den Austrian Approach der Wettbewerbstheorie zurück, der eine evolutorische Sichtweise – wenn auch nur in verkürzter Darwinistischer Anpassungsform – von Marktprozessen hervorhebt.

---

1 Vgl. Sec. 7 Clayton Act; vgl. Scherer, F.M.; Ross, D.: Industrial Market Structure and Economic Performance, 3. Aufl., Boston 1990, S. 174 ff. Die Einführung der Fusionskontrolle im deutschen GWB wurde durch den Marktstrukturansatz Kantzenbachs angeregt.

2 Ansätze zur Abschätzung von Effizienzeffekten von Fusionen liefert z.B. Williamson, O.: Economies as an Anti-Trust Defense: The Welfare Trade Offs, in: American Economic Review, 1968, S. 18-36.

Die Erfassung des Wettbewerbsprozesses im Rahmen des deterministischen Struktur-Verhalten-Ergebnis-Paradigmas ist insbesondere deshalb unzureichend, weil den dynamischen Wettbewerbsfunktionen, d.h. Anpassungsflexibilität und technischer Fortschritt, im Harvardschen Ansatz ein besonderes Gewicht zukommt. Die dabei relevanten Phasen des Entwicklungsprozesses, nämlich die Strukturerhaltung und die Strukturevolution bleiben ausgeblendet. Dies ist auf die exogene Marktstruktur zurückzuführen. Die Entstehung der Marktstruktur aufgrund des Verhaltens der Marktakteure, was im Bezugsrahmen der neuen Systemtheorie der Evolution mit der Strukturevolution in Verbindung gebracht werden kann, wird im Ansatz der frühen Harvard-Schule noch nicht beachtet.

Der erste Schritt in Richtung einer Endogenisierung der Marktstruktur wurde durch Scherer vollzogen, wie im Kapitel zur modernen Harvard School noch gezeigt wird.

Im Gegensatz zum Austrian Approach der Wettbewerbstheorie fällt der Workability-Ansatz angesichts der Komplexität von Wettbewerbsprozessen nicht in den wettbewerbspolitischen Nihilismus und versucht, in normativ-praktischer Form wettbewerbspolitische Probleme zu lösen, wobei der Machtkonzentration eine besondere Bedeutung zukommt. Implizit, wenn auch zur damaligen Zeit der systemtheoretische Rahmen fehlte, kommt damit die Auffassung vom Schumpeter-Unternehmer zum Ausdruck, der Systemgesetze ändern kann und sich nicht dem kybernetischen, anonymen Marktzwang nach österreichischer Lesart beugen muß. Aus der Sicht der "Allgemeinen Systemtheorie der Evolution" werden hier autokatalytische Prozesse bedeutsam. Jetzt ist umso beachtlicher, daß dem Machtfaktor im Zusammenhang mit dem technischen Fortschritt, der die Funktionsfähigkeit dynamischer Wettbewerbsprozesse repräsentiert, bei Harvard besondere Bedeutung zukommt. Die Dilemma-These, daß es einen Zielkonflikt zwischen der Wettbewerbsfreiheit und der ökonomischen Vorteilhaftigkeit, wie sie in den Marktergebniskriterien zum Ausdruck kommt, geben kann, lenkt den Blick auf überlange Stabilitätsphasen im Entwicklungsprozeß von Märkten, also auf funktionslose Wettbewerbsprozesse in bezug auf den technischen Fortschritt. Der klassische Schumpeter-Trade-Off zwischen dynamischer und allokativer Effizienz, der für die frühe Harvard School bedeutsam war, findet somit im Referenzrahmen der "Allgemeinen Systemtheorie der Evolution" seine Dynamisierung. Diese kommt in Anpassungsprozessen, die zur Strukturerhaltung führen, und evolutorischen Prozessen, die eine Strukturevolution bewirken, zum Ausdruck. Es kann also eine Konfliktbeziehung zwischen dem Anpassungs- und dem Entwicklungswettbewerb auftreten.

Die Wettbewerbstheorie der frühen Harvard-Schule enthält mit ihrer an Schumpeter orientierten Dilemmathese ein Strukturelement, das in der "Allgemeinen Systemtheorie der Evolution" seine systemtheoretische Beschreibung findet. Damit ist sie der Beginn eines evolutorischen Wettbewerbsverständnisses, das die begrenzte evolutionäre Perspektive des Austrian Approach überwindet.

Die Workability-Ansätze der frühen Harvard School haben durch die Chicago School eine Kritik erfahren, die aus neuester systemtheoretischer Sicht verkürzt erscheint, wie im folgenden Kapitel diskutiert wird.

D. Dynamischer Wettbewerb aus der Perspektive der Chicago School

I. Der Ursprung der "chicago view"

Was heute "Chicago School" genannt wird, bezieht sich auf eine spezifisch methodologische Perspektive, deren Ursprung auf die "Post-Knight-Ära" in den späten 40er Jahren zurückgeht.[1] Diese "chicago view" begann mit der Ära "Milton Friedman", der seine methodologische Position in seinem Werk "The Methodology of Positive Economics" darlegte.[2] Sie wurde in den frühen 70er Jahren, der sogenannten "Post-Friedman-Ära", durch die Arbeiten von Becker und Stigler fortgeführt, die die Entwicklung ihres spezifischen mikroökonomischen Ansatzes mit den Werken "The Economic Approach to Human Behavior" (Becker, 1976) und "De Gustibus Non Est Disputandum" (Stigler, Becker, 1977) einleiteten. Bezogen auf die wettbewerbliche Perspektive bedeutet die "chicago view" nach Posner "... viewing antitrust policy through the lens of price theory"[3].

II. Grundzüge der wettbewerbstheoretischen Entwicklung

Die wichtigsten Vertreter der wettbewerbstheoretischen Perspektive Chicagos sind Brozen, Demsetz, Posner und Stigler. Stigler schuf dabei die Basis für eine Kritik an Harvards Wettbewerbstheorie.[4] Die Entwicklung der effizienzorientierten Wettbewerbstheorie Chicagos fand zunächst nur im Rahmen dieser kritischen Auseinandersetzung statt. Stigler entwikkelte eine heute "vergessene"[5] Oligopoltheorie, die im Rahmen der Kosten-Nutzen-Analyse und unter der Annahme gewinnmaximierenden Verhaltens die Wahrscheinlichkeit kollusiver Verhaltensweisen zu ergründen suchte. Seine Ergebnisse standen im Gegensatz zur "concentration-collusion-doctrine" der Harvard School: Hohe Gewinne und Konzentration wurden mit Effizienz begründet. Die Konzentration determinierte also nicht die Marktergebnisse, sondern Marktergebnisse in Form allokativer und produktiver Effizienz determinierten die Konzentration. Dies führte letztlich zur New-Learning-Hypothese: Konzentration war wettbewerbspolitisch unproblematisch, wie noch gezeigt wird.[6] Die theoretische Fundierung erfolgt heute jedoch nicht mehr mit Hilfe einer Oligopoltheorie – dies wird aus methodologischen Gründen abgelehnt[7] – sondern unter Zugrundelegung der Survivor-Hypothese, die sich an neoklassischen Effizienzkategorien orientiert.

---

1 Vgl. Reder, M.W.: Chicago Economics Permanence and Change, in: Journal of Economic Literature, Vol. XX, 1982, S. 5 ff.

2 Vgl. Friedman, M.: The Methodology of Positive Economics, in: Friedman, M.: Essays in Positive Economics, Chicago 1953, S. 3-43.

3 Posner, R.A.: The Chicago School of Antitrust Analysis, in: University of Pennsylvania Law Review, Vol. 127, S. 928 ff.; zur methodologischen Perspektive siehe Punkt 3. in diesem Kapitel.

4 Vgl. Stigler, G.: The Organization of Industry, Homewood, Ill. 1968; eine Darstellung der spezifischen wettbewerblichen Perspektive findet sich bei Posner, R.A.: The Chicago School of Antitrust Analysis, in: University of Pennsylvania Law Review, Vol. 127, No. 4, 1979, S. 925 ff.

5 Böbel, I.: Marktmacht versus Effizienz, a.a.O. 1987/88, S. 42.

6 Zu diesem Aspekt siehe Punkt VIII. in diesem Kapitel.

7 Siehe dazu Punkt III. in diesem Kapitel.

Zur Ablehnung der concentration-collusion-doctrine und des damit einhergehenden strukturellen Determinismus der frühen Harvard School im Struktur-Verhalten-Ergebnis-Paradigma gelangte ebenfalls Brozen.[1] Die bis heute aktuelle Kontroverse mit der Harvard School bezieht sich, wie schon angedeutet, auf deren Auffassung zum Konzentration-Kollusion-Zusammenhang sowie auf die entsprechenden empirischen Untersuchungen zur Untermauerung der Kollusionshypothese. Diese älteren Aspekte der Kontroverse führten zu Modifikationen und Weiterentwicklungen der Harvard-Perspektive.[2] Den Brennpunkt der aktuellen Diskussion stellt vor dem Hintergrund einer Betonung der Offenheit von Märkten die jeweilige Einschätzung von Marktzutrittsschranken dar.[3]

Die "Chicago view" der Wettbewerbstheorie und -politik kann durch die Betonung des Effizienzziels charakterisiert werden. Das effizienzgeleitete Denken findet sich insbesondere in der "Ökonomischen Analyse des Rechts", deren Erkenntnisinteresse sich auf die Möglichkeiten einer effizienten Rechtsdurchsetzung bezieht. Dieser Ansatz, der hier lediglich der Vollständigkeit halber erwähnt werden soll, hat sich nicht aus einer kritischen Auseinandersetzung mit Harvard entwickelt, sondern stellt die Kreation eines eigenen wohlfahrtsökonomischen Ansatzes dar, der auf preistheoretischen Überlegungen beruht.[4] Die Wettbewerbstheorie läßt sich in diesem Referenzrahmen als Spezialfall der Theorie der Verfügungsrechte[5] – einem Teilgebiet der "Ökonomischen Analyse des Rechts" – interpretieren:[6] So kann sich z.B. dic Ncuordnung der Verfügungsrechte auf die Produktionseffizienz auswirken.[7] Grundlegende Arbeiten für den Ansatz der "Ökonomischen Analyse des Rechts", der sich mit der Untersuchung rechtlicher Regelungen und ihrer Durchsetzung unter Effizienzgesichtspunkten beschäftigt, waren Posners Veröffentlichungen "Economic Analysis of Law" und "Antitrust Law. An Economic Perspektive". Von besonderem Forschungsinteresse ist das Regulierungsproblem[8] einer unzureichenden wettbewerblichen Kontrollinstanz einerseits und einer unzureichenden staatlichen Kontrollinstanz andererseits.

III. Die instrumentalistische methodologische Perspektive bei der Analyse des Marktgeschehens

Im Rahmen der methodologischen Grundüberzeugungen bedient sich die Chicago-Schule bei der Analyse lediglich der Extremmodelle "Monopol" und "Konkurrenz". Diese mi-

1 Vgl. Brozen, Y.: The concentration-collusion doctrine, in: Antitrust Law Journal, Vol. 46, S. 826 ff. Zur Darstellung des strukturellen Determinismus der älteren Harvard School sh. besonders Kaysen, C.; Turner, D.F.: Antitrust Policy. An Economic and Legal Analysis, Cambridge, Mass. 1959.

2 Siehe dazu Punkt F.

3 Zur Marktschrankenbetrachtung der Chicago School sh. Punkt VII. 4. in diesem Kapitel.

4 Vgl. Borchert, M.; Grossekettler, H.: Preis- und Wettbewerbstheorie, Stuttgart u.a. 1985, S. 163.

5 Vgl. Alchian, A.A.; Demsetz, H.: The Property Rights Paradigm, in: Journal of Economic History, Vol. 33, 1973 S. 16 ff.

6 Vgl. Borchert, M.; Grossekettler, H.: Preis- und Wettbewerbstheorie, a.a.O. 1985, S. 163.

7 Vgl. McKenzie, R.B.; Tullock, G.: Modern Political Economy, Tokyo u.a. 1978, S. 79.

8 Vgl. z.B. McKenzie, Tullock, 1978.

kroökonomische Fundierung bezeichnet Herdzina als "theoretischen Mangel"[1]. Chicago-Ökonomen sind demgegenüber der Ansicht, daß die aus den differenzierten Oligopolmodellen der Harvard School abgeleiteten Prognosen empirisch nicht von denen zu unterscheiden sind, welche aus den Extremmodellen erzeugt werden.[2] Damit lehnen sie auch die vielfältige Methodik der Harvard-Schule ab, welche sich u.a. auf Oligopolmodelle bezieht.

Grundlegend für diese methodologische Ansicht ist Friedmans Aufsatz "The Methodology of Positive Economics". Darin legt er dar, daß es nicht auf die Realitätsnähe der Annahmen ankomme, sondern darauf, daß sie dazu geeignet seien, richtige Prognosen zu erzeugen.[3] Somit ist z.B. die Rationalitätsannahme eine reine Arbeitshypothese zur Generierung von Voraussagen, die empirisch getestet werden können. Der Test der Rationalitätsannahme, ohne Beachtung der aus ihr abgeleiteten theoretischen Aussagen, ist nach Friedman unnütz.[4] Vor dem Hintergrund dieses instrumentalistischen Theorienverständnisses, das die Leistungsfähigkeit von Theorien danach beurteilt, ob diese richtige Prognosen erzeugen können, ist eine wettbewerbstheoretische Kritik, die darauf verweist, daß für reale Wettbewerbsprozesse Marktunvollkommenheiten notwendig sind und somit der Chicago School die Voraussetzung vollkommener Märkte vorwirft, unangemessen positioniert, weil diese Argumentation zur methodologischen und nicht zur wettbewerbstheoretischen Ebene gehört.[5] Auch wenn die Chicago School zur Generierung allgemeiner Voraussagen auf eine "old-fashioned price theory of the textbooks of twenty years ago"[6] zurückgreift, so ist ihr Wettbewerbsverständnis jedoch nicht statischer, sondern prozessualer Natur, weil sie statische Effizienzkategorien durch eine inhaltliche Analogie, die sich an die Darwinsche Evolutionstheorie anlehnt, evolutorisch interpretiert.

IV. Prozessuales Wettbewerbsverständnis: Die Survivor-Hypothese als evolutionstheoretische Interpretation ursprünglich neoklassisch-statischer Kategorien

Die spezifische Verknüpfung der instrumentalistischen neoklassisch-wohlfahrtsökonomischen Sichtweise mit einer evolutionstheoretischen Perspektive kann anhand der Arbeitshypothese "Rationalität" dargestellt werden. Aus der Sicht des beobachtenden Ökonomen handeln die Wirtschaftssubjekte so, als ob sie rationale Optimierer wären. Diese "Als-ob-Rationalität" bedeutet, daß die Individuen die rationalen Muster hinter ihrem wirtschaftlichen Verhalten nicht erkennen können. Deshalb mündet die "Als-Ob-Rationa-

1 Herdzina, K.: Möglichkeiten und Grenzen einer wirtschaftstheoretischen Fundierung der Wettbewerbspolitik, Tübingen 1988, S. 32.

2 Vgl. Posner, R.A.: Antitrust Law. An Economic Perspective, Chicago, London 1976, S. 8 ff., S. 23 ff.

3 Vgl. Friedman, M.: The Methodology of Positive Economics; in: Friedman, M.: Essays in Positive Economics, Chicago 1953, S. 13.

4 Vgl. Paque, K.H.: How far is Vienna from Chicago?, in: Kyklos, Vol. 38, 1985, S. 417 f.

5 Zur Kritik an der Prozeßbetrachtung Chicagos siehe die Punkte IV., X. in diesem Kapitel.

6 Nelson, R.R.: Comments on a Paper by Posner, in: The University of Pennsylvania Law Review, Vol. 127, 1978/79, S. 949.

lität" langfristig in eine sozialdarwinistische Betrachtung:[1] Nach Alchian werden langfristig im Wettbewerb nur jene überleben, deren Produktionsweise effizient ist, so daß man in diesem Falle Optimalität und damit Rationalität im Sinne Darwinscher Fitness vermuten kann: "... those who realize positive profits are the survivors; those who suffer losses disappear"[2].

Hier wird, da nur gewinnträchtige Unternehmensstrategien langfristig überlebensfähig sind, die neoklassische Annahme gewinnmaximierenden Verhaltens in den Kontext einer biologisch-evolutionären Analogie überführt. Die neoklassische Preistheorie erfährt eine biologische Interpretation, indem das allgemeine Evolutionsprinzip des "Survival of the Fittest" nach Darwin auf ökonomische Systeme angewendet wird. Dieses Vorgehen, das auf die Idee der biologischen Auslese zurückgreift, ist nicht neu – schon A. Marshall verwies in seinen "Principles of Economics" darauf, daß die effizienteren Produktionsweisen die ineffizienteren im Wettbewerb substituieren.[3]

Die "Survivor"-Hypothese verweist auf die Langfristbetrachtung der "Chicago view" und enthält, wie schon angemerkt, eine Optimalitäts- und damit Rationalitätsvermutung: Langfristig überlebt stets der Effizientere.[4] Diese Art der Prozeßbetrachtung fällt hinter jener des Austrian Approach der Wettbewerbstheorie zurück. Die Beschreibung und Erklärung der Prozeßdynamik, wie dies von Hayek in seiner Koordinationstheorie vornahm, würde eine Ungleichgewichtsanalyse voraussetzen. Da die Chicago-Schule jedoch eine Gleichgewichts- und keine Ungleichgewichtsanalyse durchführt, benötigt sie als "theoretischen Kniff" die "Survivor-These", welche die Anwendung der statischen Extremmodelle "Konkurrenz" und "Monopol" ermöglicht und eine dynamische, systemtheoretische Prozeßanalyse überflüssig macht. Dieses Vorgehen blendet gleichzeitig aber auch Erkenntnispotentiale aus, die sich beispielsweise im Rahmen der Systemtheorie der Evolution erschließen lassen. Die Effizienz wird dynamisch-evolutorisch interpretiert, d.h. als Auswahlkriterium der (ökonomischen) Auslese. Dies führt zu einer sozialdarwinistischen Sicht, welche evolutionsorientierten systemtheoretischen Erfordernissen im Rahmen der "Allgemeinen Systemtheorie der Evolution" nicht gerecht wird, da die Analyse der evolutorischen Dynamik des Marktsystems, also die Strukturerhaltung und die Strukturevolution, letztlich fehlt. Eine systemtheoretische Analyse, die Wandel und Evolution betrachtet, muß überdies von einer Gleichgewichtsferne ausgehen und steht damit im Gegensatz zur Auffassung der Chicago School, die annimmt, daß sich die Wirtschaft angesichts herrschender Rationalität in einer Gleichgewichtsnähe befindet.[5]

---

1 Vgl. Paque, K.H.: How far is Vienna from Chicago, a.a.O. 1985, S. 418.

2 Alchian, A.A.: Uncertainty, Evolution, and Economic Theory, in: Journal of Political Economy, Vol. 58, 1950, S. 213.

3 Vgl. Marshall, A.: Principles of Economics, 8. Aufl., London 1956, S. 597.

4 Vgl. Stigler, G.J.: The Organization of Industry, a.a.O. 1968, S. 73.

5 Siehe hierzu die Punkte B. I., II.

V. Die Gleichgewichtstendenz von Wettbewerbsprozessen

Die Chicago School hat eine langfristige Zeitperspektive und geht von der inhärenten Stabilität des (privat-)marktwirtschaftlichen Systems aus: Der Markt-Preis-Mechanismus sorgt dafür, daß sich das ökonomische Geschehen auf ein Gleichgewicht im Sinne der Pareto-Optimalität zubewegt.[1] Dieses Gleichgewicht wird nun allerdings nicht als statischer Endzustand betrachtet, sondern als "Leitstern", der zwar unterschiedliche Standorte einnehmen kann,[2] auf den sich aber die wettbewerblichen Marktprozesse immer tendenziell zubewegen. Möglich wird diese spezifische Auffassung von stabilen Marktprozeßabläufen durch die Survivor-Hypothese mit ihrer allgemeinen Optimalitätsvermutung, die davon ausgeht, daß langfristig immer der Effizienteste überlebt,[3] was eine spezifische Prozeßanalyse überflüssig macht.

Nach Ansicht der Chicago School liegt das in der realen Welt Beobachtbare nicht weit vom Gleichgewicht entfernt.[4] Während das "weak survivor-principle" davon ausgeht, daß das langfristige Überleben der Unternehmen im Wettbewerb von ihren relativen Effizienzpositionen abhängt, sorgt nach dem "strong survivor-principle" der permanente Wettbewerbsdruck[5] dafür, daß in der Realität annähernd die Minimalkostenkombinationen durchgesetzt werden.[6] Infolge dieser "chicago view" von der Gleichgewichtsnähe und aufgrund der unterstellten Stabilitätsthese gilt die Gleichgewichtsanalyse[7] als gute Annäherung für reale Marktprozesse.[8] Als 1. Näherungen gelten in diesem Zusammenhang z.B. folgende Annahmen:[9]

- Die meisten Wirtschaftssubjekte sind Mengenanpasser.
- Die laufenden Preise sind Markträumungspreise, welche nicht weit vom langfristigen Gleichgewicht entfernt sind.
- Der Informationsstand der Marktteilnehmer liegt bei jenem Punkt, bei dem sich Informationsgrenznutzen und Informationsgrenzkosten entsprechen.

Borchert und Großkettler interpretieren diese Perspektive in der Weise, daß in der ökonomischen Welt alles "aufs Vortrefflichste" bestellt sei, fragen allerdings nach der Weite der Entfernung zum Gleichgewichtspunkt.[10] Hier wird der Chicago School einmal mehr die Ausblendung des Marktprozeßcharakters aufgrund ihrer Gleichgewichtsperspektive vorgeworfen. Die "Chicago view" der Gleichgewichtsnähe, welche als unüberprüfbare

---

1 Vgl. Reder, M.W.: Chicago Economics: Permanence and Change, a.a.O., 1982, S. 11.

2 Vgl. ebenda.

3 Vgl. Stigler, G.J.: The Organization of Industry, a.a.O. 1968, S. 73.

4 Vgl. Paque, K.H.: How far is Vienna from Chicago? a.a.O., S. 423.

5 Die Chicago School unterstellt hier die Offenheit von Märkten.

6 Vgl. Reder, M.W.: Chicago Economics: Permanence and Change, a.a.O. 1982, S. 24.

7 Diese erfolgt partialanalytisch. Unterstellt wird kein simultanes Gleichgewicht auf allen Märkten. Hier besteht ein Gegensatz zum Austrian Approach.

8 Vgl. ebenda, S. 11.

9 Vgl. Borchert, M.; Grossekettler, H.: Preis- und Wettbewerbstheorie, Stuttgart u.a. 1985, S. 162.

10 Vgl. ebenda, S. 165.

Vermutung weder operational definiert noch testbar ist,[1] führt nach Ansicht Paques dazu, daß die Arbeiten dieser Denkschule eher als reine Interpretationen der Welt denn als Theorien angesehen werden müssen.[2]

Die Auffassung, daß die freien Marktkräfte dafür sorgen, daß sich Wettbewerbsprozesse tendenziell auf einen paretooptimalen Leitstern zubewegen, in dessen Nähe sie sich ohnehin befinden, vermeidet eine Ungleichgewichtsanalyse, welche bei evolutionären Prozessen jedoch notwendig wäre. Die Survivor-Hypothese ermöglicht die argumentative Absicherung eines derartigen Vorgehens, da sie die dynamisch-evolutorische Interpretation der Elemente der statischen Gleichgewichtsanalyse ermöglicht.[3]

VI. Die Zielperspektive

Nach der Chicago School sollte die Wettbewerbspolitik lediglich das Ziel der ökonomischen Effizienz verfolgen, das mit einer Maximierung der Konsumentenwohlfahrt gleichgesetzt wird. Dabei wird das Effizienzziel allerdings nicht im Sinne einer instrumentalistischen Zielvorgabe betrachtet, wie dies die workability-Ansätze vorsehen:[4] Die Sicherstellung der ökonomischen Entschließungs- und Handlungsfreiheit und auch die Kontrolle wirtschaftlicher Macht stellen – im Gegensatz zum Ansatz der Harvard School – kein Ziel für die Wettbewerbspolitik dar. Die Vertreter dieser wettbewerbspolitischen Position gehen davon aus, daß der zur Realisierung ökonomischer Effizienz notwendige Wettbewerbsdruck im Falle der Offenheit von Märkten vorhanden ist,[5] so daß die Konsumenten auch an der realisierten Effizienz partizipieren können.[6] Dabei sind lediglich zwei Effizienzkriterien bedeutungsvoll:[7] Die Konsumentenwohlfahrt hängt ab von der allokativen Effizienz, welche vorliegt, wenn die Wettbewerbsmenge zum Wettbewerbspreis angeboten wird, und der Preis, im Gegensatz zum Cournot-Fall, den Grenzkosten entspricht.[8]

Die zweite Determinante der Konsumentenwohlfahrt ist die produktive Effizienz. Sie zielt auf die Verwendung von Ressourcen innerhalb von Unternehmen ab und drückt sich aus in Betriebsgrößen-, Transaktionskosten-, Organisations-, Spezialisierungs- und Managementvorteilen.[9] Somit kann die Chicago School der wohlfahrtstheoretischen Position zu-

---

1 Vgl. ebenda, S. 166.

2 Vgl. Paque, K.H.: How Far is Vienna from Chicago? a.a.O. 1985, S. 428.

3 Zur systemtheoretischen Analyse evolutorischer Prozeßabläufe in Gleichgewichtsferne siehe Punkt B. II. in Weiterentwicklung zu Punkt B. I.

4 Vgl. Bork, R.H.: The Antitrust Paradox, New York 1978, S. 7 f.; vgl. Posner, R.A.: Antitrust Law – An Economic Perspective, Chicago, London 1976, S. 4 ff.

5 Offenheit der Märkte ist gewährleistet, wenn keine staatlichen Barrieren vorliegen.

6 Vgl. Böbel, I.: Marktmacht versus Effizienz, a.a.O. 1987/88, S. 44.

7 Vgl. Bork, R.H.: The Antitrust Paradox, a.a.O. 1978, S. 91.

8 Vgl. Schmidt, I.: Wettbewerbspolitik und Kartellrecht, Stuttgart, New York 1990, S. 21; vgl. auch Böbel, I.: Wettbewerb und Industriestruktur, a.a.O. 1984, S. 179 ff.

9 Vgl. Böbel, I.: Marktmacht versus Effizienz, a.a.O. 1987/88, S. 44.

geordnet werden.[1] Sie geht davon aus, daß Marktprozesse zum Paretooptimum führen, wenn die Marktkräfte nicht durch staatliche Interventionen behindert werden.[2]

Die Zielsetzung der Chicago School ist ausschließlich ökonomischer Natur; sie verfolgt also kein Freiheitsziel. Deshalb entsteht auch nicht das Problem eines Zielkonflikts bzw. einer Zielharmonie zwischen Freiheit und ökonomischer Vorteilhaftigkeit. Mit anderen Worten: Das Machtproblem wird durch die spezifische biologisch-evolutionäre Sichtweise des wettbewerbspolitischen Ziels ausgeblendet.

Das Zielkriterium, das der statischen Betrachtungsweise entlehnt ist, wird uminterpretiert in eine evolutorische Kategorie: Ökonomische Effizienz ist der Gradmesser evolutorischer Kraft von Unternehmen i.S. der Survivor-Hypothese. Hier wird eine ursprünglich statische Optimalitätsbetrachtung umgewandelt in eine dynamische Optimalitätsauffassung. Die Wettbewerbspolitik, welche dem Effizienzziel verpflichtet ist, hat dafür Sorge zu tragen, daß sich die "Fittesten", d.h. die Effizienten, durchsetzen. So betrachtet, kommt der Survivor-Hypothese nicht nur ein positiver Erklärungsgehalt zu, sondern sie entfaltet auch eine normative Kraft.[3]

VII. Kritik an der wettbewerbstheoretischen Sichtweise der Harvard School

1. Die Ablehnung der Konzentration-Kollusion-Doktrin im Rahmen des Struktur-Verhalten-Ergebnis-Paradigmas

Die Vertreter des wettbewerbspolitischen Ansatzes der Chicago School stehen aufgrund ihrer theoretischen Grundüberzeugungen, wie z.B. die Hypothesen von der Stabilität (privat-)marktwirtschaftlicher Sektoren und vom "Survival of the Fittest" im Rahmen der Offenheit (keine Existenz nicht-staatlicher Marktschranken), Marktinterventionen äußerst kritisch gegenüber. Vor diesem Hintergrund entstand die Kritik an den Workability-Konzepten der frühen Harvard-Schule, die z.B. auf der Basis der Konzentration-Kollusion-Hypothese insbesondere die Notwendigkeit von Marktstrukturinterventionen betonte.

Vor dem Hintergrund ihres instrumentellen Theorieverständnisses lehnt die Chicago School das für die positive Industrieökonomik fundamentale Struktur-Verhalten-Ergebnis-Paradigma und die zugrundegelegten Oligopolmodelle ab, weil die Extremmodelle "Konkurrenz" und "Monopol" für gute Prognosen ausreichen.[4] Auch die empirische Forschung zur Absicherung der Kollusionsthese der Harvard School wird kritisiert. Neben Einwänden zur Datenerhebung werden alternative Erklärungsmuster zur festgestellten positiven Konzentra-

---

1 Vgl. Herdzina, K.: Wettbewerbstheorie und Wettbewerbspolitik – Stand und Entwicklungstendenzen, in: Wirtschaftsdienst, 66. Jg., 1986, S. 531.

2 Vgl. Borchert, M.; Grossekettler, H.: Preis- und Wettbewerbstheorie, a.a.O. 1985, S. 161.

3 Zu wettbewerbspolitischen Handlungsempfehlungen siehe Punkt IX. in diesem Kapitel.

4 Dabei geht sie von folgenden Annahmen aus: Rationalprinzip, vollkommene Märkte, Polypol – d.h. keine Reaktionsverbundenheit, völlige Mobilität der Ressourcen, interindustrielle Konkurrenz, offene Märkte; vgl. z.B. die Ausführungen bei Schmidt, I.: Wettbewerbspolitik und Kartellrecht, a.a.O. 1990, S. 22; zur Ablehnung der Modelle oligopolistischer Interdependenz und der Kausalkette: Anbieterzahl, kollusives Verhalten, allokative Ineffizienz siehe z.B. Posner, R.A.: Antitrust Law – An Economic Perspective, a.a.O. 1976, S. 39 ff.

tion-Gewinn-Korrelation angeboten, welche diese Struktur-Ergebnis-Beziehung nicht mit Kollusion, sondern mit Effizienz begründeten, so daß der Ursache-Wirkungs-Zusammenhang umgekehrt wird. Die positive Konzentration-Gewinn-Korrelation war aus der Sicht der Chicago School das Resultat des Wettbewerbs im Sinne der Survivor-Hypothese.[1]

2. Die Marktstruktur-Marktergebnis-Beziehung bei Marktoffenheit

Die Negierung eines Zusammenhangs zwischen Konzentration und Kollusion geht besonders auf die Betonung der Annahme offener Märkte, also ständiger Präsenz potentieller Konkurrenz, zurück. Vor diesem Hintergrund locken überhöhte Preise aufgrund kollusiver Verhaltensweisen potentielle Konkurrenten an. Dies geht mit der Erosion der Gewinnmargen einher, so daß es rational ist, derartige Verhaltensweisen zu unterlassen, auch wenn das für die Kollusion notwendige gegenseitige Vertrauen vorhanden ist. Nach Brozen sind demnach hohe, stabile Konzentrationsraten ein Beweis dafür, daß keine kollusiven Verhaltensabstimmungen erfolgen – in diesem Falle würde es nämlich zu Dekonzentrationsprozessen infolge des Markteintritts potentieller Konkurrenten kommen.[2] Weiterhin geht Brozen davon aus, daß die Wahrscheinlichkeit kollusiver Verhaltensweisen in Märkten mit niedrigen Gewinnraten höher liege als in Märkten mit hohen Gewinnraten, da die Niedriggewinn-Branchen den potentiellen Konkurrenten keinen Anreiz zum Eintritt böten.[3] Diese Argumentation Brozens impliziert, daß effiziente Branchen stärker dem Wettbewerbsdruck der potentiellen Konkurrenten ausgesetzt sind, d.h., daß hier Dekonzentrationsprozesse wahrscheinlicher sind als in ineffizienten Industrien. Hier wäre eine Schlußfolgerung denkbar, die im Gegensatz zur Survivor-Hypothese steht: Konzentration könnte auch auf Ineffizienz zurückgeführt werden, denn der Grad des Wettbewerbsdrucks potentieller Konkurrenz hängt von der Effizienz der Branche ab. Bei ineffizienten Branchen liegt mangelnder Wettbewerb vor, so daß Dekonzentrationsprozesse unterbleiben, da es nicht zu Marktzutritten kommt.

Dies bedeutet, daß die Wahrscheinlichkeit von Dekonzentrationsprozessen, also potentielle Marktstrukturänderungen, durch die jeweiligen Marktergebnisse determiniert wird. Brozens Argumentation kann somit zu der Frage führen, ob nicht ineffizientes Verhalten im Sinne eines nicht-gewinnmaximierenden Verhaltens für die Unternehmen bis zu einem gewissen Grad als Überlebensstrategie rational sein kann, da es den Wettbewerbsdruck, welcher ja von der Effizienz abhängt, mindert. Diese endogene Betrachtung des Wettbewerbsdrucks zeigt, daß der Aspekt der Offenheit von Märkten zu differenzieren ist, da Marktakteure die Zutrittsneigung ihrer potentiellen Konkurrenten beeinflussen können.

---

1 Zur Betrachtung des Struktur-Ergebnis-Zusammenhanges siehe z.B. Audretsch, D.B.: The Four Schools of Thought in Antitrust Economics, Wissenschaftszentrum Berlin, Diskussionspapier IIM/IP 85-32, Berlin 1985. Vgl. ders.: Divergent Views in Antitrust Economics; in: The Antitrust Bulletin Spring 1988, S. 138 ff.

2 Vgl. Brozen, Y.: Bain's Concentration and Rates of Return Revisted, in: Journal of Law & Economics, 14 (1971), S. 351 ff.; vgl. ders.: Concentration and Profits: Does Concentration Matter?, in: The Antitrust Bulletin, 16 (1971), S. 241 ff.; vgl. ders.: The Concentration-Collusion-Doctrine, in: Antitrust Law Journal, 1977, Vol. 46, S. 826 ff.

3 Vgl. ebenda.

Diese Sichtweise strategischen Verhaltens der moderneren Harvard-Schule endogenisiert die Marktoffenheit, also jenes Element, das von der Chicago School einfach vorausgesetzt und damit exogen betrachtet wird. Ihre Vertreter lehnen den Ansatz strategischen Verhaltens und damit die alternative (in Abgrenzung zu den Bainschen strukturellen Schranken) Möglichkeit strategischer Zutrittsschranken rundweg ab, ohne sich allerdings theoretisch eingehend damit auseinanderzusetzen. Dies wäre aber erforderlich, da die Endogenisierung der Offenheit von Märkten letztlich dazu führt, daß die Grundüberzeugungen der Chicago School zur Disposition stehen, da sie allesamt die Offenheit von Marktprozessen voraussetzen.

3. Zur Interpretation der festgestellten positiven Konzentration-Gewinn-Korrelation im Rahmen der empirischen Studien Harvards

Neben Brozen führt auch Demsetz die teilweise festgestellte positive Korrelation zwischen der Konzentration und dem Gewinn nicht auf kollusive Verhaltensweisen, sondern auf Effizienzen zurück, die mit umfangreichen Unternehmensgrößen einhergehen.[1] In diesem Zusammenhang sind jedoch nicht allein economies of scale relevant. Nach Alchian und Demsetz sind auch überlegene Managementfähigkeiten, Organisationsvorteile etc. in die Betrachtung mit einzubeziehen:[2] Unternehmen, die derartige Effizienzvorteile realisierten, wüchsen schneller als leistungsunterlegene Unternehmen, so daß ihre wachsenden Marktanteile von ihrer Leistungsüberlegenheit im Wettbewerb zeugten. Diese leistungsüberlegenen Unternehmen wären darüber hinaus aufgrund der genannten diversen Kostenvorteile auch in der Lage, zeitweise überdurchschnittliche Gewinne zu realisieren.

Konzentrierte Märkte sind nach Demsetz dadurch gekennzeichnet, daß es einige große, effiziente Unternehmen gibt, die einen sehr hohen Marktanteil auf sich vereinigen, und weiterhin existierten viele kleinere, im Vergleich zu den großen, ineffizientere Unternehmen, auf die die restlichen kleineren Marktanteile entfielen. Diese Situation, die zeige, daß die Kleinen nicht völlig von den Großen verdrängt würden, könne durch Größennachteile (z.B. X-Ineffizienzen) erklärt werden. Die überdurchschnittliche Gewinnrate einer derartigen konzentrierten Branche gehe aber letztlich auf die Effizienz ihrer Großunternehmen zurück. Damit schieden allokative Ineffizienzen (Outputrestriktion) aufgrund kollusiver Verhaltensweisen aus.[3]

Demsetz's Argumentation zeigt, wie der Ursache-Wirkungszusammenhang zur Struktur-Ergebnis-Korrelation in Abgrenzung zur Interpretation der Harvard School umgedreht wird: Das Marktergebnis bestimmt die Marktstruktur; Effizienz in unterschiedlichen Unternehmensbereichen führt zu hohen Gewinnen, großen Marktanteilen und schließlich zu steigender Konzentration. Die Struktur-Ergebnis-Beziehung ist somit, gemäß der Chicago

1 Vgl. Demsetz, H.: Industry Structure, Market Rivalry and Public Policy, in: The Journal of Law and Economics, 1973, April, S. 1-10.

2 Vgl. Alchian, A.; Demsetz, H.: Production, Information Costs, Economic Organization; in: The American Economic Review, 1972, Dezember, S. 777.

3 Vgl. Demsetz, H.: Industry Structure, Market Rivalry and Public Policy a.a.O. 1973, S. 1-10.

School, nicht so zu interpretieren, daß Konzentration kollusive Verhaltensweisen erleichtere und zur allokativen Ineffizienz im Sinne einer Outputrestriktion führe. Die Harvard School, insbesondere Scherer, merkt hier kritisch an, daß die leistungsüberlegenen Großunternehmen untereinander in einen Preiswettbewerb treten könnten, so daß es zum Abbau der überdurchschnittlichen Gewinnraten käme, da die Kostenvorteile an die Preise weitergegeben würden.[1]

Eine neuere empirische Überprüfung der konträren Aussagen von Demsetz zur Konzentration-Kollusion-Doktrin der Harvard School durch Smirlock, Gilligan und Marshall hat ergeben, daß konzentrierte Marktstrukturen ein Effekt von Wettbewerbsprozessen sein können und die überdurchschnittlichen Gewinne der Großunternehmen nicht auf kollusive Verhaltensweisen zurückgehen.[2] Zum gleichen Ergebnis gelangten Gale und Branch, die verschiedene empirische Forschungsarbeiten auswerteten, welche untersuchten, ob Konzentration oder aber der Marktanteil für den Gewinn ausschlaggebend sei. Diese Auswertung hatte ergeben, daß es einen stärkeren Zusammenhang zwischen dem Marktanteil und dem Gewinn gab, wobei den economies of scale eine bedeutende Rolle zukam.

Dies sprach gegen die concentration-collusion-doctrine der Harvard-Schule.[3]

Brozen stellte fest, daß die Gewinnraten der Unternehmen in konzentrierten und nichtkonzentrierten Märkten im Zeitablauf konvergierten[4]. Dies bedeutete, daß die positive Korrelation von Konzentration und Gewinn nur vorübergehender Natur war. Dies konnte mit einem dynamischen Wettbewerbsprozeß im Sinne Schumpeters erklärt werden: Innovative Vorstöße würden zu steigenden Marktanteilen der entsprechenden Unternehmen führen, wobei ihre Branche sich stärker konzentriere. Dabei würden die Innovatoren Vorstoßgewinne verzeichnen, so daß statistisch eine positive Korrelation zwischen Konzentration und Gewinn zu erkennen wäre. Falls diese Struktur-Ergebnis-Beziehung nur vorübergehender Natur wäre, so entspräche dies einem funktionsfähigen dynamischen Wettbewerb ohne kollusive Verhaltensweisen.

Auch eine positive Konzentration-Gewinn-Beziehung mit hoher Stabilität muß nach der Chicago School nicht zwangsläufig auf kollusive Verhaltensweisen zurückzuführen sein. Brozen weist darauf hin, daß z.B. das Risiko von Branchen dafür verantwortlich sein könnte.[5]

---

1 Vgl. Scherer, F.H.: The Causes and Consequences of Rising Industrial Concentration, in: Journal of Law and Economics, 22, S. 191 ff.; zur Kritik an der Chicago School siehe außerdem ders.: The Posnerian Harvest: Separating Wheat from Chaff, in: The Yale Law Journal, 86, S. 994 ff.

2 Vgl. Smirlock, M.; Gilligan, T.; Marshall, W.: Tobin's q and the Structure-Performance Relationship, in: The American Economic Review 1984, Dezember, S. 83-103.

3 Vgl. Gale, B.T.; Branch, B.S.: Concentration Versus Market Share: Which Determines Performance and Why Does it Matter?, in: The Antitrust Bulletin, Frühjahr 1982, S. 83-103.

4 Vgl. Brozen, Y.: The Antitrust Task Force Deconcentration Recommendation, in: Journal of Law and Economics, 1970, S. 279-292.

5 Vgl. Brozen, Y.: The Concentration-Collusion-Doctrine, in: Antitrust Law Journal, 1977, Vol. 46, S. 826 ff.

Er betont, daß viele konzentrierte Industrien (z.B. Automobilindustrie) durch hohe Risiken charakterisiert werden können. Nur wenige Konkurrenten würden in einer derartig risikointensiven Branche überleben, so daß der Konzentrationsgrad steige und das überlebende Unternehmen hohe Gewinnraten verzeichne. Da nur sehr wenige der vielen Newcomer überleben könnten, bliebe letztlich die Struktur-Ergebnis-Beziehung stabil.

4. Die Einschätzung von Marktschranken

Die Chicago School lehnt das Bainsche Konzept struktureller Marktzutrittsschranken der traditionellen Harvard School ab.[1] Aus der Perspektive der "chicago view" und besonders im Lichte der Survivor-Hypothese kann es keine nicht-staatlichen Zutrittsschranken geben: Leistungsfähige, effiziente Unternehmen seien in der Lage, in neue Märkte einzutreten. Wenn ihnen der Marktzutritt nicht gelänge, so zeuge dies entweder von ihrer Leistungsunterlegenheit im Wettbewerb, oder aber: es lägen staatlich gesetzte Marktzutrittsschranken vor.

Grundsätzlich werden Eintrittsbarrieren Harvardscher Prägung – wie z.B. eine hohe Mindestkapitalausstattung, feste Käuferpräferenzen infolge Werbung und Produktdifferenzierung sowie geschlossene Vorleistungsmärkte aufgrund vertikaler Integration – zum Effekt effizienter, wettbewerblicher Verhaltensweisen, welche wohlfahrtsökonomisch erwünscht sind.[2]

Während die traditionelle Harvard School in diesen Eintrittsbarrieren eine bedeutende Ursache von struktureller Marktmacht erblickte,[3] die letztlich für eine langfristige positive Konzentration-Gewinn-Korrelation verantwortlich war, so ist aus Chicago-Sicht diese strukturelle Marktmacht, die erodiert werden kann, wenn Leistungsüberlegenheit potentieller und aktueller Konkurrenten vorliegt, ein Indiz für Effizienz.[4]

Infolge der grundsätzlichen Offenheit von Märkten ist damit auch die langfristige Existenz der Konzentration-Gewinn-Beziehung, die ja Zutrittsschranken voraussetzt, kein wettbewerbspolitisches Problem mehr.

Die Argumentationslinien zu den Bainschen strukturellen Eintrittsbarrieren können wie folgt skizziert werden: Nach der Harvard-Tradition stellen die Konsumentenpräferenzen für etablierte Produkte aufgrund von Produktdifferenzierungen, wie z.B. Werbung, eine Eintrittsbarriere für potentielle Konkurrenten dar, weil diese viel Kapital aufwenden müßten, um diese Schranken abzubauen.[5] Demsetz hält dieser Auffassung entgegen, daß

---

1 Vgl. dazu besonders Posner, R.A.: The Chicago School of Antitrust Analysis, a.a.O. 1979, S. 929 ff.; vgl. auch Demsetz, H.: Barriers to Entry, in: The American Economic Review, 72, S. 47 ff.; vgl. auch Weizsäcker, C.C. von: Barriers to Entry: A Theoretical Treatment, a.a.O. 1980.

2 Vgl. Kallfass, H.H.: Die Chicago School – Eine Skizze des "neuen" amerikanischen Ansatzes für die Wettbewerbspolitik, in: Wirtschaft und Wettbewerb, 30. Jg., S. 598; vgl. auch Schmidt, I.: Wettbewerbspolitik und Kartellrecht, a.a.O. 1990, S. 22.

3 Vgl. Böbel, I.: Marktmacht versus Effizienz, a.a.O. 1987/88, S. 47.

4 Vgl. Demsetz, H.: Economics as a Guide to Antitrust Regulation, in: The Journal of Law and Economics, Vol. 19, S. 382.

5 Zu dieser strukturellen Markteintrittsbarriere vgl. Bain, J.S.: Barriers to New Competition, a.a.O. 1956.

die tatsächlichen Eintrittsbarrieren vielmehr die hohen Informationskosten seien:[1] In Märkten mit hoher Unsicherheit sei der rationale Konsument bestrebt, diese Informationskosten zu reduzieren. Dies gelinge, wenn er Produkte kauft, für die geworben wurde; mit dem Produkt erwerbe er jetzt gleichzeitig Informationen, so daß sich seine Suchkosten verringerten.[2]

Zur Suchkostenreduktion haben also Unternehmen beigetragen, denen es gelang, die Eintrittsbarrieren zu überwinden, indem sie fähig waren, hohe Kosten für Werbung aufzuwenden und so die Konsumentenpräferenzen auf sich zu ziehen. In Märkten mit großer Unsicherheit und entsprechend hohen Informationskosten repräsentiert die Höhe des für den Neueintritt notwendigen Werbekostenaufwands die Effizienz der etablierten Unternehmen: Je höher der Kostenaufwand für die potentiellen Konkurrenten ist, desto höher ist die Effizienz der im Markt etablierten Unternehmen. Dies ist die Perspektive der Survivor-Hypothese: Marktzutrittsschranken sind in diesem theoretischen Kontext unpassend, da sie jederzeit von Unternehmen überwunden werden können, wenn sie dem Survivor-Kriterium "Effizienz" entsprechen.[3]

Während die traditionelle Sichtweise der Harvard School dadurch gekennzeichnet ist, daß hohe Mindestkapitalausstattungen infolge der Relevanz von economies of scale als Eintrittsschranken gelten, wird diese Betrachtung von der Chicago School nicht geteilt. Demsetz sieht in den economies of scale kein wettbewerbspolitisches Problem:[4] Sie würden vielmehr die effiziente Entwicklung einer Unternehmung, die gewachsen sei, repräsentieren, weil sie ihre Produkte bei einer steigenden Zahl von Käufern absetzen könne. Damit habe sie ihre Leistungsüberlegenheit im Wettbewerb bewiesen.

Die Kosteneinsparungen durch Realisierung der Massenproduktionsvorteile werden angesichts des von der "chicago view" unterstellten allgegenwärtigen Wettbewerbsdrucks an die Preise weitergegeben. Das preisgünstige Angebot führt seinerseits zu größerer Käuferakzeptanz, so daß die Unternehmung weiter wachsen kann, was zu wachsender produktiver Effizienz führt. Nach der Harvard School hingegen wird das Eintrittsbarrierenproblem relevant, wenn die potentiellen Konkurrenten negative Gewinnerwartungen haben. Sie gehen dann davon aus, daß ihr Eintritt zur kostenoptimalen Größe den Marktpreis tendenziell unter das Minimalkostenniveau treibt, so daß sie den Eintritt unterlassen.

Nach der Chicago-Schule zeugt dies lediglich von mangelndem "spirit of competition", denn grundsätzlich könne der potentielle Konkurrent genauso effizient und damit wettbewerbsfähig sein, wie der schon etablierte Konkurrent. Nach der Survivor-These würde

---

1 Vgl. Demsetz, H.: Barriers to Entry, a.a.O. 1982, S. 50.

2 Berücksichtigt werden bei dieser Argumentation allerdings nur Suchgüter, die dadurch charakterisiert sind, daß ihre Eigenschaften schon vor dem Kauf beurteilt werden können. Damit sind Erfahrungsgüter, die erst nach dem Kauf eine Einschätzung zulassen, nicht erfaßt. Vgl. hierzu z.B. Schmidt, I.: Wettbewerbspolitik und Kartellrecht, a.a.O. 1990, S. 22; siehe besonders Nelson, R.R.: Comments on a Paper by Posner, a.a.O. 1978/79, S. 950.

3 Hier zeigt sich, daß die theoretische Perspektive der Harvard School nicht in eine Chicago-View übersetzbar ist.

4 Vgl. Demsetz, H.: Barriers to Entry, a.a.O.. 1982, S. 51.

schließlich der Leistungsunterlegene aus dem Markt gedrängt: Der Dekonzentrationsprozeß würde im Zeitablauf von einem Konzentrationsprozeß abgelöst. Diese Prozeßabläufe spiegelten damit die Effizienzentwicklungen wider.

Auch hohe Kapitalerfordernisse, z.B. infolge von vertikaler Integration, sah Bain als Eintrittsbarrieren an, da potentielle Newcomer, und hier besonders kleinere Unternehmen, nicht so günstige Finanzierungsmöglichkeiten wie Großunternehmen auf den Kapitalmärkten aufweisen würden. Für Demsetz allerdings spiegeln die Kapitalmarktvorteile der etablierten Großunternehmen, die sich insbesondere in geringeren Zinssätzen ausdrücken, die niedrigeren Informationskosten für die Risikoeinschätzung wider: Ihre Leistungsüberlegenheit sei schon bekannt, weil die Unternehmen in der Vergangenheit schon erfolgreich investiert hätten.[1]

Die strukturellen Markteintrittsbarrieren gelten, wie die Argumentationsmuster zeigen, als belanglos.

Möglich wird diese Einschätzung durch die langfristige Perspektive des "Survival of the Fittest"-Arguments: Langfristig überlebt stets der Effizienteste im Wettbewerb. Das Erkenntnisinteresse Harvards betont heute vor diesem Hintergrund strategische Marktbarrieren als Möglichkeit nichtstaatlicher Schranken.[2] Dabei werden die strukturellen Barrieren instrumentalisiert, um potentielle Konkurrenten vom Markteintritt abzuhalten. Die Chicago School überzeugt dieser theoretische Ansatz jedoch nicht, da strategisches Verhalten eine hohe wettbewerbspolitische Ambivalenz aufweist, und es somit auch als wettbewerbliches Verhalten interpretiert werden kann.

Demsetz kritisiert, daß "... valuation process must ... be on that is rich in intuition and faith, and poor in discernible, measurements"[3]. Hier verweist Demsetz also auf die schwierige Operationalisierbarkeit des Begriffs des strategischen Verhaltens und die impliziten wettbewerbspolitischen Probleme, ohne allerdings theoretisch und empirisch darzulegen, daß strategisches Verhalten nicht existiert. Die Hypothese von der ausschließlichen Möglichkeit staatlicher Marktzutrittsschranken ist im Hinblick auf die Möglichkeit strategischer Schranken nicht theoretisch fundiert.

VIII. Die Marktstrukturimplikation des "Survival of the Fittest"-Arguments: Die "new learning"-Hypothese

Der Konzentrationsgrad eines Marktes stellt unter der Voraussetzung nicht-existierender staatlicher Schranken für die Chicago School lediglich einen Strukturparameter dar, der auf die Kostensituation der im Markt operierenden Unternehmen zurückgeht.

In Abgrenzung zur traditionellen Harvard School wird der Konzentrationsgrad einer Branche nicht problematisiert – er ist also als Marktmachtindikator überflüssig, und er gilt

1 Vgl. Demsetz, H.: Barriers to Entry, a.a.O. 1982, S. 50.

2 Siehe hierzu Punkt F.

3 Demsetz, H.: Barriers to entry, a.a.O. 1982, S. 56.

auch nicht als Bezugsgröße für die Wettbewerbsintensität. Nach Stigler geht die Marktstruktur i.S. einer steigenden Unternehmenskonzentration auf das Überleben und Wachsen der Unternehmen im Markt zurück: Dies bedeutet, daß Größenvorteile sowie Lerneffekte realisiert werden, und die Marktakteure überragende Managementqualitäten aufweisen.[1] Die Marktstruktur gilt demnach als bester empirischer Test für die Marktleistung und Produktionseffizienz der Unternehmen:[2] In einem Markt, der frei von staatlichen Zutrittsschranken ist, nähert sich die Marktstruktur der Effizienzstruktur an, und die optimalen Unternehmensgrößen sind das Resultat der freien Marktkräfte. Die "neue" Erkenntnis der Wettbewerbstheorie Chicagos zum Konzentrationstatbestand ist also, daß Konzentration auf Effizienz zurückgeht. Diese "new learning"-Hypothese führt in vielen Fällen zu der Behauptung, daß zur Realisierung und Sicherung von Effizienz umfangreiche Unternehmensgrößen und Konzentration zwingend erforderlich sind.[3]

Um die Leistungsfähigkeit der Unternehmen im Wettbewerb zu messen, entwickelte Stigler den Survivor-Test:[4]

In Abgrenzung zu den Bainschen Ingenieur-Schätzungen, die sich lediglich mit Größenvorteilen auf der Betriebsebene befaßten und bei denen man mit erheblichen Schätzproblemen bei den Ingenieur-Befragungen konfrontiert war, versuchte Stigler, alle Kostenvorteile von Unternehmen[5] zu erfassen und überdies Schätzprobleme zu vermeiden. Dazu betrachtete er die Entwicklung der Marktanteile unterschiedlicher Unternehmensgrößenklassen einer Branche, die sich auf Kriterien wie Wertvolumen der Aktiva, Produktionskapazität etc. bezogen, im Zeitablauf. Marktanteilsrückgänge deuteten bei dieser Untersuchung auf eine sinkende Marktleistung hin. Demgegenüber sprach ein wachsender Marktanteil einer Unternehmensgrößenklasse für Effizienz, also für eine überlegene Marktleistung. Vollzog sich der Marktanteilszuwachs sehr schnell, so ging man davon aus, daß es sich in diesem Falle um ein Unternehmen handelte, das sich im Wettbewerbsprozeß als besonders geeignet, also effizient, bewährte. Eine Problematisierung der Marktmacht dieses Unternehmens wäre vor dem Hintergrund der Survivor-Hypothese nicht konsistent. Kantzenbach weist darauf hin, daß der Survivor-Test letztlich das voraussetzt, was eigentlich ermittelt werden soll – ob nämlich Effizienz in Form von Größenvorteilen vorliegt oder nicht.[6] Hier stellt sich jedoch für die Chicago School nicht das wettbewerbspo-

---

1 Vgl. Stigler, G.J.: The Organization of Industry, a.a.O. 1968, S. 71 ff.

2 Vgl. ebenda.

3 Zur "new learning"-Hypothese vgl. Goldschmidt, H.J. u.a. (Hrsg.): Industrial Concentration: The "New Learning", Boston, Toronto 1974. Zu entsprechenden empirischen Arbeiten vgl. z.B. MacGee, J.S.: Efficiency and Economics of Size, in: Goldschmid, H.J. u.a.: Industrial Concentration: The New Learning, a.a.O. 1974, S. 55 ff.; vgl. auch Schmidt, I.; Rittaler, J.B.: Die Chicago School of Antitrust Analysis, Baden-Baden 1986, S. 59 ff.

4 Vgl. Stigler, G.J.: The Economies of scale, in: Journal of Law and Economics, 1958, S. 54 ff.; vgl. ders.: The Organization of Industry, a.a.O. 1968, S. 73.

5 Größenvorteile in allen Funktionsbereichen, Kostenvorteile bei Mehrproduktherstellung, Mehrbetriebsherstellung.

6 Vgl. Kantzenbach, E.: Unternehmenskonzentration und Wettbewerb, HWWA-Diskussionspapier Nr. 9, Hamburg 1993, S. 10.

litische Problem, daß Größe möglicherweise nicht leistungsbedingt sein könnte. Größe ist immer mit Effizienz verbunden:

Die Survivor-Hypothese läßt keinen anderen Schluß zu. Demnach müssen mittels der survivor-technique auch keine wettbewerblichen Probleme gelöst werden. Die Chicago School könnte auf diesen empirischen Test verzichten.

Bork betont, daß ausschließlich der freie Wettbewerb dazu führe, daß sich die Unternehmen produktionseffizient verhielten.[1] Aufgrund der "chicago view" der langfristigen Selbstheilungskraft des Marktes kann lediglich der Staat den Allokationsprozeß stören, indem er versucht, in die Prozeßabläufe zu intervenieren. Nur der Staat ist in der Lage, Marktschranken zu errichten. Dies kann dann Ursache dafür sein, daß entweder keine Effizienz entsteht, oder daß sich vorhandene produktive Effizienz nicht in allokativer Effizienz niederschlägt. Damit kann nur der Staat dafür verantwortlich sein, wenn das Ziel Konsumentenwohlfahrt nicht erfüllt wird.

Demsetz betont, daß die staatlichen Strukturinterventionen die Wettbewerbsbeschränkungen hervorrufen würden:[2] Wäre der Markt offen – d.h. frei von staatlichen Marktschranken in Form von Regulierungen und Interventionen – so könne ein beständiger, hoher Konzentrationsgrad nur dann vorliegen, wenn die Unternehmen eine hohe Effizienz aufwiesen, was sich in Größenvorteilen aller Art und überragenden Managementfähigkeiten ausdrücken würde. Offenheit vorausgesetzt, könne man also davon ausgehen, daß bei hoher Konzentration das Ziel der Konsumentenwohlfahrt erreicht werde. Die mißbräuchliche Ausnutzung der überlegenen Marktstellungen sei dauerhaft nicht möglich, weil bei Offenheit mit Preisunterbietungen potentieller Konkurrenten gerecht werden müsse. Nichtwettbewerbliche Verhaltensweisen, wie z.B. Absprachen, seien letztlich staatlich verursacht und führten zu einem sinkenden Konzentrationsgrad, weil potentielle Konkurrenten durch die Monopolrenten angelockt würden. Niedrige Konzentrationsraten ließen also auf Ineffizienz und sinkende Konsumentenwohlfahrt schließen.

IX. Politische Handlungsempfehlungen

1. Die wettbewerbspolitische grundsätzliche Irrelevanz der Marktstrukturkontrolle: Zur Bedeutung der Verhaltenskontrolle

Die Wettbewerbspolitik der Chicago School ist ausschließlich dem Ziel "Konsumentenwohlfahrt" verpflichtet und auf die Realisierung ökonomischer Effizienz im Sinne der Pareto-Optimalität ausgerichtet. Der reale Einfluß der Chicago-Schule manifestiert sich in den USA wettbewerbspolitisch in den Merger Guidelines von 1982/84 und in den Vertikal Restraints Guidelines von 1985, die als Abkehr von der Marktstrukturkontrolle charakterisiert werden können und das wettbewerbsbeschränkende Verhalten als Kontrollkriterium

1 Vgl. Bork, R.H.: The Antitrust Paradox, a.a.O. 1978, S. 98.

2 Vgl. Demsetz, H.: Two Systems of Belief about Monopoly, in: Goldschmid, H.J. u.a. (Hrsg.): Industrial Concentration: The New Learning, a.a.O. 1974, S. 164 ff.; vgl. ders.: Economics as a Guide to Antitrust Regulation, a.a.O. 1976, S. 371 ff.

herausstellen. In Abgrenzung zur traditionellen Harvard School betrachtet man Konzentration nicht mehr als wichtige Determinante der Kollusion. Somit genügt es nach Brozen völlig, Kartelle und sonstige Verhaltensabstimmungen zu verbieten.[1] Zwar anerkennt die Chicago School, daß Konzentration möglicherweise eine Kollusionsgefahr heraufbeschwören kann,[2] doch weil man grundsätzlich von der Unmöglichkeit nicht-staatlicher Marktschranken ausgeht, wird unter der Voraussetzung offener Märkte (ohne staatliche Schranken) argumentiert, daß hohe Preise infolge Kollusion potentielle Konkurrenten anlocken würden, so daß angesichts dieses Zusammenhangs kollusive Verhaltensweisen bei offener Marktzutrittsmöglichkeit von vornherein unterblieben. Konzentration könne somit nur im Falle der Existenz staatlicher Schranken zur Kollusion führen, weil nur in einer solchen Situation mit einem Zutritt potentieller Konkurrenten nicht zu rechnen sei.

Diese Argumentationslinie impliziert, daß im Falle einer Übereinstimmung der wettbewerbstheoretischen Grundüberzeugungen der Chicago School mit der Realität die wettbewerbspolitische Verhaltenskontrolle nicht aktiv werden müßte, und es letztlich nur darauf ankäme, staatliche Schranken abzubauen.[3] Durch allgegenwärtigen Wettbewerbsdruck verhielten sich die Marktakteure dann in der Weise, daß sie sich in ihrer produktiven Effizienz stets zu überflügeln versuchten. Wenn sie sich dabei Strategien wie Ausschließlichkeitsbindungen, Kopplungsbindungen,[4] Kampfpreisunterbietungen[5] usw. bedienen, so handele es sich nicht um Behinderungsstrategien, sondern um dieses spezifische auf Produktivität ausgerichtete Wettbewerbsverhalten.[6] Bei den Ausschließlichkeitsbindungen integriert die Chicago School Williamsons Transaktionskostenansatz in die Analyse,[7] jedoch nur, wenn es um die Absicherung der Effizienzthese geht. Die Möglichkeit von Marktschließungseffekten, welche für Williamson ebenfalls bedeutungsvoll sind, werden ausgeklammert, da die "chicago view" ja von einer allgegenwärtigen Marktoffenheit ausgeht.[8]

Die Chicago School ist allerdings im realen Geschäft politischer Handlungsempfehlungen noch nicht so weit gegangen, wie dies die theoretische Stringenz gebieten würde. Posner und

---

1 Vgl. Brozen, Y.: Concentration, Mergers and Public Policy, New York 1982, S. 130 ff.

2 Vgl. Böbel, I.: Marktmacht versus Effizienz, a.a.O. 1987/88, S. 48.

3 Die stärkste Form einer Wettbewerbspolitik auf der Basis der "chicago view" wäre demnach die Abschaffung wettbewerbspolitischer Kontrollinstanzen, da sie bei offenem Marktzutritt überflüssig werden. Vgl. dazu Sims, J.; Lande, R.H.: The End of Antitrust – or a New Beginning?, in: Antitrust Bulletin, 1986, S. 306 f.

4 Insbesondere Bork plädiert für die per se-Zulassung derartiger "vertical restraints", da er sie als Möglichkeit zur Verbesserung der produktiven Effizienz ansieht. Vgl. Bork, R.H.: The Antitrust Paradox, a.a.O. 1978, S. 288; zur (untypischen) Chicago-Position einer rule of reason-Regelung in einem solchen Falle siehe die Ausführungen von Andretsch, D.B.: Divergent views in antitrust economics, in: The Antitrust Bulletin, Spring 1988, S. 157 f.; vgl. ebenda auch S. 159.

5 Diese predatory practices werden von Demsetz, wie strategisches Verhalten überhaupt, als ausschließlich theoretisches Phänomen eingeschätzt. Vgl. dazu Demsetz, H.: Economics as a Guide to Antitrust Regulation, a.a.O. 1976, S. 383.

6 Vgl. Schmidt, I.: Wettbewerbspolitik und Kartellrecht, a.a.O. 1990, S. 24.

7 Vgl. Williamson, O.E.: Markets and Hierarchies, New York 1975; vgl. ders.: The Economic Institutions of Capitalism, New York 1985; vgl. ders.: Vertical Integration and Related Variations on a Transaction-Cost Economics Theme, in: Stiglitz, J.E.; Mathewson, G.F. (Hrsg.): New Developments in the Analysis of Market Structure, London 1986, S. 149 ff.

8 Vgl. Posner, R.A.: The Chicago School of antitrust analysis, a.a.O. 1979, S. 926 f.

Bork plädieren für ein per se-Verbot horizontaler Kollusion (Preisabsprachen). Sie begründen dies damit, daß kollusives Verhalten ausschließlich allokative Ineffizienzen hervorbringe. Sie verweisen darauf, daß darin der Unterschied zur Unternehmenskonzentration liege, denn internes und externes Wachstum führe zu produktiver Effizienz.[1] Demsetz hebt hervor, daß Marktstrukturinterventionen im Rahmen der traditionellen "concentration-collusion-doctrine" effiziente Wettbewerber demotivieren würden,[2] eine Kritik, die eine Verhaltenskontrolle abstützt. Das Verbot kollusiver Verhaltensweisen soll rationale Oligopolisten angesichts juristischer Sanktionen dazu veranlassen, sich wettbewerblich zu verhalten.[3]

2. Die wettbewerbspolitische Beurteilung des Unternehmenswachstums

Bork argumentiert, daß auch in einer Situation schon erreichter hoher Marktanteile die Durchsetzung weiterer Größenvorteile möglich sei, so daß durch internes Unternehmenswachstum die effizienteste Unternehmensgröße erreicht werden könne.[4] Somit wird internes Unternehmenswachstum als Ausdruck überlegener produktiver Effizienz angesehen, die letztlich jeden Marktanteil rechtfertigt.[5] Da eine Politik der Entflechtung in solch einem Falle die Produktivität schmälert und so das Ziel "Konsumentenwohlfahrt" im Sinne der Pareto-Optimalität verletzt, lehnt die Chicago School diese Maßnahme ab.[6] Ein derartiger Marktstruktureingriff verbietet sich, weil die Industriekonfiguration nach der Survivor-Hypothese die Effizienzsituation widerspiegelt. Dieses Argumentationsmuster wird auch im Falle des langfristigen Fortbestehens hochkonzentrierter Branchen angewendet. Ein Struktureingriff, z.B. mittels Entflechtung, wäre wegen der erreichten optimalen Kostensituation bzw. der überragenden Leistungsfähigkeit der Unternehmen nicht adäquat.[7]

Die Laissez-Faire-Neigung bei der Beurteilung internen Unternehmenswachstums kann auch überwiegend bei den wettbewerbspolitischen Handlungsempfehlungen zum externen Unternehmenswachstum beobachtet werden. Unternehmenszusammenschlüsse werden als ein typisches Element wettbewerblicher Prozesse angesehen. Man geht davon aus, daß ein Unternehmen nicht fusionieren würde, wenn sich damit nicht eine Steigerung der produktiven Effizienz, wie z.B. in Form von economies of scale, Transaktionsvorteilen etc.,[8] erreichen ließe. Hier zeige sich, einmal mehr, eine spezifische Form des "Survival of the Fittest". Die Effizienz als Auswahlkriterium im Wettbewerbsprozeß kann auch mittels Fusionen erreicht werden. Falls die Fusionsentscheidung einmal nicht leistungsmotiviert sein sollte, d.h. zur Erreichung nicht-leistungsgerechter Renten (Outputrestriktionen) durchgeführt wird, sorgt der vorausgesetzte Wettbewerbsdruck bei Marktoffenheit lang-

---

1 Vgl. Bork, R.H.: The Antitrust Paradox, a.a.O. 1978, S. 406; vgl. Posner, R.A.: The Chicago School of Antitrust Analysis, a.a.O. 1979, S. 938.

2 Vgl. Demsetz, H.: Economics as a Guide to Antitrust Regulation, a.a.O. 1976, S. 374.

3 Vgl. Posner, R.A.: Oligopoly and Antitrust Laws: A Suggested Approach, in: Stanford Law Review, Juni 1969, S. 1591.

4 Vgl. Bork, R.H.: The Antitrust Paradox, a.a.O. 1978, S. 192.

5 Vgl. Schmidt, I.: Wettbewerbspolitik und Kartellrecht, a.a.O. 1990, S. 23.

6 Vgl. ebenda; vgl. Bork, R.H.: The Antitrust Paradox, a.a.O. 1978, S. 192 ff.

7 Vgl. Posner, R.A.: The Chicago School of Antitrust Analysis, a.a.O. 1979, S. 944 ff.

8 Vgl. Schmidt, I.: Wettbewerbspolitik und Kartellrecht, a.a.O. 1990, S. 23.

fristig dafür, daß ein derartig extern gewachsenes Unternehmen nicht überlebt, da es das Auswahlkriterium "Effizienz" bzw. "Fitness" nicht erfüllt.

Konglomerate Unternehmenszusammenschlüsse gelten als wettbewerbspolitisch unproblematisch, da auch sie Ausdruck des Effizienzstrebens (z.B. Realisierung von Verbundvorteilen) der Konkurrenten sind. Die Möglichkeit einer sinkenden Wettbewerbsintensität, z.B. im Sinne der "deep pocket theory", die davon ausgeht, daß sich potentielle Konkurrenten vom Markteintritt aufgrund der großen Finanzkraft von Konglomeraten abschrekken lassen,[1] wird zurückgewiesen.[2] Die Chicago School geht im Gegenteil davon aus, daß konglomerate Unternehmenszusammenschlüsse den Wettbewerb beleben können und vertritt damit die "Multiple-Konkurrenz-Hypothese".[3] Danach ist das Konglomerat als Pool produktiver Ressourcen, die in die besten Gewinnmöglichkeiten gelenkt werden, in der Lage, hohe Markteintrittsbarrieren leicht zu überwinden; es ist also ein potentieller Konkurrent, der den Wettbewerbsdruck erhöht und damit der Effizienz dient. Da nach Narver der Angebotsraum des Konglomerats alle Märkte und Marktsegmente erfaßt, entsteht bei konglomerater Konzentration eine multiple Wettbewerbswirkung in Form eines steigenden potentiellen Wettbewerbsdrucks auf allen Märkten.

Auch vertikale Zusammenschlüsse werden als Mittel zur Erlangung größerer Effizienz (Verbund-, Transaktionskostenvorteile) im Wettbewerb angesehen.[4] Während die Harvard School bei allen Formen externen Unternehmenswachstums die Möglichkeit einer Monopolisierungspolitik nicht ausschließt, verweist Posner darauf, daß die Entscheidung für eine Ein- oder Auslagerung von Funktionsbereichen der Unternehmung, also auch die Möglichkeit externen Unternehmenswachstums, zu den typischen Unternehmenspolitiken im Wettbewerbsprozeß gehöre,[5] die darauf gerichtet sind, das Effizienzkriterium zu erfüllen, um überleben zu können. Bork hebt hervor, daß vertikale Fusionen nicht den Marktanteil der Unternehmen erhöhen würden und somit die (ohnehin unwahrscheinliche) Möglichkeit einer Outputrestriktion auf der Basis von Marktmacht nicht gegeben sei.[6]

In diesem Zusammenhang auf die Relevanz einer Ressourcenbetrachtung zu verweisen und die Finanzkraft der Unternehmen bei der Beurteilung der Marktmacht ins Feld zu führen, verbietet sich im theoretischen Bezugsrahmen der Chicago School, da die Finanzkraft hier die Leistungsüberlegenheit im Wettbewerb widerspiegelt, die dem Konsumenten zugute kommt. Die Effizienz vertikaler Konzentrationsprozesse wird insbesondere mit Transaktionskostenvorteilen begründet, wobei man den Transaktionskostenansatz heran-

---

1 Das große Ressourcenpotential der Konglomerate kann ruinöse Verdrängungs- und Behinderungspraktiken, z.B. Unterkostenkämpfe, ermöglichen und zur Machtfestigung innerhalb der Einflußsphäre des Konglomerats führen.

2 Vgl. Bork, R.H.: The Antitrust Paradox, a.a.O. 1978, S. 262.

3 Vgl. die zur Begründung vorgebrachten Argumente auf der Basis der "Theorie des Angebotsraumes" von Narver, J.C.: Conglomerate Mergers and Market Competition, Berkeley, Los Angeles 1967, S. 60 ff.; 117 ff.; vgl. auch Brozen, Y.: Concentration, Merges and Public Policy, a.a.O. 1982, S. 352 ff.

4 Vgl. Bork, R.H.: The Antitrust Paradox, a.a.O. 1978, S. 234.

5 Vgl. Posner, R.A.: Antitrust Law – An Economic Perspective, a.a.O. 1976, S. 196 ff.

6 Vgl. Bork, R.H.: The Antitrust Paradox, a.a.O. 1978, S. 231.

zieht:[1] Dabei fußt die einzelwirtschaftliche Entscheidung für eine vertikale Integration auf ein Entscheidungskalkül, bei dem die Kosten marktlicher Koordination den Kosten unternehmensinterner Koordination gegenübergestellt werden. Die Wahl der Koordinationsform wird dabei von den Transaktionskosten als "... cost of using the price mechanism"[2] bestimmt: Je höher die Transaktionskosten (z.B. Informations-, Verhandlungs-, Vertragsabschluß-, Kontrollkosten) ausfallen, desto vorteilhafter wäre eine unternehmensinterne Koordination, für die man z.B. durch externes Unternehmenswachstum die Voraussetzungen schaffen kann.

Die vertikale und konglomerate Konzentration gilt aufgrund der identifizierten Effizienzvorteile (Transaktionskostenersparnisse, Verbundvorteile) und der multiplen Wettbewerbsbelebung als wettbewerbspolitisch unproblematisch.

Die Beurteilung des horizontalen Unternehmenswachstums erfolgt auf der Basis des "trade off"-Modells von Williamson. Mit diesem Modell versucht die Chicago School, die Effizienz des horizontalen Unternehmenswachstums zu begründen.[3] Angesichts der großen Bedeutung von Massenproduktionsvorteilen bei der horizontalen Expansion fällt die produktive Effizienz aufgrund dieser Kostenvorteile stark ins Gewicht. Das Modell berücksichtigt jedoch auch die Möglichkeit einer allokativen Ineffizienz infolge einer kollusiven Outputbeschränkung. Der Gegenstand dieses Modells ist somit der Zielkonflikt zwischen produktiver und allokativer Effizienz, d.h., es ist ein Abwägen zwischen kostensenkungsbedingten Wohlfahrtsgewinnen einerseits und monopolisierungsbedingten Wohfahrtsverlusten andererseits erforderlich. Dabei kommt es nach Bork besonders darauf an, wettbewerbspolitische Maßnahmen derart zu gestalten, daß die produktive Effizienz keine Einschränkung erfahre, weil dies schließlich zu einem Verlust an Konsumentenwohlfahrt führen würde.[4]

Diese Aussage Borks verdeutlicht, daß die Chicago School die Wahrscheinlichkeit einer Kompensation der allokativen Ineffizienz durch die produktive Effizienz hoch einschätzt. Dies impliziert, daß eine horizontale Fusion in einem hochkonzentrierten Markt einen positiven Nettoeffekt aufweisen kann und auch in dieser Situation zur Steigerung der Konsumentenwohlfahrt beiträgt.[5] Im theoretischen Kontext der Chicago School ist die Möglichkeit eines negativen Nettoeffekts einer horizontalen Fusion angesichts der unterstellten Voraussetzung offener Märkte, also allgegenwärtig bestehenden Wettbewerbsdrucks potentieller Konkurrenten, nur im Falle staatlich gesetzter Markteintrittsschranken denkbar.

Die Argumentation Borks, die produktive Effizienz überkompensiere die allokative Ineffizienz, ist eine Tendenzaussage, die sich ergibt, wenn das Williamson-Modell in den theoretischen Rahmen der Chicago School eingeführt wird. Williamson selbst konstruierte

---

1 Vgl. Williamson, O.E.: The Economic Institutions of Capitalism. Firms, Markets, Rational Contracting, New York 1985.

2 Coase, R.H.: The Nature of the Firm, in: Economica, Vol. IV (1937), S. 390.

3 Vgl. Bork, R.H.: The Antitrust Paradox, a.a.O. 1978, S. 107; vgl. Williamson, O.: Economies as an Antitrust Defense: The Welfare Trade Offs, a.a.O. 1968, S. 18 ff.

4 Vgl. Bork, R.H.: The Antitrust Paradox, a.a.O. 1978, S. 91.

5 Vgl. ebenda, S. 7, 50 ff.

sein Modell jedoch nur für die wettbewerbspolitische Hilfestellung bei der Einzelfallbetrachtung einer horizontalen Fusion: Losgelöst von wettbewerbstheoretischen Grundüberzeugungen sind in seinem Modell die Fälle eines positiven, negativen und neutralen Nettoeffekts von Fusionen denkbar und konstruierbar.[1] In Williamsons Modell ist also auch der Fall eines durch horizontale Fusion herbeigeführten Wohlfahrtsverlustes vorgesehen.

Williamson wendet sein Modell auf das Beispiel eines horizontalen Unternehmenszusammenschlusses zweier Dyopolisten an. Dabei wird die Wettbewerbssituation vor dem Zusammenschluß der Monopolsituation nach dem Zusammenschluß gegenübergestellt.[2]

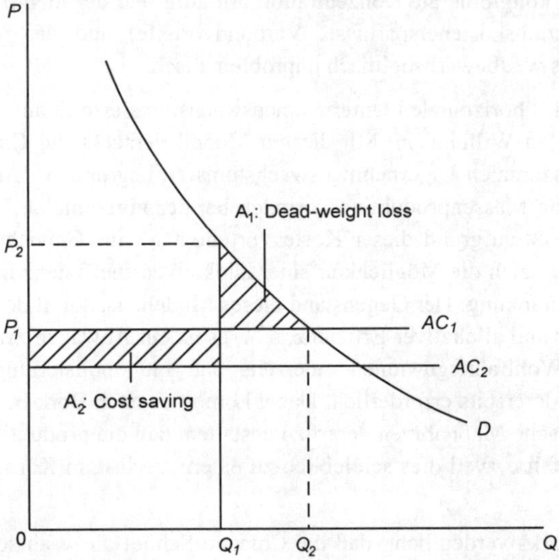

Abb. 6: Williamsons "trade off"-Modell eines horizontalen Unternehmenszusammenschlusses

Quelle: Williamson, O.E.: Antitrust Economics, Oxford, New York 1987, S. 6.

Aus der Abbildung 6 ist abzulesen, daß nach der Fusion (D Mit Q_2 P_2) allokative Wohlfahrtsverluste gemäß der Fläche A_1 entstehen, falls sich die betreffenden Unternehmen vor ihrer Fusion polypolitisch verhalten hatten ($AC_1 = P_1$). P_1 wäre demnach der Wettbewerbspreis vor der Fusion, P_2 der Monopolpreis nach der Fusion. Diesem Fall allokativer Ineffizienz nach der Fusion wird nun die Situation der produktiven Effizienz nach der Fusion gegenübergestellt: Die langfristige Grenzkostenkurve wird durch die langfristige DTK-Kurve approximiert und parallel nach unten verschoben (von AC_1 nach AC_2). Die Kostenersparnis (A_2-Fläche), also die fusionsbedingte Steigerung der produktiven Effizienz,

1 Vgl. z.B. auch die Kritik bei Schmidt, I.; Rittaler, J.B.: Die Chicago School of Antitrust Analysis, a.a.O. 1986, S. 51 ff.

2 Vgl. Schmidt, I.: Wettbewerbspolitik und Kartellrecht, a.a.O. 1990, S. 91.

repräsentiert den Wohlfahrtsgewinn.[1] Die Nettowohlfahrtswirkungen der Fusion ergeben sich aus der Gegenüberstellung der Fläche A_1 (Wohlfahrtsverlust) und A_2 (Wohlfahrtsgewinn): Dabei repräsentiert der Fall $A_1 > A_2$ einen negativen Nettogewinn der Fusion; wettbewerbspolitisch wäre die Fusion zu verbieten. In der Situation $A_1 < A_2$ würde die Fusion einen positiven Nettoeffekt aufweisen; sie wäre also wettbewerbspolitisch akzeptabel. Liegt $A_1 = A_2$ vor, so kommt es weder zu Nettowohlfahrtsverlusten noch zu Nettowohlfahrtsgewinnen. Die wettbewerbspolitische Einzelfallentscheidung würde durch andere (weitere wettbewerbspolitische Ziele) beeinflußt, die nicht Gegenstand dieser Analyse sind.[2]

Die theoretischen Grundüberzeugungen der Chicago School lassen grundsätzlich nur den Fall $A_1 < A_2$ zu. Man kann also feststellen, daß sie dieses Modell selektiv[3] anwendet. Diese Behauptung wird durch den Tatbestand verstärkt, daß die Chicago School der Möglichkeit von X-Ineffizienzen, die das Ausmaß der Kostenvorteile erheblich einschränken können, keine Beachtung schenkt: Der vorausgesetzte Wettbewerbsdruck sorgt dafür, daß derartige X-Ineffizienzen gar nicht erst entstehen können.

Bei der praktischen wettbewerbspolitischen Frage, ob denn horizontale Fusionen überhaupt einer Kontrolle unterliegen sollen, ergibt sich aus der spezifischen Anwendung des Williamson-Modells eine grundsätzliche Ablehnung einer Fusionskontrolle. Dennoch folgen wichtige Vertreter der Chicago-Schule bei der horizontalen Konzentration nicht vollständig der Politikimplikation der theoretischen Betrachtung. Dies zeigen die unterschiedlichen Äußerungen zu kritischen Konzentrationsgraden, die vor dem Hintergrund der Aussage Borks zu verstehen sind, der die Fusionskontrolle als "... a tactical concession to current oligopoly phobia"[4] begreift. Die im Zusammenhang mit dem internationalen Wettbewerb zu beobachtende Neigung zur Fusionsakzeptanz und die internationalen Fusionswellen lassen vermuten, daß diese "oligopoly phobia" heute nicht mehr so ausgeprägt ist wie 1978 – ein mögliches Verdienst der Chicago School. Erst bei Vorliegen eines Dyopols hält Bork ein Einschreiten der Wettbewerbsbehörden für adäquat. Für ihn sind Fusionen bis zu einem Marktanteil von 60-70% wettbewerbspolitisch akzeptabel,[5] was er nicht weiter begründet.

Fama und Laffer gehen noch weiter als Bork und erblicken die Möglichkeit einer wettbewerbspolitischen Unbedenklichkeit auch im Dyopolfall.[6]

Posner schlägt als kritischen Konzentrationsgrad zur Orientierungshilfe für die Wettbewerbspolitik $CR_4 > 60\%$ vor.[7] Soweit es Wettbewerb um den Markt geben kann, sind für

---

1 Vgl. Williamson, O.: Economies as an Antitrust-Defense, a.a.O. 1968, S. 18 ff., vgl. auch Schmidt, I.: Wettbewerbspolitik und Kartellrecht, a.a.O. 1980, S. 91 f.

2 Vgl. die Ausführungen bei Böbel, I.: Marktmacht versus Effizienz, a.a.O. 1987/88, S. 46.

3 Siehe zur selektiven Theorieanwendung Schmidt, I.; Rittaler, J.B.: Die Chicago School of Antitrust Analysis, a.a.O. 1986, S. 93.

4 Bork, R.H.: The Antitrust Paradox, a.a.O. 1978, S. 221.

5 Vgl. ebenda.

6 Vgl. Fama, E.F.; Laffer, A.B.: The Number of Firms and Competition, in: Brozen, Y. (Hrsg.): The Competitive Economy: Selected Readings, Morristown, N.J. 1975, S. 43 ff.

7 Vgl. Posner, R.A.: Antitrust Law – An Economic Perspective, a.a.O. 1976, S. 112.

Demsetz natürliche Monopole irrelevant. Demsetz betont, daß im Falle einer monopolitischen Beherrschung wichtiger Produktionsfaktoren sogar eine Entflechtung relevant werden könne.[1]

Diese Stellungnahmen führender Vertreter der Chicago School hatten aus heutiger Sicht bedeutenden Einfluß auf die Fusionsakzeptanz der wettbewerbspolitischen Instanzen in den USA der 80er Jahre.

X. Zwischenergebnis und Kritik

Die Chicago School hatte die Konzentration-Kollusion-Doktrin der traditionellen Harvard School kritisiert und relativiert. Sie kehrte die Argumentationsrichtung um: Konzentration geht auf Effizienz zurück, ja ist sogar für Effizienz erforderlich (New-Learning-Hypothese). Sinkende Konzentrationsraten sind ein Indikator für Ineffizienz und damit für sinkende Konsumentenwohlfahrt. Folglich sind wettbewerbspolitische Strukturinterventionen abzulehnen. Lediglich die Verhaltenskontrolle wird als sinnvoll angesehen, weil in der Realität staatliche Barrieren existieren. Wären diese vollständig durch Deregulierung abgebaut, dann könnte völlig auf eine Wettbewerbspolitik verzichtet werden.

Angesichts dieser Situation erblickte Posner einen Triumph der Chicago School und sah die Antritrust-Kontroverse der beiden Schulen als abgeschlossen an.[2] Diese Sichtweise Posners hatte sich jedoch im Laufe der Zeit nicht bestätigt. Die Kritik der Chicago School an der Harvard School führte zu einer Weiterentwicklung der theoretischen Harvard-Perspektive,[3] wobei die Harvard School nach wie vor, im Gegensatz zur Chicago School, die private Marktmacht problematisiert.

Die Betrachtung der Wettbewerbsdynamik aus der Perspektive des "Survival of the Fittest" ist besonders kritikwürdig. Durch die Survivor-Hypothese können wettbewerbliche Probleme, wie z.B. private Marktmacht, Monopolstellungen, Marktzutritts- und Marktaustrittsbarrieren nicht eingehend beleuchtet werden, so daß letztlich auch der Wettbewerbspolitik keine Kriterien geliefert werden können, an denen sie sich orientieren kann, was in der Tendenz zu weitgehender wettbewerbspolitischer Abstinenz führt. Dies ist letztlich der Effekt der Einführung eines prozessualen Wettbewerbsverständnisses, das sich an Darwins Evolutionskonzept orientiert. Dieses Konzept wird jedoch ad hoc angewendet, indem als Kriterium für die Auslese statische Effizienz gesetzt wird. Die statische Effizienz wird jedoch nicht genau definiert, so daß in der Konsequenz viele Wettbewerbsbeschränkungen gerechtfertigt werden können.[4] Neben der Kritik von Scherer zur man-

---

1 Vgl. Demsetz, H.: Economic, Legal, and Political Dimensions of Competition, 2. Aufl., Amsterdam u.a. 1983, S. 52 f. Kirzner, ein Vertreter des Austrian Approach, äußert sich ähnlich zum Ressourcenmonopol, siehe Punkt B. I. 5.

2 Vgl. Posner, R.A.: The Chicago School of Antitrust Analysis, a.a.O. 1979, S. 925, 933 f.

3 Zu den Ansätzen der modernen Harvard School siehe Punkt F.

4 Zur Kritik an der Effizienzdefinition siehe Scherer, F.M.: The Posnerian Harvest: Separating Wheat from Chaff, a.a.O. 1977, S. 995 f.; siehe auch Schmidt, I.; Rittaler, J.B.: Die Chicago School of Antitrust Analysis, a.a.O. 1986, S. 45.

gelnden Effizienzdefinition ist die willkürliche Festlegung von Effizienz als Auswahlkriterium im biologisch-analogen evolutorischen Wettbewerbsprozeß zu kritisieren. Mit der inhaltlichen, an der biologischen Evolutionstheorie orientierten Analogiebildung wird nicht das Wesen von Wettbewerbsprozessen erforscht, sondern es wird vorab festgelegt, wie derartige Prozeßabläufe zu charakterisieren sind. Hierdurch wird jedoch lediglich ein "Glaube" an die Selbstheilungskräfte des Marktes manifestiert. Dies wird deutlich, wenn man Darwins Ausführungen heranzieht: Im Evolutionsprozeß war für ihn das "Überleben des Geeignetsten" bedeutungsvoll. Dabei vollzieht sich das Überleben in der Nachkommenschaft, die Eignung bzw. die Fitness wird durch die Anzahl der Nachkommen repräsentiert.[1] Da es in diesem Kontext um die Erhaltung der Art geht, ist bei Darwin nicht das Wettbewerbsprinzip allein relevant, sondern auch – im Falle einer Verwandtschaft – die Zusammenarbeit.[2] Die Chicago School berücksichtigt hier jedoch ausschließlich den Wettbewerbsaspekt der Darwinischen Betrachtungen und liefert keine Erklärung dafür, warum die Analogie zwischen dem Originalauswahlkriterium "Nachkommenschaft" einerseits und dem Auswahlkriterium "Ökonomische Effizienz" andererseits angemessen ist. Hier wird deutlich, daß sich der bekannte Vorwurf einer selektiven Theorieanwendung sowie eines selektiven Empirismus[3] auch auf die Bildung von Analogien erweitern läßt.

Die Chicago School begreift den Wettbewerb zwar prozessual, blendet jedoch eine explizite dynamische Prozeßanalyse aus. Damit fällt die Chicago-Schule hinter den Austrian Approach der Wettbewerbstheorie zurück: Während nämlich dieser die kybernetische Systemtheorie mit der Darwinschen Evolutionsanalogie verbindet, verknüpft die Chicago School die neoklassische Statik mit dieser evolutionären Perspektive. Im ersten Fall werden zwei dynamische Konzepte zusammengefaßt, im zweiten Fall jedoch ist ein statischer Ansatz mit einem dynamischen Konzept in Verbindung gebracht worden. Dieses Vorgehen ermöglicht keine Analyse von Prozeßdynamiken, sondern lediglich komparative Statik. Das Erkenntnispotential einer dynamischen Prozeßanalyse wird durch die Orientierung an die statische Preistheorie verschlossen. Die Verflechtung von Statik und Dynamik kommt in der Survivor-Hypothese zum Ausdruck. Hinter dem Handeln der Wirtschaftssubjekte wird eine evolutionäre Rationalität vermutet, die an von Hayeks Zwillingsidee von spontaner Ordnung und Evolution erinnert, womit er die klassische Harmoniethese evolutionär interpretierte. Die Chicago-Schule leitet daraus eine Gleichgewichtsnähe der Wirtschaft ab, weil sie im Gegensatz zu den Vertretern des Austrian Approach Effizienz statisch und nicht dynamisch, wie z.B. Kirzner, interpretiert. Die statische Effizienz allokativer und produktiver Art wird zum "Fitness"-Kriterium, weil evolutionäre Rationalität (Dynamik) mit neoklassischer Rationalität (Statik) gleichgesetzt wird. Dies ist der Begründungszusammenhang für die ausschließliche Anwendung der Extrem-Modelle "Konkurrenz" und "Monopol" auf Wettbewerbsprozesse.

---

1 Vgl. Wickler, W.; Seibt, U.: Das Prinzip Eigennutz. Zur Evolution sozialen Verhaltens, München, Zürich, 1991.

2 Vgl. ebenda, S. 50 f.

3 Vgl. Schmidt, I.; Rittaler, J.B.: Die Chicago School of Antitrust Analysis, a.a.O. 1986, S. 93; vgl. auch Schmidt, I.: Wettbewerbspolitik und Kartellrecht, a.a.O. 1990, S. 25.

Damit weicht die Chicago School vom Austrian Approach ab: Dieser hebt vielmehr im Rahmen seiner Kritik am statischen neoklassischen Konzept die dynamische Analyse in Form der kybernetischen Systemtheorie in Verbindung mit dem evolutionären Konzept als Weiterentwicklung hervor.

Die Chicago-School kennt nur ein wettbewerbspolitisches Ziel, nämlich das der Konsumentenwohlfahrt, ausgedrückt als allokative und produktive Effizienz. Im Zusammenhang mit der Survivor-Hypothese haben Wettbewerbsprozesse die Eigenschaft, via Selbstorganisation Konsumentenwohlfahrt hervorzubringen. Wenn die Chicago School dies behauptet, handelt es sich mit von Hayek um eine "Anmaßung von Wissen". Mit ihrer Zielbetrachtung im Sinne statischer Wettbewerbsfunktionen gerät die Chicago School in Widerspruch zu ihrem evolutorischen Ansatz: Die Vertreter des Austrian Approach betonen zu recht, daß evolutorische Prozesse offene Prozesse in der Form sind, daß sie auf kein Ziel zusteuern. Die Zielbetrachtung der Chicago School geht auf die Verbindung statischer mit dynamischen Ansätzen zurück, und sie verdeutlicht die Unangemessenheit der Survivor-Hypothese, die neoklassische Zustandskriterien durch eine inhaltliche Ad-hoc-Analogie evolutorisch begründet. Die Evolution steuert auf keinen neoklassisch-wohlfahrtsorientierten "Leitstern" zu. Die "Leitstern"-Konzeption der Chicago-School erinnert lediglich an die kybernetische Koordinationstheorie. Die Evolution jedoch ist hinsichtlich eines Prozeßziels offen. "Fitness" meint lediglich gute Anpassung an Umweltbedingungen und nicht neoklassische Effizienz.

Es kann nicht ex ante behauptet werden, daß gute Anpassung nur durch statische Konsumentenwohlfahrt zum Ausdruck kommt.

Die Chicago-School berücksichtigt explizit auch keine wettbewerbspolitischen Ziele im Sinne dynamischer Wettbewerbsfunktionen, wie beispielsweise den technischen Fortschritt. In diesem Referenzrahmen ist wettbewerbstheoretisch besonders bedeutsam, daß mit dem "Fitness"-Argument etwaige Marktmachtprobleme ausgeblendet werden können: Reicht die "Fitness", kann jede private Marktbarriere überwunden werden. Dies führt zu jener allgegenwärtigen Offenheit von Märkten, die die Voraussetzung dafür ist, daß die Vorteile aus der Anpassungsflexibilität und aus dem technischen Fortschritt auch an die Konsumenten weitergegeben werden. Deshalb ist die explizite Erwähnung dynamischer Wettbewerbsfunktionen im Konzept der Chicago-Schule überflüssig. Dies gilt auch für die Benennung des Wettbewerbsfreiheitsziels: In der Maximierung der Konsumentenwohlfahrt kommt gleichzeitig die Erfüllung der Wettbewerbsfreiheit zum Ausdruck. Dilemma-Situationen und Zielkonflikte sind durch die Ein-Ziel-Konzeption nicht vorgesehen: Freier Wettbewerb ist ökonomisch vorteilhaft und zwar in Gestalt der Konsumentenwohlfahrt.

Die Verknüpfung der Survivor-Hypothese mit der statischen Gleichgewichtsanalyse verschließt jene Erkenntnispotentiale, die eine dynamische Prozeßbetrachtung eröffnen kann. Zu diesem Ergebnis gelangt man insbesondere aus der Perspektive der "Allgemeinen Systemtheorie der Evolution", welche die Prozeßanalyse des Austrian Approach um das Element der Strukturevolution erweitert.

Gerade dieses Phänomen der Strukturevolution lenkt die Aufmerksamkeit auf ökonomische Macht (positive Rückkopplung) und die Entstehung von Systemstrukturen. Es ermöglicht somit eine ambivalente Erörterung (Dilemma-These) von Monopolisierungen und Markteintrittsbarrieren im systemtheoretischen Bezugsrahmen. Damit steht die New-Learning-Hypothese aus einer neuen systemtheoretischen Perspektive zur Disposition. Konzentration als Ausdruck der Strukturevolution kann einzelfallspezifisch aus der Sicht der Wettbewerbspolitik erwünscht oder unerwünscht sein. Angesichts der Perspektive der schöpferischen, endogenen Evolution und der damit einhergehenden makroskopischen Unbestimmtheit kann das Marktsystem potentiell mehr als nur einen Pfad, der in Richtung "Konsumentenwohlfahrt" führt, einschlagen. Die "Allgemeine Systemtheorie der Evolution" läßt auch Entwicklungsmöglichkeiten ("Vielfalt" statt ausschließlicher "Fitness") zu, die wettbewerbspolitisch problematisch und ambivalent sind, wie z.B. Marktbarrieren zur Abwehr potentieller Konkurrenten, ein Aspekt, den die Survivor-Hypothese verschließt.

E. Dynamischer Wettbewerb im Rahmen des contestable markets-Ansatzes

I. Einführende Bemerkungen

Wie dargestellt, geht die Chicago School aufgrund ihrer Survivor-Hypothese von der allgegenwärtigen Offenheit von Märkten aus. Übertragen in den Referenzrahmen der im folgenden vorgestellten "Theorie der bestreitbaren Märkte" entspricht dies dem Fall der perfekten Bestreitbarkeit bei Nichtexistenz von sunk costs. In dieser Situation völliger Marktoffenheit ist die bestehende Marktstruktur immer optimal, d.h., die Fusionskontrolle ist überflüssig und wird durch die Eintrittsdrohung potentieller Konkurrenten ersetzt. Dieses Ergebnis ist mit jenem der Chicago School völlig kompatibel.

Der Ansatz der "contestable markets", der sich in Abgrenzung zu Harvard und Chicago ausschließlich mit dem Phänomen der potentiellen Konkurrenz beschäftigt und die aktuelle Konkurrenz nicht thematisiert, kennt jedoch noch, wie zu zeigen sein wird, die Fälle der imperfect- und der noncontestability als Möglichkeiten einer eingeschränkten Reichweite potentieller Konkurrenz. Mit diesen Aspekten, die sunk costs voraussetzen, beschäftigt sich die Chicago School nicht. Sie sind aber Elemente der theoretischen Betrachtungen der modernen Harvard School im Rahmen strategischen Verhaltens, die im nächsten Kapitel vorgestellt werden. Die "Theorie der bestreitbaren Märkte" setzt sich mit dem Ausmaß der wettbewerblichen Wirkung potentieller Konkurrenten auseinander, indem sie die Angreifbarkeit von Märkten in Verbindung mit sunk costs analysiert.

II. Zur Abgrenzung der Theorie bestreitbarer Märkte

Baumol, der an der Entwicklung der "contestable markets-theory" mitgewirkt hatte, bezeichnete diesen Ansatz als "... unifying theory as a foundation for the analysis of industrial organization"[1]. Diese Einschätzung mutet sehr euphorisch an, wenn man bedenkt, daß sich die Harvard School nicht erst seit dem Auftreten dieses Erklärungsansatzes mit den Aspekten potentieller Konkurrenz beschäftigt, wie die theoretischen Betrachtungen zu Limit-Preisen und strukturellen Barrieren belegen. Auch bei der Chicago School kommt der potentiellen Konkurrenz eine Schlüsselrolle zu. Das Neue an der Theorie bestreitbarer Märkte ist die ausschließliche Analyse der potentiellen Konkurrenz, d.h. die Bedingungen, die innerhalb eines Marktes vorliegen – z.B. Marktanteile – sind nicht relevant. Nur die potentielle Konkurrenz – also die externen Marktbedingungen – ist bedeutsam. Die Harvard- und Chicago-Schule legen das Schwergewicht bei dem Verhältnis von aktueller und potentieller Konkurrenz mehr auf die aktuelle Konkurrenz, auf die eine potentielle Konkurrenz dann lediglich einen relativierenden Einfluß haben kann. Sie betrachten also den

---

1 Baumol, W.J.: Contestable Markets: An Uprising in the Theory of Industry Structure, in: The American Economic Review, Vol. LXII, 1982, S. 15.

Zusammenhang zwischen der aktuellen und potentiellen Konkurrenz.[1] Im Rahmen der Industrieökonomik mag der contestability-Ansatz ergänzende Erkenntnisse liefern, doch kommt ihm angesichts zu lösender kurzfristiger Wettbewerbsprobleme wohl nicht die Bedeutung zu, die ihm die Vertreter dieses Ansatzes zuschreiben: Wettbewerbspolitik als Krisenmanagement ist hauptsächlich mit Problemen der aktuellen Konkurrenz konfrontiert.[2]

Gilbert erblickt in der Markttheorie der Chicago School eine schwache Form der contestability-Hypothese, weil die Eintrittsbarrieren (angesichts der Survivor-Hypothese, d. Verf.) hier nur eine unbedeutende Rolle spielen.[3] Diese Belanglosigkeit struktureller Markteintrittsbarrieren findet ihren Ausdruck in "perfectly contestable markets", da in diesen Fällen Markteintrittsbarrieren nicht existieren. Im Verhältnis zu den "contestable markets", welche als "perfectly competitive" gekennzeichnet werden, seien die Märkte der Chicago School vor diesem Hintergrund lediglich "workably competitive".[4] Diese spezifische Betrachtung Gilberts ergibt sich lediglich aus dem Tatbestand, daß die Chicago School von einem dynamischen Wettbewerbsverständnis ausgeht, der contestability-Ansatz demgegenüber ein statisches Modell ist. Die Interpretation Gilberts darf nicht dazu verleiten, die Chicago School mit dem "contestable markets"-Ansatz zu verbinden. Die Begründer der "contestable markets-theory" grenzen sich von den Positionen Stiglers, Posners und Demsetz' ab, weil diese Vertreter der "chicago view" die natürlichen Marktzutrittsschranken, die zu sunk costs führen können, nicht problematisieren. Dies bedeutet eher, daß die Chicago School nicht als eine Ausprägung der Contestability-Hypothese interpretiert werden sollte. Im Referenzrahmen der Chicago School lassen sich potentielle Konkurrenten, die das "Fitness"-Kriterium erfüllen, nicht vom Markteintritt zurückhalten. Falls diese Situation eintritt, zeugt dies von einem mangelnden "spirit of competition".[5] Für die Chicago School sind sunk costs aufgrund der Survivor-Hypothese also nicht relevant. Die Schöpfer der Theorie der bestreitbaren Märkte anerkennen die Möglichkeit von sunk costs, was die vollständige Angreifbarkeit von Märkten relativiert. Die Modellergebnisse verändern sich dann von einer "perfect contestability" in Richtung auf eine "imperfect contestability" bzw. "noncontestability":[6] Bei der "perfect contestability" entspricht der Monopolpreis dem Wettbewerbspreis; "imperfect contestability" liegt vor, wenn der Preis des Monopolisten zwischen dem Wettbewerbs- und Monopolpreis liegt; "noncontestability" ist gegeben, wenn der Monopolpreis im Falle einer wirkungslosen Eintrittsdrohung gesetzt wird.

---

1 Zu empirischen Untersuchungen hinsichtlich einer Korrelation zwischen diesen beiden Wettbewerbselementen sh. z.B. Shepherd, W.G.: "Contestability" vs. Competition, in: The American Economic Review, Vol. 74, S. 572 ff., insbes. S. 580.

2 Die Auffassung, daß Wettbewerbspolitik ein Krisenmanagement kurzfristiger Art sein kann, würde sich aus der Perspektive des "Austrian approach" verbieten. Siehe dazu Punkt B. I.

3 Zur Einschätzung der Marktbarrieren vergleiche die Ausführungen unter Punkt D. VII. 4. Vgl. Gilbert, R.J.: The Role of Potential Competition in Industrial Organization, in: Journal of Economic Perspectives – Vol. 3, No. 3, 1989, S. 113.

4 Vgl. ebenda.

5 Vgl. Baumol W.J.; Panzar, J.C.; Willig, R.D.: Contestable Markets and the Theory of Industry Structure, 2. Aufl., San Diego u.a. 1988, S. 476 ff.

6 Vgl. zu diesen Begriffen Schwartz, M.: The Nature and Scope of Contestability, in: Morris, D.J.; Sinclair, P.J.N. u.a. (Hrsg.): Strategic Behaviour and Industrial Competition, Oxford 1986, S. 46.

Diese Differenzierung ist im Kontext der Chicago School nicht möglich, da dem Phänomen der sunk costs, wie erwähnt, keine Beachtung geschenkt wird.

III. Die theoretischen Elemente des Contestability-Ansatzes

1. Abgrenzung zum Modell der vollkommenen Konkurrenz

Mit Hilfe der "contestable markets-theory" wird der Versuch unternommen, die Reichweite potentieller Konkurrenz zu bestimmen.[1] Dazu entwickelten die Begründer dieses Konzepts ein statisches Modell, das den Ansatz der perfect-competition erweiterte und dem sie aus diesem Grunde eine größere Realitätsnähe zuschrieben. Dies bedeutet, daß der Contestability-Ansatz als Verallgemeinerung der Theorie der vollkommenen Konkurrenz aufgefaßt werden kann, denn er ermöglicht die Ableitung derselben Ergebnisse unter weniger restriktiven Bedingungen in bezug auf die Anbieterzahl,[2] so daß auch z.B. economies of scale[3] – als realistisches Phänomen – integrierbar werden.

Im Gegensatz zum Modell der vollkommenen Konkurrenz ist die Marktstruktur nicht mehr eine exogene Variable: Ihre Endogenisierung erfährt sie, indem sie aus der Interaktion der Kosten-, Nachfrage- und Marktzutrittsbedingungen erklärt wird. An die Stelle des Mengenanpassers im Modell der vollkommenen Konkurrenz tritt bei der Theorie der bestreitbaren Märkte die Eintrittsdrohung potentieller Konkurrenten. Der wohlfahrtsoptimale Gleichgewichtszustand und die optimale Industriestruktur hängen letztlich von der contestability[4] des Marktes ab. Dabei stellt sich die optimale Gleichgewichtslösung nur im Falle eines vollkommen angreifbaren Marktes ein, der durch die Nichtexistenz von Markteintritts- und Marktaustrittsbarrieren gekennzeichnet ist.

2. Der vollkommen angreifbare Markt (perfect contestability)

a. Zu den Voraussetzungen eines freien Marktzutritts

Die Bestimmung der vollkommenen Angreifbarkeit von Märkten orientiert sich an den günstigsten Bedingungen für potentielle Konkurrenten;[5] damit ist die Situation eines völlig freien Marktzutritts gemeint. Baumol charakterisiert: "A contestable market is one into which entry is absolutely free, and exit is absolutely costless".[6] In einem vollkommen bestreitbaren Markt gibt es keine Markteintrittsbarrieren und auch keine Marktaustrittsbarrieren, wobei letztere durch sunk costs repräsentiert werden. Diese versunkenen Kosten

1 Vgl. Fehl, U.: Das Konzept der Contestable Markets und der Marktprozeß, in: Bombach, G.; Gahlen, E.; Ott, A.E.: Industrieökonomik: Theorie und Empirie, Tübingen 1985, S. 46.

2 Vgl. ebenda, S. 33.

3 Vgl. Spence, M.A.: Contestable Markets and the Theory of Industry Structure, in: Journal of Economic Literature, Vol. 21, 1983, S. 982.

4 Darunter versteht man die Angreifbarkeit, Bestreitbarkeit bzw. Offenheit des Marktes.

5 Vgl. Fehl, U.: Das Konzept der Contestable Markets und der Marktprozeß, a.a.O. 1985, S. 29.

6 Baumol, W.J.: Contestable Markets: An Uprising in the Theory of Industry Structure, a.a.O. 1982, S. 3.

entstehen, wenn die mit dem Markteintritt verbundene Investition des potentiellen Konkurrenten bei einem beabsichtigten Marktaustritt nicht oder nur zu einem Teil wieder veräußert werden kann, und sie beeinflussen somit die Entscheidung zum Markteintritt.[1] Zu den sunk costs werden alle Kosten gerechnet, die bei einem Marktein- oder -austritt anfallen, also auch Anwaltsgebühren bei Zulassung einer Firma, Sozialplankosten, Werbekosten etc.[2] Fixkosten können mit sunk costs verbunden sein. Es ist also hervorzuheben, daß Fixkosten als solche noch keine Eintrittsbarrieren darstellen, sondern es muß die Bedingung hinzukommen, daß sie zu versunkenen Kosten führen.[3] Grundsätzlich sind beide – aktuelle und potentielle Konkurrenten – mit der sunk costs-Problematik konfrontiert, falls ihr Marktengagement z.B. zu Mißerfolgen führt, und sie infolge dessen einen Marktaustritt beabsichtigen. Der Unterschied – und damit die Charakteristik der sunk costs als Eintrittsbarriere – liegt in der Opportunitätskostenperspektive des potentiellen Konkurrenten: Ihm entstehen hier höhere Kosten, weil der im Markt bereits etablierte Konkurrent die Investition, im Gegensatz zum potentiellen Konkurrenten, schon realisiert hat: "Thus the incremental cost, as seen by a potential entrant, includes the full amount of the sunk costs, which is a bygone to the incumbent".[4] Die Höhe der sunk costs ist durch die Mobilität der Kapitalgüter bestimmt. Je mobiler sie sind – also je schneller sie vom Markt genommen werden können und je einfacher sie in anderen Märkten wieder eingesetzt werden können, desto geringere sunk costs liegen vor.[5] Der Begriff der Eintrittsbarrieren im "contestable markets"-Ansatz wird im Sinne Stiglers verwendet, der diese definiert "as a cost of producing (at some or every rate of output) which must be borne by a firm which seeks to enter an industry but is not borne by firms already in the industry"[6]. Entsprechend sieht Baumol die Existenz von Eintrittsbarrieren als gegeben an, "when the potential entrant faces costs greater than those incurrend a firm ... incumbent in the industry"[7]. Vor diesem Hintergrund liegt ein freier Marktzutritt vor, wenn sich die Produktionstechnik und die Produktqualität des potentiellen Konkurrenten und des bereits im Markt etablierten Unternehmens genau entsprechen.[8] Aufgrund dieser Homogenitätsannahme und der Ausblendung von Informationskosten (Annahme vollkommener Markttransparenz) als auch Transaktionskosten gibt es keine Eintrittsbarrieren, und auch der Marktaustritt ist friktions- und kostenlos möglich (Nichtexistenz von sunk costs).

---

1 Vgl. Baumol, W.J.; Panzar, J.C.; Willig, R.D.: Contestable Markets. An uprising in the theory of industry structure: Comment, in: The American Economic Review, Vol. 773, S. 492 f.; vgl. auch dieselben: Fixed Costs, Sunk costs, Entry Barriers and Sustainability of Monopoly, in: Quarterly Journal of Economics, Vol. 96, 1981, S. 405 ff.

2 Vgl. Fehl, U.: Das Konzept der Contestable Markets und der Marktprozeß, a.a.O. 1985, S. 38.

3 Vgl. Baumol, W.J.; Panzar, J.C.; Willig, R.D.: Contestable Markets and the Theory of Industry Structure, a.a.O. 1982, S. 288 f.

4 Ebenda, S. 290. Vgl. auch Fehl, U.: Das Konzept der Contestable Markets und der Marktprozeß, a.a.O. 1985, S. 39. Die Chicago School würde hier lediglich eine zu geringe Neigung zur wettbewerblichen Aktion erkennen.

5 Typische Beispiele sind hier Flugzeuge und Lastkraftwagen.

6 Stigler, G.J.: The Organization of Industry, a.a.O. 1968, S. 67.

7 Baumol, W.J., Panzar, J.C., Willig, R.D.: Contestable Markets and the Theory of Industry Structure, a.a.O. 1988, S. 3.

8 Vgl. Fehl, U.: Das Konzept der Contestable Markets und der Marktprozeß, a.a.O. 1985, S. 30.

b. Disziplinierung durch "hit and run"-Aktionen aufgrund zeitverzögerter Preisreaktionen der etablierten Unternehmen

Der "contestable markets"-Ansatz benötigt zur Einführung der zentralen "hit and run"-Annahme, die den disziplinierenden Wettbewerbsdruck im Modell erzeugt, die problematische Zusatzannahme einer verzögerten Preisreaktion der schon im Markt etablierten Unternehmen: Newcomer haben also in bezug auf die Preisstellung einen Vorteil gegenüber den Etablierten. Dabei ist der Zeitraum zwischen der Preissetzung des Newcomers und der preispolitischen Reaktion des Etablierten so gesetzt, daß die Newcomer den Markt wieder verlassen haben können, wenn die Preisreaktion der Etablierten erfolgt. Diese Zeitverzögerungsannahme sorgt also für die Plausibilität der Hit-and-Run-Aktion: Jetzt treten im Falle übernormaler Renditen (Preise > Grenzkosten) Marktaußenseiter in den Markt ein, unterbieten den Preis der Etablierten und ziehen die Nachfrage, die annahmegemäß ohne Zeitverzögerung reagiert, auf sich. Dadurch realisieren sie Gewinne, und zwar so lange, bis der Etablierte ebenfalls mit Preissenkungen reagiert, um die verlorene Nachfrage wieder zurückzuholen. Bis dieser Zeitpunkt jedoch eingetreten ist, haben die Marktaußenseiter vorübergehend Marktanteile und Gewinne der Etablierten auf sich gezogen und den Markt schließlich wieder verlassen. Dieses Vorgehen bezeichnet Baumol als "hit and run"-Strategie.[1] Fundamental für dieses Modell ist, daß diese potentiell mögliche Strategie auf die Etablierten vorab eine disziplinierende Wirkung hat: Sie fungiert als Eintrittsdrohung und führt zum Effekt, daß sich die Marktakteure unabhängig von der Marktform wettbewerblich verhalten.

> "Wenn in einer Marktform der unvollständigen Konkurrenz die Preisbildung bei weit offenem Markt ... so ist wie die bei vollständiger Konkurrenz, dann kommt es auf die Zahl der aktuellen Anbieter nicht an und ist ein Oligopol oder sogar ein Monopol nicht ungünstiger als die Marktstruktur des atomistischen Angebotes."[2]

Auf diese präventive Wirkung der "hit and run"-Strategie verweist z.B. Shepherd, wenn er hervorhebt, daß "... the deterrence of entry is crucial, not a possible interaction (a 'contest') after entry"[3].

c. Statische Gleichgewichtsanalyse: Charakteristik der Gleichgewichtslösung

Der Contestability-Ansatz ist ein Konzept der statischen Gleichgewichtsanalyse;[4] er erklärt also lediglich die Eigenschaften des Gleichgewichtszustandes und läßt die Bewegungen in Richtung auf dieses Gleichgewicht unbeachtet,[5] da es sich bei der Theorie der bestreitbaren Märkte nicht um eine Prozeßanalyse handelt. Da dieser Ansatz im Hinblick auf

---

1 Vgl. Baumol, W.J.: Contestable Markets: An Uprising in the Theory of Industry Structure, a.a.O. 1982, S. 4.

2 Schumann, J.: Grundzüge der mikroökonomischen Theorie, 5. Aufl., Berlin u.a. 1987, S. 328.

3 Shepherd, W.G.: "Contestability" vs. Competition, a.a.O. 1984, S. 573.

4 Vgl. Baumol, W.J.; Panzar, J.C.; Willig, R.D.: Contestable Markets. An Uprising in the Theory of Industry Structure. Comment, a.a.O. 1983, S. 495.

5 Vgl. Fehl, U.: Das Konzept der Contestable Markets und der Marktprozeß, a.a.O. 1985, S. 30.

die Marktform nicht restriktiv ist, erscheint der Fall der vollkommenen Konkurrenz lediglich als Grenzfall eines bestreitbaren Marktes.[1]

Aus den soeben beschriebenen "starken Annahmen"[2] zur Offenheit des Marktes werden Aussagen für den Einprodukt- und Mehrproduktmarkt abgeleitet.[3] Die Betrachtung sei hier auf den Einproduktmarkt beschränkt, da sich für den Mehrproduktmarkt analoge Ergebnisse ergeben. Bei einem vollkommen angreifbaren Einproduktmarkt ist der effiziente, stabile Gleichgewichtszustand dadurch charakterisiert, daß die hier vorliegende Industriekonfiguration zulässig – "feasible" – (notwendige Bedingung) und tragfähig – "sustainable" – (hinreichende Bedingung) ist; in diesem Falle werden keine übernormalen Profite realisiert, und die Gleichgewichtslösung entspricht genau jener des Modells der vollkommenen Konkurrenz.[4]

Eine Industriekonfiguration ist "feasible", wenn die im Markt agierenden Unternehmen keine Verluste realisieren – keine Unternehmung sieht sich also zu einem Marktaustritt veranlaßt – und eine Markträumung zum bestehenden Preis herbeiführen. In diesem Falle hat sich eine Industriekonfiguration als für die Gleichgewichtslösung zulässig erwiesen. Dies allein reicht jedoch nicht aus. Soll die Gleichgewichtslösung effizient und stabil sein, so muß diese Industriekonfiguration als hinreichende Bedingung noch tragfähig (sustainable) sein: Dies bedeutet, daß die potentiellen Konkurrenten keine Gewinnmöglichkeiten auf dem Markt wahrnehmen und folglich nicht in den Markt eintreten. Den Marktzutritt werden sie unterlassen, wenn sie auf der Basis gegebener Preise der Etablierten keine gewinnträchtigen Preisunterbietungsmöglichkeiten entdecken können.

Folgende Eigenschaften tragfähiger Industriekonfigurationen – also jener Industriestrukturen, die keinen potentiellen Konkurrenten auf den Plan rufen – sind zum Beispiel denkbar:[5]

Die tragfähige Industriekonfiguration produziert ihren Output zu minimalen Kosten. Anderenfalls liegt bei gegebenem Preis eine profitable Zutrittsmöglichkeit für potentielle Konkurrenten vor, und eine Industriestruktur wäre nicht "sustainable".

Bei der tragfähigen Industriestruktur liegt der Preis nicht unter den Grenzkosten; denn wäre dies der Fall, läge für potentielle Konkurrenten eine gewinnträchtige Zutrittsmöglichkeit vor: Sie könnten einen Gewinn erzielen, wenn sie – verglichen mit etablierten Unternehmungen – eine geringere Menge produzierten und zu einem etwas geringeren Preis anbieten würden.[6] Bei einer tragfähigen Industriekonfiguration liegt der Preis nicht über den Grenzkosten, weil sich in dieser Situation ebenfalls eine Gewinnchance für potentielle

---

1 Vgl. Braulke, M.: Contestable Markets – Wettbewerbskonzept mit Zukunft?, in: Wirtschaft und Wettbewerb, 33, 1983, S. 947.

2 Fehl, U.: Das Konzept der Contestable Markets und der Marktprozeß, a.a.O. 1985, S. 30.

3 Vgl. Aschinger, G.: Contestable Markets – Ein neuer Weg zur Charakterisierung des Wettbewerbs und der Industriestruktur, in: WiSt, 13. Jg., S. 217 ff.

4 Vgl. ebenda, S. 219 ff.

5 Vgl. Baumol, W.J. u.a.: Contestable Markets and the Theory of Industry Structure, a.a.O. 1982, S. 26.

6 Vgl. Baumol, W.J.: Contestable Markets: An Uprising in the Theory of Industry Structure, a.a.O. 1982, S. 4; vgl. auch Fehl, U.: Das Konzept der Contestable Markets und der Marktprozeß, a.a.O. 1985, S. 31.

Konkurrenten ergeben würde, wenn sie eine etwas größere Menge zu einem geringeren Preis anbieten würden.[1]

Bei einem natürlichen Monopol gibt es nur einen aktuellen Anbieter, dessen Kostenfunktion darüber hinaus subadditiv ist. Ist der Markt nun vollkommen angreifbar, so wird der natürliche Monopolist, angesichts des Drohpotentials der potentiellen Konkurrenten, seinen Preis so setzen, daß er den Durchschnittskosten entspricht, soweit die Nachfrage die Durchschnittskostenkurve in deren fallenden Bereich schneidet. Läge sein Preis hingegen über den Durchschnittskosten, so wäre aufgrund des sich dadurch ergebenden Gewinns für potentielle Konkurrenten vor dem Hintergrund der starken Annahmen des Modells (z.B. homogene Produktionstechnik) der Eintritt vorteilhaft.[2] Der Eintritt wäre ebenfalls für potentielle Konkurrenten vorteilhaft, wenn die Nachfrage die Durchschnitts- und Grenzkosten in deren steigenden Bereich schneiden würde, weil "cream skimming" realisiert werden könnte. In dieser Situation des "Rosinenpickens" ergäbe sich keine stabile (feasible, sustainable) Gleichgewichtslösung.

Im Falle eines vollkommen angreifbaren Marktes sorgt die permanente Eintrittsdrohung der potentiellen Konkurrenten also dafür, daß sich eine effiziente Allokation genauso ergibt, wie im Konkurrenzgleichgewicht des perfect-competition-Modells. In der spezifischen Situation des natürlichen Monopols kommt es zu einem Ramsey-optimalen Marktergebnis. Die effiziente Marktlösung entsteht völlig unabhängig von der Anbieterzahl. Enge Oligopole und auch Monopole können sich vor dem Hintergrund dieses Modells als tragfähige Industriekonfigurationen herausstellen. Die Oligopolmodelle werden durch diesen Ansatz hinsichtlich ihrer Verhaltensorientierung (oligopolistische Konkurrenz, Reaktionsverbundenheit, Erwartungsbildung) relativiert. Anstelle derselben tritt der Disziplinierungsdruck der potentiellen Konkurrenz.[3] Angesichts des hohen Abstraktionsgrades des Modells muß allerdings gefragt werden, ob die Bedeutung eines potentiellen Wettbewerbsdrucks wirklich so groß ist, daß der Effekt für die aktuelle Konkurrenz derart stark ausfällt. Liegt ein Marktzutritt vor, ist man also mit einem aktuellen – und nicht mit einem potentiellen – Konkurrenten konfrontiert, gewinnt die traditionelle Oligopolanalyse wieder an Relevanz: "In short, the disciplining effect of potential entrants is weaker ... when actual entry – rather than threat of entry – must be invoked".[4]

Fehl hält es für überraschend, daß der Druck potentieller Konkurrenz es im Modell des vollkommen angreifbaren Marktes vermag, strategisches Verhalten auszuschalten.[5] Bedenkt man jedoch, daß der Marktaustritt in diesem Modell völlig frei ist, d.h. keine sunk costs vorliegen, so ist dies vor diesem Annahmehintergrund jedoch logisch zwingend, da strategisches Verhalten sunk costs voraussetzt. Auf diese Weise kann Harvards Ansatz strategischen Verhaltens als Gegenkonzept zum "perfekt contestability"-Ansatz interpretiert werden. Die bereits im Markt etablierten Unternehmen können – die Möglichkeit von irrever-

---

1 Vgl. ebenda, S. 32.

2 Vgl. Baumol, W.J. u.a.: Contestable Markets and the Theory of Industry Structure, a.a.O. 1982, S. 17.

3 Vgl. Fehl, U.: Das Konzept der Contestable Markets und der Marktprozeß, a.a.O. 1985, S. 32.

4 Schwartz, M.: The Nature and Scope of Contestability, a.a.O. 1986, S. 38; Vgl. auch Shepherd, W.G.: "Contestability" vs. Competition, a.a.O. 1984, S. 585.

5 Vgl. Fehl, U.: Das Konzept der Contestable Markets und der Marktprozeß, a.a.O. 1985, S. 32.

siblen Investitionen vorausgesetzt[1] – versuchen, den Druck der potentiellen Konkurrenz abzuwehren bzw. abzuschwächen, indem sie beispielsweise Abschreckungsstrategien (Limit-Pricing, Predatory pricing etc.) verfolgen.[2]

d. Zum Existenzproblem marktzutrittsresistenter Märkte

Eine tragfähige Gleichgewichtslösung – also die Situation einer Nicht-Existenz gewinnträchtiger Eintrittspläne potentieller Konkurrenten – kann gefährdet sein, wenn die einzelnen Anbieter u-förmige Durchschnittskostenverläufe realisieren. In diesem Falle ist die effiziente Markträumung, also die Abdeckung der Nachfrage zu minimalen Kosten, nur möglich, wenn die Nachfragekurve die Durchschnittskostenkurve genau in deren Minimum schneidet. In dieser Situation ist es einem potentiellen Konkurrenten nicht möglich, den Preis zu unterbieten und Marktanteile auf sich zu ziehen.

Baumol u.a. betrachten die aggregierte Durchschnittskostenkurve einer Branche $AC^I(y^I)$ (siehe Abb. 7): Die potentielle Konkurrenz wird nur dann nicht in den Markt eintreten, wenn die Nachfrage Q(p) immer mit den jeweiligen Firmen-Kostenminima y_m, $2y_m$, $3y_m$, $4y_m$ übereinstimmt – eine Situation, die sich lediglich zufällig, wie im Falle des Schnittpunktes $Q^0(p)$ in $3y_m$, ergeben mag. Diese Situation des zulässigen, tragfähigen und somit stabilen Gleichgewichts tritt nicht mehr auf, wenn die Nachfrage einen anderen Punkt trifft, wie beispielsweise im Falle $Q^1(p)$. Dies weist schon auf ein schwerwiegendes Existenzproblem eines stabilen Gleichgewichts hin.[3]

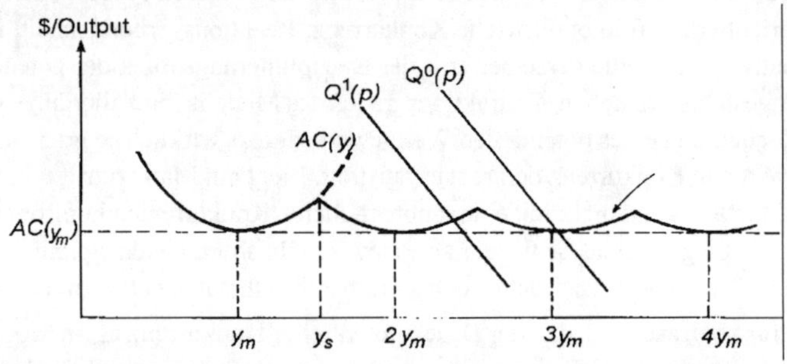

AC	: Durchschnittskosten	$AC^I(y^I)$	: Durchschnittskostenfunktion der Branche
y^I	: Output der Branche	AC(y)	: Durchschnittskostenfunktion einer Firma
Q(p)	: Nachfragefunktion		

Abb. 7: Existenzproblem eines stabilen Gleichgewichts

Quelle: Baumol, W.J.; Panzar, J.; Willig, R.: Contestable Markets and the Theory of Industry Structure, New York 1982, S. 32.

1 Im Gegensatz zum Modell der perfekten Angreifbarkeit geht der Ansatz strategischen Verhaltens von einer bedeutenden Relevanz dieser sunk costs aus. Vgl. Spence, M.A.: Contestable Markets and the Theory of Industry Structure, a.a.O. 1983, S. 988; Vgl. auch Shepherd, W.G.: "Contestability" vs. Competition, a.a.O. 1984, S. 580.

2 Zum Problemkreis strategischen Verhaltens siehe Punkt F. II. 2.

3 Vgl. Fehl, U.: Das Konzept der Contestable Markets und der Marktprozeß, a.a.O. 1985, S. 35.

Indes, Baumol u.a. betonen, daß die "flatbottomed average cost curve"[1] ein häufig zu beobachtendes empirisches Phänomen ist (siehe Abb. 8): So kann beispielsweise diese erwähnte Streckung des Minimums der Durchschnittskostenkurve[2] infolge von economies of scale auftreten.

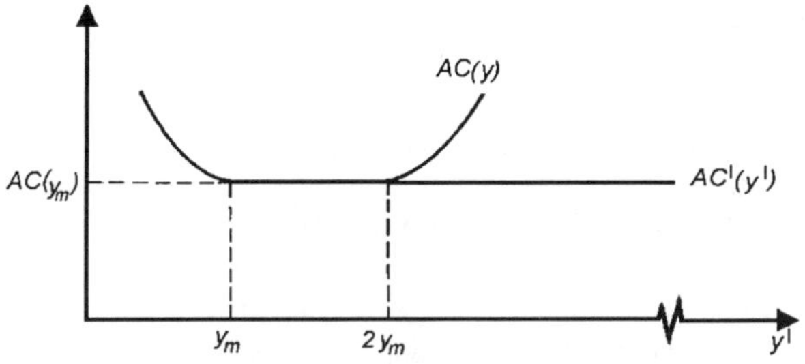

Abb. 8: Flach verlaufende Durchschnittskostenkurve

Quelle: Baumol u.a.: Contestable Markets and the Theory of Industry Structure, a.a.O. 1982, S. 33.

Abbildung 8 zeigt die entsprechende Durchschnittskostenkurve AC(y) einer Firma. Dabei repräsentieren y_m und $2y_m$ Wendepunkte, die im Falle der Massenproduktion das Minimum (y_m) und das Maximum ($2y_m$) der Produktionskapazität darstellen. Das Intervall zwischen diesen beiden Wendepunkten zeigt den Bereich minimaler, konstanter Durchschnittskosten. Das Existenzproblem eines tragfähigen Gleichgewichts verliert umso mehr an Bedeutung, je größer das Intervall des gestreckten Durchschnittskostenminimums wird: Dadurch steigt die Wahrscheinlichkeit, daß die Nachfragekurve die Durchschnittskostenkurve in deren Minimum trifft. Dies wiederum reduziert entsprechend die Wahrscheinlichkeit eines profitablen Eintritts für potentielle Konkurrenten.

IV. Die Politikimplikation des Modells der perfekten Angreifbarkeit unter besonderer Berücksichtigung des Unternehmenswachstums

Die Erkenntnis des Modells einer "perfect contestability" ist, daß alle Marktstrukturen eine Allokationseffizienz aufweisen, soweit ein freier Marktzutritt gewährleistet ist. Die Wettbewerbspolitik müßte also auf die Angreifbarkeit bzw. Offenheit von Märkten ausgerichtet sein. Das Modell liefert allerdings keine Orientierung bei Problemen aktueller Konkurrenz. Dies ist nicht verwunderlich, weil das Erkenntnisinteresse, vor dessen Hintergrund die contestable-markets-theory entwickelt wurde, das Regulierungsproblem war: Die Fragestellung bezog sich darauf, ob die Kontrolle einer Regulierungsinstanz, z.B. im

1 Baumol, u.a.: Contestable Markets and the Theory of Industry Structure, a.a.O. 1982, S. 32 ff.

2 Innerhalb eines Intervalls verläuft die Durchschnittskostenkurve dann parallel zur Abszisse.

Falle des Monopols, durch die Kontrolle des Wettbewerbs ersetzt werden könnte.[1] In diesem Zusammenhang läßt sich eine Nähe zur Chicago School erkennen, welche ja staatliche Zutrittsbarrieren abgebaut sehen möchte, da sie hier das eigentliche wettbewerbspolitische Problem identifiziert. Somit ist in Abgrenzung zu Gilbert[2] die Chicago School keine schwache Form[3] der contestable-markets-Hypothese. Als statische Gleichgewichtsanalyse paßt das Modell der "perfect contestability" zur Chicago School, da es von der Nichtexistenz von sunk costs ausgeht. Hier bietet sich für die Chicago School eine weitere Möglichkeit selektiver Theorienanwendung an: Im Fall einer perfekten Bestreitbarkeit bewirkt die völlige Offenheit des Marktes die kostenoptimale Marktstruktur, d.h., eine Strukturkontrolle, z.B. mittels einer Fusionskontrolle, würde vollständig durch die Eintrittsdrohung potentieller Konkurrenten ersetzt. Dieses Ergebnis ist mit den Betrachtungen der Chicago School völlig kompatibel. Sobald jedoch eine Abweichung vom Modell der "perfect contestability", z.B. in Richtung auf eine "imperfect contestability", erfolgt, sunk costs also zur Beurteilung der Reichweite potentieller Konkurrenz in die Betrachtung eingehen, wie es die Contestability-Theorie vorsieht, liegt diese Übereinstimmung nicht mehr vor: Ein Wettbewerber, der dem evolutionär-dynamischen Survivor-Kriterium genügt, wird sich von derartigen Austrittsbarrieren nicht zurückhalten lassen, da seine wettbewerbliche Aktion vom Erfolg gekrönt sein wird, und er nicht aufgrund seines Scheiterns aus dem Markt austreten muß. Die sunk-costs-Betrachtung paßt also nicht in das spezifische Dynamikverständnis i.S. des "Survival of the Fittest". Da die Chicago School überdies auch die aktuelle Konkurrenz betrachtet und in diesem Zusammenhang den Verhaltensansatz statt den Strukturansatz propagiert, ergibt sich eine weitere Abgrenzung gegenüber dem Contestability-Ansatz: Eine Verhaltensorientierung wäre auf der Basis des Contestability-Modells nicht adäquat, weil die Eintrittsdrohung zu wettbewerblichem Verhalten disziplinieren würde. Die wettbewerbspolitische Handlungsempfehlung Chicagos – eines Verbotes kollusiver Verhaltensweisen – paßt also nicht in den theoretischen Kontext der contestability-theory: Hier kann die Kraft der potentiellen Konkurrenten so groß sein, daß aktuelle Konkurrenten keine wettbewerbsbeschränkenden Verhaltensweisen mehr verfolgen können. Wettbewerbspolitik braucht sich also vor diesem theoretischen Hintergrund im Falle einer perfekten Bestreitbarkeit nicht mehr mit einer aktuellen Konkurrenz auseinanderzusetzen. Diese extreme Implikation geht an realen Problemen der Wettbewerbspolitik vorbei, und zwar deshalb, weil der Contestability-Ansatz nicht den Wettbewerb, sondern die Regulierung problematisieren will, also gar nicht zur Lösung wettbewerblicher Probleme konzipiert ist. Gleichwohl hat der Contestability-Ansatz insofern auch eine Bedeutung für die Wettbewerbspolitik, als er sunk costs, welche ja die "contestability" des Marktes determinieren, begrifflich eingeführt und so ein Kriterium zur Abschätzung von Marktaustrittsbarrieren bei der Einzelfallbeurteilung – z.B. im Rahmen

---

1 Vgl. Fehl, U.: Das Konzept der Contestable Markets und der Marktprozeß, a.a.O. 1985, S. 46. Eine Analyse des Regulierungsproblems wird in dieser Arbeit nicht vorgenommen.

2 Vgl. Gilbert, R.J.: The Role of Potential Competition, a.a.O. 1989, S. 113.

3 Gilbert interpretiert hier das dynamische Wettbewerbsverständnis Chicagos im statischen Licht des Contestability-Ansatzes.

der Fusionskontrolle – liefern kann.[1] Vor dem Hintergrund dieses Ansatzes wären wettbewerbspolitische Aktivitäten immer dort notwendig, wo mit bedeutenden sunk costs zu rechnen ist. Dies wären besonders jene Bereiche, die durch einen schnellen technologischen Wandel gekennzeichnet sind. Sunk costs entstehen häufig in den Bereichen Forschung und Entwicklung, Werbung, Humankapital, Entwicklung eines Markenimages und nicht nur beim physischen Kapital, wie z.B. Produktionsanlagen.

V. Zwischenergebnis und Kritik

1. Homogenitätsannahme

Die Homogenitätsannahme (gleiche Produktionstechnik, gleiche Produktqualitäten) der Theorie der bestreitbaren Märkte hat Kritik erfahren. Diese Annahme ermöglicht die für diesen Ansatz fundamentalen "hit and run"-Aktionen, weil z.B. die Nachfrage sofort auf Preissenkungen angesichts der Homogenität der Produkte reagieren kann. Spence verweist jedoch auf die Möglichkeit einer Reaktionsträgheit der Nachfrage,[2] die vom Contestability-Ansatz nicht berücksichtigt wird, die jedoch zu hohen Marktaustrittsbarrieren führen kann: Denn ist die Nachfrage z.B. infolge einer starken Bindung an etablierte Unternehmen besonders träge, wäre für den Newcomer ein hoher Werbeaufwand als Fixkostenblock erforderlich, der im Falle eines späteren Marktaustritts im Umfang der Nicht-Amortisierung die sunk costs repräsentiert. Neben der Homogenitätsannahme bezüglich der Produktqualitäten ist auch die Prämisse von der Identität der Kostenfunktionen (gleiche Produktionstechnik) problematisch, weil dies einen unendlich schnellen Diffusionsprozeß technischen Wissens voraussetzt.[3]

2. Annahme der verzögerten Preisreaktion

Angesichts der unterstellten Reaktionsfähigkeit der Nachfrage erscheint die Annahme einer verzögerten Preisreaktion der Angebotsseite nicht überzeugend. Diese zeitverzögerte Reaktion der Anbieter, die ja ebenfalls eine für die Möglichkeit von "hit and run"-Aktionen notwendige Annahme ist,[4] wird von Schwartz und Reynolds kritisiert:[5] Sie variieren die Zeitverzögerungsspanne der etablierten Anbieter derart, daß diese zwar verzögert, jedoch noch vor dem Ende der "hit and run"-Aktion, reagieren. Diese Annahme-Variation führt zu anderen Ergebnissen: Es liegt keine "perfect contestability" mehr vor, sondern der Markt erweist sich als "almost perfectly contestable"[6]. Damit zeigt sich die geringe Robustheit des Modells, denn schon kleine Abweichungen von den restriktiven Annahmen des Modells brin-

---

1 Vgl. Fehl, U.: Das Konzept der Contestable Markets und der Marktprozeß, a.a.O. 1985, S. 47.

2 Vgl. Spence, M.A.: Contestable Markets and the Theory of Industry Structure, a.a.O. 1983, S. 987.

3 Vgl. Fehl, U.: Das Konzept der Contestable Markets und der Marktprozeß, a.a.O. 1985, S. 42 f.

4 Vgl. Brock, W.A.: Contestable Markets and the Theory of Industry Structure: A Review Article; in: Journal of Political Economy, Vol. 91, S. 1065.

5 Vgl. Schwartz, M.; Reynolds, R.J.: Contestable Markets: An uprising in the theory of industry structure: Comment, in: The American Economic Review, Vol. 73, S. 488 ff.

6 Ebenda, S. 489

gen Resultate, die wieder zur traditionellen Oligopolanalyse zurückführen: Das Preissetzungs- und Markteintrittsverhalten ist wieder interaktionsbedingt;[1] dies impliziert, daß als Ergebnis die Bedeutung der potentiellen Konkurrenz schwindet.

3. Ausblendung dynamischen Wettbewerbs

Fehl kritisiert die Ausblendung des dynamischen Prozeßcharakters von Wettbewerb und damit die Nichtbeachtung dynamischer Effizienz.[2] Er verweist darauf, daß die Modellimplikationen nur für den Spezialfall vollkommen angreifbarer Märkte im Gleichgewichtszustand gelten.[3] Die Ableitung wettbewerblicher Empfehlungen ist für ihn nur dann adäquat, wenn die Bewegung auf dieses Gleichgewicht hin ohne Zeitbedarf erfolgt.[4] Die Annahme identischer Kostenfunktionen bei potentiellen und aktuellen Konkurrenten – also z.B. das Vorliegen einer gleichen Produktionstechnik – schätzt er im Kontext eines dynamischen Wettbewerbs als problematisch ein und identifiziert in diesem Zusammenhang die Vorstellung einer blitzartigen Diffusion technischer Neuerungen,[5] so daß der Anreiz zur Produktion technischen Wissens verschwindet. Diese Ausblendung der Produktion technischen Wissens läuft darauf hinaus, daß diese Theorie nicht den Anspruch erheben kann, die Industriestruktur endogen zu erklären.[6]

4. Sunk costs als subjektive Größe

Bei der Betrachtung dynamischer Marktprozesse ändert sich der Charakter der sunk costs: Angesichts unvollständiger Informationen und der Notwendigkeit der Erwartungsbildung in der dynamischen Welt stellen sie eine subjektive Größe dar.[7] Ob der Innovator die sunk costs als Eintrittsbarriere wahrnimmt, hängt – neben ihrer Höhe – von der subjektiv eingeschätzten Erfolgswahrscheinlichkeit des potentiellen Vorstoßes ab, was Konsequenzen für die Betrachtung der Angreifbarkeit von Märkten hat.[8] Die Angreifbarkeit von Märkten wird somit auch durch subjektiv-psychologische Faktoren beeinflußt, d.h. auch von der Wettbewerbsgesinnung und Risikoneigung der Marktakteure. Ein Unternehmertyp, wie ihn Schumpeter charakterisierte, wäre mit einer derartigen Risikoneigung ausgestattet, daß sunk costs für ihn keine Eintrittsbarrieren darstellen würden. Geht man also streng von einem Schumpeterschen dynamischen Wettbewerbsverständnis aus, relativieren sich die Einwände Fehls und die Betrachtung führt zurück zum evolutionären Wettbewerbsverständnis Chicagos, das in der "Survival of the Fittest"-These zum Ausdruck kommt. Hier zeigt sich, daß für theoretische Implikationen auch die Annahmen zum "spirit of competition" und zur Risikoneigung bedeutsam sind.

---

1 Vgl. ebenda
2 Vgl. Fehl, U.: Das Konzept der Contestable Markets und der Marktprozeß, a.a.O. 1985, S. 41 ff.
3 Vgl. ebenda, S. 42.
4 Vgl. ebenda.
5 Vgl. ebenda, S. 42 f.
6 Vgl. ebenda, Fußnote 3.
7 Vgl. ebenda, S. 44 f.
8 Vgl. ebenda, S. 45.

5. Empirie

Empirische Untersuchungen zum Contestability-Ansatz bestätigen nicht die Bestreitbarkeit von Märkten. Baumol und Willig führen dies darauf zurück, daß das Gleichgewicht z.B. im praktischen Fall der durchgeführten Deregulierungsmaßnahmen im US-Flugverkehr noch nicht erreicht ist.[1] Der Flugverkehrsmarkt ist ein typischer bestreitbarer Markt, da man die "hit and run"-Strategie infolge der hier vorliegenden hohen Mobilität des Kapitals, das schnell und verlustlos wieder aus dem Markt abgezogen werden kann und problemlos in anderen Märkten wieder einsetzbar ist,[2] als realistisch einschätzt. Somit beschäftigen sich die Studien hauptsächlich mit den regionalen Flugverkehrsmärkten in den USA. Insbesondere die Annahme der zeitverzögerten Preisreaktion der etablierten Unternehmen bestätigte sich hier nicht. So wurde festgestellt, daß die Preise durch die Etablierten nach dem Markteintritt reduziert wurden.[3] Empirische Untersuchungen von Morrison und Winston zeigten, daß der aktuellen Konkurrenz mehr Gewicht zukam als der potentiellen.[4]

6. Internationalität

Vor dem Hintergrund der empirischen Untersuchungen mag der Contestability-Ansatz lediglich als Gedankenexperiment erscheinen.[5] Gleichwohl verweist Scherer darauf, daß möglicherweise neue Einsichten im Bereich des Außenhandels erwartet werden können, wo die Implikationen dieses Ansatzes nicht umfassend erforscht sind.[6] So mag ein "hit and run"-Eintritt international orientierter multinationaler Unternehmen nicht völlig abstrakt erscheinen, zumal festgestellt werden konnte, daß der erste Markteintritt nicht auf der Produktions-, sondern auf der Vertriebsebene stattfindet,[7] was das Risiko – also letztlich die sunk costs – reduziert und so die Wahrscheinlichkeit des Markteintritts potentieller Konkurrenten erhöht. Auch die von der Chicago School favorisierte Multiple-Konkurrenz-Hypothese bei konglomerater Konzentration ist mit der Contestability-Hypothese kompatibel: Hier erhöhen finanzstarke Konglomerate die potentielle Konkurrenz, da sie – im Rahmen des Contestability-Modells – eher eine "hit and run"-Strategie realisieren können, als Unternehmen mit geringer finanzieller Ausstattung.

---

1 Vgl. Baumol, W.; Willig, R.D.: Contestability: Developments since the Book, in: Oxford Economic Papers, Vol. 38, 1986, S. 24 f.

2 Vgl. Bailey, E.; Baumol, W.J.: Deregulation and the Theory of Contestable Markets, Yale Journal on Regulation, 1984, S. 111 ff.

3 Vgl. Call, G.; Keeler, T.: Airline deregulation, fares and market behaviour: Some empirical evidence, in: Daugerthy, A.F.: Analytical Studies in Transport Economics, Cambridge 1985, S. 221.

4 Vgl. Morrison, S.; Winston, C.: Empirical implications and tests of the contestability hypothesis, Brookings Institution, 1985.

5 Vgl. Shepherd, W.G.: "Contestability" vs. Competition, a.a.O. 1984, S. 585.

6 Vgl. Scherer, F.M.: Stand und Perspektiven der Industrieökonomik, a.a.O. 1985, S. 11.

7 Vgl. Caves, R.E.: Intra-industry Trade and Market Structure in the Industrial Countries, in: Oxford Economic Papers, Vol. 33, S. 203 ff.; vgl. auch ders.: International Trade and Industrial Organization: Problems Solved and Unsolved, in: European Economic Review, 1985, S. 377 ff.

F. Die neueren wettbewerbstheoretischen Entwicklungslinien der Harvard School zum dynamischen Wettbewerb und die Möglichkeit einer systemtheoretischen Integration

I. Die Modifizierung des traditionellen Marktstruktur-Marktverhalten-Marktergebnis-Paradigmas

1. Die Endogenisierung der Marktstruktur durch die theoretische Forschung

Die Grenzziehung zwischen der traditionellen Harvard School und der modernen Harvard School läßt sich durch den "Zusammenbruch des 'klassischen' (d.h. Mason-Bain) Struktur-Verhalten-Ergebnis-Paradigmas"[1] charakterisieren. Wie in Kapitel C. dargestellt, wurde die Beziehung zwischen Struktur, Verhalten und Ergebnis von der alten Harvard School streng deterministisch interpretiert, so daß Marktergebnisse aus der Marktstruktur abgeleitet werden konnten. Der wichtigste Repräsentant dieser Denkweise, die auch das Fundament für die Workability-Konzepte darstellte, war Joe S. Bain, der seine empirischen Ergebnisse der positiven Struktur-Ergebnis-Korrelation von relativer Anbieterkonzentration und Branchenrentabilität im Sinne seiner Konzentration-Kollusion-Doktrin[2] erklärte.

Das streng strukturell determinierte Struktur-Verhalten-Ergebnis-Paradigma exogenisiert die Marktstruktur und kann somit als eine statische Betrachtungsweise[3] aufgefaßt werden. Die traditionelle Harvard School berücksichtigte nicht die für dynamische Wettbewerbsprozesse im Zeitablauf typischen Rückkopplungen zwischen den Struktur-Verhalten-Ergebnis-Variablen, d.h., sie abstrahierte von möglichen Veränderungen der Ursache-Wirkungsbeziehung.

Die moderne Harvard School hat vor dem Hintergrund zu beobachtender Fusionsaktivitäten und des mit dem Innovationswettbewerb einhergehenden technischen Fortschritts erkannt, daß das Marktverhalten zu Änderungen der Marktstruktur führen kann. Die Marktstruktur wird nunmehr zur endogenen Variablen, welche aus dem Marktverhalten erklärt wird, so daß sich die Kausalbeziehung umkehrt.[4] Dies bedeutet, daß ein ungünstiges Marktergebnis nicht allein auf die Markstruktur zurückgeführt werden kann.

Dieser Ansatz, der die Verhaltensweisen (z.B. in bezug auf F&E, Limitpreise, Produktivität, Werbung, Fusionen) von Unternehmungen in den Mittelpunkt der Analyse rückt, untersucht, wie das Marktverhalten die Marktstruktur und hier insbesondere die Ein-

---

1 Scherer, F.H.: Stand und Perspektiven der Industrieökonomik, a.a.O. 1985, S. 3.

2 Danach werden Absprachen durch hohe Anbieterkonzentrationen begünstigt, wobei Eintrittsbarrieren die Gewinne vor Erosion durch Newcomer abschirmen. Siehe die Studien von J.S. Bain: Relation of Profit Rate to Industry Concentration, a.a.O. 1951; vgl. ders.: Barriers to New Competition, a.a.O. 1956. Siehe auch Kaysen, C.; Turner, D.F.: Antitrust Policy. An Economic and legal Analysis, a.a.O. 1959.

3 Vgl. Böbel, I.: Marktmacht versus Effizienz, a.a.O. 1987/88, S. 52.

4 Vgl. Kahn, A.E.: The Relevance of Industrial Organization, in: Industrial Organisation, Antitrust and Public Policy, 4, 1983, S. 3 ff.; vgl. Scherer, F.H.; Ross, D.: Industrial Market Structure and Economic Performance, a.a.O. 1990, S. 6.

trittsbedingungen beeinflußt.[1] Überhöhte Preise werden in Abkehr von der traditionellen Bainschen Analyse nicht ausschließlich aus der Marktstruktur erklärt, sondern auf Ausschlußpraktiken zurückgeführt, welche die Errichtung von Eintrittsbarrieren bezwecken.[2]

> "At the heart of the contemporary mainstream view is the acknowledgment that effective market structure is endogenous to firm conduct through exclusionary practices ... Most recently, the literature on strategic deterrence, strategic entry, limit pricing and preemptive investment reflects the concern toward monopoly power via business conduct."[3]

Dieses Zitat charakterisiert den modernen marktstrukturalistischen Ansatz der Harvard School, der die Verhalten-Struktur-Rückkopplung betont. Zwar wird – im Gegensatz zur Chicago School – ein Zusammenhang zwischen struktureller Macht und wettbewerbsbeschränkendem Verhalten gesehen, jedoch geht man davon aus, daß die Beziehung komplexer ist, als dies die alte Harvard School unterstellte. Deren strikter struktureller Determinismus wird heute abgelehnt.

2. Die empirische Forschung als Basis der theoretischen Neuorientierung

Die besondere Beachtung der Marktverhaltensaspekte kann auch auf die empirische Entwicklung zurückgeführt werden. Die empirischen Arbeiten der alten Harvard School kamen überwiegend zu dem Ergebnis, daß die Branchengewinnraten mit steigender Branchenkonzentration zunahmen. Abgesehen von der Kritik der Chicago School im Rahmen ihrer "new learning"-Hypothese, wuchsen die Zweifel an Bains Forschungsergebnissen und damit an der Konzentration-Kollusion-Hypothese auch innerhalb der Harvard School.[4]

Diese Zweifel wurden von neuen empirischen Studien genährt, deren Datenmaterial, verglichen mit den empirischen Untersuchungen der alten Harvard School, wesentlich verfeinert war. Die Statistiken basierten fortan auf Unternehmens- statt auf Industriedaten, so daß eine disaggregierte Betrachtung möglich war, da die individuellen Marktanteile der einzelnen Unternehmungen in die Berechnungen eingingen und nicht nur der Konzentrationsgrad einer Branche.

Die Ergebnisse dieser neuen disaggregierten statistischen Studien liefen darauf hinaus, daß der Zusammenhang zwischen dem individuellen Marktanteil und der Gewinnrate enger war als jener zwischen der Branchenkonzentration und der Gewinnrate.[5] Die alten Harvard-Studien waren also aufgrund des Aggregationsproblems verzerrt:

> "... recent work has demonstrated that most, if not all, of the correlation between profitability and concentration found by Bain ... was almost surely spurious – the result of aggregating a positive relationship between sellers market shares and profitability to the industry level."[6]

---

1 Vgl. Kahn, A.E.: The Relevance of Industrial Organization, a.a.O. 1983, S. 3 ff.

2 Vgl. Audretsch, D.B.: Divergent Views in Antitrust Economics, a.a.O. 1988, S. 139 f.; vgl. auch Scherer, F.M.: The Posnerian Harvest: Separating Wheat from Chaff, a.a.O. 1976.

3 Audretsch, D.B.: Divergent Views in Antitrust Economics, a.a.O. 1988, S. 140.

4 Vgl. z.B. Scherer, F.M.: Stand und Perspektiven der Industrieökonomik, a.a.O. 1985, S. 5.

5 Vgl. Scherer, F.M.; Ross, D.: Industrial Market Structure and Economic Performance, a.a.O. 1990, S. 411.

6 Ebenda.

Wichtige empirische Untersuchungen auf der Basis eines disaggregierten Datenmaterials wurden von Shepherd durchgeführt.[1] Es zeigte sich, wie bereits erwähnt, daß dem Marktanteil des einzelnen Unternehmens bei der Rentabilitätsbeziehung eine wesentlich wichtigere Rolle zukam als der Branchenkonzentration. Dies bedeutete, daß die Zugehörigkeit zu einer konzentrierten Branche nicht ausreichte, um hohe Gewinne zu realisieren. Das Argument einer kollektiven Marktbeherrschung im Sinne der Konzentration-Kollusion-Hypothese konnte durch die neuen Studien nicht abgesichert werden. Vielmehr stellte sich heraus, daß kleinere Unternehmen innerhalb der Branche nicht die hohe Rentabilität erreichten, wie die marktanteilsstarken Marktführer.

Diese Forschungsergebnisse werden von der Chicago School in der Weise interpretiert, daß Großunternehmen effizienter sind als kleinere Unternehmen. Dieser an Kostenvorteilen orientierten Argumentation wird von der Harvard-Schule das Argument von der individuellen Marktmacht gegenübergestellt, die ein Unternehmen in die Lage versetzt, den Gewinn nichtleistungsgerecht zu steigern: Shepherd z.B. verweist darauf, daß Monopolmacht mit hohen Marktanteilen einhergehe, die durch Produktdifferenzierung oder durch Preisdiskriminierung entstanden sein könnten.[2] Monopolmacht, d.h. die Fähigkeit zur Erlangung nichtleistungsgerechter Renten, wird also nicht – wie die alte Harvard-Schule unterstellte – kollektiv ausgeübt, sondern individuell durch einen Marktführer.[3]

Weiter verfeinerte empirische Studien bestätigten die Bedeutung der individuellen Marktanteilsbetrachtung. Das Datenmaterial wurde weiter verbessert. Dies war sinnvoll, weil große Unternehmen typischerweise in verschiedenen Märkten tätig sind (Konglomerate). Die ausschließliche Betrachtung des unternehmensindividuellen Marktanteils ist in solchen Fällen nicht aussagekräftig genug. Scherer verweist in diesem Zusammenhang auf die Notwendigkeit der Datenbeschaffung über die einzelnen Geschäftsbereiche der Unternehmen.[4] Im Gegensatz zu Europa gibt es entsprechende Datenbanken in den USA: die PIMS (Profit Impact of Market Strategies) und LB-(Line of Business)Datenbank der Federal Trade Commission.[5] Aufgrund der verfeinerten Daten erhärtete sich, daß die Rentabilität mit größeren Marktanteilen kräftig anstieg, und die alleinige Zugehörigkeit zu einer konzentrierten Branche sich nicht auf den Gewinn auswirkte.[6] Die Erkenntnis, daß Monopolmacht nicht kollektiv, sondern individuell – von einem Marktführer – ausgeübt wird, wurde von Ravenscraft auf der Basis von Line of Business-Daten bestätigt:[7] Diese disaggregierte Struktur-Gewinn-Studie hatte folgende Resultate:[8]

1 Vgl. Shepherd, W.G.: The Elements of Market Structure, a.a.O. 1972, S. 25 ff.

2 Vgl. Scherer, F.M.: Stand und Perspektiven der Industrie-Ökonomik, a.a.O. 1985, S. 5.

3 Vgl. Scherer, F.M.; Ross, D.: Industrial Market Structure and Economic Performance, a.a.O. 1990, S. 435.

4 Vgl. Scherer, F.M.: Stand und Perspektiven der Industrieökonomik, a.a.O. 1985, S. 6.

5 Vgl. ebenda.

6 Vgl. ebenda. Siehe auch Punkt 3. f. in diesem Kapitel.

7 Vgl. Ravenscraft, D.J.: Structure – Profit Relationships at the Line of Business and Industry Level, in: Review of Economics and Statistics, 65, 1983, S. 22 ff.

8 Vgl. auch Scherer, F.M.: Stand und Perspektiven der Industrieökonomik, a.a.O. 1985, S. 6 f.

- Die Branchenkonzentration hat keine Wirkung auf die Rentabilität.
- Größere Marktanteile haben einen starken positiven Effekt auf die Rentabilität; dabei wird vermutet, daß Größenvorteile und Produktdifferenzierungsvorteile ausschlaggebend sind.
- In Branchen mit bedeutenden optimalen Betriebsgrößen drückt der Marktanteil des Marktführers die Rentabilität der nachgeordneten Unternehmen hinunter. Dies konnte dagegen in Branchen mit geringeren Betriebsgrößen nicht festgestellt werden. Das Ergebnis weist auf eine Niedrigpreispolitik des Marktführers hin bzw. auf eine Limitpreisstrategie.[1]
- Es gibt Hinweise darauf, daß die Existenz eines weiteren Großunternehmens innerhalb einer Branche einen Druck auf die Gewinne des Marktführers ausübt.

Diese disaggregierten Struktur-Profit-Studien konnten die Aufmerksamkeit auf das Phänomen der Marktführerschaft konzentrieren und damit das Interesse auf das Marktverhalten lenken. So ist z.B. denkbar, daß der Marktführer über eine strategische Preispolitik die Marktstruktur beeinflussen kann. Die Aussagekraft der empirischen Untersuchungen ist diesbezüglich allerdings gering: Es gibt bedeutsame Unterschiede im Marktverhalten, die in den empirischen Studien von einfach quantifizierten strukturellen Variablen nicht erfaßt werden.[2] Die endogene Veränderung der Marktstruktur durch das Marktverhalten wird also durch die neue Generation der Struktur-Ergebnis-Studien nicht erschlossen. Scherer verweist auf die Notwendigkeit einer weiteren Verbesserung des Datenmaterials.[3] Allerdings taucht in diesem Zusammenhang die Frage nach den Grenzen einer empirischen Zugänglichkeit von Verhaltensvariablen auf, da die Verfügbarkeit derartiger Daten in einer Wettbewerbsordnung eingeschränkt sein dürfte. Gleichwohl fordert Scherer: "A future research agenda must stress obtaining data of high quality and assaulting them imaginatively with highpowered econometric tools to discriminate among the still-contending behavioral hypotheses."[4]

3. Konsequenzen für die normative Industrieökonomik

Die empirischen Untersuchungen im Rahmen des modifizierten Struktur-Verhalten-Ergebnis-Paradigmas beschäftigen sich hauptsächlich mit dem Problemkreis des horizontalen Unternehmenswachstums, der sich auf das Ambivalenzproblem von Marktmacht und Effizienz bezieht.[5] Dabei berücksichtigt die dynamische Industrieanalyse die komplexen Beziehungen zwischen den Kategorien des Struktur-Verhalten-Ergebnis-Schemas, mit dessen Hilfe die empirischen Beobachtungen eingeordnet werden. Die Empirie wird dabei

---

1 Vgl. Modigliani, F.: New Developments on the Oligopoly Front, in: Journal of Political Economy, June 1958, 66, S. 215 ff.

2 Scherer, F.M.: Stand und Perspektiven der Industrieökonomik, a.a.O. 1985, S. 7.

3 Vgl. ebenda, S. 8.

4 Scherer, F.M.; Ross, D.: Industrial Market Structure an Economic Performance, a.a.O. 1990, S. 447.

5 Diese Möglichkeit einer trade off-Beziehung wird von der Chicago School im Rahmen der Survivor-Hypothese ausgeblendet.

flankiert von der theoretischen Forschung, welche die gesammelten empirischen Fakten in Hypothesen-Systeme bringt und nach Gesetzmäßigkeiten sucht. Dabei bedient sich die Harvard-Schule einer Vielzahl von Oligopolmodellen.[1] Angeregt durch die verfeinerten empirischen Untersuchungsergebnisse, die zeigten, daß die "Bainsche Konzeption verfehlt"[2] war, wandte sich die theoretische Forschung der Verhalten-Struktur-Rückkopplung zu: Im Rahmen der Suche nach Gesetzmäßigkeiten fand man Erklärungsmöglichkeiten, die eine zur traditionellen Harvard School umgekehrte Kausalbeziehung herausstellten. Dieser Erkenntnisschritt der positiven Industrieökonomik Harvards beeinflußte die normative Industrieökonomik in der Weise, daß sie sich heute verstärkt mit Fragen strategischen Verhaltens[3] – neben institutionellen Fragestellungen, i.S. der "basic conditions" – auseinandersetzt. Dabei geht es um die Entwicklung von wettbewerbspolitischen Kriterien für die Einzelfallbetrachtung[4] und nicht mehr um die Normierung von Workability-Kriterien[5] auf der Basis des strukturellen Determinismus, die auf bestimmte gewünschte Marktergebnisse ausgerichtet sind.

4. Systemtheoretische Implikationen des Struktur-Verhalten-Ergebnis-Schemas

Die empirische Forschung Harvards hat, wie beschrieben, dazu beigetragen, daß das ursprüngliche starre Kausalschema der theoretischen Forschung im Sinne der strukturellen Determiniertheit von Marktergebnissen durch die Einbeziehung von komplexen unterschiedlichen Ursache-Wirkungs-Zusammenhängen zwischen den Variablen im Zeitablauf zu einem "Paradigma der zirkularen Verknüpfung"[6] erweitert werden konnte. Hoppmanns Darstellung in Abb. 9 impliziert jedoch nicht zwangsläufig die Relevanz kybernetischer Totalmarktkonzepte, wie er unterstellt, sondern stellt das Struktur-Verhalten-Ergebnis-Paradigma lediglich in eine langfristige Zeitbetrachtung.

Die empirischen Ergebnisse lenken somit die Blickrichtung auf eine längerfristige Zeitperspektive. Die Abkehr vom traditionellen strukturellen Determinismus bedeutet jedoch nicht zwangsläufig, daß dies ein Hinweis dafür ist, "daß der Weg der Österreichischen Schule der Marktprozeßtheorie ... weiter zu gehen ist"[7]. Die theoretischen Forschungen im Rahmen der Verhalten-Struktur-Rückkopplungen beschäftigen sich mit der Macht von Großunternehmen, die im Rahmen eines strategischen Verhaltens langfristig Marktstrukturen formen können. Diese theoretischen Ansätze stellen somit vielmehr eine systemtheoretische Herausforderung dar: Die Problematisierung der privaten Macht im

1 Zu dieser methodologischen Position, die konträr zu jener der Chicago School steht, siehe Scherer, F.J.; Ross, D.: Industrial Market Structure and Economic Performance, a.a.O. 1990, S. 2; siehe auch Jacquemin, A.: Industrieökonomik, Strategie und Effizienz des modernen Unternehmens, Frankfurt a.M., New York 1986, S. 14.

2 Kaufer, E.: Industrieökonomik, München 1980, S. IX.

3 Zu diesem Begriff siehe Punkt 2. a.

4 Zur wettbewerbspolitischen Handlungsempfehlung sieh Punkt F. III.

5 Vgl. Kaufer, E.: Industrieökonomik, a.a.O. 1980, S. 9.

6 Hoppmann, E.: Die Abgrenzung des relevanten Marktes im Rahmen der Mißbrauchsaufsicht über marktbeherrschende Unternehmen, Baden-Baden 1974, S. 12.

7 Kaufer, E.: Industrieökonomik, a.a.O. 1980, S. IX.

Wettbewerbsprozeß ist im systemtheoretischen Ansatz der Österreichischen Schule nicht vorgesehen,[1] und es müßte der Versuch unternommen werden, die Möglichkeit der Erreichung nicht-leistungsbedingter Renten auch einer systemtheoretischen Analyse zugänglich zu machen.[2] Dabei ist der Wandel in der Zeit von Bedeutung. Hier beschäftigt sich die Harvard-Schule verstärkt mit historischen Untersuchungen als dritte Säule ihres Forschungskonzepts: Dabei steht die Geschichte von Unternehmen und Branchen im Vordergrund.[3]

Der systemtheoretische Ansatz im Kontext des "Austrian Approach" hebt hervor, daß komplexe Phänomene nicht auf einfache Ursache-Wirkungsbeziehungen reduziert werden können. Es muß jedoch darauf hingewiesen werden, daß die Möglichkeit kurzfristiger Ursache-Wirkungsbeziehungen auch in einer komplexen Umwelt denkbar ist, wenn kurzfristig Komplexitätsreduktion auftritt.[4] Insofern kann sich hier die Möglichkeit einer systemtheoretischen Integration des Ansatzes der Harvard School ergeben, was eine Kritik am bisherigen Austrian Approach impliziert.

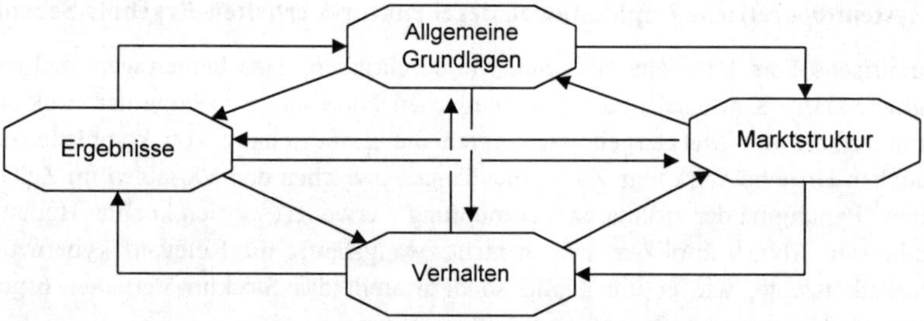

Abb. 9: Komplexe Beziehungen im Struktur-Verhalten-Ergebnis-Paradigma

Quelle: Hoppmann, E.: Die Abgrenzung des relevanten Marktes im Rahmen der Mißbrauchsaufsicht über marktbeherrschende Unternehmen, a.a.O. 1974, S. 12.

Scherer verweist im Zusammenhang mit der Analyse des Innovationswettbewerbs auf die Notwendigkeit einer stärkeren Betonung der evolutionären Dynamik: So kritisiert er jene statischen theoretischen Ansätze, welche zu Nullgewinn-Innovationsgleichgewichten führen – ein für ihn falscher Weg, da sie den Schumpeter-Wettbewerb ad absurdum führen.[5] Dies bedeutet, daß Scherer die statische Gleichgewichtsanalyse kritisch betrachtet, was ebenfalls auf eine systemtheoretische Perspektive hinausläuft. Zusammenfassend ist festzustellen, daß die komplexe Struktur-Ergebnis-Verhalten-Beziehung nicht notwendiger-

1 Siehe hierzu Punkt B. I.

2 Zur Betonung des Elements einer positiven Rückkopplung siehe Punkt B. II.

3 Vgl. Scherer, F.M.; Ross, D.: Industrial Market Structure and Economic Performance, a.a.O. 1990, S. 3.

4 Siehe zu dieser Möglichkeit die Ausführungen zu einem systemtheoretischen Weiterentwicklungsversuch unter Punkt B. I. 5.

5 Vgl. Scherer, F.M.: Stand und Perspektiven der Industrieökonomik, a.a.O. 1985, S. 15.

weise auf eine Entwicklung in Richtung Austrian Approach verweist. Der neue marktstrukturelle Ansatz der modernen Harvard School kann im Rahmen der Betonung der evolutionären Perspektive systemtheoretisch integriert werden. Wegen der Harvardschen Problematisierung des ökonomischen Machtphänomens kann die Integration aber nicht in den Bezugsrahmen des Austrian Approach der Wettbewerbstheorie erfolgen. Einen kompatiblen systemtheoretischen Bezug findet er vielmehr in der vorgestellten "Allgemeinen Systemtheorie der Evolution", die ein Entwicklungspotential für die zukünftige Wettbewerbstheorie liefert.

II. Die Marktverhalten-Marktstruktur-Rückkopplung: ein Aspekt der Systembildung im Rahmen der systemtheoretischen Neupositionierung

1. Die neue marktstrukturelle Sichtweise

Der Ansatz der alten Harvard-Schule führte die Fähigkeit, nicht-leistungsgerechte Renten zu erreichen, ursächlich allein auf die Marktstruktur zurück. Ihr Zustandekommen wurde nicht erklärt, d.h., man betrachtete sie als eine exogene Variable, welche das Marktverhalten der Unternehmen determiniert. Die neue Perspektive erweitert die Betrachtung in der Weise, daß unter bestimmten marktstrukturellen Bedingungen Verhaltensweisen entstehen, welche die Marktstruktur formen. Die Marktstruktur allein reicht also nicht zur Erklärung von Marktergebnissen aus. Die Beständigkeit überhöhter Preise in hochkonzentrierten Branchen wird in Abkehr von der Konzentration-Kollusion-These, die ja im Zusammenhang mit dem starren Kausalzusammenhang des Struktur-Verhalten-Ergebnis-Paradigmas steht, ursächlich auf strategisches Verhalten zurückgeführt, das darauf gerichtet ist, eine dominante Marktstellung zu erreichen (z.B. durch Fusionen, "predatory behavior") und schließlich zu verteidigen, indem Marktzutrittsbarrieren errichtet werden ("strategic entry-deterrence"). Da strategisches Verhalten nur in Märkten mit dominanten Unternehmen möglich ist, also aus der Marktstruktur erklärt werden kann, zeigt sich sein endogener Charakter. Da es weiterhin die Marktstruktur über die Beeinflussung der Marktzutrittsmöglichkeiten formt, wird deutlich, daß die Marktstruktur endogenisiert ist, da sie aus dem ebenfalls endogenisierten – Verhalten abgeleitet wird. Diese Rückkopplungsbeziehungen machen deutlich, daß Marktergebnisse nicht monokausal erklärt werden können. Vor diesem Hintergrund stellen beispielsweise Fusionen insofern ein Problem dar, als sie mit nicht-wettbewerblichem Verhalten gekoppelt sein können,[1] das Effekte auf die Marktstruktur haben kann: So könnte schließlich durch die Fusion eine Marktstruktur entstehen, die besonders günstige Voraussetzungen für strategisches Verhalten schafft, so daß der Markt infolge des behinderten Marktzutritts sich im Zeitablauf immer stärker konzentriert. Dabei ist hervorzuheben, daß das eigentliche wettbewerbspolitische Problem – wie bereits erwähnt – nicht die Konzentration der Branchen als solche ist, sondern die dominanten Unternehmen, die ihre Marktmacht nicht kollektiv auf der Basis von Kollusion, sondern individuell ausüben.

---

1 Hier zeigt sich der Unterschied zur Einschätzung der Chicago School.

2. Strategisches Verhalten gegenüber potentiellen Konkurrenten: Der strategic entry-deterrence-Ansatz

a. Eingrenzung des Begriffs

Für oligopolistische Märkte ist das strategische Verhalten von Unternehmen "... that influences the other person's choice in a manner favourable to oneself by affecting the other person's expectations of how oneself will behave ..."[1], charakteristisch und nicht per se wettbewerbspolitisch problematisch. Wettbewerbspolitisch relevant sind nur jene Unternehmensstrategien, die dazu dienen, sich gegenüber der oligopolistischen Umwelt auf eine Art zu behaupten, die nicht dem Leistungswettbewerb entspricht. Scherer definiert das strategische Verhalten dadurch, "physisch oder psychologisch eine Position einzunehmen, die mögliche oder tatsächliche Konkurrenten bei ihren Aktionen oder Reaktionen entmutigt"[2]. Mit diesem Verhalten wird also das Ziel verfolgt, aktuelle Konkurrenten vom Markt zu verdrängen und potentielle Konkurrenten, wie z.B. branchenfremde Unternehmen, ausländische Firmen, Unternehmen anderer Marktsegmente,[3] vom Markteintritt abzuhalten. Ein derartiges strategisches Verhalten[4] beeinflußt langfristig die Marktstruktur, da dadurch eine dominante Marktstellung aufgebaut (z.B. via predatory behavior) und verteidigt ("strategic entry-deterrence") werden kann, was schließlich zur Persistenz dominanter Unternehmen fuhrt. Dabei ist die Beeinflussung von Ein- und Austrittsschranken des Marktes erklärungsrelevant. Im Mittelpunkt des Ansatzes eines "strategic entry-deterrence" stehen strategische Investitionen, die dazu dienen, potentielle Konkurrenten abzuschrecken. Diese Investitionen sorgen für eine Endogenisierung der Marktstruktur, so daß im Rahmen des strategic entry-deterrence-Ansatzes das statische Struktur-Verhalten-Ergebnis-Paradigma nun seine dynamische Erweiterung erfährt.[5]

b. Hintergrund: Die Grenzen des traditionellen Limit-Preis-Ansatzes

Der klassische Limit-Preis-Ansatz beschäftigte sich schon mit der Möglichkeit der im Markt etablierten Unternehmen, potentielle Konkurrenten am Markteintritt zu hindern, indem er ein Limit-Preissetzungsverhalten untersuchte.[6]

Der Limit-Preis liegt dabei unter dem Monopolpreis auf jenem Niveau, das den potentiellen Konkurrenten nicht mehr zum Markteintritt veranlaßt, jedoch noch über dem Wettbewerbspreis. Die Voraussetzungen für Limit-Preisverhalten liefern die Eintrittsbarrieren

---

1 Schelling, T.: The Strategy of Conflict, Cambridge 1960, S. 160; siehe auch Comanor, W.S.; Frech, H.E.: Strategic Behavior and Antitrust Analysis, in: The American Economic Review, Vol. 74, No. 2, 1984, S. 372.

2 Scherer, F.M.: Stand und Perspektiven der Industrieökonomik, a.a.O. 1985, S. 11.

3 Der Newcomer ist ein aktueller Konkurrent, da er schon eingetreten ist.

4 Im folgenden ist mit strategischem Verhalten immer das nicht-wettbewerbliche gemeint.

5 Vgl. Encaoua, D.; Geroski, B.; Jacquemin, A.: Strategic Competition and the Persistence of Dominant Firms: a Survey; in: Stiglitz, J.E.; Mathewson, G.F. (Hrsg.): New Developments in the Analysis of Market Structure, London u.a. 1986, S. 55, 73; vgl. auch Geroski, P.; Jacquemin, A.: Dominant Firms and their Alleged Decline, in: International Journal of Industrial Organization, 2, S. 1 ff.

6 Vgl. Modigliani, F.: New Developments on the Oligopoly Front, a.a.O. 1958, S. 215 ff.

nach Bain, welche auf economies of scale, absoluten Kostenvorteilen und Produktdifferenzierungen zurückgehen.[1] Diese Bainschen Eintrittsbedingungen[2] ermöglichen es den im Markt etablierten Unternehmen, Preise zu setzen, die über deren Durchschnittskosten liegen. Wenn diese Unternehmen nun beabsichtigen, potentielle Newcomer am Markteintritt zu hindern, so werden sie auf eine kurzfristige Gewinnmaximierung verzichten, da sie keine Marktanteilseinbußen durch neu eintretende Konkurrenten hinnehmen wollen:[3] Sie werden also einen geringeren Preis als den gewinnmaximierenden Preis verlangen.

Dieses Preisverhalten beinhaltet die Möglichkeit, daß der im Markt etablierte Anbieter auch in langfristiger Sicht einen Verlust hinnehmen müßte, falls sich die potentiellen Konkurrenten nicht von einem Markteintritt abhalten ließen. Um diese Möglichkeit auszuschließen, geht der klassische Limit-Preis-Ansatz vom Sylos-Postulat[4] aus: Die potentiellen Konkurrenten erwarten, daß die etablierten Unternehmen ihren Output, der dem geringeren als dem gewinnmaximierenden Preis entspricht, aufrecht erhalten. In der Abbildung 10 wird anstelle des Monopolpreises PM (Pc wäre der Wettbewerbspreis) nun der geringere Limit-Preis PL eingesetzt, der den Durchschnitts- und Grenzkosten Cm des Newcomers entspricht.

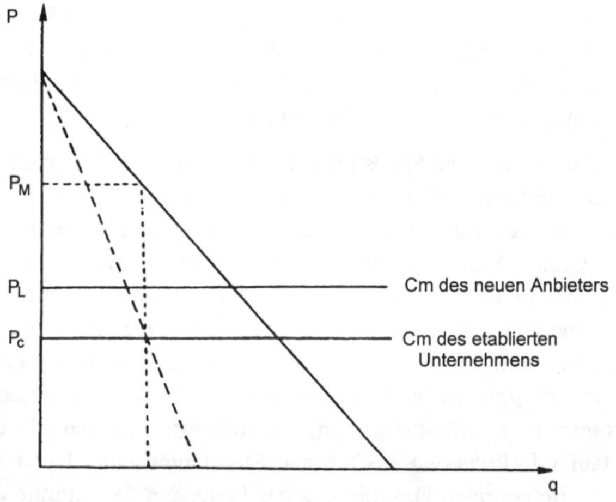

Abb. 10: Limitpreis

Quelle: Jacquemin, A.: Industrieökonomik, Frankfurt a.M., New York 1986, S. 88.

---

1 Vgl. Bain, J.S.: Barriers to New Competition, a.a.O. 1956; vgl. ders.: A Note on Pricing in Monopoly and Oligopoly, in: The American Economic Review, 39, 1949, S. 453.

2 Diese strukturellen Marktbarrieren diskutiert Weizsäcker, C.C. von: Barriers to Entry, a.a.O. 1980.

3 Vgl. Scherer, F.M.; Ross, D.: Industrial market Structure and Economic Performance, a.a.O. 1990, S. 357.

4 Vgl. Sylos-Labini, P.: Oligopoly and Technical Progress, Cambridge 1962; vgl. Modigliani, F.: New Developments on the Oligopoly Front; in: Journal of Political Economy (1958), S. 215 ff.; vgl. Jacquemin, A.: Industrieökonomik, Frankfurt, New York 1986, S. 88; vgl. Scherer, F.M.; Ross, D.: Industrial Market Structure and Economic Performance, a.a.O. 1990, S. 358.

Das etablierte Unternehmen kann nun den Eintritt verhindern, weil der potentielle Konkurrent aufgrund der dem Limit-Preis PL entsprechenden Outputerweiterung damit rechnet, daß sein im Falle des Markteintritts zusätzlicher Output den Preis unter seine Durchschnitts- und Grenzkosten Cm drückt.[1] Er geht also davon aus, daß er Verluste realisiert, weil die etablierten Unternehmen gemäß dem Sylos-Postulat den Preisverfall nicht durch eine Outputreduktion aufhalten werden.

Die fundamentale Aussage des klassischen Limit-Preis-Ansatzes besteht also darin, daß die im Markt bereits etablierten Unternehmen dessen strukturelle Gegebenheiten für ihre langfristige Gewinnmaximierung ausnutzen können. Durch kurzfristige Gewinneinbußen werden newcomerinduzierte Marktanteilsrückgänge verhindert, ein Umstand, der in intertemporaler Sicht die Kompensation der ursprünglichen Gewinnreduktion bewirkt. Die etablierten Unternehmen können ihre übernormalen Gewinne langfristig halten.

Der klassische Limit-Preis-Ansatz hat Kritik erfahren: Die strategische Bedeutung von Preisentscheidungen wurde in diesem Zusammenhang überschätzt.[2] Die Limit-Preis-Strategie auf der Basis des Sylos-Postulats ist für die potentiellen Konkurrenten nicht glaubwürdig, d.h., es erscheint wenig überzeugend, daß die etablierten Unternehmen ihren Output, der dem Limitpreis entspricht, beibehalten.[3] Sie werden wohl eher die Produktion drosseln, als einen Preisverfall hinzunehmen. Vor diesem Hintergrund werden zum Preis alternative Wettbewerbsparameter (Qualität, Service etc.) im Zusammenhang mit der Abwehr von potentiellen Konkurrenten bedeutungsvoll.[4]

Die kritische Einschätzung der Preisstrategie für etablierte Unternehmen ergibt sich auf der Basis einer Dynamisierung des klassischen Limit-Preis-Ansatzes, welche aufgrund des Investitionscharakters von Limit-Preisverhalten angemessen ist.[5] Im dynamischen Ansatz, der den intertemporalen Aspekt betont, ist die Verhinderung des Markteintritts potentieller Konkurrenten nicht auf Größenvorteile bzw. auf die Bainschen strukturellen Barrieren zurückzuführen, sondern das Auftreten von potentiellen Konkurrenten auf dynamischen Märkten hängt von deren Gewinnerwartungen ab, die sie aufgrund laufender Preise bilden.[6] Die Eintrittsrate potentieller Konkurrenten hängt also vom laufenden Preis ab. Ist dieser hoch, kommt es zu Markteintritten, die etablierte Marktanteile erodieren. Daraus folgt, daß der laufende Preis den zukünftigen Marktanteil einer Unternehmung determiniert.[7] Bei der intertemporalen Optimierung der laufenden Gewinnrate einerseits und der

---

1 Vgl. Gilbert, R.J.: The Role of Potential Competition, a.a.O. 1989, S. 108.

2 Vgl. Encaoua, D.; Geroski, P.; Jacquemin, A.: Strategic Competition and Persistence of Dominant Firms, a.a.O. 1986, S. 61.

3 Vgl. ebenda, S. 62; vgl. besonders Dixit, A.: Recent Developments in Oligopoly Theory, in: The American Economic Review, 72, 1982, S. 12.

4 Zur Rolle der sunk costs bei der Erzeugung von Glaubwürdigkeit im Rahmen des "strategic entry-deterrence" siehe Punkt F. II. d.

5 Vgl. Gaskins, D.W.: Dynamic Limit Pricing: Optimal Pricing under Threat of Entry, in: Journal of Economic Theory, 3, 1971, S. 306 ff.

6 Vgl. Gilbert, R.J.: The Role of Potential Competition in Industrial Organization, a.a.O. 1989, S. 110.

7 Vgl. Gaskins, D.W.: Dynamic Limit Pricing: Optimal Pricing under Threat of Entry, a.a.O. 1971, S. 306 ff.

zukünftigen Marktanteile andererseits[1] verfolgt die etablierte Unternehmung einen optimalen Preispfad: Es wird an jedem Punkt dieses Pfades ein Preis gewählt, der niedriger als der Monopolpreis ist.[2] Dieser von der etablierten Unternehmung gesetzte Preis strebt dabei mit wachsendem Auftreten potentieller Konkurrenten asymptotisch gegen den Limit-Preis. Unter der Annahme der Nicht-Existenz von Kostenvorteilen der etablierten Unternehmung ergibt sich in Gaskins' Modell, daß diese Preispolitik langfristig eine Marktverdrängung der etablierten Unternehmung bewirkt.[3] Es zeigt sich also aus dynamischer Perspektive, daß die dominante Unternehmung über eine Preispolitik langfristig ihre Führungsposition nicht dauerhaft ausbauen kann, sofern sie keine Kostenvorteile gegenüber ihren Konkurrenten aufweist. Hier wird die Bedeutung von Asymmetrien, z.B. bezüglich der Kosten oder auch bezüglich der Information zwischen etabliertem und potentiellem Konkurrenten, beim Aufbau einer langfristigen Marktführungsposition deutlich.[4] Der Ansatz des "strategic entry-deterrence" zeigt die Rolle derartiger Asymmetrien bei der Abschreckung potentieller Konkurrenten auf. Gleichzeitig demonstriert er, daß die negative Beurteilung von Preisstrategien unter der Annahme unvollkommener Information relativiert werden muß. Hier kommt im Rahmen der "reputation effects" der Limit-Preissetzung die Rolle einer strategischen Investition zu.

Zusammenfassend kann festgestellt werden, daß die Limit-Preis-Strategie unter der Voraussetzung vollkommener Information wenig glaubwürdig ist: Potentielle Konkurrenten, die über die Kosten- und Gewinnsituation eines etablierten Unternehmens genau im Bilde sind, werden dessen aktuellen Gewinnverzicht wahrnehmen und davon ausgehen, daß er im Falle ihres Markteintritts mit einer Outputreduktion reagieren wird, so daß ein Markteintritt potentieller Konkurrenten nicht aufgehalten wird. Das Sylos-Postulat ist mit der Annahme vollkommener Information somit nicht kompatibel. Nimmt man jedoch eine Annahmenvariation vor – geht man also von der realistischeren Annahme unvollkommener Information aus – so ist Limit-Preis-Verhalten rational: In der Gegenwart verzichtet die etablierte Unternehmung auf einen Teil des Gewinns, was der potentielle Konkurrent jetzt nicht zur Kenntnis nimmt, um in der Zukunft eine stärkere Machtposition zu erreichen. Dem potentiellen Konkurrenten signalisiert der niedrig gesetzte Preis niedrige Kosten des etablierten Unternehmens. Er geht in dieser Situation von seiner mangelnden Wettbewerbsfähigkeit aus und unterläßt einen Markteintritt.[5]

Aus dem dynamischen Limit-Preis-Modell ergibt sich, daß derartige Aktivitäten nur möglich sind, wenn starke Kostenvorteile bzw. Asymmetrien vorliegen. Limit-Preisverhalten ist folglich nicht in allen Industrien anzutreffen. Die Branchen müssen entweder einen Preisführer aufweisen, der für diese langfristige strukturformende Strategie groß genug ist

---

1 Vgl. ebenda.

2 Vgl. ebenda, S. 310 f.

3 Vgl. ebenda, S. 312.

4 Vgl. z.B. Kamien, M.I.; Schwarz, N.L.: Limit Pricing and Uncertain Entry, in: Econometrica, 39, 1971, S. 441 ff.

5 Vgl. Milgrom, P.; Roberts, J.: Limit Pricing and Entry under Incomplete Information: An Equilibrium Analysis, in: Econometrica, Vol. 50, No. 2, 1982, S. 444.

und die entsprechenden Kosten- und Qualitätsvorteile realisiert,[1] oder es muß eine Gruppe vorhanden sein, die Absprachen hinsichtlich langfristiger strukturformender Ziele vornimmt.[2] Empirische Untersuchungen weisen darauf hin, daß strategisches Limit-Preis-Verhalten kein unrealistisches Phänomen ist, sondern häufig vorkommt.[3]

c. Zur Differenzierung von Markteintrittsbarrieren

Betrachtete die traditionelle Harvard School die potentielle Konkurrenz vor dem Hintergrund der Bainschen strukturellen Markteintrittsbarrieren, so betont die moderne Harvard School bei der Analyse dieses Wettbewerbsphänomens die strategischen Markteintrittsbarrieren. Salop differenziert zwischen arglosen und strategischen Eintrittsbarrieren:[4] Die arglosen Barrieren unterscheidet er wiederum in "post entry absolute advantage"- und "pre entry asymmetry advantage"-Barrieren, welche beide nicht absichtlich geschaffen werden, um einen Markteintritt abzuwehren.[5]

Ein "postentry absolute advantage" kann mit Bains strukturellen Eintrittsbarrieren, wie economies of scale, absoluten Kostenvorteilen und Produktdifferenzierungsvorteilen gleichgesetzt werden. Schmalensee spricht hier von operativen Vorteilen.[6] Infolge überlegener Technologie, geringeren Inputpreisen oder Patenten, welche insgesamt zu günstigen Kostenbedingungen führen, befindet sich die etablierte Unternehmung gegenüber einem Newcomer in einem Gewinnvorteil.[7] Der potentielle Konkurrent wäre nach einem Markteintritt im Vergleich zur etablierten Unternehmung benachteiligt, weil er mit deren Kosten- und Nachfragesituation nicht in Konkurrenz treten kann.

"Preentry asymmetry advantages" können z.B. mit "first mover"-Vorteilen gleichgesetzt werden: Sie entstehen aus einer Asymmetrie (Kosten-, Informationenasymmetrie) zwischen der im Markt etablierten Unternehmung und dem potentiellen Konkurrenten. Diese Asymmetrie geht auf die bereits gebundenen Ressourcen der etablierten Firma zurück.[8] Einfach aufgrund der Tatsache, daß die etablierte Unternehmung schon im Markt ist, noch bevor die potentiellen Konkurrenten sich für einen Markteintritt entschließen und sich Vermögenswerte als erste erwirbt, realisiert sie eine gegenüber dem potentiellen Konkurrenten günstige Position. Solche "first mover"-Vorteile treten auf, wenn die potentiellen Konkurrenten zwar die gleichen tangiblen oder intangiblen Vermögenswerte erwerben können, jedoch zu ungünstigeren Bedingungen.[9]

---

1 Vgl. Scherer, F.M.: Stand and Perspektiven der Industrieökonomik, a.a.O. 1985, S. 9.

2 Vgl. ebenda.

3 Vgl. ebenda; vgl. besonders Caves, R.E.; Fortunato, M.; Ghemawat, P.: The Decline of Dominant Firms, in: Quarterly Journal of Economics, 1984, S. 523 ff.; zu relevanten "reputation effects" siehe Punkt F. II. f.

4 Vgl. Salop, S.: Strategic Entry-deterrence, in: The American Economic Review, 69, 1979, S. 335.

5 Vgl. Vickers, J.; Hay, D. (Hrsg.): The Economics of Market Dominance, Oxford 1987, S. 24.

6 Vgl. Schmalensee, R.: Standards for Dominant Firm Conduct: What can Economics Contribute?, in: Hay, D.; Vickers, J. (Hrsg.): The Economics of Market Dominance, a.a.O. 1987, S. 84.

7 Vgl. ebenda.

8 Vgl. Salop, S.: Strategic Entry-deterrence, a.a.O. 1979, S. 335.

9 Vgl. Schmalensee, R.: Standards for Dominant Firm Conduct, a.a.O. 1987, S. 64.

Die operativen Vorteile bzw. die "postentry absolute advantages" können im Wettbewerb z.B. im Rahmen des Diffusionsprozesses erodiert werden. Auch "first mover"-Vorteile bzw. die "preentry asymmetry advantages" bringen nichts, sobald sich ein erfolgreicher Markteintritt eines Newcomers ereignet.[1] Deshalb liegt es für die etablierte Unternehmung nahe, derartige "first mover"-Vorteile dazu einzusetzen, um den Markteintritt potentieller Konkurrenten abzuwehren.

In diesem Falle liegen strategische Markteintrittsbarrieren vor. Sie werden von der etablierten Unternehmung absichtlich geschaffen, um den Markteintritt für potentielle Konkurrenten unattraktiv zu gestalten.[2] Die Basis für ein derartiges strategisches Verhalten liefert die "first mover"-Asymmetrie, die das etablierte Unternehmen in die Lage versetzt, einen gleich effizienten potentiellen Konkurrenten abzuwehren. Es nutzt seine dominante Position aus,[3] um z.B. irreversible Investitionen in Form von sunk costs vorzunehmen. Das Untergehen der Kosten ist im Referenzrahmen vollkommener Information notwendig, um eine für die potentiellen Konkurrenten glaubhafte Vergeltungsdrohung zu schaffen.[4] Die mögliche Relevanz der sunk costs im "strategic entry-deterrence"-Ansatz zeigt, daß die "hit and run"-Strategie, wie sie im "contestability"-Ansatz auftrat, ausgeschlossen ist. Geht die Analyse, die sich üblicherweise des spieltheoretischen Instrumentariums bedient, von unvollständiger Information aus, so ist auch eine Symmetrie zwischen etablierten und potentiellen Konkurrenten denkbar.

d. Glaubwürdigkeit

Will eine dominante Unternehmung ihre Position erhalten, kann sie strategische Markteintrittsschranken schaffen. Ihr entsprechendes strategisches Verhalten ist darauf ausgerichtet, die Erwartungen der Konkurrenten zu beeinflussen.[5] Dies wird nur dann möglich sein, wenn sie gegenüber ihren potentiellen Konkurrenten glaubhaft erscheint.[6] Um diese notwendige Glaubwürdigkeit herzustellen, muß sie unwiderrufliche Verpflichtungen eingehen, die sie binden. Diese irreversiblen Selbstbindungen machen eine für den potentiellen Konkurrenten nachteilige Reaktion der etablierten Unternehmung im Falle seines Eintritts glaubhaft, und er wird den Eintritt unterlassen.[7]

Glaubwürdigkeit wird vor dem Hintergrund der Annahme vollkommener Information[8] durch strategische Investitionen mit sunk cost-Charakter erreicht. Die damit im Zusam-

---

1 Vgl. ebenda, S. 65.

2 Vgl. Vickers, J.; Hay, D. (Hrsg.): The Economics of Market Dominance, a.a.O. 1987, S. 24.

3 Eine Kollusion im Sinne multilateraler Marktmacht muß nicht vorliegen. Es reicht die unilaterale Marktmacht der dominanten Unternehmung, der viele kleine Preisnehmer gegenüberstehen.

4 Vgl. Scherer, F.M.; Ross, D.: Industrial Market Structure and Economic Performance, a.a.O. 1990, S. 380 ff.

5 Vgl. Schelling, Th.C.: The Strategy of Conflict, Cambridge, Mass. 1960, S. 160.

6 Vgl. Encaoua, D.; Geroski, P.; Jacquemin, A.: Strategic Competition and the Persistence of Dominant Firms, a.a.O. 1986, S. 56 ff.

7 Vgl. Scherer, F.M.; Ross, D.: Industrial Market Structure and Economic Performance, a.a.O. 1990, S. 380 f.

8 Vgl. ebenda.

menhang stehenden Strategien enthalten "some voluntary but irreversible sacrifice of freedom of choice. They rest on the paradox that the power to constrain an adversary may depend on the power to bind oneself ..."[1]. Infolge der Irreversibilität der Investitionen ist eine Situation hergestellt, in der eine Outputbeschränkung für die etablierte Unternehmung ungünstig wäre. Folglich geht der potentielle Konkurrent davon aus, daß sein Markteintritt nicht zu einer Reduktion des Outputs bei der etablierten Firma führen wird. Vielmehr rechnet er nun damit, daß ein zusätzliches Angebot – im Falle seines Markteintritts – den Preis unter das Niveau seiner Durchschnittskosten drückt, so daß er von einem Markteintritt absieht.

Eine strategische Investition mit sunk cost-Charakter wird die etablierte Unternehmung immer dann vornehmen, wenn dies kostengünstiger ist, als Marktanteile an einen neuen Konkurrenten abzugeben.[2] Die zur Abwehr potentieller Konkurrenten notwendigen Ausgaben müssen intertemporal wieder kompensiert werden. Hier zeigt sich der Investitionscharakter dieses strategischen Verhaltens: Die Abwehrinstrumente können als Kapital angesehen werden,[3] das sich amortisieren muß. Bei der Auswahl eines solchen "deterrence"-Instruments stehen der etablierten Unternehmung eine Vielzahl strategischer Variablen zur Verfügung. So kann sie beispielsweise Ausgaben für das Vorhalten von Kapazität für aggressive Preisstrategien, für Forschung und Entwicklung oder Werbung vornehmen.[4] Die Wahl der strategischen Variablen muß im Rahmen vollkommener Information mit sunk costs verbunden sein,[5] da sie für die hier zu erzeugende Glaubwürdigkeit sorgen. Dies relativiert sich jedoch in einem Bezugsrahmen unvollkommener Information: Hier reicht es, durch Bluff bei den potentiellen Konkurrenten den Eindruck einer Irreversiblität zu erzeugen.[6] Damit die Instrumente zur Abschreckung potentieller Konkurrenten ihren Zweck erfüllen, müssen sie neben der Irreversibilität (tatsächlich oder vorgetäuscht) noch eine Dauerhaftigkeit aufweisen und vom potentiellen Konkurrenten wahrgenommen werden.[7]

e. Sunk costs und irreversible Investitionen bei vollkommener Information

Nach der "perfect contestability"-These vermag die potentielle Konkurrenz, marktmächtige Positionen zu erodieren, sobald die Leistungsfähigkeit einer dominanten Unternehmung nachläßt. Wie dargelegt, wird ein Marktführer unter der Annahme der Nicht-Existenz von sunk costs weder überhöhte Preise setzen, noch kann er mit seinen Ressour-

---

1 Schelling, Th.C.: The Strategy of Conflict, a.a.O. 1960, S. 22.

2 Vgl. Dixit, A.: Recent Developments in Oligopoly Theory, a.a.O. 1982, S. 13.

3 Vgl. Salop, S.: Strategie Entry-deterrence, a.a.O. 1979, S. 337.

4 Vgl. Scherer, F.M.; Ross, D.: Industrial Market Structure and Economic Performance, a.a.O. 1990, S. 392. Vgl. auch Gilbert, R.J.; Newbery, D.M.G.: Preemptive Patenting and the Persistence of Monopoly, in: The American Economic Review, 72, 1982, S. 514 ff.; vgl. Reinganum, J.F.: Uncertain Innovation and the Persistence of Monopoly, in: The American Economic Review, 73, 1983, S. 741 ff.

5 Vgl. Vickers, J.; Hay, D.: The Economics of Market Dominance, a.a.O. 1987, S. 15.

6 Vgl. Scherer, F.M.; Ross, D.: Industrial Market Structure and Economic Performance, a.a.O. 1990, S. 384 ff.

7 Vgl. ebenda, S. 381.

cen, angesichts der Unmöglichkeit irreversibler Investitionen, "hit and run"-Aktionen der potentiellen Konkurrenten verhindern. Der "strategic entry-deterrence"-Ansatz als eine zum "perfect contestability"-Ansatz konträre Erklärungsmöglichkeit legt u.a. dar, wie sunk costs genutzt werden können, um die Marktführerschaft zu verteidigen. Durch die strategische Behandlung potentieller Markteintritte kann nun langfristig durch strategische Eintrittsbarrieren verhindert werden, daß die Machtposition des Marktleaders erodiert wird, wenn seine Leistungsfähigkeit sinkt. Die sunk costs sind das Vehikel, das es dem dominanten Unternehmen ermöglicht, seinen potentiellen Konkurrenten zu signalisieren, daß es im Falle eines Markteintritts mit einer Vergeltungsaktion reagieren wird.[1] Beispiele für mögliche sunk costs sind Aufwendungen für eine spezifische Technologie, Werbungskosten, Ausgaben für know how.[2]

Durch den "sunk costs"-Charakter der strategischen Investition muß der potentielle Konkurrent mit Vergeltungsmaßnahmen im Falle eines Eintritts rechnen, da dies durch die versunkenen Kosten für die etablierte Unternehmung ökonomisch rational wird. Williamson, der nicht der Harvard School zugeordnet werden kann, stellte in diesem Zusammenhang die Notwendigkeit transaktionsspezifischer Vermögenswerte heraus.[3] Dies bedeutet, daß die Investitionen nicht in anderen Märkten zum Einsatz gelangen können. Der unwiederbringliche Charakter der sunk costs sorgt für die bei derartiger "strategic entry-deterrence" notwendige Irreversibilität, die im Rahmen der Annahme vollkommener Information für Glaubwürdigkeit sorgt. Da sunk costs typischerweise mit spezifischen Eigenschaften von Technologien, Unternehmungen und Produkten verbunden sind, ist die Liquidation damit einhergehender Investitionen nicht kostenlos. Je niedriger der Liquidationswert ist, desto höher sind die sunk costs zu veranschlagen. Eine Investition in Überschußkapazitäten beispielsweise wird nur dann den gewünschten abschreckenden Effekt auf die potentiellen Konkurrenten aufweisen, wenn die Kapitalgüter nicht schnell abgeschrieben oder wiederverkauft werden können.[4] Ist diese Voraussetzung erfüllt, ist glaubhaft, daß die etablierte Unternehmung bei einem Markteintritt potentieller Konkurrenten ihren Output steigert und einen Preiskrieg führen wird, statt einen Verkauf ihrer Produktionsanlagen vorzunehmen. Hier wird deutlich, daß large scale-Investitionen mit hohem Fixkostenanteil nicht zwangsläufig zu sunk costs führen müssen.[5] Hinzukommen muß der Aspekt der Spezifität: Wenn die Fixkosten beispielsweise mit einem spezifischen Standort in Zusammenhang stehen oder das fixe Kapital hohe Mobilitätskosten aufweist, fallen

1 Vgl. Dixit, A.: The Role of Investment in Entry-deterrence, in: Economic Journal, 90, März 1980, S. 95 ff.

2 Vgl. Jacquemin, A.: Industrieökonomik, a.a.O. 1986, S. 7.

3 Vgl. Williamson, O.: Antitrust Economics: Mergers, Contracting and Strategic Behavior, New York 1987, S. 64; vgl. besonders ders.: The Modern Corporation: Origins, Evolution, Attributes, in: Journal of Economic Literature, 1981, S. 1548.

4 Vgl. Dixit, A.: Recent Developments in Oligopoly Theory, a.a.O. 1982, S. 13; vgl. auch Spence, A.M.: Entry, capacity, investment and oligopolitistic pricing, in: The Bell Journal of Economics, Vol. 8, 1977, S. 534 ff.

5 Vgl. Scherer, F.M.; Ross, D.: Industrial Market Structure and Economic Performance, a.a.O. 1990, S.377; vgl. auch Baumol, W.; Willig, R.: Fixed Costs, Sunk costs, Entry Barriers, Public Goods and the Sustainability of Monopoly, in: Quarterly Journal of Economics, 96 (1981) S. 405.

Fixkosten und sunk costs zusammen, da eine alternative Verwendungsmöglichkeit entfällt und sie somit nicht mehr einem Opportunitätskostenkalkül des Marktführers unterliegen. In einer solchen Situation wird die Glaubwürdigkeit, die für strategisches Abwehrverhalten notwendig ist, über einen hohen Fixkostenblock hergestellt.[1]

Die sunk costs erzeugen eine Asymmetrie zwischen dem bereits im Markt etablierten Unternehmen und einem Newcomer[2]: Während sie für das neu in den Markt eingetretene Unternehmen Aufwendungen darstellen, die voll zu Buche schlagen, sind sie bei dem etablierten Unternehmen nicht mehr kostenwirksam.[3] Die sunk costs begründen für den potentiellen Newcomer ein Risiko, das einen entsprechenden Ertrag des Newcomers nach seinem Markteintritt erfordert, damit dieser Kostenanteil kompensiert werden kann. Die Glaubwürdigkeit von Vergeltungsaktionen der etablierten Firma im Kontext der sunk costs läßt das Risiko für den potentiellen Konkurrenten zu groß erscheinen. Er unterläßt den Markteintritt, da er nicht mit einem die sunk costs kompensierenden Ertrag rechnet.

Die sunk costs begründen nicht nur Markteintrittsbarrieren, sondern auch Marktaustrittsbarrieren. Die irreversiblen Investitionen in spezifische und dauerhafte Vermögenswerte führen dazu, daß die Unternehmung auch dann im Markt verharrt, wenn andere Unternehmen mit einem geringeren irreversiblen Kostenanteil den Markt im Falle einer strukturellen Krise schon verlassen haben. Die Unternehmung ist infolge der Spezifität ihrer Investition nicht in der Lage, auf Änderungen in der Nachfragestruktur flexibel zu reagieren. Strategisches Abwehrverhalten läuft jedoch nicht nur nach diesem Prinzip der Selbstbindung vor Eintritt ab.

Eine Strategie kann auch auf die Erhöhung der Kosten der potentiellen Konkurrenten ("raising rivals costs"), auf die Schaffung eines Rufes im Rahmen unvollkommener Information sowie auf die Ausnutzung von Lernkurveneffekten ausgerichtet sein.

f. Reputationseffekte und "predatory strategies" bei unvollkommener Information

In einer Situation unvollkommener Information wissen die Wettbewerber nicht, was ihre Konkurrenten zuvor "gespielt" haben.[4] Unter solchen Bedingungen können die potentiellen Konkurrenten die arglosen nicht von den strategischen Barrieren unterscheiden,[5] die ja darauf ausgerichtet sind, den Markteintritt[6] von Newcomern in die etablierte Marktposition zu verhindern. Es liegt somit eine Informationsasymmetrie auf seiten der potentiellen Konkurrenten vor, auf die sie ihre Erwartungen gründen: Sie nehmen von den etablierten

---

1 Vgl. Jacquemin, A.: Industrieökonomik, a.a.O. 1986, S. 87, 101.

2 Vgl. ebenda, S. 87.

3 Vgl. Gilbert, P.J.: The Role of Potential Competition, a.a.O. 1989, S. 109.

4 Vgl. Jacquemin, A.: Industrieökonomik, a.a.O. 1986, S. 183, Fußnote 80: Die Differenzierung nach unvollständiger Information: die Spieler kennen die genauen Merkmale ihrer Wettbewerber nicht, ist hier – laut Jacquemin – nicht von Belang.

5 Vgl. Encaoua, D.; Geroski, P.; Jacquemin, A.: Strategic Competition and the Persistence of Dominant Firms, a.a.O. 1986, S. 71.

6 Möglichkeiten eines Markteintritts sind z.B. die Imitation, die Diversifikation, die Neugründung eines Unternehmens – der sogenannte "De-Novo"-Eintritt.

Unternehmen an, daß diese sich in der Zukunft genauso verhalten werden, wie in der Vergangenheit.[1] Da die potentiellen Konkurrenten nun nicht wissen, ob die etablierte Firma strategische Investitionen vorgenommen hat oder nicht, können "predatory strategies" für die etablierte Unternehmung rational werden.[2] "Predatory strategies" (räuberische Strategien) gehören zum Verdrängungswettbewerb, d.h., sie dienen dazu, aktuelle Konkurrenten – und hier insbesondere die Newcomer – dazu zu bewegen, den Markt zu verlassen, um eine dominante Marktstellung auszubauen[3] bzw. zu halten. Die Marktverdrängung, insbesondere der neuen Konkurrenten, erfolgt, indem diese eine Gewinnreduktion aufgrund der Behinderungspraktik hinnehmen müssen.[4]

Die "predatory strategies" weisen einen Investitionscharakter auf. Es muß kurzfristig eine Gewinneinbuße realisiert werden, damit aus intertemporaler Sicht via Verdrängung des Konkurrenten die Durchsetzung übernormaler Profite möglich wird.[5] So kann beispielsweise der Verdrängungswettbewerb über eine Strategie der Kampfpreise ("predatory pricing") geführt werden. Diese Aktionen gezielter Preisunterbietungen galten bei den Ökonomen als irrational, da sie die eigene Rentabilität auch langfristig gefährden konnten. Gleichwohl kann sich diese Irrationalität im Rahmen unvollkommener Information in Rationalität verwandeln[6]: Eine Kampfpreisstrategie gegen Newcomer kann sinnvoll sein, weil damit ein Ruf erzeugt wird, welcher zukünftige potentielle Konkurrenten vom Markteintritt abhalten kann.[7] Vor dem Hintergrund einer Informationsasymmetrie zwischen den etablierten Unternehmen und potentiellen Konkurrenten wird die Kampfpreispolitik zur strategischen Investition im Rahmen eines "strategic entry-deterrence", welche ein Image verleiht[8]: "... the preentry price is effectively converted to capital by its role in forming the basis of the entrant's expectation ..."[9].

Die Erzeugung von Reputationseffekten durch eine strategische Investition im Rahmen eines "predatory pricing" setzt bei einem Unternehmen eine starke Machtposition voraus. Insbesondere finanzstarke Konglomerate sind zum Verdrängungswettbewerb befähigt.[10] Konglomerate Fusionen können hier das Vehikel sein, in einen Markt einzutreten, um dort über "predatory strategies" eine dominante Marktstellung aufzubauen und über die "reputation effects" zu verteidigen. Diese Strategie ist nur dann rational, wenn der Abschrek-

---

1 Vgl. Milgrom, P.; Roberts, J.: Predation, Reputation, and Entry-deterrence, in: Journal of Economic Theory, 27, 1982, S. 302; vgl. auch Dixit, A.: Recent Development in Oligopoly Theory, a..a.0. 1982, S. 14.

2 Vgl. Milgrom, P.; Roberts, J.: Predation, Reputation, and Entry-deterrence, a.a.O. 1982, S. 280.

3 Vgl. Vickers, J.; Hay, D. (Hrsg.): The Economics of Market Dominance, a.a.O. 1987, S. 14.

4 Vgl. Comanor, W.S.; Frech, M.E.: Strategic Behavior and Antitrust Analysis, a.a.O. 1984, S. 372.

5 Vgl. ebenda, S. 373; vgl. auch Ordover, J.A.; Saloner, G.: Predation, Monopolization and Antitrust, in: Schmalensee, R.; Willig, R.D. (Hrsg.): Handbook of Industrial Organization, Vol. I, Amsterdam u.a. 1989, S. 561.

6 Vgl. Scherer, F.M.; Ross, D.: Industrial Market Structure and Economic Performance, a.a.O. 1990, S. 386.

7 Vgl. Milgrom, P.; Roberts, J.: Predation, Reputation, and Entry-deterrence, a.a.O. 1982, S. 280.

8 Vgl. Jacquemin, A.: Industrieökonomik, a.a.O. 1986, S. 103.

9 Salop, S.C.: Strategic Entry-deterrence, a.a.O. 1979, S. 337; vgl. auch Dixit, A.: Recent Developments in Oligopoly Theory, a.a.O. 1982, S. 15.

10 Vgl. Jacquemin, A.: Industrieökonomik, a.a.O. 1986, S. 104.

kungseffekt die strategischen Investitionskosten überkompensiert.[1] Die anfängliche Gewinnreduktion wird nicht vollständig kompensiert, sobald Newcomer sich im Markt erfolgreich durchsetzen können. Weil damit besonders im Falle einer potentiellen Konkurrenz großer Konglomerate zu rechnen ist (etablierte Finanzstarke sich also mit der möglichen Konkurrenz gleich-ressourcenstarker Unternehmen auseinandersetzen müssen), bietet sich eine andere Form strategischer Investitionen an, nämlich die Erhöhung der Kosten der aktuellen und potentiellen Konkurrenten.

g. "Raising rivals costs" als Alternative innerhalb des "predatory behavior"

Die Strategie eines Verdrängungswettbewerbs über Kampfpreise ist nur dann rational, wenn über diese strategische Investition erreicht wird, den aktuellen Konkurrenten zum Marktaustritt zu bewegen bzw. über den damit verbundenen Ruf potentielle Konkurrenten vom Markteintritt abzuhalten. Diese Strategie eines "predatory pricing" beinhaltet immer die Gefahr einer Verlusthinnahme, falls die Marktverdrängung des aktuellen Konkurrenten und damit folglich die Erzeugung des Reputationseffekts nicht gelingt. Aus diesem Grunde bietet es sich an, alternativ eine Kostenerhöhung bei den Konkurrenten zu induzieren, statt den Preis als strategische Variable zu wählen.[2]

Die Strategie der direkten Kostenerhöhung bei aktuellen und potentiellen Konkurrenten unterscheidet sich von der Strategie eines Kampfpreises durch den Wegfall des Investitionscharakters: Die kurzfristige Hinnahme einer Gewinneinbuße zur Erreichung langfristiger übernormaler Profite entfällt – die Aktion ermöglicht eine sofortige Gewinnerhöhung.[3] Hier liegt der Vorteil dieser "predatory strategy", die auf die Kostenerhöhung bei den Konkurrenten gerichtet ist. Im Gegensatz zum "predatory pricing" ist diese Maßnahme auch dann lohnend, wenn die Konkurrenten den Markt nicht verlassen: Da sie sich im Kostennachteil befinden, werden sie ihren Output drosseln und somit Marktanteile an den "Strategen" abgeben.[4] Infolge der induzierten Verschiebung der Angebotskurve des Konkurrenten nach oben, stellt sich somit die Rechtsverschiebung der Nachfragekurve des etablierten Unternehmens ein.

Diese Art eines "predatory behavior" kann sich im Rahmen des hier vorgestellten "strategic entry-deterrence"-Ansatzes auch gegen potentielle Konkurrenten richten. Dies ist der Fall, sobald sich die Aktionen auf die Erzeugung eines Kostennachteils im Zusammenhang mit der Marktpositionierung eines Newcomers beziehen.[5] Vor dem Hintergrund einer Abschreckung potentieller Konkurrenten ist hervorzuheben, daß die "raising rivals costs"-Strategie hinsichtlich ihrer Glaubwürdigkeit unproblematischer ist als das "predatory pricing": Infolge des entfallenden Investitionselements einer kurzfristigen Gewin-

---

1 Vgl. ebenda, S. 105.

2 Vgl. Salop, S.C.; Scheffman, D.T.: Raising Rivals Costs, in: The American Economic Review, 75, S. 267.

3 Vgl. ebenda; vgl. auch Comanor, W.S.; Frech, H.E.: Strategic Behavior and Antitrust Analysis, a.a.O. 1984, S. 373.

4 Vgl. Salop, S.C.; Scheffman, D.T.: Raising Rivals Costs, a.a.O. 1983, S. 267.

5 Vgl. Comanor, W.S.; Frech, R.E.: Strategic Behavior and Antitrust Analysis, a.a.O. 1984, S. 373.

neinbuße, ist sie kostengünstiger durchzuführen als die Preiskampfstrategie, so daß potentielle Konkurrenten mit Sicherheit die für sie ungünstige Kostensituation in ihr Kalkül einbeziehen und möglicherweise den Markteintritt unterlassen.[1] Dies umso mehr, als damit auch Unternehmen, welche nicht die Finanzkraft großer Konglomerate aufweisen, zu derartigen Aktivitäten befähigt sind.[2] Eine Möglichkeit zur Kostenerhöhung bei aktuellen und potentiellen Konkurrenten kann sich beispielsweise durch eine vertikale Rückwärtsintegration bieten, wodurch die Inputkosten der Konkurrenten kontrolliert werden können.[3] Diese Situation kann potentielle Konkurrenten vom Markteintritt abschrecken, so daß gravierende horizontale Effekte entstehen können.[4] Eine weitere Möglichkeit aus der Vielzahl der Faktormarktstrategien ist die Erhöhung der Kosten des Produktionsfaktors Arbeit: Ein Tarifvertrag, der für eine gesamte Branche gilt, verschlechtert die Kostensituation der arbeitsintensiven Unternehmen und kann somit von den kapitalintensiven Unternehmen zur Abwehr entsprechender potentieller Konkurrenten genutzt werden.[5]

Im Rahmen der Strategie eines "raising rivals costs" wird eine Asymmetrie zwischen der etablierten und der potentiellen Unternehmung in Form der Kostendifferenz hergestellt. Da die Zusatzkosten der Erzeugung einer derartigen Asymmetrie, wie erwähnt, als gering zu veranschlagen sind, kann mit einer Überkompensation durch die Umlenkung der Nachfrage oder infolge der Möglichkeit der Preiserhöhung beim "Strategen" gerechnet werden. Infolgedessen ist ein derartiges Vorgehen zur Abschreckung potentieller Konkurrenten eher denkbar, als die Durchführung der Kampfpreisstrategie.

h. Die strategische Instrumentalisierung von Lernkurveneffekten durch den "first mover"

Der "first mover" verfügt typischerweise über einen großen Strategienfächer. Besonders anschaulich kann die Instrumentalisierung von "first mover"-Vorteilen anhand von Lernkurveneffekten, welche beispielsweise in der Flugzeugindustrie bedeutsam sind, verdeutlicht werden.

Die Lernkurve ist eine Funktion, bei der die Stückkostenentwicklung vom akkumulierten Output abhängig ist.[6] Sie dokumentiert die Möglichkeit, durch Erfahrung in der Produkti-

---

1 Dieses Muster wurde von der Monopolkommission als "Entmutigungs- und Abschreckungseffekt" klassifiziert. Vgl. Monopolkommission, Hauptgutachten 1984/85, Gesamtwirtschaftliche Chancen und Risiken wachsender Unternehmensgrößen, Baden-Baden 1986, S. 182.

2 Vgl. Salop, S.C.; Scheffman, D.T.: Raising Rivals Costs, a.a.O. 1983, S. 267.

3 Vgl. Encaoua, D.; Geroski, P.; Jacquemin, A.: Strategic Competition and the Persistence of Dominant Firms, a.a.O. 1986, S. 64.

4 Vgl. ebenda; vgl. auch Hamilton, J.L.; Lee, S.B.: Vertical Merger, Market Foreclosure, and Economic Welfare, in: Southern Economic Journal, Vol. 52, 1985/86, S. 948 ff.; weitere Relativierung zum von der Chicago School in diesem Zusammenhang favorisierten Transaktionskostenansatz liefern Comanor, W.S.; Frech, H.E.: The competitive effects of vertical agreements, in: The American Economic Review, 75, 1985, S. 539 ff.

5 Vgl. Williamson, O.: Antitrust Economics, a.a.O. 1987, S. 193 ff.; vgl. auch Salop, S.C.; Scheffman, D.T.: Raising Rivals Costs, a.a.O. 1983, S. 267.

6 Vgl. Spence, M.A.: The learning curve and competition, in: The Bell Journal of Economics, Vol. 12, 1981, S. 49.

on die Produktionskosten zu senken. Unter der Voraussetzung, daß diese Erfahrung nicht ohne weiteres auf andere Unternehmen übertragen werden kann, bedeutet dies, daß die Tatsache, als erster in einem Markt zu sein, schon einen natürlichen Kostenvorteil begründet.[1] Der "first mover" kann diesen natürlichen Kostenvorteil noch ausweiten, indem er darüber hinaus noch strategische Markteintrittsbarrieren schafft: Indem er zunächst einen niedrigeren Preis als den gewinnmaximierenden Preis setzt oder anfängliche Verluste hinnimmt, kann er eine Nachfrageexpansion auslösen, wodurch er schnell in den unteren Bereich seiner Lernkurve gelangt. Er realisiert Kostenvorteile, noch bevor Newcomer in Konkurrenz treten können.[2] Im Falle von "learning by doing" ermöglicht eine derartige Preisstrategie als strategische Investition also die Ausdehnung des Kostenvorteils: Der "first mover" opfert kurzfristig Gewinne, um seine dominante Position über das schnelle Forcieren der Kostenasymmetrie zwischen ihm und den potentiellen Konkurrenten zu sichern.[3] Dieses Vorgehen kann besonders in Halbleiter- und Elektronikbranchen beobachtet werden und bewirkt starke Konzentrations- und Monopolisierungstendenzen.[4]

Allein aufgrund der Tatsache, daß eine Unternehmung als erste im Markt war, ist also eine Monopolisierung erklärbar: Bei "first mover"-Vorteilen ist eine starke Tendenz zu einer Marktdominanz auf der Basis strategischer Investitionen festzustellen.[5] Die strategischen Investitionen sind der Grund dafür, daß die "first mover" schwer zu verdrängen sind, und man erblickt hier eine wichtige Ursache für die starkc Marktanteil-Gewinn-Korrelation.[6] Der Effekt des Auftretens großer dominanter Unternehmen mit einem starken Beharrungsvermögen im Markt verweist im Zusammenhang mit "first mover"-Vorteilen auf die Bedeutung einer geschichtlichen Entwicklung von Branchen.[7]

3. Das Konzept der strategischen Gruppen und der Mobilitätsbarrieren[8]

a. Charakterisierung und Abgrenzung: Einbeziehung der aktuellen Konkurrenten in das Marktbarrierenkonzept

Das Mobilitätsbarrierenkonzept von Caves und Porter erreichte innerhalb der modernen Harvard School eine große Bedeutung. Es stellt eine Verallgemeinerung des Konzepts der Eintrittsbarrieren dar, weil es nicht ausschließlich den branchenbezogenen Ein- und Aus-

---

1 Vgl. Scherer, F.M.; Ross, D.: Industrial Market Structure and Economic Performance, a.a.O. 1990, S. 372.

2 Vgl. Scherer, F.M.; Ross, D.: Market Structure and Economic Performance, a.a.O. 1990, S. 372; vgl. auch Lee, W.Y.: Oligopoly and Entry, in: Journal for Economic Theory, Vol. 11, 1975, S. 35 ff.

3 Vgl. Spence, A.M.: The learning curve and competition, a.a.O. 1981, S. 49, 68.

4 Vgl. Scherer, F.M.; Ross, D.: Industrial Market Structure and Economic Performance, a.a.O. 1990, S. 372 f.

5 Vgl. Encaoua, D.; Geroski, P.; Jacquemin, A.: Strategic Competition and the Persistence of Dominant Firms, a.a.O. 1989, S. 74.

6 Vgl. Scherer, F.: Stand und Perspektiven der Industrieökonomik, a.a.O. 1985, S. 13.

7 Vgl. Encaoua, D.; Geroski, P.; Jacquemin, A.: Strategic Competition and the Persistence of Dominant Firms, a.a.O. 1989, S. 69, 74.

8 Vgl. Caves, R.E.; Porter, M.E.: From Entry Barriers to Mobility Barriers: Conjectural Decisions and Contrived Deterrence to New Competition, in: Quarterly Journal of Economics, S. 241 ff.

tritt betrachtet, sondern auch die Ein- und Austrittsbedingungen in bezug auf die verschiedenen Gruppen innerhalb von Branchen umfaßt. Diese "general theory of the mobility of firms among segments of an industry"[1] ermöglicht eine differenzierte Betrachtung der potentiellen Konkurrenten. Aufgrund der Hypothese von der Heterogenität von Unternehmensgruppen innerhalb der "industries" kann die Ein- und Austrittsproblematik nun auch branchenintern diskutiert und analysiert werden. Die Berücksichtigung der brancheninternen Mobilität einzelner Gruppen bzw. ihrer Mobilitätsbarrieren impliziert die Anwendung des Marktbarrieren-Konzepts auf den Kreis aktueller Konkurrenten einer Branche.[2] Dies bedeutet, daß sich die Analyse gleichzeitig auf die inter- und intraindustrielle Mobilität von Konkurrenten beziehen kann. Während die traditionelle Industrieökonomik Harvards die Branche bzw. die "industry" als homogene Einheit verstand, in der sich die Unternehmen lediglich in ihren Marktanteilen unterschieden, betont dieser Ansatz ihre ökonomische Verschiedenartigkeit in vielen strategischen Dimensionen.[3] Dabei wird die Branche segmentiert, indem die Unternehmen entsprechend ihrer jeweiligen Strategien Gruppen zugeordnet werden. Die Konfiguration strategischer Gruppen wird damit zu einem wichtigen Element der Marktstruktur.[4] Diese Branchensegmentation führt zu einer Modifizierung und Differenzierung der traditionellen Struktur-Ergebnis-Betrachtung, so daß das Konzept von Caves und Porter eine Erklärungsmöglichkeit im Rahmen der neueren empirischen Ergebnisse liefert und gleichzeitig eine Gegenposition zur Chicago-These von der Leistungsüberlegenheit der Großunternehmung einnimmt.[5]

Das Konzept der Mobilitätsbarrieren betont in Abgrenzung zu den restriktiven Modellen im Rahmen des "strategic entry-deterrence"-Ansatzes die Dynamik des Markteintritts: Während sich in den "deterrence"-Modellen üblicherweise eine etablierte Unternehmung und ein potentieller Konkurrent gegenüberstehen, und der Markteintritt des potentiellen Konkurrenten einen "drastischen Einschnitt"[6] zwischen der "pre entry"- und "post entry"-Situation darstellt, betrachtet das Mobilitätskonzept eine Warteschlange unterschiedlicher potentieller Konkurrenten, die auf mehrere strategische Gruppen trifft. Der Markteintritt wird hier zu einem Prozeßablauf, der sich schrittweise über eine Vielzahl von Eintrittspfaden in der Zeit vollziehen kann.[7]

b. Die Segmentation von Branchen in strategische Gruppen

Die in einer Branche tätigen Unternehmen sind – wie bereits erwähnt – nicht homogen, sondern sie unterscheiden sich in ihren Strategien in bezug auf unterschiedlichste Dimensionen, wie z.B. dem Grad ihrer vertikalen Integration, ihrer Diversifizierung, den Ver-

---

1 Ebenda, S. 241.

2 Vgl. Jacquemin, A.: Industrieökonomik, a.a.O. 1986, S. 106.

3 Vgl. Porter, M.E.: The Structure within Industries and Companies' Performance, in: The Review of Economics and Statistics, Vol. 61, 1979, S. 214.

4 Vgl. ebenda, S. 219.

5 Vgl. hierzu Punkt F. II. 3. g.

6 Jacquemin, A.: Industrieökonomik, a.a.O. 1986, S. 106.

7 Vgl. Caves, R.E.; Porter, M.E.: From Entry Barriers to Mobility Barriers, a.a.O. 1977, S. 255 ff.

triebskanälen, den F&E-Ausgaben, ihrem Fixkostenniveau,[1] oder dem Grad ihrer regionalen oder multinationalen Aktivitäten usw.[2] Eine Branche setzt sich aus der Sicht von Caves und Porter aus verschiedenen Gruppen von Unternehmen zusammen. Dabei weisen die Mitglieder einer bestimmten Gruppe strukturelle Gemeinsamkeiten hinsichtlich dieser strategischen Dimensionen auf.[3] Unternehmen mit gleichen Strategien in bezug auf die Schlüsselentscheidungsvariablen gehören der gleichen Gruppe innerhalb der Branche an – sie werden als "strategische Gruppe" bezeichnet.[4]

Diese Segmentation der Branche in strategische Gruppen führt nicht, wie Caves und Porter betonen, zur Verwerfung des Branchenkonzepts.[5] "The industry becomes segmented but does not disappear".[6] Dies begründen sie mit der oligopolistischen Interdependenz, welche eher zwischen Firmen der gleichen Branche als zwischen Firmen unterschiedlicher Branchen bedeutsam sei.[7] Darüber hinaus wird im Ansatz der strategischen Gruppen eine Differenzierung der branchenspezifischen oligopolistischen Interdependenz vorgenommen: So ist die Interdependenz innerhalb einer strategischen Gruppe wesentlich größer als zwischen den strategischen Gruppen der Branche.[8]

Die Gruppenstruktur von Branchen kann sich behindernd auf kollusives Verhalten innerhalb der "industry" auswirken.[9] Dies umso mehr, je zahlreicher und je größengleicher die strategischen Gruppen sind.[10] Eine Branche mit einer komplexen Gruppenstruktur, also einer Vielzahl strategischer Asymmetrien, steigert die wettbewerbliche Rivalitätsbeziehung.[11] Dieser Effekt kann jedoch durch Mobilitätsbarrieren zwischen den strategischen Gruppen relativiert werden.

c. Mobilitätsbarrieren

Die Hypothese von der Gruppenstruktur einer Branche erweitert das klassische Konzept der Eintrittsbarrieren nach Bain.[12] Dieser Ansatz ging davon aus, daß die Branche als Gesamtheit durch die strukturellen Markteintrittsbarrieren – absolute Kostenvorteile, Produktdifferenzierung, economies of scale[13] – geschützt war und differenzierte nicht nach

---

1 Vgl. Porter, M.E.: The Structure within Industries and Companies' Performance, a.a.O. 1979, S. 215.

2 Vgl. Caves, R.E.; Porter, M.E.: From Entry Barriers to Mobility Barriers, a.a.O. 1977, S. 251.

3 Vgl. ebenda.

4 Vgl. Porter, M.E.: The Structure within Industries and Companies' Performance, a.a.O. 1979, S. 215.

5 Vgl. Caves, R.E.; Porter, M.E.: From Entry Barriers to Mobility Barriers, a.a.O. 1977, S. 250 f.

6 Ebenda, S. 251.

7 Vgl. ebenda.

8 Vgl. ebenda; vgl. auch: Porter, M.E.: The Structure within Industries and Companies' Performance, a.a.O. 1979, S. 215.

9 Caves, R.E.; Porter, M.E.: From Entry Barriers to Mobility Barriers, a.a.O. 1977, S. 250.

10 Porter, M.E.: The Structure within Industries and Companies' Performance, a.a.O. 1979, S. 218.

11 Vgl. ebenda, S. 217 f.; vgl. Caves, R.E.; Porter, M.E.: From Entry Barriers to Mobility Barriers, a.a.O. 1977, S. 250.

12 Vgl. Bain, J.S.: Barriers to New Competition, a.a.O. 1956.

13 Vgl. ebenda; vgl. auch Yip, G.S.: Barriers to Entry, Lexington u.a. 1982, S. 17 ff.

der Situation der einzelnen Unternehmen innerhalb der Branche.[1] Aus dem Konzept der strategischen Gruppen ergibt sich jedoch, daß sich die Unterschiede der jeweiligen Unternehmensstrategien in den strukturellen Marktbarrieren niederschlagen, so daß die Bedeutung der strukturellen Barrieren von den individuellen Unternehmensstrategien abhängig ist.[2] Je nach gewählter Strategie, die ja das Kriterium der Gruppenzugehörigkeit ist, können Kostenvorteile und Produktdifferenzierungen variieren: "Each of the standard sources of entry barriers can vary with the characteristics that define industry groups."[3]

Durch die strategiebedingten unterschiedlich hohen strukturellen Eintrittsbarrieren der strategischen Gruppen der Branche wird der Eintritt in alternative Gruppen unterschiedlich schwierig. Die Eintrittsschranken variieren also nach Art und Höhe zwischen den strategischen Gruppen.[4] Diese Situation kann dafür verantwortlich sein, daß stabile Marktanteile von Unternehmen einer Branche, mit instabilen Marktanteilen anderer Unternehmen derselben Branche koexistieren können: Während die einen zu einer Gruppe mit hohen Zutrittsschranken gehören, befinden sich die anderen in einer Gruppe, die infolge ihrer niedrigeren Zutrittsschranken mit schnellen Ein- und Austritten konfrontiert ist.[5] Die Eintrittsbarrieren sind also nicht für die gesamte Branche gleich. Daraus ergibt sich für den potentiellen Konkurrenten die Möglichkeit, allmählich über Gruppenzutritte von steigendem Schwierigkeitsgrad im Sinne einer steigenden Gruppenprofitabilität die Branche zu durchdringen.

Bei dem Ansatz von Caves und Porter ist besonders hervorzuheben, daß die gruppenspezifischen Eintrittsschranken die etablierten Unternehmen nicht nur vor branchenfremden Newcomern schützen, sondern auch vor branchenzugehörigen Unternehmen, welche sich in einer anderen strategischen Gruppe befinden.[6] Hier wird das Konzept der Eintrittsbarrieren auf die aktuelle Konkurrenz anwendbar, und diese Schranken werden zu Mobilitätsbarrieren innerhalb der Branchen. Damit weisen Mobilitätsbarrieren einen Bezug zur potentiellen und zur aktuellen Konkurrenz auf. Dieser duale Charakter repräsentiert die Verallgemeinerung des Ansatzes der Eintrittsbarrieren.[7]

Da der Ansatz von Caves und Porter die Eintrittsbarrieren teilweise als strukturell und teilweise als endogen betrachtet,[8] können die Strategien der Unternehmungen innerhalb einer Gruppe auch darauf abzielen, strategische Investitionen in Mobilitätsbarrieren zur Abwehr potentieller und aktueller Konkurrenten vorzunehmen. Die Barrieren variieren also nicht nur mit den gruppenspezifischen strategischen Dimensionen i.S. der strategischen Schlüsselvariablen, sondern die Unternehmen investieren aktiv in Zutrittsschranken, um potentielle Konkurrenten abzuschrecken.[9] Damit schließt das Mobilitätsbarrierenkon-

---

1 Vgl. Porter, M.E.: The Structure within Industries and Companies' Performance, a.a.O. 1979, S. 216.
2 Vgl. ebenda.
3 Caves, R.E.; Porter, M.E.: From Entry Barriers to Mobility Barriers, a.a.O. 1977, S. 252.
4 Vgl. ebenda, S. 252 f.
5 Vgl. Porter, M.E.: The Structure within Industries and Companies' Performance, a.a.O. 1979, S. 216.
6 Vgl. ebenda.
7 Vgl. Caves, R.E.; Porter, M.E.: From Entry Barriers to Mobility Barriers, a.a.O. 1977, S. 254.
8 Vgl. ebenda, S. 241.
9 Vgl. Caves, R.E.; Porter, M.E.: From Entry Barriers to Mobility Barriers, a.a.O. 1977, S. 247, 253.

zept die Möglichkeit einer Problematisierung von Marktmacht ein.[1] Differenzen in der Mobilitätsdynamik gehen dann nicht allein auf die Leistungsfähigkeit der Unternehmen im Wettbewerb zurück, sondern sind das Ergebnis nichtleistungskonformen Verhaltens mächtiger Unternehmensgruppen. Diese können irreversible Investitionen z.B. in Form von Käufer und Lieferanten bindenden Organisationssystemen vornehmen und so die Gewinnmöglichkeiten der potentiellen und aktuellen Konkurrenten einschränken.[2]

Dabei wird der Kollektivgutaspekt der strategischen Investitionen bedeutungsvoll: Der Bezugsrahmen der Modelle des "entry-deterrence"-Ansatzes, der typischerweise durch eine eingegrenzte Situation charakterisiert werden kann, in der sich eine etablierte Unternehmung und ein potentieller Konkurrent gegenüberstehen, erweitert sich aus der Perspektive des Mobilitätsbarrierenkonzepts: Bezieht sich die Analyse auf mehrere etablierte Unternehmen innerhalb einer strategischen Gruppe, so erhalten die strategischen Eintrittsbarrieren bzw. die Mobilitätsbarrieren den Charakter eines kollektiven Kapitalgutes,[3] das für alle Gruppenmitglieder Monopolrenten abwirft. Da die strategische Investition in Mobilitätsbarrieren zur Abschreckung potentieller Konkurrenten, zu denen im Ansatz von Caves und Porter auch die aktuellen Konkurrenten innerhalb der Branche zählen, nicht nur den Investor, sondern auch seine Konkurrenten innerhalb der strategischen Gruppe schützt, wird kollusives Verhalten, das auf strategische Eintrittsbarrieren gerichtet ist, relevant.[4] Dabei werden die für eine Maximierung des Gruppengewinns notwendigen Investitionen in strategische Eintrittsbarrieren durch die einzelnen Gruppenmitglieder nur dann in vollem Umfang erfolgen, wenn ein free rider-Verhalten bei den Absprachen ausbleibt und die Transaktionskosten der Kollusion nicht zu stark ins Gewicht fallen.

d. Zur Differenzierung potentieller und aktueller Konkurrenten: die Warteschlange

Der Markteintritt eines Newcomers und die Aktivitäten der etablierten Unternehmung zur Abwehr potentieller Konkurrenten gelten als Investitionsentscheidungen unter Unsicherheit und konjekturaler Interdependenz.[5] Die Markteintrittsinvestitionsentscheidung eines potentiellen Konkurrenten basiert auf seinen unsicheren Vermutungen bezüglich der im Eintrittsmarkt realisierten Gewinne, seiner strukturellen Eintrittsbarrieren sowie der Erwartungen hinsichtlich der Reaktionen der etablierten Unternehmung auf seinen Eintritt. Neben diesen traditionellen Elementen, die schon in den Limit-Preis-Modellen die Investitionsentscheidung des potentiellen Newcomers beeinflußten, berücksichtigt der potentielle Konkurrent im Ansatz von Caves und Porter noch darüber hinaus seine gesamten Ressourcen sowie seine irreversiblen Kosten der Informationsbeschaffung und Durchführung der Eintrittsaktion.[6] Diese letzten beiden Elemente, die die Investitionsentscheidung des potentiellen Konkurrenten mitbestimmen sowie die Gruppenstruktur der Branche füh-

---

1 Vgl. Porter, M.E.: The Structure within Industries and Companies' Performance, a.a.O. 1979, S. 226.
2 Vgl. Jacquemin, A.: Industrieökonomik, a.a.O. 1986, S. 106.
3 Vgl. Caves, R.E.; Porter, M.E.: From Entry Barriers to Mobility Barriers, a.a.O. 1977, S. 247.
4 Vgl. Caves, R.E.; Porter, M.E.: From Entry Barriers to Mobility Barriers, a.a.O. 1977, S. 247.
5 Vgl. ebenda, S. 241, 261.
6 Vgl. ebenda, S. 242 f.

ren dazu, daß sein Markteintritt keine Ja- oder Nein-Entscheidung ist, sondern, daß er sich zunächst in die Warteschlange potentieller Konkurrenten einreiht und positioniert.[1]

Sind verschiedene Industriegruppen vorhanden, muß sich die Eintrittsentscheidung auf eine bestimmte Gruppe richten. Falls der Eintritt mit einer völlig neuen Strategie verbunden ist, die bislang nirgendwo realisiert wurde, führt diese Innovation zur Bildung einer neuen strategischen Gruppe.[2] Die einzelnen strategischen Gruppen der Branche sind mit spezifischen Warteschlangen potentieller Konkurrenten aus derselben Branche oder aus fremden "industries" konfrontiert. Dies liegt zum einen an den gruppenspezifischen Eintrittsbarrieren, welche mit der jeweiligen Strategiecharakteristik variieren, zum anderen an der unterschiedlichen Ressourcenausstattung der jeweiligen potentiellen Konkurrenten.[3] So wird es für neu gegründete Unternehmen (de novo-Eintritt) schwierig sein, in eine hochprofitable strategische Gruppe mit hohen Mobilitätsbarrieren einzutreten, weil ihnen noch das dafür notwendige Ressourcenpotential fehlt. Aus diesem Grunde treten sie zunächst in die Randgruppen ein.[4] Potentielle Konkurrenten dagegen, welche schon in einer anderen Branche etabliert sind und dort schon zur führenden Industriegruppe gehören, werden wesentlich leichter als die "de novo-Unternehmung" in die hochprofitable Gruppe eintreten können.[5] Sie werden nicht erst in ihrer neuen Branche Erfahrung sammeln müssen, um über den Umweg verschiedener strategischer Gruppen zur Kerngruppe vorzudringen. Hier wird deutlich, daß schon woanders etablierte Unternehmen, wie z.B. ausländische Unternehmen oder große Konglomerate, eine stärkere potentielle Konkurrenz darstellen als neu gegründete Unternehmen. Sie stehen damit an erster Stelle der Warteschlange potentieller Konkurrenten, während die Unternehmensneugründungen den letzten Platz einnehmen.[6]

Daß die Art und Höhe der Mobilitätsbarrieren die Positionierung der potentiellen Konkurrenten in der Warteschlange bestimmen kann, verdeutlichen z.B. absolute Kapitalmarktkostenvorteile. Diese Barriere kann durch die bereits in anderen Branchen etablierten Unternehmen leichter überwunden werden, da dieser Kostenvorteil auch ihr Ressourcenpotential mitbestimmt.[7] Im Mittelfeld der Warteschlange potentieller Konkurrenten befinden sich diversifizierte Unternehmen der gleichen oder fremden Branche.[8]

Ein erfolgreicher Eintritt in eine strategische Gruppe durch eine Unternehmung einer anderen, weniger profitablen strategischen Gruppe der gleichen Branche liegt vor, wenn es der Firma gelingt, sich die Strategien der profitableren Gruppe zu eigen zu machen. Dabei

---

1 Vgl. Caves, R.E.; Porter, M.E.: From Entry Barriers to Mobility Barriers, a.a.O. 1977, S. 242 f., 254 f.

2 Vgl. ebenda, S. 254.

3 Vgl. ebenda, S. 255, S. 257 ff.

4 Vgl. ebenda, S. 259.

5 Vgl. ebenda, S. 257.

6 Vgl. Khemani, R.S.; Shapiro, D.M.: On Entry and Mobility Barriers, in: Antitrust Bulletin, 1988, S. 134.

7 Vgl. Caves, R.E.; Porter, M.E.: From Entry Barriers to Mobility Barriers, a.a.O. 1977, S. 258.

8 Vgl. Khemani, R.S.; Shapiro, D.M.: On Entry and Mobility Barriers, a.a.O. 1988, S. 134; vgl. auch Caves, R.E.; Porter, M.E.: From Entry Barriers to Mobility Barriers, a.a.O. 1977, S. 260 f.

kann diese Unternehmung auch gleichzeitig einer anderen Branche angehören. In diesem Falle war sie vor ihrem intraindustriellen Eintritt in die neue strategische Gruppe interindustriell über die Diversifizierung ihrer Produktpalette in die neue Branche eingetreten. Im Mittelfeld der Warteschlange potentieller Konkurrenten befinden sich typischerweise die Wettbewerber anderer strategischer Gruppen der gleichen Branche.[1] In diesem Feld ist nicht der direkte, sondern der indirekte Eintrittspfad bedeutungsvoll, der sich als schrittweiser Eintritt über unterschiedliche Gruppen vollzieht.

Die potentiellen Konkurrenten in der Warteschlange können also differenziert werden. Dies hat zur Konsequenz, daß der Wettbewerbsdruck, der von den potentiellen Konkurrenten ausgeht, entsprechend unterschiedlich beurteilt werden kann. Der höchste Wettbewerbsdruck wird von bereits in den anderen Märkten etablierten Unternehmen ausgehen, ein mittlerer Wettbewerbsdruck von den aktuellen Konkurrenten innerhalb der Branche, und die geringste disziplinierende Wirkung auf das Verhalten etablierter Unternehmen geht in Abgrenzung zu Bains Eintrittsbarrieren-Konzept von Unternehmensneugründungen aus.

Eine derartige Warteschlange potentieller Konkurrenten konnte empirisch bestätigt werden.[2] Diese differenzierte Beurteilung der Wettbewerbswirkung potentieller Konkurrenten hängt mit deren unterschiedlichen Eintrittsstrategien zusammen, zu denen sie aufgrund ihrer Ressourcen befähigt sind.

e. Die Eintrittspfade der potentiellen und aktuellen Konkurrenten

Die Hypothese strategischer Gruppen ermöglicht die Analyse von Eintrittspfaden potentieller Konkurrenten und ihrer entsprechenden unterschiedlichen Eintrittsstrategien.[3] Der Markteintritt wird als Prozeß betrachtet, der sich über eine Sequenz von Schritten vollzieht.[4] Da der Markteintritt eine Investitionsentscheidung unter Unsicherheit mit dem unterschiedlich stark ausgeprägten Charakter der Irreversibilität ist, folgt der schrittweise Eintritt in Form eines Eintrittspfades, welcher in der Zeit auch Umwege einschlagen kann, aus der Risikominimierung der potentiellen Konkurrenten.

Ein Umweg ist besonders im Falle hoher Eintrittsbarrieren, wie zum Beispiel großer Kapitalerfordernisse, angebracht. Sind die notwendigen Eintrittsinvestitionen mit einem hohen Grad an Irreversibilität verbunden, ist das Eintrittsrisiko besonders hoch,[5] da im Falle eines Fehlschlages die Auslagen zu sunk costs werden. Hier bietet es sich für einen potentiellen Konkurrenten an, zunächst in eine strategische Gruppe einzutreten, deren Eintrittsbarrieren niedrig sind und wo der irreversible Anteil der notwendigen Eintrittsinvestitionsausgaben – und damit das Risiko – geringer ist. Solch ein "Flankenangriff" ermög-

---

1 Vgl. ebenda, S. 261.

2 Vgl. Khemani, R.S.; Shapiro, D.M.: On Entry and Mobility Barriers, a.a.O. 1988, S. 134.

3 Zu möglichen Eintrittsstrategien vgl. Yip, G.S.: Barriers to Entry. A Corporate-Strategy Perspective, Lexington, Massachusetts Toronto 1982, S. 28 ff.

4 Vgl. Caves, P.E.; Porter, M.E.: From Entry Barriers to Mobility Barriers, a.a.O. 1977, S. 255.

5 Vgl. ebenda, S. 256.

licht es dem potentiellen Konkurrenten, Erfahrung in der Branche zu sammeln und auf dieser erweiterten Fähigkeitsbasis in die nächste strategische Gruppe einzutreten, um schließlich über den Umweg über eine Vielzahl von strategischen Gruppen, in die hochprofitable Branchengruppe vorzudringen.[1]

Die Irreversibilität, und damit das Risiko der Investitionsentscheidung, kann je nach strategischer Gruppe sehr unterschiedlich ausfallen. So sind Ausgaben für tangible Vermögenswerte (z.B. Produktionsanlagen) weniger irreversibel als Ausgaben für intangible Vermögenswerte (z.B. "Ruf", den ein potentieller Konkurrent über kostenaufwendige Werbekampagnen erst schaffen mußte), welche sich nicht ohne weiteres veräußern lassen. Der Verlauf des indirekten Eintrittspfades eines potentiellen Konkurrenten wird also derart gestaltet sein, daß die weniger risikobehafteten Eintrittsbarrieren zeitlich früher überwunden werden als die riskanten Schranken.[2] Der potentielle Konkurrent berücksichtigt also bei seiner aktuellen Eintrittsentscheidung seine zukünftigen Schritte.[3]

Diesem schrittweisen Eintritt der potentiellen Konkurrenten aus dem Mittelfeld der Warteschlange steht der direkte Eintrittspfad der schon bereits in anderen Branchen etablierten Unternehmen gegenüber. Sie können aufgrund ihrer Fähigkeiten oder auch nur auf der Grundlage ihrer umfangreichen Ressourcen direkt in die hoch profitable Gruppe eintreten.[4] Ihre starke potentielle Konkurrenz kann die Position dominanter Unternehmen gefährden, soweit es diesen nicht gelingt, über die Investition in strategische Markteintrittsschranken den Zutritt abzuwehren.

Diese "Waffengleichheit" der etablierten Unternehmungen hinsichtlich ihres Ressourcenpotentials besteht in bezug auf die Konkurrenten im Mittelfeld der Warteschlange nicht. Diese können die Position der dominanten Unternehmensgruppe nicht gefährden, weil die dominante Gruppe über "entry-deterring-investments", d.h. strategische Investitionen in Mobilitätsbarrieren, in der Lage ist, die Expansionsmöglichkeiten der Branchenrandgruppen abzublocken.[5] Auch wenn der Eintritt in die Branche via strategischer Randgruppen möglich ist, so bedeutet dies nicht, daß die Branche auch offen ist. Die dominante Gruppe kann mit einer auf die jeweiligen Eintrittspfade abgestimmten Abwehrstrategie reagieren.

Dieser Aspekt wird von Yip letztlich ausgeblendet. In seinem Vorschlag zur Weiterentwicklung der Theorie der Eintrittsbarrieren wird der Ansatz von Caves und Porter als zweite Entwicklungsstufe klassifiziert, welche die aktuellen Konkurrenten wie potentielle Konkurrenten analysiert. Vor dem Hintergrund der Eintrittspfadproblematik bietet er als dritte Entwicklungsstufe die Analyse von unternehmensindividuellen Wettbewerbsstrategien an, welche auf die Neutralisation von Eintrittsschranken ausgerichtet ist.[6] Dieser Ansatz läuft letztlich auf eine Perspektive der Marktoffenheit hinaus, weil er der Machtpro-

1 Vgl. Yip, G.S.: Barriers to Entry, a.a.O. 1982, S. 30.
2 Vgl. Caves, R.E.; Porter, M.E.: From Entry Barriers to Mobility Barriers, a.a.O. 1977, S. 256.
3 Vgl. ebenda, S. 255.
4 Vgl. ebenda.
5 Vgl. ebenda, S. 256 f.
6 Vgl. Yip, G.S.: Barriers to Entry, a.a.O. 1982, S. 129.

blematik über seine Sichtweise des Corporate-Strategy-Konzepts allein, nicht gerecht wird. Hinzukommen müßte eine theoretische Auseinandersetzung mit der Irreversibilität der relevanten Investitionen. In dieser Hinsicht geht der Ansatz von Yip einen Schritt hinter das Konzept von Caves und Porter zurück.

f. Der Kollaps der Konzentration-Kollusion-Doktrin im Lichte des Mobilitätsbarrierenkonzepts

Wie unter Punkt F. I. 2. dargestellt, lenken die disaggregierten empirischen Untersuchungen die Aufmerksamkeit auf die individuelle Marktmacht. Der Branchenkonzentration kommt infolge der Überwindung des Aggregationsproblems nicht mehr die umfassende Bedeutung wie zu Zeiten der alten Harvard School zu. Die neueren empirischen Daten zur Marktstruktur-Marktergebnis-Korrelation können vor dem Hintergrund des Konzepts von Caves und Porter einer neuen theoretischen Erklärung zugeführt werden.

Aus dem Mobilitätsbarrierenkonzept ergibt sich, daß die Gewinnrate einer Branche mit der Heterogenität ihrer strategischen Gruppen variiert.[1] Dies wird darauf zurückgeführt, daß eine heterogene Gruppenstruktur die branchenweite Kollusion erschwert.[2] Newman zeigt, daß die traditionelle Sichtweise der Struktur-Ergebnis-Beziehung lediglich für den Fall einer homogenen Gruppenstruktur einer Branche zutrifft – sobald die Gruppenstruktur heterogen ist, verliert die Konzentration-Kollusion-Hypothese an Gewicht.[3] Die Bedeutung strategischer Gruppen – ein neues Merkmal der Marktstruktur – für das Marktergebnis geht somit auf deren Effekt auf die oligopolistische Interdependenz zurück.[4] Das Konzept von Caves und Porter kann somit als Weiterentwicklung der Oligopoltheorie angesehen werden, welche üblicherweise von homogenen Unternehmenseinheiten innerhalb von Branchen ausging.[5]

Die Zugehörigkeit zu unterschiedlichen strategischen Gruppen zeigt sich in Präferenzen, Ziel- und Verhaltensdifferenzen der Unternehmen, die sich in der Verschiedenheit ihrer Strategien niederschlagen.[6] Eine derartige Situation hat zur Konsequenz, daß die Fähigkeit zur oligopolistischen Verhaltensabstimmung innerhalb der Branche sinkt, je komplexer ihre Gruppenstruktur ist.[7] Industrien mit einer komplexen Gruppenstruktur werden also eine stärkere Rivalitätsbeziehung aufweisen, als solche mit einem geringeren Gruppenkomplexitätsgrad – ein Umstand, der sich positiv auf das Marktergebnis auswirkt.[8]

---

1 Vgl. Porter, M.E.: The Structure within Industries and Companies' Performance, a.a.O. 1979, S. 219.

2 Vgl. Newman, H.H.: Strategic Groups and the Structure Performance Relationship, in: The Review of Economics and Statistics, Vol. 60, 1978, S. 425.

3 Vgl. ebenda.

4 Vgl. ebenda, S. 418.

5 Vgl. ebenda.

6 Vgl. Porter, M.E.: The Structure within Industries and Companies' Performance, a.a.O. 1979, S. 217.

7 Vgl. ebenda; vgl. Newman, H.H.: Strategic Groups and the Structure-Performance Relationship, a.a.O. 1978, S. 418.

8 Vgl. ebenda.

Die Bedeutung der Heterogenität der strategischen Gruppen einer Branche – also ihrer strategischen Asymmetrie – für die Rivalitätsbeziehung zwischen den Gruppen ist jedoch nur ein allgemeiner Aspekt, der einer weiteren Differenzierung bedarf. So ist die spezifische Rolle einzelner strategischer Gruppen innerhalb einer Gruppenkonfiguration zu beleuchten. Porter verweist darauf, daß die Gruppenheterogenität die Rivalitätsbeziehung umso mehr steigere, je größer die Anzahl und je gleicher die Größe der einzelnen strategischen Gruppen ist.[1] Entfällt z.B. auf einer bestimmten strategischen Gruppe nur ein kleiner Marktanteil, und kann eine andere Gruppe einen großen Marktanteil besetzen, so hat die Gruppenheterogenität bzw. die strategische Asymmetrie keinen großen Einfluß auf die Rivalitätsbeziehung, da die kleine Gruppe nicht fähig ist, die große Gruppe zu beeinflussen.[2] Ob eine Unternehmung vom Wettbewerb innerhalb der Branche tangiert werden kann, hängt also von der Position der anderen Wettbewerber ab.[3] Ein negatives Marktergebnis wird sich c.p. immer dann einstellen, wenn die Branche sowohl eine homogene Gruppenstruktur als auch einen hohen Konzentrationsgrad aufweist. Dies wäre die beste Bedingung für erfolgreiches kollusives Verhalten,[4] da hier die Situation hoher Reaktionsverbundenheit mit der Zielkongruenz der Unternehmen gekoppelt ist. Die Bedeutung einer homogenen Gruppenstruktur einer Branche als Marktergebnisdeterminante ist somit in hochkonzentrierten Industrien schwerwiegender als in Branchen mit einem geringeren Konzentrationsgrad.[5] Folglich ist die Relevanz des Konzentrationsgrades einer Branche als Marktergebnisdeterminante im Falle einer homogenen Gruppenstruktur größer als in der Situation einer heterogenen Gruppenstruktur.[6] Wird also eine erweiterte Marktstrukturbetrachtung vorgenommen, die den Strukturkomplexitätsgrad auf der Basis strategischer Gruppen untersucht, so ergibt sich eine differenziertere Beurteilung der Branchenkonzentration und ihrer Wirkung auf das Marktergebnis. C.p. kann die negative Marktergebniswirkung der Branchenkonzentration durch eine heterogene Gruppenstruktur gleich starker Gruppen abgeschwächt werden, da dadurch tendenziell oligopolistische Absprachen erschwert werden, und die "intergroup rivalry" steigt.

Der positive allgemeine Aspekt einer steigenden Rivalitätsbeziehung zwischen den Gruppen einer Branche auf der Basis der heterogenitätsbedingten Erschwernis kollusiver Verhaltensweisen wird durch den Mobilitätsbarrierenaspekt relativiert. Mobilitätsbarrieren senken die "intergroup rivalry" und lenken den Blick auf Marktmachtdifferenzen. Im Hinblick auf die Struktur-Ergebnis-Beziehung determiniert die Höhe der Mobilitätsbarrieren der verschiedenen strategischen Gruppen deren jeweilige potentielle Profitabilität.[7] Die Erosion der Gewinne einzelner Gruppen hängt von deren Stellung innerhalb der Gruppenkonfiguration der Branchen ab.[8] Die Erosion des Gruppengewinns – und damit der Zutritt

1 Vgl. Porter, M.E.: The Structure within Industries and Companies' Performance, a.a.O. 1979, S. 218.
2 Vgl. ebenda.
3 Vgl. ebenda.
4 Vgl. Porter, M.E.: The Structure within Industries and Companies' Performance, a.a.O. 1979, S. 420.
5 Vgl. ebenda.
6 Vgl. ebenda.
7 Vgl. ebenda, S. 218.
8 Vgl. Porter, M.E.: The Structure within Industries and Companies' Performance, a.a.O. 1979, S. 218.

in eine Gruppe durch aktuelle Branchenwettbewerber – ist also umso wahrscheinlicher, je größer die Anzahl der Gruppen, je gleicher deren Größe, je niedriger die Höhe der Mobilitätsbarrieren und je größer der Wettbewerb innerhalb der Gruppe ist.

Die Bedeutung der strategischen Gruppen bei der Marktstruktur-Rentabilitätskorrelation konnte im Rahmen empirischer Untersuchungen bestätigt werden.[1] Vor dem Hintergrund der praktischen Schwierigkeiten bei der Identifizierung strategischer Gruppen benutzte Porter als grobe Annäherung die Unternehmensgröße, da man bei unterschiedlichen Unternehmensgrößen von Differenzen in den strategischen Schlüsselvariablen, welche strategische Gruppen abgrenzen, ausgehen kann. Er verteilte die Unternehmen, die er untersuchte, auf "leader"- und "follower"-Gruppen,[2] gemäß ihrer relativen Größe. Seine Regressionsanalyse ergab, daß die "leader"-Gruppen eine wesentliche höhere Gewinnrate aufwiesen als die "follower"-Gruppen.[3] Dieses Ergebnis erklärt Porter damit, daß die Führungsgruppen Strategien verfolgen, welche ihnen überdurchschnittliche Gewinne einbringen. Darüber hinaus sind sie durch hohe Mobilitätsbarrieren vor einer Gewinnerosion durch die Verfolgergruppen geschützt.[4] Die unterschiedliche Profitabilität war also auf Mobilitätsbarrieren zurückzuführen. Diese empirische Untersuchung von Porter zeigt somit, daß die traditionelle Bainsche Betrachtung der Struktur-Ergebnis-Beziehung, welche überdurchschnittliche Gewinnraten auf die Branchenkonzentration zurückführte, obsolet ist. Sie befindet sich damit im Einklang mit den neueren disaggregierten empirischen Studien, welche die individuelle Marktanteilsbetrachtung betonen und somit die Blickrichtung auf die Notwendigkeit einer weiteren Differenzierung der Branchenstruktur lenken. Sie erweitert den Struktur-Verhalten-Ergebnis-Ansatz, da die Branche nicht mehr als homogene Einheit aufgefaßt wird.

g. Die Relativierung der Hypothese der Chicago-Schule von der Leistungsüberlegenheit der Großunternehmung durch das Mobilitätsbarrierenkonzept

Die Demsetz-These von der Leistungsüberlegenheit der Großunternehmung wird im Falle der Relevanz von Mobilitätsbarrieren relativiert. In seiner empirischen Untersuchung stellte Demsetz fest, daß ein hoher Konzentrationsgrad der Branche nicht die Gewinnrate kleinerer Unternehmen steigert, wie es auf der Basis der Konzentration-Kollusion-These der Fall sein müßte. Demsetz erklärte dieses Resultat mit der größeren Effizienz der Großunternehmen in bezug auf die kleineren Firmen.[5]

Porter hingegen betont, daß diese empirischen Resultate der Studie von Demsetz durch das Mobilitätsbarrierenkonzept adäquat erklärt werden. Dies bedeutet, daß Demsetz' Ergebnisse mit einem Ansatz, der Marktmacht problematisiert, kompatibel sind ein Zusam-

1 Vgl. ebenda, S. 220 ff.
2 Vgl. ebenda, S. 220 ff.
3 Vgl. ebenda, S. 222 ff.
4 Vgl. ebenda, S. 223.
5 Vgl. Demsetz, H.: Industry Structure, Market Rivalry and Public Policy, in: The Journal of Law and Economics, 11, 1973, S. 1 ff.

menhang, in welchem Demsetz' Erklärung widerlegt wird: Die Gewinnrate großer Unternehmungen gehe nicht auf deren Effizienz zurück, sondern auf deren Marktmacht, welche ihren Ausdruck in den Mobilitätsbarrieren findet: Porters "... major disagreement with Demsetz is that he ignores the existence of mobility barriers ..."[1].

Porter stellt in seiner empirischen Untersuchung auch fest, daß Gruppen kleinerer Unternehmen teilweise eine höhere Gewinnrate aufweisen als Gruppen größerer Unternehmen[2] – ein Ergebnis, das durch seinen Ansatz, nicht aber durch Demsetz' Konzept, adäquat erklärt werden kann.[3] So ist denkbar, daß die kleineren Unternehmen überlegene, spezifizierte Strategien in Nischen anwenden, welche von Großunternehmen nicht ohne weiteres infolge ihrer Mobilitätsbarrieren imitiert werden können.[4] Dieser Aspekt betont den strategischen Investitionscharakter von Mobilitätsbarrieren und die damit zusammenhängende Relevanz von Austrittsbarrieren. In Porters Ansatz ist also eine Leistungsüberlegenheit von Kleinunternehmen und eine Leistungsunterlegenheit von Großunternehmen erklärbar, so daß Marktmacht nicht notwendig mit Effizienz einhergehen muß.

III. Wettbewerbspolitische Handlungsempfehlungen auf der Grundlage der neueren Harvard School

1. Wettbewerbspolitische Grundüberlegungen

Die "entry-deterring strategies" – der Kern-Erkenntnisgegenstand der modernen Harvard School – haben den Effekt, daß sich langfristig keine wettbewerblichen Marktstrukturen bilden können.[5] Dieser Aspekt ist bei der Beurteilung externen und internen Unternehmenswachstums zu beachten. Die wettbewerbstheoretischen Ansätze zum strategischen Verhalten und zum Mobilitätsbarrierenkonzept beinhalten als vorrangige wettbewerbspolitische Implikation die permanente Verhaltenskontrolle dominanter Unternehmen.[6] Dieses Vorgehen ist vor dem Hintergrund der theoretischen Ansätze zwar ursachenadäquat, jedoch schwer zu praktizieren.[7] Die permanente Verhaltenskontrolle gibt darüber hinaus bei einer Entflechtungsrelevanz im Rahmen der strukturellen Voraussetzungen Anlaß zu ordnungspolitischen Diskussionen.[8]

---

1 Porter, M.E.: The Structure within Industries and Companies' Performance, a.a.O. 1979, S. 226.

2 Vgl. ebenda, S. 227.

3 Vgl. ebenda.

4 Vgl. ebenda, S. 220.

5 Vgl. Scherer, F.M.; Ross, D.: Industrial Market Structure and Economic Performance, a.a.O. 1990, S. 449.

6 Vgl. Comanor, W.S.; Frech, H.E.: Strategic Behavior and Antitrust Analysis, a.a.O. 1984, S. 375.

7 Zu den Problemen einer Verhaltenskontrolle im Zusammenhang mit Ausbeutungsmißbrauch siehe Cox, H.: Preismißbrauchsaufsicht als Ultima Ratio der Wettbewerbspolitik, in: Gegenwartskunde, 30, 1981, SH. 3, S. 29 ff.

8 Dabei ist anzumerken, daß ordnungspolitische Problemgrade aus der Perspektive alternativer Wettbewerbstheorien unterschiedlich eingeschätzt werden.

Die wettbewerbspolitisch schwierigen Fragen im Rahmen strategischen Abwehrverhaltens haben ihren Ursprung auch in Normierungsproblemen.[1] Strategisches Verhalten ist derart komplex, daß sich keine allgemeingültige Wettbewerbsnorm finden läßt, nach der sich die wettbewerbspolitischen Instanzen richten können. Dies impliziert die Unmöglichkeit eines "rule of law"-Ansatzes und macht aufgrund der Vielfalt strategischen Verhaltens ausführliche und umfangreiche Untersuchungen im Rahmen von Einzelfalltests erforderlich, die mit hohen Durchführungskosten einhergehen können.[2]

Der Aufbau, die Verstärkung und die Verteidigung einer marktbeherrschenden Stellung über Behinderungs- und Ausschlußstrategien ist unter den Bedingungen einer fusionskritischen Wettbewerbspolitik schwieriger,[3] da Fusionen als Aspekt externen Unternehmenswachstums eine relativ schnelle und kostengünstige Möglichkeit darstellen, im Umfeld konzentrierter Märkte die Basis für "entry-deterring strategies" zu schaffen. Somit sollte sich die Wettbewerbspolitik auch auf die Kontrolle und Modifikation der Marktstrukturen beziehen, da diese die Voraussetzungen für Abwehrstrategien darstellen: Strategic entry-deterrence als Behinderungsmißbrauch ist nur im Rahmen einer marktbeherrschenden Stellung möglich.[4] Strategisches Abwehrverhalten lenkt hier die Aufmerksamkeit besonders auf die Einführung einer Entflechtung im Zusammenhang mit Behinderungsmißbrauch.[5]

2. Diagnose- und Normierungsprobleme im Rahmen einer Kontrolle strategischen Verhaltens und die Bedeutung von Einzelfalluntersuchungen

Vor dem Hintergrund der "strategic entry-deterrence"-Ansätze ist der Behinderungsmißbrauch ursächlich für nicht-wettbewerbliche Marktstrukturen. Die ursachenadäquate Therapie erfolgt mit dem Instrument der Mißbrauchsaufsicht, das auf die Überwindung des Behinderungsmißbrauchs abzielt und unter Berücksichtigung struktureller Voraussetzungen durch eine Entflechtungsmöglichkeit flankiert wird. Die typischen wettbewerbspolitischen Probleme bei der Behandlung mißbräuchlichen Verhaltens von marktbeherrschenden Unternehmen[6] werden bei einem Behinderungsmißbrauch als strategic entry-deterrence noch verschärft, da hier eine Langfristperspektive relevant wird.[7]

Die wettbewerbspolitische Handlungsempfehlung einer Verhaltenskontrolle auf der Basis der Verhalten-Struktur-Rückkopplung der Ansätze strategischen Abwehrverhaltens beinhaltet in den USA ein Vorgehen nach Sherman Act Section 2: Diese Spezialvorschrift erfaßt

---

1 Siehe Punkt F. III. 2.

2 Vgl. Schmalensee, R.: Standards for Dominant Firm Conduct, a.a.O. 1987, S. 81.

3 Vgl. Scherer, F.M.; Ross, D.: Industrial Market Structure and Economic Performance, a.a.O. 1990, S. 449.

4 Zu den Marktstrukturannahmen vgl. Monopolkommission: Wettbewerbspolitik oder Industriepolitik, Hauptgutachten IX, 1990/91, Baden-Baden 1992.

5 Siehe Punkt F. III. 3. d.

6 Vgl. Markert, K.: Die Mißbrauchsaufsicht über marktbeherrschende Unternehmen, in: Cox, H. u.a.: Handbuch des Wettbewerbs, a.a.O. 1981, S. 297 ff.

7 Die bekannte Diskussion der Probleme der Mißbrauchsaufsicht im kurzfristigen Kontext wird in dieser Arbeit nicht mehr wiedergegeben.

Behinderungsstrategien, die eine Monopolisierungsabsicht vorsehen.[1] "Every person who shall monopolize, or attempt to monopolize, or combine or conspire with any other person or persons, to monopolize any part of the trade or commerce among the several states, or with foreign nations, shall be deemed guilty of a felony ... ."[2] Die "Monopolisierungsabsicht" ist dabei ein subjektives Element.[3] Bei der Entwicklung von Monopolmacht ist nur dann ein Eingriff der wettbewerbspolitischen Instanzen möglich, wenn dem Unternehmen diese Monopolisierungsabsicht auch nachgewiesen werden kann: Das objektive Vorliegen restriktiver Behinderungspraktiken und eine subjektive Zielrichtung der Marktmonopolisierung müssen beim betreffenden Unternehmen gegeben sein,[4] wobei i.S. der US-amerikanischen Rechtsprechung eine diesbezügliche Indizwirkung der Behinderungspraktiken ausreicht.[5]

Im Rahmen der "rule of reason" muß in Einzelfalluntersuchungen festgestellt werden, ob die Marktentwicklung unvermeidbar war, oder ob der Markt absichtlich und systematisch monopolisiert wurde.[6] Ein "rule of law"-Ansatz ist angesichts der Ambivalenz und der Vielfalt strategischen Verhaltens nicht möglich. Das wettbewerbspolitische Problem liegt bei der Einzelfalluntersuchung in der Unterscheidung zwischen künstlichen, in wettbewerbsbehindernder Absicht geschaffenen Zutrittsschranken und solchen Barrieren, welche auf Leistungsüberlegenheit zurückzuführen sind.[7] Eintrittsbarrieren sind ein integrales Element dynamischer Wettbewerbsprozesse. Vor dem Hintergrund des statischen Modells der vollkommenen Konkurrenz stellen sie Marktunvollkommenheiten dar. Im Zusammenhang mit der Dilemma-These ermöglichen sie eine dynamische Effizienz zu Lasten der statischen Effizienzkriterien. Ursache dafür sind die Monopolrenten, die im Schutz der Eintrittsbarrieren entstehen können. Soweit diese Monopolgewinne im Falle von Eintrittsdrohungen potentieller Konkurrenten nicht für innovative Aktivitäten eingesetzt werden, liegt eine Instrumentalisierung von Eintrittsbarrieren zur Abschreckung potentieller Konkurrenten vor, d.h., dominante Unternehmen benutzen ihre mächtige Position in unproduktiver und nichtinnovativer Weise: Sie erzeugen negative Wohlfahrtseffekte, da ihr Ressourceneinsatz ineffizient ist. Diese Situation, in der weder dynamische noch statische Wettbewerbsfunktionen erfüllt werden, liefert den Anlaß für Interventionen der wettbewerbspolitischen Instanzen.

Die mit Eintrittsbarrieren einhergehenden Monopolrenten können jedoch in einem Umfeld von Markteintrittsdrohungen auch produktivitätssteigernd und innovativ eingesetzt werden:[8] Soweit eine Unternehmung ihre Leistungsfähigkeit im Wettbewerb beweist und ihre potentiellen Konkurrenten überflügeln kann, so daß ihre dominante Position ein Beharrungsvermögen aufweist, wäre eine wettbewerbspolitische Intervention nicht rational: In

---

1 Vgl. Schmidt, I.: Wettbewerbspolitik und Kartellrecht, a.a.O. 1990, S. 177.

2 Scherer, F.M.; Ross, D.: Industrial Market Structure and Economic Performance, a.a.O. 1990, S. 449.

3 Vgl. Schmidt, I.: Wettbewerbspolitik und Kartellrecht, a.a.O. 19901 S. 177.

4 Vgl. Schmidt, I.: Wettbewerbspolitik und Kartellrecht, a.a.O. 1990, S. 177.

5 Vgl. Ebenda, S. 178.

6 Vgl. Ebenda; vgl. Scherer, F.M.; Ross, D.: Industrial Market Structure and Economic Performance, a.a.O. 1990, S. 450 ff.

7 Vgl. Hay, D.A.; Vickers, J.S. (Hrsg.): The Economics of Market Dominance, Oxford, New York 1987, S. 17.

8 Vgl. Hay, D.A.; Vickers, J.S. (Hrsg.): The Economics of Market Dominance, a.a.O. 1987, S. 16.

diesem Falle verfügte die dominante Unternehmung über einen "spirit of competition", welcher aufgrund effizienten Ressourceneinsatzes positive Wohlfahrtseffekte zur Folge hätte.[1]

Im Rahmen dieser unterschiedlichen Wohlfahrtsimplikationen strategischen Verhaltens, die auf die Ambivalenz von Marktmacht zurückzuführen sind, sofern man nicht von der These eines "spirit of competition" ausgeht, haben Areeda und Turner versucht, einen strukturierten Einzelfalltest im Rahmen der Diagnose von "predatory behavior" zu entwickeln.[2] Sie liefern eine einfache Norm zur Feststellung eines preislichen Verdrängungswettbewerbs: Ein Verstoß gegen Sherman Act, Sec. 2 liegt demnach vor, wenn der Preis die kurzfristigen variablen Durchschnittskosten – als Proxyvariable für die kurzfristigen Grenzkosten – unterschreitet. In dieser Situation kann kein Gewinnmaximum realisiert werden, weil der Preis die kurzfristigen Grenzkosten nicht erreicht. Dieser kurzfristige Gewinnverzicht weist auf die Verdrängung bzw. den Ausschluß von Wettbewerbern hin.[3]

Dieser Test fand zwar Eingang in die US-amerikanische Wettbewerbsrechtsprechung, wurde jedoch auch kritisiert.[4] Die Kurzfristperspektive des Areeda-Turner-Tests ist angesichts des strategischen Charakters des untersuchten Phänomens nicht adäquat, denn ein Preissetzungsverhalten, das die Marktstruktur beeinflussen kann, ist langfristiger Natur.[5] Das Kennzeichen der untersuchten Verdrängungspraxis ist somit deren intertemporaler Charakter: Die kurzfristige Gewinneinbuße dient ja der Verdrängung bzw. dem Ausschluß der Konkurrenten, wodurch langfristig Preiserhöhungen ermöglicht werden, die den kurzfristigen Gewinnverzicht überkompensieren. Die Bedeutung dieser strategischen Betrachtung wurde insbesondere von Scherer und Williamson betont.[6] Bei der Diagnose nichtwettbewerblichen strategischen Verhaltens und seiner Abgrenzung zum wettbewerblichen Verhalten ist es besonders wichtig, Informationen über den Zweck der durchgeführten Aktionen zu gewinnen und den Effekt der strategischen Aktivitäten auf das etablierte Unternehmen und seine potentielle Konkurrenz abzuschätzen.[7] Ein Verhaltenstest

---

1 Im theoretischen Bezugsrahmen der Chicago School ist dieser Fall immer gegeben: Die These von der Leistungsüberlegenheit der Großunternehmung schließt die Aspekte des Harvardschen "strategic entry-deterrence"-Ansatzes aus.

2 Vgl. Areeda, P.; Turner, D.F.: Predatory Pricing and Related Practices Under Section II of the Sherman Act, in: Harvard Law Review, 88, 1975, S. 697 ff.; vgl.. auch dieselben: Antitrust Analysis, 3. Aufl. Boston, Toronto 1981.

3 Vgl. Areeda, P.; Turner, D.F.: Predatory Pricing and Related Practices Under Section II of the Sherman Act, a.a.O. 1975, S. 697 ff.; vgl. Auch Schmalensee, R.: Standards for Dominant Firm Conduct, a.a.O. 1987, S. 81; vgl. auch ders.: Antitrust and the New Industrial Economics, in: The American Economic Review, Bd. 72, 1982, S. 24 ff.; vgl. auch ders.: Entry-deterrence in the Ready-to-Eat Breakfast Cereal Industry, in: The Bell Journal of Economics, 9, 1978, S. 305 ff.

4 Alternative Entwicklungsversuche zum "predation-test" lieferten z.B. auch Baumol, W.J.: Quasi-Permanence of Price Reductions: A Policy for Preventing Predatory Pricing, in: Yale Law Journal, Vol. 89, 1979, S. 1-26; vgl. Jaskow, P.L.; Klevorick, A.K.: A Framework for Analyzing Predatory Pricing Policy, in: Yale Law Journal, Vol. 89, 1979, S. 213-270.

5 Vgl. Scherer, F.M.; Ross, D.: Industrial Market Structure and Economic Performance, a.a.O. 1990, S. 472.

6 Vgl. Williamson, O.E.: Predatory Pricing: A Strategic and Welfare Analysis, in: Yale Law Journal, 87, 1977, S. 284; vgl. Scherer, F.M.: Predatory Pricing and the Sherman Act: Comment, in: Harvard Law Review, 89, 1976, S. 869 ff.

7 Vgl. Comanor, W.S.; Frech, H.E.: Strategic Behavior and Antitrust Analysis, a.a.O. 1984, S. 375; vgl. Scherer, F.M.: Predatory Pricing and the Shermann Act, a.a.O. 1976, S. 890.

auf der Basis der theoretischen Ansätze strategischen Verhaltens kann sich somit nicht einfacher Normen bedienen. Die Feststellung strategischen Abwehrverhaltens erfordert umfangreiche und detaillierte Einzelfalluntersuchungen zu den Zwecken und Effekten der Aktionen.[1]

Wegen der Bedeutung der Langfristperspektive geht es in Abgrenzung zum kurzfristig orientierten Areeda-Turner-Test folglich nicht nur darum, die anfängliche Preisreduktion in der Post-Entry-Situation zu betrachten, sondern die weitere Preisentwicklung in bezug auf die Kosten muß in die Analyse einbezogen werden. Scherer fordert in diesem Zusammenhang eine "full-blown"-Analyse, also eine ausführliche Untersuchung, die effizienzorientiert ist.[2] Williamson verweist auf die Bedeutung von ex ante-Positionierungen, was weitere wettbewerbliche Probleme aufwirft. Die Einzelfalltests analysieren bislang nur die Reaktionen auf einen Markteintritt der Newcomer und nicht die Aktionen zur Abwehr von Markteintritten.[3] Der Verweis auf die hohen Kosten eines derartigen wettbewerbspolitischen Vorgehens,[4] der mit der Perspektive der Chicago School im Rahmen der Ökonomischen Analyse des Rechts kompatibel ist,[5] unterschätzt das Ambivalenzproblem bei strategischem Verhalten. Es kann – wie erwähnt – sowohl positive als auch negative Marktergebniseffekte in bezug auf allokative, produktive und dynamische Effizienz aufweisen und hat damit keine allgemeingültigen langfristigen Wohfahrtsimplikationen.[6]

Hier wird auch die Unangemessenheit eines "rule of law"-Ansatzes deutlich: Dieser könnte zum Verbot strategischen Verhaltens, das in einer bestimmten Situation wettbewerbskonform wäre, führen. Dieser Umstand wäre wegen der negativen Marktergebnisimplikationen wettbewerbspolitisch unerwünscht. Darüber hinaus relativiert sich das Gewicht des Arguments der hohen Durchführungskosten der Einzelfalluntersuchung angesichts der langfristigen ordnungspolitischen Gefahren persistenter, dominanter Unternehmenspositionen in bezug auf die Funktionsfähigkeit des Wettbewerbs. Hier wird die theoretische Position von der Leistungsüberlegenheit der Großunternehmung der Chicago School durch die Harvard School relativiert, welche den interventionistischen Ansatz empfiehlt, der die Absichten und Auswirkungen strategischen Verhaltens betont. Die wettbewerbspolitische Untersuchung der Aspekte "Absichten" und "Auswirkungen" strategischen Verhaltens ist jedoch überaus schwierig.[7] Shepherd verweist darauf, daß eine Beurteilung der Auswirkungen des strategischen Verhaltens auf die Wettbewerber Probleme aufwerfe, denn nicht nur unkompetitives, sondern auch wettbewerbliches Verhalten

---

1 Vgl. Comanor, W.S.; Frech, H.E.: Strategic Behavior and Antitrust Analysis, a.a.O. 1984, S. 375.

2 Vgl. Scherer, F.M.: Predatory Pricing and the Shermann Act, a.a.O. 1976, S. 869 ff.; vgl. auch Schmalensee, R.: Standards for Dominant Firm Conduct, a.a.O. 1987, S. 81.

3 Vgl. Williamson, O.E.: Predatory Pricing, a.a.O. 1977, S. 293.

4 Vgl. Hay, D.A.: The Interaction of Market Structure and Conduct, in: Vickers, J.; Hay, D. (Hrsg.): The Economics of Market Dominance, Oxford 1987, S. 111.

5 Überdies negiert die Chicago School die Möglichkeit strategischer Marktzutrittsschranken.

6 Vgl. Schmalensee, R.: Standards for Dominant Firm Conduct, a.a.O. 1987, S. 72 ff.; vgl. Vickers, J.; Hay, D.. The Economics of Market Dominance, a.a.O. 1987, S. 17; vgl. auch Comanor, W.S.; Frech, H.E.: Strategic Behavior and Antitrust Analysis, a.a.O. 1984, S. 376.

7 Vgl. Shepherd, W.G.: Assessing "Predatory" Actions by Market Shares and Selektivity, in: Antitrust Bulletin, 1986, S. 1 ff.

rufe negative Effekte für die Konkurrenten hervor: So könne ein Wettbewerber aufgrund der Leistungsüberlegenheit seines Konkurrenten aus dem Markt gedrängt werden. Sein Markteintritt könne jedoch auch auf "predatory strategies" der etablierten Unternehmung zurückgehen. Aus dieser Problematik folge, daß die Leistungsfähigkeit der Konkurrenten der etablierten Firma, z.B. in bezug auf ihre Managementqualitäten, bei einer wettbewerbspolitischen Beurteilung einbezogen werden müsse.[1] Weise die verdrängte Unternehmung dann eine hohe Effizienz auf, könne dies als Indiz für die Möglichkeit eines Verdrängungskampfes gewertet werden.

Die wettbewerbspolitische Behandlung der Absichten, die der Ausschlußstrategie unterliegen, beinhaltet ein Operationalisierungsproblem, da Beurteilungskriterien fehlen: Es liegt im Wesen des Wettbewerbs, daß man seinen Konkurrenten schlagen bzw. überflügeln will.[2] Diese Absicht, die jeder strategischen Aktion – ob wettbewerblich oder nicht – zugrunde liegt, ist im Hinblick auf die Wettbewerblichkeit schwer zuzuordnen.

Als Ausweg aus diesem Diagnoseproblem bietet Shepherd ein Selektivitätskriterium als Beurteilungsmaßstab für Ausschlußverhalten an. Sein Verhaltenstest berücksichtigt, daß marktbeherrschende Unternehmen selektive Strategien realisieren, die darauf abzielen, über die Signalwirkung einer glaubhaften Vergeltungsdrohung potentielle Konkurrenten vom Markteintritt abzuhalten. Das Abgrenzungsproblem selektiver Verhaltensweisen schätzt Shepherd aufgrund seiner Falluntersuchungen als gering ein.[3]

Seinem Verhaltenstest ist ein Strukturtest vorgeschaltet, welcher als Strukturvariable die Marktanteilsdifferenzen zwischen den relevanten Wettbewerbern – d.h. die marktbeherrschende Unternehmung und ihr wichtigster Konkurrent – feststellt. Da mißbräuchliches Verhalten eine marktbeherrschende Stellung voraussetzt, plädiert Shepherd für diesen differenzierten Strukturtest. Ausgehend von der empirisch festgestellten positiven Korrelation zwischen Marktanteil und Rentabilität, differenziert Shepherd zwischen der Gewinnrate und der Marktanteilsdifferenz des marktbeherrschenden Unternehmens gegenüber seinem relevantesten Wettbewerber. Die Differenzierung der Marktanteilsbetrachtung begründet Shepherd damit, daß die Grenzgewinne pro zusätzlichem Marktanteil für marktbeherrschende Unternehmen größer seien als für kleinere Wettbewerber.[4] Das Kosten-Nutzen-Verhältnis einer strategischen Investition falle somit für dominante Unternehmen günstiger aus.

Shepherds wettbewerbspolitische Handlungsempfehlung beinhaltet drei Strukturbereiche, die Grundlage einer Therapie seiner selektiven Strategien sind:[5] Liegt die Marktanteilsdifferenz zwischen den betreffenden Wettbewerbern unter 10%, so sollen die selektiven Aktionen per se zugelassen werden. Dies ändert sich bei Marktanteilsdifferenzen, die 25%

---

1 Vgl. ebenda, S. 17.

2 Vgl. ebenda.

3 Vgl. Shepherd, W.S.: Assessing "Predatory" Actions by Market Shares and Selektivity, a.a.O. 1986, S. 25.

4 Vgl. ebenda, S. 7.

5 Vgl. ebenda, S. 22.

überschreiten; hier soll die selektive Praktik per se unerlaubt sein. Im Intervall zwischen 10% und 25% Marktanteilsdifferenz plädiert Shepherd für eine Einzelfalluntersuchung selektiven strategischen Behinderungs- und Ausschlußverhaltens.

3. Zur wettbewerbspolitischen Bedeutung struktureller Voraussetzungen strategischen Verhaltens

a. Struktur- und Verhaltenstests auf der Basis des "strategic entry-deterrence"-Ansatzes

Verdrängungs- und Behinderungspraktiken im Rahmen des "strategic entry-deterrence"-Ansatzes setzen stark konzentrierte Märkte voraus, die hohe strukturelle Marktzutrittsschranken aufweisen. Nur in dieser Situation ist die Zahl aktueller und potentieller Konkurrenten gering genug, um strategisches Abwehrverhalten für eine marktbeherrschende Unternehmung lohnend erscheinen zu lassen: Unter diesen strukturellen Voraussetzungen kann die dominante Unternehmung das Verhalten ihrer Wettbewerber beeinflussen. Sie löst somit Reaktionen bei ihren aktuellen und potentiellen Konkurrenten aus, die sie wiederum bei ihren Aktionen ins Kalkül zieht.[1]

Führt der Struktur-Einzelfalltest, in welchem Ermessensentscheidungen (z.B. Abgrenzung des relevanten Marktes, Barrierenhöhe, Konzentrationsgrad) der wettbewerbspolitischen Kontrollinstanzen notwendig werden, zu dem Resultat, daß eine Unternehmung marktbeherrschend ist, so liegt die strukturelle Bedingung für "entry-deterring-strategies" vor. Zeigt sich dann im Verhaltenstest, daß die dominante Unternehmung mit ihren Strategien eine Monopolisierungsabsicht verfolgt, wird eine wettbewerbspolitische Intervention notwendig. Eine adäquate Therapie sollte die Ressourcenverschwendung, die mit strategischem Abwehrverhalten einhergeht, unterbinden. Damit werden negative Wohlfahrtsimplikationen in Form von allokativen, produktiven und dynamischen Ineffizienzen verhindert und langfristige Marktstruktureffekte in Gestalt einer Persistenz der dominanten Marktstellung abgewendet.

b. Strukturelle Schranken und laufende Verhaltenskontrolle

Der "strategic entry-deterrence"-Ansatz impliziert die ordnungspolitische Problematisierung privater ökonomischer Macht, da die Neigung zu wettbewerbsbeschränkenden Verhaltensweisen thematisiert wird. Damit kann er als Gegenthese zur Hypothese der Chicago School von der Leistungsüberlegenheit der Großunternehmung interpretiert werden. Die potentielle Möglichkeit von Ineffizienzen auf der Basis der Machtüberlegenheit von Großunternehmen rechtfertigt in diesem theoretischen Kontext eine laufende Verhaltenskontrolle durch die Kartellbehörden. Im Falle eines Vorliegens von mindestoptimalen Betriebs- und Unternehmensgrößen sowie Verbundvorteilen wäre der entsprechende Regulierungsaufwand ökonomisch rational. In dieser typischen Situation hoher struktureller

---

1 Vgl. Monopolkommission: Wettbewerbspolitik oder Industriepolitik, Hauptgutachten IX, 1990/91, Baden-Baden 1992, S. 378.

Barrieren geht es somit darum zu verhindern, daß unkompetitive strategische Zutrittsschranken errichtet werden.

c. Disziplinierung durch Förderung der potentiellen Konkurrenz

Werden die dynamischen Wettbewerbsprozesse durch strategische Zutrittsschranken blockiert, so sollten die strukturellen Voraussetzungen für ineffizientes strategisches Verhalten wettbewerbspolitisch beeinflußt werden. Im Rahmen des "strategic entry-deterrence"-Ansatzes bietet sich eine Erhöhung der Zahl potentieller und aktueller Konkurrenten an. Die Förderung der potentiellen Konkurrenz – je nach Einzelfall kann eine Internationalisierung, eine Förderung von Unternehmensneugründungen sowie Beihilfen und Kooperationserleichterungen für kleinere und mittlere Unternehmen adäquat sein – ist angemessen, weil die Reduktion struktureller Zutrittsbarrieren aus ökonomischen Effizienzüberlegungen nicht akzeptabel wäre.

Durch Förderung der potentiellen Konkurrenz und der damit einhergehenden Möglichkeit einer Eintrittsdrohung steigt infolge des Wettbewerbsdrucks der Zwang zu effizientem Verhalten. Diese Perspektive, die mit dem Contestability-Ansatz kompatibel ist, ersetzt die permanente Verhaltenskontrolle der Kartellbehörde durch den Wettbewerbsdruck, der von den externen Marktbedingungen ausgeht.

d. Aktuelle Konkurrenz: Zur Relevanz einer einzelfallorientierten Entflechtung

Der Wettbewerbsdruck der aktuellen Konkurrenten ist allerdings stärker als jener der potentiellen Wettbewerber. Somit wird die Erhöhung der Zahl aktueller Konkurrenten in engen Oligopolen zur Wettbewerbsbelebung innerhalb der Branchen führen, so daß die Unternehmung es sich nicht mehr leisten kann, ihre Ressourcen zur Abwehr potentieller Konkurrenten einzusetzen. Die Verstärkung der aktuellen Konkurrenz wird über eine Entflechtung[1] erreicht, welche gleichzeitig die dominante Marktstellung – die wichtigste Voraussetzung für strategisches Abwehrverhalten – beseitigt. Die Entflechtung von Unternehmens- und Betriebseinheiten wirft das Problem einer Eliminierung ökonomischer realer Werte auf. Vor diesem Hintergrund ist es notwendig, die strukturellen Barrieren herauszufiltern und von den nichtwettbewerblichen strategischen Zutrittsschranken zu trennen. Die Differenzierung von strukturellen und unkompetitiven strategischen Zutrittsschranken erfolgt in Einzelfallanalysen, die der Entflechtung zugrundeliegen.[2]

Der Umfang einer Entflechtung sollte aus ökonomischen Effizienzüberlegungen durch die strukturellen Barrieren, wobei insbesondere die Größen- und Verbundvorteile zu berück-

---

1 Die Entflechtung bezieht sich auf die Auflösung von Konzernen sowie Betriebs- und Unternehmensteilen. Dabei können die Eigentumsverbindungen personell, einschließlich juristischer Personen, finanziell (z.B. Kapitalbeteiligungen) und durch Neugründung von Teilunternehmungen gelöst werden.

2 Zur Relevanz von Einzelfallanalysen bei Entflechtungen vgl. Cox, H.: Entflechtung der Kombinate, Privatisierung und Deregulierung in der DDR, Diskussionsbeiträge des Fachbereichs Wirtschaftswissenschaft der Universität Duisburg – GH – Nr. 137, Duisburg 1990, S. 14.

sichtigen sind, begrenzt sein. Dies umso mehr, als sich diese strukturellen Zutrittsschranken nach einer Entflechtung wieder im Zuge des Wettbewerbsprozesses herausbilden würden.[1]

Die Entflechtungsmöglichkeit hat außerdem den Vorteil, daß sie im Vorfeld auf dominante Unternehmen einen Disziplinierungsdruck zu effizientem Verhalten ausüben kann, der die Notwendigkeit einer permanenten Verhaltenskontrolle relativiert.[2] Darüber hinaus ist zu bedenken, ob die Entflechtung nicht ein praktikabler Ausweg aus den Diagnoseproblemen bei strategischem Abwehrverhalten ist, der sich im strukturellen Vorfeld anbietet.

4. Die Erweiterung des wettbewerbspolitischen Instrumentariums der Mißbrauchsaufsicht

Der "strategic entry-deterrence"-Ansatz der Harvard School legt für die deutsche und europäische Wettbewerbspolitik eine Erweiterung des Instruments der Mißbrauchsaufsicht – § 22 GWB bzw. Art. 86 EWGV – um das Element der Monopolisierungsabsicht, d.h. die Erfassung der langfristigen Marktstruktureffekte strategischen Behinderungs- und Ausschlußverhaltens nahe. Weiterhin sind die Voraussetzungen strategischen Behinderungs- und Ausschlußverhaltens durch die Einführung einer flankierenden, einzelfallorientierten Entflechtungsmöglichkeit zu berücksichtigen. Diese Strukturmaßnahme kann aufgrund komplexer Marktbedingungen und vor dem Hintergrund der Vielfalt und Ambivalenz strategischen Verhaltens nicht über allgemeine Normen im Sinne der "rule of law"[3] geregelt werden. Die Strukturintervention über die Entflechtung ist eine Restriktion des internen Unternehmenswachstums, welche auf der theoretischen Grundlage des "strategic entry-deterrence"-Ansatzes ordnungspolitisch im Einzelfall geboten sein kann.[4]

Der Entflechtungsvorschlag orientiert sich an die Regelung "Sec. 2 Sherman Act" im US-amerikanischen Wettbewerbsrecht, welche die Entflechtung im Falle von Indizien für eine Monopolisierungsabsicht vorsieht.[5] Gleichzeitig impliziert er eine Wiederbelebung der Diskussion des von der Monopolkommission vorgebrachten Vorschlags einer Entflechtung zur Erzeugung wettbewerblicher Marktstrukturen.[6]

---

1 Vgl. Cox, H.: Entflechtung der Kombinate, Privatisierung und Deregulierung in der DDR, Diskussionsbeiträge des Fachbereichs Wirtschaftswissenschaft der Universität Duisburg – GH – Nr. 137, Duisburg 1990, S. 3.

2 Ingo Schmidt verweist auf die Möglichkeit einer "prophylaktischen Wirkung" einer Entflechtung; vgl. dazu Schmidt, I.: Wettbewerbspolitik und Kartellrecht, a.a.O. 1990, S. 136.

3 Vgl. dazu Hayek, F.A. von: Die Verfassung der Freiheit, Tübingen 1971, S. 185 ff.

4 Das ordnungspolitisch Gebotene stellt sich auf der Basis der Chicago School und des Austrian Approach völlig konträr dar.

5 Vgl. Scherer, F.M.; Ross, D.: Industrial Market Structure and Economic Performance, a.a.O. 1990, S. 449 ff.; vgl. auch Schmidt, I.: Wettbewerbspolitik und Kartellrecht, a.a.O. 1990, S. 178.

6 Vgl. Monopolkommission, Hauptgutachten III, 1978/79, Fusionskontrolle bleibt vorrangig, Baden-Baden 1980, Tz. 745 ff.

5. Mustervoraussagen im Rahmen der präventiven Fusionskontrolle

Da neben den Behinderungspraktiken das externe Unternehmenswachstum über Fusionen bei der Entstehung dominanter Marktpositionen eine entscheidende Rolle spielt,[1] impliziert der "strategic entry-deterrence"-Ansatz für die präventive Fusionskontrolle, darauf zu achten, daß die strukturellen Bedingungen für strategisches Behinderungs- und Ausschlußverhalten sich nicht günstig entwickeln. In den stark konzentrierten Märkten mit hohen strukturellen Barrieren ist eine Fusion im Zweifelsfall eher abzulehnen, soweit die strukturellen Voraussetzungen die Mustervoraussage zulassen, daß wettbewerbliche Prozesse durch strategisches Abwehrverhalten blockiert werden, so daß mit negativen Wohlfahrtswirkungen zu rechnen ist. Konkrete Marktergebnisprognosen sind aufgrund der komplexen Struktur-Verhalten-Ergebnis-Beziehungen, die sich nicht auf einfache Ursache-Wirkungsbeziehungen reduzieren lassen, unmöglich. Eine Fusion kann umso eher zugelassen werden, je größer die potentielle Konkurrenz ist. Dabei ist hervorzuheben, daß dieser disziplinierende Wettbewerbsdruck durch die flankierende Entflechtungsmöglichkeit noch verstärkt werden kann. Angesichts einer Existenz des Entflechtungsinstrumentariums wäre eher mit effizienten Fusionen zu rechnen.

IV. Zwischenergebnis und Kritik unter besonderer Berücksichtigung der "Allgemeinen Systemtheorie der Evolution"

1. Die Zielperspektive: Von der instrumentalistischen Zielvorgabe zur Tendenzaussage – ein Effekt der modernen Langfristperspektive

Die Zielperspektive der modernen Harvard School entspricht grundsätzlich der ihrer traditionellen Ausrichtung. Nach wie vor gilt – in Abgrenzung zur Chicago School – nicht nur die allokative Effizienz als vorrangiges ökonomisches Ziel, sondern auch andere ökonomische Kategorien, wie z.B. dynamische Effizienz, insbesondere in Form des technischen Fortschritts, gehen in die Zielbetrachtung ein. Dabei ist hervorzuheben, daß sich die Harvard School nicht allein auf ökonomische Zielklassifikationen beschränkt. Vielmehr problematisiert sie private wirtschaftliche Macht, wobei Zielkonflikte zwischen Wettbewerbsfreiheit und ökonomischer Vorteilhaftigkeit auftreten können.

Die moderne Harvard School mit ihrem langsfristig orientierten Ansatz strategischen Verhaltens hebt sich von der traditionellen Denkschule insoweit ab, als die ökonomischen Zielkategorien nicht mehr als konkrete Einzelmarktergebnisse im Sinne wohldefinierter ökonomischer Wettbewerbsfunktionen aufgefaßt werden. Diese Modifikation ist die Folge der Überwindung der starren Kausalkette im Rahmen des Struktur-Verhalten-Ergebnis-Schemas. Die komplexen Ursache-Wirkungs-Beziehungen, die durch die neueren theoretischen Ansätze thematisiert werden, verdeutlichen die langfristige Komplexität von Marktprozessen. Daraus folgt, daß die Vorgabe einer instrumentalistischen Zielfunktion, d.h. die exakte Steuerbarkeit von langfristigen Wettbewerbsprozessen in die Richtung

---

1 Vgl. Monopolkommission, Hauptgutachten IV, 1980/81, Fortschritte bei der Konzentrationserfassung, Baden-Baden 1982, Tz. 730.

konkreter, gewünschter Marktergebnisse nicht möglich ist. Im Hinblick auf Marktergebnisse können somit lediglich Tendenzaussagen formuliert werden. Als weitere Konsequenz der neueren langfristigen Forschungsergebnisse lassen sich Wettbewerbsprozesse nicht mehr positiv normieren. Lediglich Negativdefinitionen sind angemessen: Wettbewerb liegt demnach vor, wenn kein nichtkompetitives strategisches Verhalten existiert bzw. wenn Marktstrukturen mit strategischen Zutrittsschranken bzw. Mobilitätsbarrieren nicht gegeben sind.

2. Ökonomische Macht, Komplexität und Mustervoraussagen: Zur Relevanz einer systemtheoretischen Erweiterung

Die theoretischen Ansätze der modernen Harvard School zeigen, daß Marktstrukturen nicht nur das Ergebnis wettbewerblicher, sondern auch nichtkompetitiver Unternehmensstrategien sein können. Mächtige private Marktakteure sind in der Lage, die Marktbedingungen in einer Weise zu ihrem Vorteil zu verändern, die nicht dem Leistungswettbewerb entspricht. Die in diesem Zusammenhang relevante Verhalten-Struktur-Rückkopplungsbeziehung impliziert die langsfristige Unmöglichkeit einer exakten Voraussage spezifischer Marktprozesse, da eindeutige Ursache-Wirkungsbeziehungen in dieser Zeitperspektive nicht vorliegen. Diese Überwindung des strengen Determinismus des Struktur-Verhalten-Ergebnis-Schemas bedeutet die analytische Betonung dieser Komplexität von Marktprozessen, die mit einer Einbuße an Exaktheit einhergeht. Die Wettbewerbspolitik kann vor diesem Hintergrund nur auf der Basis von Mustervoraussagen operieren. Gab die traditionelle Harvard-Schule noch Voraussagen über konkrete Einzelergebnisse auf der Grundlage des starren Struktur-Verhalten-Ergebnis-Zusammenhangs ab, so liefern die Forschungen der modernen Harvard School nur Musteraussagen über typische Marktprozeßabläufe.[1] Eine Mustervoraussage im Kontext des "strategic entry-deterrence"-Ansatzes lautet: Ist der Marktzugang durch strategisches Abwehrverhalten privater Wirtschaftssubjekte nicht blockiert, so entstehen Marktprozesse, die allgemeine Wettbewerbsfunktionen (technischer Fortschritt, allokative Effizienz etc.) erfüllen. Es liegt somit lediglich eine Tendenzaussage über Marktprozesse und -ergebnisse für die sich jetzt langfristig orientierende Wettbewerbspolitik vor.[2]

Hayek verwies darauf, daß die "... Kenntnis der Bedingungen, unter denen ein bestimmtes Muster erscheint, und die Kenntnis dessen, wovon das Bestehenbleiben dieses Musters abhängt, ... große praktische Bedeutung haben"[3]. Interpretiert man diese Aussage vor dem Hintergrund des "strategic entry-deterrence"-Ansatzes, so treten die strukturellen Voraussetzungen für strategisches Abwehrverhalten in Erscheinung.[4]

---

1 Zur Bedeutung von Mustervoraussagen vgl. Hayek, F.A.v.: Die Theorie komplexer Phänomene, Tübingen 1972; vgl. Graf, H.G.: "Mustervoraussagen" und "Erklärungen des Prinzips" bei F.A. von Hayek, Tübingen 1978, S. 46 ff.

2 Vgl. Schmidt, I.: Wettbewerbspolitik und Kartellrecht, a.a.O. 1990, S. 56.

3 Hayek, F.A.v.: Die Theorie komplexer Phänomene, a.a.O. 1972, S. 16.

4 Siehe Punkt F. III. 3.

Die Erforschung der Komplexität von Marktprozessen, welche langfristig relevant wird, mit Hilfe des Struktur-Verhalten-Ergebnis-Analyserahmens lenkt die Aufmerksamkeit somit auf eine evolutionäre Betrachtungsweise der positiven Rückkopplungen. Dies wäre jedoch nicht mit dem systemtheoretischen Ansatz des Austrian Approach[1] identisch, da dieser lediglich staatliche, nicht jedoch private ökonomische Macht problematisiert. Die theoretische Herausforderung läge demnach in einer Integration des Aspekts der Ambivalenz privater ökonomischer Macht in eine systemtheoretische Perspektive. Dabei wäre der herrschende systemtheoretische Ansatz, der den Erhaltungsaspekt (Kybernetik) betont, zu überprüfen. Dabei steht die spezifische Sichtweise zur Umweltoffenheit sowie zur Selbstregulation zur Disposition.[2] Eine Revision dieser beiden Elemente der Systembetrachtung ist vor dem Hintergrund des "strategic entry-deterrence"-Ansatzes geboten, da einerseits das kybernetische Selbstregulierungsprinzip in Frage gestellt werden muß, sobald private Marktmacht zum Problem funktionsfähiger Wettbewerbsprozesse wird; andererseits kann die Umweltoffenheit des Systems durch private Marktmacht beeinflußt werden, wie das Konzept strategischer Zutrittsschranken zeigt: Der Rolle positiver Rückkopplungen, die hier relevant sind, müßte systemtheoretisch eine größere Bedeutung zukommen.

3. Die Grenzen des Analyseinstrumentariums und die Notwendigkeit einer Erweiterung der theoretischen Perspektive

Die Relevanz einer systemtheoretischen Flankierung der "strategic entry-deterrence"-Modelle ergibt sich aufgrund der Grenzen des Analyseinstrumentariums. "Sonst laufen wir Gefahr, daß das Problem der Unternehmensstrategien ... zum Vorwand für ... sinnlose 'Schulübungen' wird."[3] Kritisch angemerkt wird, daß der "strategic entry-deterrence"-Ansatz aus ahistorischen Modellen besteht, die dem Aspekt einer historischen Zeit des Marktbeherrschungsprozesses keine Beachtung schenken.[4] Die Interdependenzen zwischen den individuellen Erfahrungen, dem aufgebauten Image und den Erwartungen werden durch die Modelle nicht erfaßt; dies wäre jedoch aus historischer Perspektive geboten und könnte durch einen komplexen Ansatz einer Sequenz von Vorspielen und Spielen berücksichtigt werden.[5] Die personellen Wechselbeziehungen, welche im Zeitablauf bedeutungsvoll sind, gehen nicht in die Betrachtung ein, da eine einseitige funktionale Beziehung zwischen dem Verhalten des Etablierten und dem Verhalten des potentiellen Konkurrenten konstruiert wird, wobei das Verhalten des etablierten Unternehmens das

---

1 Eine systemtheoretische Perspektive wird in der deutschen Wettbewerbstheorie durch E. Hoppmann unter Berufung auf F.A. Hayek mit dem Wettbewerbsfreiheitskonzept verkörpert.

2 Siehe Punkt B. II.

3 Jacquemin, A.: Industrieökonomik, a.a.O. 1986, S. 111.

4 Vgl. Encaoua, D.; Geroski, P.; Jacquemin, A.: Strategic Competition and the Persistence of Dominant Firms, a.a.O. 1986, S. 56, 69 ff., 73; vgl. Jacquemin, A.. Industrieökonomik, a.a.O. 1986, S. 107 ff.

5 Vgl. ebenda, S. 107; vgl. Geroski, P.A.; Jacquemin, A.: Dominant Firms and their Alleged Decline, a.a.O. 1984, S. 1 ff.; vgl. auch Encaoua, D.; Geroski, P.; Jacquemin, A.: Strategic Competition and the Persistence of Dominant Firms, a.a.O. 1986, S. 69 ff.

Verhalten des potentiellen Konkurrenten determiniert.[1] Dies ist die Folge der unterstellten Hypothese einer Asymmetrie in Form von "first mover"- oder Informationsvorteilen der etablierten Firma.[2] Die etablierte Unternehmung ist in einer vorteilhaften Position, weil sie entweder als erste irreversible Verpflichtungen eingehen kann, was einer glaubwürdigen Drohung gleichkommt, oder weil die potentiellen Konkurrenten infolge ihres Informationsdefizits hinsichtlich der Kostensituation, der Strategie und der Präferenzen der etablierten Firma benachteiligt sind.[3] Wie sich die Marktmachtposition der dominanten Unternehmung im Zeitablauf entwickelt – ob sie zunimmt oder ob sie durch Markteintrittsstrategien der potentiellen Konkurrenten erodiert – bleibt in den ahistorischen Modellen unbeachtet: Der Wandel, welcher mit Marktprozeßabläufen einhergeht, kann nicht erklärt werden, so daß die wichtige systemtheoretische Perspektive der positiven Feedbacks unbeachtet bleibt.

Darüber hinaus sind die Modelle nicht robust: Werden die unterstellten Anfangsbedingungen nur leicht variiert, verändern sich ihre Ergebnisse. Dies bedeutet, daß durch Variation der Anfangsbedingungen alle Verhaltensmöglichkeiten rational sein können.[4] Da somit jedes Verhalten modellierbar ist, und immer ein Gegenmodell konstruiert werden kann, bleibt angesichts der Unmöglichkeit einer direkten Beobachtbarkeit von Marktverhalten das wettbewerbspolitische Problem ungelöst, welches Modell im speziellen Fall angemessenerweise auszuwählen ist.[5] Diese wettbewerbspolitische "Sackgasse" kann letztlich auf das spieltheoretische Analyseinstrumentarium zurückgeführt werden und tendenziell durch Bezugnahme auf weitere flankierende theoretische Ansätze,[6] wie sie sich z.B. auch im Rahmen einer Weiterentwicklung der systemtheoretischen Perspektive ergeben könnten, abgeschwächt werden.

Der Ansatz der "Allgemeinen Systemtheorie der Evolution" vermag die Ergebnisperspektive Harvards (allokative, produktive Effizienz, technischer Fortschritt) in eine Prozeßperspektive zu überführen: Dynamische Effizienz bezieht sich dann zum einen auf die Phase der Strukturerhaltung, die durch Anpassungsflexibilität gekennzeichnet ist, zum anderen auf die Strukturevolution, die z.B. mit technischem Fortschritt (Vielfalt) und Wissensentwertung[7] im Rahmen des Innovationswettbewerbs einhergeht.

Die neue Systemtheorie der Evolution eröffnet ein wettbewerbstheoretisches Analysepotential für die historische Zeit von Marktbeherrschungsprozessen. Beispielsweise ist die histori-

---

1 Vgl. Jacquemin, A.: Industrieökonomik, a.a.O. 1986, S. 107.

2 Vgl. Encaoua, D.: Geroski, P.: Jacquemin, A.: Strategic Competition and the Persistence of Dominant Firms, a.a.O. 1986, S. 56, 73.

3 Vgl. Jacquemin, A.: Industrieökonomik, a.a.O. 1986, S. 107.

4 Vgl. ebenda, S. 111.

5 Zu den Normierungs- und Diagnoseproblemen siehe Punkt F. III. 2.

6 Eine Flankierungsmöglichkeit wäre z.B. Williamsons Transaktionskostenansatz im Rahmen des Neuen Institutionalismus.

7 Vgl. Schumacher, D.; Straßberger, F.: Überlegungen zu einer erweiterten Berichterstattung über die technologische Wettbewerbsfähigkeit der Bundesrepublik Deutschland, in: Löbbe, K. (Hrsg.): Innovationen, Investitionen und Wettbewerbsfähigkeit der deutschen Wirtschaft, Untersuchungen des Rheinisch-Westfälischen Instituts für Wirtschaftsforschung, Heft 16, Essen 1995, S. 41.

sche Entwicklung der Machtposition etablierter Unternehmen für aktuelle wettbewerbspolitische Probleme erklärungsrelevant, weil der Entwicklungsprozeß im Rahmen der neuen Theorie von den Anfangsbedingungen abhängt. Damit wird die ahistorische Ausrichtung der "strategic entry-deterrence"-Modelle überwunden. Ist die Innovationsdynamik wettbewerbspolitisch gewünscht, sollte die Strukturevolution schnell vorangehen. Dies beinhaltet eine kurze Phase der Strukturerhaltung, weil ansonsten in bezug auf die dynamische Wettbewerbsfunktion "technischer Fortschritt" ein funktionsloser Anpassungswettbewerb vorliegt.

Eine schnelle Strukturevolution und damit die Belebung des Innovationswettbewerbs tritt zum Beispiel dann auf, wenn Monopolgewinne für F&E-Investitionen eingesetzt werden. In diesem Falle bewirken die im Zuge der innovativen Aktivitäten auftretenden Fluktuationen (Schwankungen in Form von Neuerungen) durch verstärkte Rückkopplung (Autokatalyse) im Rahmen von Komplexität die Strukturevolution. Diese kommt beispielsweise durch neue Märkte infolge des qualitativen und des technischen Fortschritts (Vielfalt) zum Ausdruck.

Demgegenüber kann in Anlehnung an den "strategic entry-deterrence"-Ansatz die Persistenz eines Teilsystems, das die durch die Wirtschaftsakteure geschaffenen Verkoppelungen, z.B. ausgedrückt als strategische Gruppe bzw. Branchencluster,[1] repräsentiert, darauf beruhen, daß die Monopolgewinne für strategische Investitionen zur Abwehr potentieller Konkurrenten verwendet werden. Im Bezugsrahmen der "Allgemeinen Systemtheorie der Evolution" kann dies als Verhinderung einer aktiven Knüpfung von Verkoppelungen mit der Systemumwelt gedeutet werden. In diesem Falle kommt es nicht zur Strukturevolution, der Innovationswettbewerb erlahmt.

1 Vgl. ebenda, S. 38; vgl. auch Porter, M.E.: The Competitive Advantage of Nations, London u.a. 1990.

G. Zusammenfassung der Ergebnisse: Das Erkenntnispotential der "Allgemeinen Systemtheorie der Evolution" für die dynamische Wettbewerbstheorie

Es wurde versucht, die Ambivalenz privater ökonomischer Macht, wie sie von der Harvard School problematisiert wird, in eine neue, erweiterte systemtheoretisch-evolutionäre Betrachtung dynamischen Wettbewerbs zu integrieren und auf dieser Grundlage die Grenzen dynamischer wettbewerbstheoretischer Konzepte herauszuarbeiten, die Marktprozeßanalyse der Harvard School zu erweitern sowie die dynamischen Wettbewerbskonzepte einer Synthese zuzuführen.

Die Analyse führte zu folgenden Ergebnissen:

1. Die "Allgemeine Systemtheorie der Evolution" liefert ein Entwicklungs- und Erkenntnispotential für den Innovationswettbewerb. So beschreibt sie den Innovationswettbewerb als "*autokatalytischen Prozeß*": Das Überwinden von Potentialschwellen, kaskadenförmige Phasenübergänge als Ausdruck makroskopischer Unbestimmtheit und Symmetriebrüche kennzeichnen die Dynamik der endogen erzeugten Schumpeterschen sprunghaften Entwicklung, die Nichtlinearität voraussetzt. So zeigt die neue Systemtheorie, daß positive Rückkopplungen einen integralen Bestandteil funktionsfähigen Innovationswettbewerbs darstellen und nicht, wie bislang, als Funktionsstörung von Marktprozessen aufzufassen sind. Die Grundidee der "Allgemeinen Systemtheorie der Evolution" ist, daß positive Feedbacks – z.B. Skalenerträge, Externalitäten – die Voraussetzung für eine offene Evolution sind. Dies impliziert, daß Marktunvollkommenheiten im Zuge des Innovationswettbewerbs endogen laufend neu erzeugt werden müssen, damit die Entwicklungsdynamik erhalten bleibt.

2. Wie dargelegt, ist unvollständiges Wissen notwendig, damit die *Verhaltensheterogenität* der Marktteilnehmer gewährleistet bleibt. Diese Verhaltensheterogenität ist vor dem Hintergrund des neuen systemtheoretischen Ansatzes eine wichtige Voraussetzung für die Funktionsfähigkeit des Entwicklungswettbewerbs, denn sie steigert die Häufigkeit von Fluktuationen, also jener sprunghaften Geschehnisse im Mikrobereich, die auf das strategische Verhalten der Marktakteure zurückgehen. Dadurch steigt die Wahrscheinlichkeit des Überwindens von Potentialschwellen bzw. innovativer Vorstöße, und es kommt zu Phasenübergängen.

3. Die im Rahmen der "Allgemeinen Systemtheorie der Evolution" notwendige Verhaltensheterogenität beinhaltet, wie dargelegt, als *wettbewerbspolitische Handlungsempfehlung*, die Zahl autonomer Handlungseinheiten – wie z.B. Unternehmungen – zu steigern. Auf diese Weise haben die wettbewerbspolitischen Instanzen dafür Sorge zu tragen, die Bedingungen für das Auftreten von Phasenübergängen zu verbessern.

4. Der neue systemtheoretische Ansatz legt eine wettbewerbstheoretische *Differenzierung* von *Anpassungs-* und *Innovationswettbewerb* nahe, denn das Überwinden von Potentialschwellen, die Voraussetzung für das Einleiten von Phasenübergängen, ist nicht mit ausschließlichem Anpassungswettbewerb vereinbar. Denn wird unterstellt, daß die Wirt-

schaftssubjekte sich nur anpassend verhalten, so bedeutet dies, daß Potentialschwellen nicht überwunden werden, Phasenübergänge ausbleiben und der Innovationswettbewerb seine Dynamik verliert. Zur Strukturerhaltung des Anpassungsprozesses muß die Strukturevolution des Entwicklungsprozesses hinzukommen. Der Anpassungsprozeß erscheint dann lediglich als eine vorübergehende Phase dieses Entwicklungsprozesses. Somit kann nunmehr eine Konfliktbeziehung zwischen dem Anpassungs- und dem Entwicklungswettbewerb beschrieben werden. Wie sich gezeigt hat, ist dann die Möglichkeit eines *funktionslosen Anpassungswettbewerbs* im Hinblick auf die dynamische Wettbewerbsfunktion in Gestalt des technischen Fortschritts gegeben: Fehlt die kreative Aktion (Fluktuation, Schwankung) und ihre Verstärkung, mithin der Innovationswettbewerb, wird das bestehende System nicht destabilisiert, und die Strukturevolution unterbleibt. Die Persistenz einer Marktstruktur indiziert also fehlende Innovationsdynamik.

5. Im Falle des Vorliegens persistenter, hochkonzentrierter Marktstrukturen, d.h. einer hohen Wahrscheinlichkeit von Verhaltenshomogenität, muß im Rahmen simulationsgestützter Einzelfallanalysen geprüft werden, ob durch die Fusionskontrolle oder Entflechtung, d.h. durch eine Verbesserung der Bedingungen für Verhaltensheterogenität diese Persistenz überwunden werden kann. Da die autokatalytischen Prozesse von den Anfangsbedingungen, d.h. beispielsweise einer Marktstruktur, abhängig sind, kann der neue systemtheoretische Ansatz eine prozeßorientierte *Marktstrukturpolitik* im Rahmen spezifischer Einzelfallanalysen begründen. Damit liegt eine systemtheoretisch fundierte Kompatibilität mit den marktstrukturpolitischen Handlungsempfehlungen der Harvard School vor. Die Nichtlinearität und die damit einhergehende Spezifität von Marktprozessen läßt *Einzelfallanalysen* im neuen Kontext von Komplexität bedeutsam werden, was bislang nicht begründbar war. Methodisch werden dabei auf der Basis stochastischer, nichtlinearer dynamischer Differentialgleichungssysteme vom Typ der Mastergleichung Simulationsexperimente durchgeführt, indem unterschiedliche Szenarien berechnet, d.h. Muster des Entwicklungswettbewerbs abgebildet werden.

6. Das *Ziel der Wettbewerbspolitik* ist im Referenzrahmen der "Allgemeinen Systemtheorie der Evolution" die Evolutionseffizienz, die prozessual durch das Vorliegen von Phasenübergängen ausgedrückt wird. In diesem Zusammenhang besteht eine Trade Off-Beziehung zur statischen Effizienz. Der Grund dafür ist, wie ausgeführt, in der Verhaltenshomogenität rationaler Optimierer zu suchen: Statische Effizienz im Rahmen rationaler Kosten-Nutzen-Kalküle senkt via abnehmender Fluktuationshäufigkeit die Wahrscheinlichkeit des Überwindens von Potentialschwellen, so daß Phasenübergänge ausbleiben.

7. Die "Allgemeine Systemtheorie der Evolution" kann zeigen, wie die Stochastik der Mikroebene auf der Makroebene in der *Strukturevolution* – z.B. in Gestalt einer Branchenstruktur – ihren Ausdruck findet. Dies ermöglicht, wie dargestellt, die systemtheoretische Interpretation des modernen Marktverhalten-Marktstruktur-Ansatzes der Harvard School. Die im Zusammenhang mit dem Innovationswettbewerb relevante Strukturevolution von Systemen lenkt das Erkenntnisinteresse, wie ausgeführt, auf Marktstrukturen und die Abgrenzung relevanter Märkte. Die neue "Allgemeine Systemtheorie der Evolution" bietet somit die Basis dafür, das *Partialmarktkonzept* auch systemtheoretisch zu begründen, wie

gezeigt wurde. Dabei wird die augenblickliche Strukturevolution, d.h. die von den Marktakteuren geschaffenen Verkoppelungen im Sinne ihrer Interaktionen und Interdependenzen erforscht.

8. Die "Allgemeine Systemtheorie der Evolution" liefert die Grundlage dafür, das *Defizit des Austrian Approach der Wettbewerbstheorie* in bezug auf den Innovationswettbewerb zu überwinden. Dieses Manko hat seinen Ursprung im Referenzrahmen eines systemtheoretischen Forschungsstandes der sechziger Jahre. Der damalige "state of the art" der Systemtheorie konnte *autokatalytische Prozesse* nicht angemessen erfassen, d.h., sie stellten lediglich eine Funktionsstörung dar. Derartige Prozesse sind aber gerade die Voraussetzung für die Entwicklung im Sinne einer schöpferischen, emergenten Evolution, die sich als Analogie für den Innovationswettbewerb anbietet. Die kybernetische Systemtheorie, die der Austrian Approach heranzieht, kann diese Entwicklungsdynamik nicht beschreiben, wie gezeigt wurde. Damit wird der Austrian Approach letztlich seinem evolutionären Anspruch nicht gerecht.

9. Die Prozeßanalyse der "Allgemeinen Systemtheorie der Evolution" zeigt, daß eine *offene Evolution* positive Feedbacks voraussetzt. Diesen Aspekt konnte von Hayek angesichts des systemtheoretischen Forschungsstandes der sechziger Jahre noch nicht berücksichtigen. Somit stellt diese Erkenntnis das *Weiterentwicklungspotential* für den Austrian Approach der Wettbewerbstheorie dar, denn von Hayek betonte die Offenheit evolutorischer Prozesse. Er ging jedoch, wie dargestellt, davon aus, daß die Wirtschaft nach dem Prinzip der negativen Rückkopplung funktionieren würde. Vor dem Hintergrund der "Allgemeinen Systemtheorie der Evolution" ist dies ein Widerspruch, denn bei ausschließlich negativen Rückkopplungen würde es zwar eine Gleichgewichtstendenz, jedoch keine kaskadenförmigen Phasenübergänge geben. Vielmehr wäre immer nur ein Entwicklungspfad möglich: Die Evolution wäre vorgezeichnet; sie wäre deterministisch ableitbar, also nicht wirklich offen. Es wurde gezeigt, daß diese Sichtweise zum Konzept der Präformation paßt, das mit der Harmoniethese in Einklang steht. Im Bezugsrahmen der "Allgemeinen Systemtheorie der Evolution" ist demgegenüber jede ex ante aufgestellte Harmonie- oder Dilemma-These angesichts kaskadenförmiger Phasenübergänge als Ausdruck makroskopischer Unbestimmtheit eine "Anmaßung von Wissen".

10. Vor dem Hintergrund der "Allgemeinen Systemtheorie der Evolution" ist Nichtlinearität der Mechanismus, der zur Autokatalyse führt. Von Hayek hat die Bedeutung der Nichtlinearität und damit der Mehrdimensionalität bei Komplexität nicht explizit erwähnt. Da *Komplexität* Nichtlinearität beinhaltet, impliziert sie sowohl die *Möglichkeit endogener Instabilität*, wie sie Schumpeter hervorhob, als auch die *Möglichkeit der Autokatalyse.* Diese beiden Aspekte, die sich aus der Komplexität und somit der Nichtlinearität ergeben, werden im Austrian Approach der Wettbewerbstheorie nicht betrachtet. Jenseits der Möglichkeit endogen erzeugter Instabilitäten gehen die Vertreter des Austrian Approach davon aus, daß der Innovationswettbewerb seine Entmachtungsfähigkeit behält, wenn nur die Marktoffenheit im Sinne einer staatlichen ökonomischen Abstinenz (Deregulierung) gewährleistet bleibt. Diese Offenheit allein ist im Bezugsrahmen der Strukturerhaltungssicht des Austrian Approach im Rahmen der Analogie eines Marktsystems im Sinne eines ho-

möostatischen Organismus, wie ausgeführt, die notwendige und hinreichende Bedingung für funktionsfähige Wettbewerbsprozesse. Wie dargestellt, wird die Analogie vom homöostatischen Organismus auch herangezogen, wenn die Ablehnung einer Marktstrukturpolitik auf der Grundlage von Einzelfallanalysen im Rahmen einer Abgrenzung relevanter Märkte begründet wird. Vor diesem Hintergrund kann die Wettbewerbspolitik letztlich unterbleiben, ein Ergebnis, zu dem auch die Chicago School gelangt.

11. Die Marktunvollkommenheit "unvollständiges Wissen" wird im Austrian Approach der Wettbewerbstheorie, wie dargestellt, im Rahmen von Anpassungs- und Lernprozessen analysiert. Der Austrian Approach der Wettbewerbstheorie nimmt diesbezüglich eine explizite Prozeßanalyse vor, kann jedoch die Dynamik des Innovationswettbewerbs und die damit einhergehende *Entwertung des Wissens* nicht vollständig beschreiben. Der Ansatz zeigt somit nicht, daß *Marktunvollkommenheiten* und damit auch unvollständiges Wissen zur Erhaltung eines funktionierenden Innovationswettbewerbs endogen ständig neu erzeugt werden müssen. Dies ist die Folge einer ausschließlichen Anpassungsdynamik-Perspektive. Diese Sichtweise der Strukturerhaltung geht auf die Verbindung der kybernetisch orientierten Koordinationstheorie mit der traditionellen Darwinschen Evolutionsanalogie zurück. Technischer Fortschritt und F&E-Aktivitäten als Elemente dynamischer Wettbewerbsprozesse werden durch diese Sichtweise, welche die Anpassung ("Fitness") an externe Umweltfaktoren betont, nicht angemessen erfaßt. Sie passen besser zur Analogie der schöpferischen, emergenten Evolution, die sich auf die systemendogene Kreation von Vielfalt (z.B. technischer Fortschritt) bezieht. Den entsprechenden systemtheoretischen Referenzrahmen liefert, wie dargestellt, die "Allgemeine Systemtheorie der Evolution". Die Handlungsalternativen beziehen sich hier nicht nur auf die Anpassung an Umweltbedingungen (Strukturerhaltung), wie im Austrian Approach, sondern darüber hinaus auch auf die kreative Aktion, die das bestehende System revolutionieren und bestehendes Wissen entwerten kann. Diese Notwendigkeit endogen erzeugter Instabilität, die im Rahmen der "Allgemeinen Systemtheorie der Evolution" durch Nichtlinearität bewirkt wird, erfaßt *Kirzners Anpassungsdynamik* nicht, wie gezeigt wurde. Kirzner differenziert nicht zwischen Anpassungs- und Innovationswettbewerb. In seinem Kontext ausschließlicher Anpassung bleibt die Möglichkeit einer Überwindung von Potentialschwellen und somit das Auftreten von Phasenübergängen ausgeblendet. Aus der Perspektive der "Allgemeinen Systemtheorie der Evolution" bedeutet dies, daß der Innovationswettbewerb seine Dynamik verliert.

12. Die Nichtlinearität und die damit zusammenhängenden autokatalytischen Prozesse legen die Beachtung geringfügiger Schwankungen (*Fluktuationen*) nahe, weil sie die Strukturevolution auslösen. Damit führt die neue Systemtheorie der Evolution im Rahmen von Komplexität einen neuen erklärungsrelevanten Aspekt ein. Dies ist ein Erkenntnisfortschritt gegenüber den österreichischen Betrachtungen: Kleine Schwankungen werden nicht ausgeregelt (Strukturerhaltung), sondern können verstärkt werden (Strukturevolution). Allerdings stellt dies keine Funktionsstörung von Marktprozessen dar, sondern die Strukturevolution, ein Effekt des Innovationswettbewerbs, bringt einen neuen Markt (Vielfalt) als Teil des Gesamtsystems hervor.

13. Die theoretischen Betrachtungen der *alten Harvard School* können als erster Schritt in Richtung einer dynamischen Wettbewerbsanalyse charakterisiert werden, weil den dynamischen Wettbewerbsfunktionen sowie den Marktunvollkommenheiten eine besondere Bedeutung zukommt. Es wurde festgestellt, daß die alte Harvard School zwar die Bedeutung der Betrachtungen Schumpeters für den dynamischen Wettbewerb erkennt, die Schumpetersche evolutionäre Perspektive jedoch nicht in eine geeignete prozessuale Analyse überführen kann. Ihr streng deterministischer Marktstruktur-Marktverhalten-Marktergebnis-Ansatz wird der evolutionären Dynamik nicht gerecht, wie die neue Systemtheorie der Evolution zeigt. Die Prozeßanalyse der alten Harvard-Schule kann angesichts der Exogenisierung der Marktstruktur und der Marktergebnisorientierung der Workability-Konzepte letztlich die statische Marktformenlehre nicht überwinden. Sie bleibt damit weit hinter der evolutorischen Prozeßbetrachtung des Austrian Approach zurück. Erst die Verhalten-Struktur-Rückkopplung der Schererschen Analyse und die damit einhergehende Endogenisierung der Marktstruktur durch die moderne Harvard School lenkt die Blickrichtung auf die Komplexität von Marktprozessen, die der Austrian Approach hervorhebt.
14. Das wettbewerbstheoretische Konzept der *Chicago School* kann, wie gezeigt wurde, den Anforderungen einer dynamischen Prozeßanalyse im Rahmen des Innovationswettbewerbs nicht gerecht werden. Durch die Verknüpfung neoklassischer Statik mit evolutorischer Dynamik im Rahmen der Survivor-Hypothese wird nicht das prozessuale Niveau des Austrian Approach erreicht. Der Ansatz der Österreichischen Schule verbindet nämlich unter dem Hinweis auf die Relevanz einer Prozeßanalyse zwei dynamische Konzepte, nämlich den kybernetischen systemtheoretischen Ansatz (Koordinierungstheorie) mit der klassischen Darwinschen Evolutionstheorie. Die in der Survivor-Hypothese zum Ausdruck kommende Gleichsetzung von neoklassischer und evolutionärer Rationalität und das damit einhergehende Plädoyer für eine ausschließlich statische Analyse wettbewerblicher Problemlagen verschließt das Erkenntnispotential, das eine explizite Marktprozeßanalyse eröffnen kann.
15. Wie dargestellt, gipfelt die Kritik der Chicago School an den Harvardschen wettbewerbstheoretischen Positionen im Rahmen der New-Learning-Hypothese darin, daß Konzentration sowohl effizient als auch wettbewerbspolitisch unproblematisch ist. Die Vertreter dieser Denkrichtung heben hervor, daß eine Marktöffnung im Sinne *staatlicher Deregulierung* für die Sicherung funktionsfähigen Wettbewerbs völlig ausreicht. Diese Betrachtung führte insbesondere in den USA zu Lockerungen des Kartellrechts, so gibt es dort seit 1981 keine Fusionskontrolle mehr.[1] Diese wettbewerbspolitische Praxis kann jedoch aus dem neuen systemtheoretisch-evolutionären Blickwinkel zur *Erstarrung des Innovationswettbewerbs* führen: Wie die Ausführungen gezeigt haben, erlahmt aus der Perspektive der "Allgemeinen Systemtheorie der Evolution" die Entwicklungsdynamik, wenn die Wirtschaftssubjekte sich als rationale Optimierer im Sinne statischer Kosten-Nutzen-

1 Vgl. Tietz, B.: Der internationale Markt der Unternehmenskäufe, in: Forschungsinstitut für Wirtschaftsverfassung und Wettbewerb (Hrsg.): Unternehmensstrukturen im europäischen Binnenmarkt, FIW-Schriftenreihe, Heft 137, Köln 1990, S. 52.

Kalküle verhalten. Die damit einhergehende Verhaltenshomogenität senkt die Wahrscheinlichkeit des Überwindens von Potentialschwellen und damit das Auftreten von Phasenübergängen. Damit werden die Erkenntnisse der modernen Harvard School im Zusammenhang mit den "strategic entry-deterrence"-Modellen und dem Mobilitätsbarrierenkonzept bestätigt. Die Betrachtungen der Chicago School sind nicht mit der "Allgemeinen Systemtheorie der Evolution" vereinbar, weil diese, wie dargelegt, einen *Trade off* zwischen *statischer Effizienz* und *Evolutionseffizienz* beinhaltet, den es für die Chicago School nicht gibt.

16. Im Bezugsrahmen der *Theorie der bestreitbaren Märkte*, die die Offenheit von Märkten analysiert, passen diese Erkenntnisse zu den Modellen der imperfect-contestability bzw. noncontestability, wohingegen, wie dargestellt, der Ansatz der Chicago School mit dem Fall einer perfect-contestability in Verbindung gebracht werden kann.

17. Es wurde auf die *Restriktivität der Annahmen* der Modelle der Theorie der bestreitbaren Märkte hingewiesen, wobei insbesondere die *Ausblendung des dynamischen Charakters des Wettbewerbs* hervorzuheben ist: Auch die Contestability-Ansätze können den ökonomischen Wandel im Zuge des Wettbewerbs nicht beschreiben. Vielmehr verweisen die unterstellten identischen Kostenfunktionen der aktuellen und potentiellen Konkurrenten auf eine unendlich schnelle Diffusion von Neuerungen. Damit bleibt die Thematisierung von Strukturevolution und Strukturerhaltung unbeachtet. Die Theorie der bestreitbaren Märkte ist somit ein restriktiver Ansatz, der die Entstehung und den Wandel von Marktstrukturen nicht endogen erklären kann.

18. Die Ansätze der *modernen Harvard School* sind bislang noch nicht evolutions- und systemtheoretisch interpretiert worden, wie es in dieser Arbeit versucht wurde. Der Grund dafür ist das bislang herrschende systemtheoretische Konzept des Austrian Approach, das Machtambivalenzen nicht berücksichtigen kann.

    Die moderne Harvard School beschäftigt sich im Gegensatz zur alten Harvard School mit der Komplexität von Marktprozessen. Damit vollzieht sie einen entscheidenden Schritt in Richtung einer dynamischen Prozeßanalyse. Sie setzt sich mit dem Erkenntnisfortschritt des Contestability-Ansatzes bezüglich der Relevanz von sunk costs im "strategic entry-deterrence"-Ansatz auseinander. Die Übertragung dieser Marktschrankenperspektive auf den Aspekt aktueller Konkurrenz erfolgt durch das Mobilitätsbarrierenkonzept, wie dargelegt wurde. Der Marktschrankenaspekt kann aus dem Blickwinkel der "Allgemeinen Systemtheorie der Evolution" mit Potentialschwellen in Verbindung gebracht werden. Strategisches Abwehrverhalten gegenüber potentiellen Konkurrenten bedeutet nun, daß die Wahrscheinlichkeit des Überwindens von Potentialschwellen sinkt und Phasenübergänge ausbleiben, weil das strategische Verhalten der Marktakteure darauf gerichtet ist, die temporären Monopolrenten während des Phasenübergangs in dauerhafte Monopolrenten zu transformieren. Marktstrukturen, die im Zuge der Strukturevolution entstanden sind, weisen dann eine hohe Persistenz auf. Dies kann auf Verhaltenshomogenität zurückgeführt werden. Je homogener das Verhalten, desto stabiler ist das bestehende Regime, und desto mehr wird die evolutorische Dynamik gebremst. Diese Situation kann – wie gezeigt – im Rahmen des Marktstruktur-Marktverhalten-Zusammenhangs nach dem Symmetriebruch beispielsweise als oligopolistisches Parallelverhalten interpretiert werden. Der infolge privater Marktzutrittsbarrieren sinkende Offenheitsgrad geht mit einer niedrigen Diffusionsrate oder mit dem Ausbleiben technischen Fortschritts einher, d.h. die Evolutionseffizienz als dynamische Wettbewerbsfunktion wird nicht erreicht.

19. Es wurde gezeigt, daß *der Marktverhalten-Marktstruktur-Ansatz der modernen Harvard School* durch die "Allgemeine Systemtheorie der Evolution" *systemtheoretisch integriert* werden kann, indem das strategische Verhalten – das stochastische Element der Mikroebene – in der Marktstruktur – der Strukturevolution – seinen Ausdruck findet. Die Ausführungen legten dar, daß dabei die Verhaltensheterogenität eine entscheidende Rolle spielt. Dies impliziert die Steigerung der Zahl autonomer Handlungseinheiten, so daß Fusionen und Marktmacht im systemtheoretischen Zusammenhang problematisiert werden können. Marktstrukturpolitische Instrumente wie die Fusionskontrolle und die Entflechtung sind somit systemtheoretisch begründbar.

    Es wurde ausgeführt, daß die *Modelle* der modernen Harvard School *statischer Natur* sind. Scherer, ein wichtiger Vertreter dieser Denkschule, betont die Notwendigkeit der Berücksichtigung der evolutionären Dynamik des Innovationswettbewerbs.[1] Genau dieser Forderung könnte mit der "Allgemeinen Systemtheorie der Evolution" entsprochen werden.

20. Die "Allgemeine Systemtheorie der Evolution" könnte das Potential bereitstellen, bisher konträre wettbewerbstheoretische Ansätze einer *Synthese* zuzuführen: Der Austrian Approach der Wettbewerbstheorie kann um die Aspekte der Autokatalyse und der endogen erzeugten Instabilität erweitert werden, und die Marktprozeßanalyse der modernen Harvard School könnte ihre systemtheoretische Übersetzung finden.

    Jenseits wettbewerbspolitischer Grundsatzdebatten trägt eine solche Synthese dazu bei, die wettbewerbliche Politikberatung zu versachlichen.

---

1 Vgl. Scherer, F.M.: Stand und Perspektiven der Industrieökonomik, a.a.O. 1985, S. 15.

Literaturverzeichnis

Alchian, A.A.: Uncertainty, Evolution and Economic Theory; in: Journal of Political Economy, Vol. 63, 1950, S. 211-221.

Alchian, A.; Demsetz, H.: Production, Information Costs, and Economic Organization; in: The American Economic Review, Vol. 62 (1972), S. 777-795.

Alsmöller, H.: Wettbewerbspolitische Ziele und kooperationstheoretische Hypothesen im Wandel der Zeit. Eine dogmengeschichtliche Untersuchung von Einstellungen zu Verbundsystemen und von Gründen für diese Einstellungen, Tübingen 1982.

Altner, G.: Der Begriff der Evolution in Biologie und Sozialwissenschaften – Zur Differenzierung einer pauschalen Grundkategorie; in: Biervert, B.; Held, M. (Hrsg.): Evolutorische Ökonomik, Frankfurt a.M., New York 1992, S. 56-70.

Areeda, P.; Turner, D.F.: Predatory Pricing and Related Practices under Section II of the Sherman Act; in: Harvard Law Review, Vol. 88 (1975), S. 697-733.

– Antitrust Analysis, 3. Aufl., Boston, Toronto 1981.

Armentano, D.T.: Antitrust and Monopoly: Anatomy of a Policy Failure, New York, Chichester, Brisbane, Toronto, Singapore 1982.

Arndt, H.: Macht und Wettbewerb; in: Cox, H., Jens, U.; Markert, K. (Hrsg): Handbuch des Wettbewerbs – Wettbewerbstheorie, Wettbewerbspolitik, Wettbewerbsrecht, München 1981, S. 49-79.

Arndt, H.; Ollenburg, G.: Begriff und Arten der Konzentration; in: Arndt, H. (Hrsg.): Die Konzentration in der Wirtschaft, Schriften des Vereins für Socialpolitik, N.F. Bd. 20/I, 2. Aufl., Berlin 1971, S. 3-39.

Aschinger, G.: Contestable Markets – Ein neuer Weg zur Charakterisierung des Wettbewerbs und der Industriestruktur; in: WiSt, 14. Jg. (1984), S. 217-223.

Ashby, W.R.: An Introduction to Cybernetics, London 1956.

– Einführung in die Kybernetik, Frankfurt a.M. 1974.

Audretsch, D.B.: The Four Schools of Thought in Antitrust Economics, Wissenschaftszentrum Berlin, Diskussionspapier IIM/IP 85-32, Berlin 1985.

– Divergent Views in Antitrust Economics; in: The Antitrust Bulletin (Spring 1988), S. 135-160.

Baetge, J.: Systemtheorie; in: Handwörterbuch der Wirtschaftswissenschaft, Bd. 7, Stuttgart u.a. 1978, S. 510-534.

Bailey, E.: Contestability and the Design of Regulatory and Antitrust Policy; in: American Economic Review, Vol. 71 (1981), S. 178-183.

Bailey, E.; Baumol, W.J.: Deregulation and the Theory of Contestable Markets; in: Yale Journal on Regulation, 1984, S. 111-137.

Bain, J.S.: A Note on Pricing in Monopoly and Oligopoly; in: American Economic Review, Vol. 39 (1949), S. 448-464.

– Relation of Profit Rate to Industry Concentration: American Manufacturing, 1936-1940; in: Quarterly Journal of Economics, Vol. 65 (1951), S. 293-324.

– Barriers to New Competition – Their Characters and Consequences in Manufacturing Industries, Cambridge, Mass. 1956.

– Industrial Organization, 2. Aufl., New York, London, Sydney 1968.

– Industrielle Organisation: Funktionsfähiger Wettbewerb und strukturelle Bedingungen für funktionsfähigen Wettbewerb; in: Herdzina, K. (Hrsg.): Wettbewerbstheorie, Köln 1975, S. 179-193.

Bartling, H.: Leitbilder der Wettbewerbspolitik, München 1980.

– Wettbewerbspolitik auf strukturell vermachteten Märkten; in: Issing, O. (Hrsg.): Zukunftsprobleme der Sozialen Marktwirtschaft, Berlin 1981 S. 137-156.

Baumol, W.J.: Quasi-Permanence of Price Reductions: A Policy for Preventing Predatory Pricing; in: Yale Law Journal, Vol. 89 (1979), S. 1-26.

– Contestable Markets: An Uprising in the Theory of Industry Structure; in: American Economic Review, Vol. 72 (1982), S. 1-15.

Baumol, W.J.; Panzar, J.C.; Willig, R.D.: Contestable Markets and the Theory of Industry Structure, New York 1982.

Baumol, W.J.; Willig, R.D.: Fixed Costs, Sunk Costs, Entry Barriers and Sustainability of Monopoly; in: Quarterly Journal of Economics, Vol. 96 (1981), S. 405-431.

– Contestable Markets: An Uprising in the Theory of Industry Structure: Comment; in: American Economic Review, Vol. 73 (1983), S. 491-496.

– Contestability: Developments since the Bock; in: Morris, D.J.; Sinclair, P.J.; Slater, M.D.; Vickers, J.S. (Hrsg.): Strategic Behaviour and Industrial Competition, Oxford 1986, S. 9-36.

Bayer, O.; Stölting, E.: Sozialwissenschaften; in: Seiffert, H.; Radnitzky, G. (Hrsg.): Handlexikon zur Wissenschaftstheorie, München 1992, S. 302-313.

Bericht des Bundeskartellamtes über seine Tätigkeit in den Jahren 1991/92 sowie über die Lage und Entwicklung auf seinem Aufgabengebiet, Deutscher Bundestag – 12. Wahlperiode, Drucksache 12/5200.

Bievert, B.; Held, M. (Hrsg.): Evolutorische Ökonomik. Neuerungen, Normen, Institutionen, Frankfurt a.M. 1992.

Bittlingmayer, G.: Die wettbewerbspolitischen Vorstellungen der Chicago School; in: Wirtschaft und Wettbewerb, 37. Jg. (1987), S. 709-718.

Böbel, I.: Wettbewerb und Industriestruktur, Berlin, Heidelberg 1984.

– Marktmacht versus Effizienz: Ein wirtschaftspolitisches Dilemma?, in: List Forum, Band 14, 1987/88, S. 40-56.

Bombach, G.; Gahlen, B.; Ott, A.E. (Hrsg.): Industrieökonomik: Theorie und Empirie, Tübingen 1985.

Borchert, M.; Grossekettler, H.: Preis- und Wettbewerbstheorie, Stuttgart, Berlin, Köln, Mainz 1985.

Bork, R.H.: The Antitrust Paradox. A Policy at War with Itself, New York 1978.

Bössmann, E.: Unternehmungen, Märkte, Transaktionskosten: Die Koordination ökonomischer Aktivitäten; in: WiSt, 12. Jg. (1983), S. 105-111.

Boulding K.E.: Evolutionary Economics, London 1981.

Braulke, M.: Contestable Markets – Wettbewerbskonzept mit Zukunft?, in: Wirtschaft und Wettbewerb, 33. Jg. (1983), S. 945-954.

Brock, W.A.: Contestable Markets and the Theory of Industry Structure: A Review Article; in: Journal of Political Economy, Vol. 91, S. 1055-1066.

Brozen, Y.: Concentration and Profits: Does Concentration Matter?, in: The Antitrust Bulletin, 16 (1971), S. 241-248.

– Bain's Concentration and Rates of Return Revisted; in: Journal of Law & Economics, Vol. 14 (1971), S. 351-369.

– The Concentration-Collusion Doctrine; in: The Antitrust Law Journal, Vol. 46 (1977), S. 826-863.

– Concentration, Mergers, and Public Policy, New York 1982.

Büchel, W.: Naturwissenschaften; in: Seiffert, H. u.a. (Hrsg.): Handlexikon zur Wissenschaftstheorie, München 1992, S. 222-231.

Bühner, R.: Erfolg von Unternehmenszusammenschlüssen in der Bundesrepublik Deutschland, Stuttgart 1990.

Call, G.; Keeler, T.: Airline Deregulation, Fares and Market Behavior: Some Empirical Evidence; in: Daugerthy, A.F. (Hrsg.): Analytical Studies in Transport Economics, Cambridge 1985, S. 221-247.

Caves, R.E.: Industrial Organization, Corporate Strategy and Structure; in: Journal of Economic Literature, Vol. 18 (1980), S. 64-92.

– Intra-Industry Trade and Market Structure in the Industrial Countries; in: Oxford Economic Papers, Vol. 33 (1981), S. 203-223.

– International Trade and Industrial Organization: Problems, Solved and Unsolved; in: European Economic Review, 1985, S. 377-395.

Caves, R.E.; Fortunato, M.; Ghemawat, P.: The Decline of Dominant Firms; in: Quarterly Journal of Economics, Vol. 98 (1984), S. 523-546.

Caves, R.E.; Porter, M.E.: From Entry Barriers to Mobility Barriers: Conjectural Decisions and Contrived Deterrence to New Competition; in: Quarterly Journal of Economics, Vol. 91 (1977) S. 241-261.

Clark, J.M.: Toward a Concept of Workable Competition; in: The American Economic Review Vol. 30 (1940), S. 241-256.

– Competition as a Dynamic Process, Washington 1961.

Coase, R.H.: The Nature of the Firm; in: Economica, Vol. IV (1937), S. 386-405.

Comanor, W.S.; Frech, H.E.: Strategic Behavior and Antitrust Analysis; in: American Economic Review, Vol. 74 (1984), S. 372-376.

– The Competitive Effects of Vertical Agreements; in: American Economic Review, Vol. 75 (1985), S. 539-546.

Cooley, T.; Bothwell, J.; Hall, T.: A New View of the Market-Structure-Performance Debate; in: Journal of Industrial Economics, Vol. 32 (1984), S. 397-418.

Cowling, K.; Waterson, M.: Price-Cost Margins and Market-Structure; in: Econometrica, Vol. 43 (1976), S. 275-286.

Cox, H.: Preismißbrauchsaufsicht als Ultima ratio der Wettbewerbspolitik; in: Gegenwartskunde, 30 (1981), SH. 3, S. 29-45.

– Entflechtung der Kombinate, Privatisierung und Deregulierung in der DDR, Diskussionsbeiträge des Fachbereichs Wirtschaftswissenschaft der Universität Duisburg - GH-, Nr. 137, Duisburg 1990.

Cox, H.; Hübener, H.: Wettbewerb: Eine Einführung in die Wettbewerbstheorie und Wettbewerbspolitik; in: Cox, H.; Jens, U.; Markert, K. (Hrsg.): Handbuch des Wettbewerbs, München 1981, S. 1-48.

Cox, H.; Jens, U.; Markert, K. (Hrsg.): Handbuch des Wettbewerbs – Wettbewerbstheorie, Wettbewerbspolitik, Wettbewerbsrecht, München 1981.

Dalton, J.; Penn, D.: The Concentration-Profitability Relationship: Is there a Critical Concentration Ratio?, in: Journal of Industrial Economics, Vol. 25 (1976), S. 133-142.

Day, R.H.: The General Theory of Disequilibrium Economics and of Economic Evolution; in: Batten, D.; Casti, J.; Johannson, B. (Hrsg.): Economic Evolution and Structural Adjustment, Berlin 1987, S. 46-63.

Demsetz, H.: Industry Structure, Market Rivalry and Public Policy; in: The Journal of Law and Economics, Vol. 11 (1973), S. 1-10.

– Two Systems of Belief about Monopoly; in: Goldschmid, H.J., Mann, H.M.; Weston, J.F. (Hrsg.): Industrial Concentration: The New Learning, Boston, Toronto 1974, S. 164-184.

– Economics, as a Guide to Antitrust Regulation; in: The Journal of Law and Economics, Vol. 19 (1976), S. 371-384.

– Barriers to Entry; in: The American Economic Review, Vol. 72 (1982), S. 47-57.

– Economic, Legal, and Political Dimensions of Competition, 2. Aufl., Amsterdam u.a. 1983.

Dixit, A.: The Role of Investment in Entry Deterrence; in: Economic Journal, Vol. 90 (1980), S. 95-106.

– Recent Developments in Oligopoly Theory; in: American Economic Review, Vol. 72 (1982), S. 12-17.

Dolan, E.G. (Hrsg.): The Foundations of Modern Austrian Economics, Kansas City 1976.

Dopfer, K.: Elemente einer Evolutionsökonomik: Prozeß, Struktur und Phasenübergänge; in: Witt, U. (Hrsg.): Studien zur Evolutorischen Ökonomik I, Schriften des Vereins für Socialpolitik N.F. Band 195/1, Berlin 1990, S. 19-47.

Emrich H.M.: Die Problematik der Fusionskontrolle bei Konglomeraten, Berlin 1978.

Encaoua, D.; Geroski, P.; Jacquemin, A.: Strategic Competition and the Persistence of Dominant Firms: A Survey; in: Stiglitz, J.E.; Mathewson, F. (Hrsg.): New Developments in the Analysis of Market Structure, London u.a. 1986, S. 55-89.

Erdmann, G.: Evolutionäre Ökonomik als Theorie ungleichgewichtiger Phasenübergänge; in: Witt, U. (Hrsg.): Studien zur Evolutorischen Ökonomik I, Schriften des Vereins für Socialpolitik N.F. Band 195/I, Berlin 1990, S. 135-161.

– Elemente einer evolutorischen Innovationstheorie, Tübingen 1993.

Fama, E.F.; Laffer, A.B.: The Number of Firms and Competition; in: Brozen, Y. (Hrsg.): The Competitive Economy: Selected Readings, Morristown, N.J. 1975, S. 43-47.

Fehl, U.: Die Theorie dissipativer Strukturen als Ansatzpunkt für die Analyse von Innovationsproblemen in alternativen Wirtschaftsordnungen; in: Schüller, A.; Leipold, H.; Hamel, H. (Hrsg.): Innovationsprobleme in Ost und West, Stuttgart, New York 1983, S. 65-89.

– Das Konzept der Contestable Markets und der Marktprozeß; in: Bombach, G.; Gahlen, B.; Ott, A.E. (Hrsg.): Industrieökonomik: Theorie und Empirie, Tübingen 1985, S. 29-50.

Forrester, J.: Das Verhalten sozialer Systeme; in: Kade, G.; Hujer, R. (Hrsg.): Sozialkybernetik, Düsseldorf, Wien 1974, S. 201-232.

Forrester, J.: World Dynamics, Cambridge, Mass. 1971.

Forschungsinstitut für Wirtschaftsverfassung und Wettbewerb (Hrsg.): Internationale Wettbewerbspolitik – Bericht des OECD-Wettbewerbsausschusses, FIW-Dokumentation, H. 13, Köln u.a. 1989.

Foster, J.: The Institutionalist (Evolutionary) School; in: Mair, D.; Miller, A.G. (Hrsg.): A Modern Guide to Economic Thought, Aldershot, Brookfield 1991, S. 207-231.

Friedman, M.: The Methodology of Positive Economics; in: Friedman, M.: Essays in Positive Economics, Chicago 1953, S. 3-43.

Gabler Wirtschaftslexikon, 12. Aufl., Wiesbaden 1988.

Gale, B.T.: Market Share and Rate of Return; in: Review of Economics and Statitics (1972), S. 412-425.

Gale, B.T.; Branch, B.S.: Concentration Versus Market Share: Which Determines Performance and Why Does it Matter; in: The Antitrust Bulletin, Vol. 27 (1982), S. 83-106.

Gallini, N.T.; Winter, R.A.: On Vertical Control in Monopolistic Competition; in: International Journal of Industrial Organization, Vol. 1 (1983), S. 275-286.

Gaskins, D.W. Jr.: Dynamic Limit Pricing: Optimal Pricing under Threat of Entry; in: Journal of Economic Theory, Vol. 3 (1971), S. 306-322.

Geroski, P.: Interpreting a Correlation Between Profits and Concentration; in: Journal of Industrial Economics, Vol. 30 (1982), S. 305-318.

– Competition Policy and the Structure-Performance Paradigm, Discussion papers, IIM/IP 86 – 27, Wissenschaftszentrum Berlin für Sozialforschung.

Geroski, P.; Jacquemin, A.: Dominant Firms and their Alleged Decline; in: International Journal of Industrial Organization, Vol. 2 (1984), S. 1-27.

Gilbert, R.J.: The Role of Potential Competition in Industrial Organization; in: Journal of Economic Perspectives, Vol. 3 (1989), S. 107-127.

Gilbert, R.J.; Newbery, D.M.: Preemptive Patenting and the Persistence of Monopoly; in: American Economic Review, Vol. 72 (1982), S. 514-526.

Goldschmid, H.J.; Mann, H.M.; Weston, J.F. (Hrsg.): Industrial Concentration: The New Learning, Boston, Toronto 1974.

Graf, H.-G.: "Muster-Voraussagen" und "Erklärungen des Prinzips" bei F.A. von Hayek. Eine methodologische Analyse, Tübingen 1978.

Green, Ch.: Industrial Organization Paradigms, Empirical Evidence, and the Economic Case for Competition Policy; in: Canadian Journal of Economics, Vol. 20 (1987), S. 482-505.

Grimm, A.: Motive konglomerater Zusammenschlüsse, Wirtschaftspolitische Studien 71, Göttingen 1987.

Grossekettler, H.: Marktprozesse; in: WiSt, 17. Jg. (1988), S. 105-111.

Hamilton, J.L.; Lee, S.B.: Vertical Merger, Market Foreclosure, and Economic Welfare; in: Southern Economic Journal, Vol. 52 (1985/86), S. 948-961.

Hanusch, H.: Evolutionary Economics-Applications of Schumpeters Ideas, Cambridge 1988.

Harris, M.: Entry and Barriers to Entry; in: Industrial Organization Review, Vol. 4 (1976), S. 165-174.

Harris, C.; Vickers, J.: Patent Races and the Persistence of Monopoly; in: Journal of Industrial Economics, Vol. 33 (1985), S. 461-481.

Hay, D.A.; Vickers, J. (Hrsg.): The Economics of Market Dominance, Oxford, New York 1987.

Hay, G.A.: The Interaction of Market Structure and Conduct; in: Hay, D.; Vickers, J. (Hrsg.) The Economics of Market Dominance, Oxford, New York 1987, S. 105-128.

Hayek, F.A. von: Economics and Knowledge; in: Economica, Vol. 4 (1937), S. 33-54.

– The Use of Knowledge in Society; in: American Economic Review, Vol. 35 (1945), S. 519-530.

– Wirtschaftstheorie und Wissen; in: ders.: Individualismus und Wirtschaftliche Ordnung, Erlenbach, Zürich 1952, S. 49-77.

– Arten der Ordnung; in: ORDO, Bd. 14 (1963), S. 1-20.

– Studies in Philosophy, Politics and Economics, London, Chicago, Toronto 1967.

– Grundsätze einer liberalen Gesellschaftsordnung; in: ORDO, Bd. 18 (1967), S. 11-33.

– Rechtsordnung und Handelnsordnung; in: ders.: Freiburger Studien, gesammelte Aufsätze von A. von Hayek, Tübingen 1969, S. 161-198.

– Bemerkungen über die Entwicklung von Systemen von Verhaltensregeln; in: ders.: Freiburger Studien, Tübingen 1969, S. 144-160.

– Der Wettbewerb als Entdeckungsverfahren; in: ders.: Freiburger Studien, Tübingen 1969, S. 249-265.

– Freiburger Studien: Gesammelte Aufsätze, Tübingen 1969.

– Die Irrtümer des Konstruktivismus und die Grundlagen legitimer Kritik gesellschaftlicher Gebilde, München, Salzburg 1970.

– Die Verfassung der Freiheit, Tübingen 1971.

– Die Theorie komplexer Phänomene, Tübingen 1972.

– Die Anmaßung von Wissen; in: ORDO, Bd. 26 (1975), S. 12-21.

– Wirtschaftstheorie und Wissen; in: ders.: Individualismus und wirtschaftliche Ordnung, Salzburg 1976, S. 49-77.

– Die Verwertung des Wissens in der Gesellschaft; in: ders.: Individualismus und wirtschaftliche Ordnung, Salzburg 1976, S. 103-121.

– Die drei Quellen der menschlichen Werte, Walter Eucken Institut, Vorträge und Aufsätze, Bd. 70, Tübingen 1979.

– Mißbrauch und Verfall der Vernunft. Ein Fragment, Salzburg 1979.

Heinemann, K.L.: Zur Problematik von Gleichgewichtskonzepten in den Sozialwissenschaften; in: KYKLOS, Jahrbuch für Sozialwissenschaft, Bd. 27, Göttingen 1976, S. 327-341.

Herdzina, K. (Hrsg.): Wettbewerbstheorie, Köln 1975.

– Wettbewerbstheorie und Wettbewerbspolitik – Stand und Entwicklungstendenzen; in: Wirtschaftsdienst, 66. Jg. (1986), S. 525-532.

– Wettbewerbspolitik, 2. Aufl., Stuttgart 1987.

– Möglichkeiten und Grenzen einer wirtschaftstheoretischen Fundierung der Wettbewerbspolitik, Tübingen 1988.

Heuss, E.: Allgemeine Markttheorie, Tübingen 1965.

Hoppmann, E.: Das Konzept der optimalen Wettbewerbsintensität; in: Jahrbücher für Nationalökonomie und Statistik, Bd. 179 (1966), S. 286-323.

- Wettbewerb als Norm der Wettbewerbspolitik; in: ORDO, Bd. 18 (1967), S. 77-94.
- Fusionskontrolle, Tübingen 1972.
- Zur ökonomischen Begründung von Ausnahmebereichen; in: Jahrbücher für Nationalökonomie und Statistik, Bd. 187 (1972/73), S. 161-169.
- Die Abgrenzung des relevanten Marktes im Rahmen der Mißbrauchsaufsicht über marktbeherrschende Unternehmen, Baden-Baden 1974.
- Marktmacht und Wettbewerb, Tübingen 1977.
- Gleichgewicht und Evolution, Erich Carell: Ansprachen und Vorträge, Festschrift, Baden-Baden 1980, S. 19-39.
- Wirtschaftsordnung und Wettbewerb, Baden-Baden 1988.

Hume, D.: A Treatise on Human Nature, London, New York, Bombay 1898.

Issing, O. (Hrsg.): Zukunftsprobleme der Sozialen Marktwirtschaft, Berlin 1981.

Jacquemin, A.: European Industry: Public Policy and Corporate Strategy, Oxford 1984.
- Industrieökonomik, Strategie und Effizienz des modernen Unternehmens, Frankfurt a.M., New York 1986.
- Horizontal Concentration and European Merger Policy; in: European Economic Review, Vol. 34 (1990), S. 539-550.

Jammer, M.: Gesetz; in: Seiffert, H.; Radnitzky, G. (Hrsg.): Handlexikon zur Wissenschaftstheorie, München 1992, S. 112-119.

Jantsch, E.: Design for Evolution, New York 1975.
- Die Selbstorganisation des Universums, München 1982.
- Struktur; in: Seiffert; H., Radnitzky, G. (Hrsg.): Handlexikon zur Wissenschaftstheorie, München 1992, S. 326-329.
- System, Systemtheorie; in: Seiffert, H.; Radnitzky, G. (Hrsg.): Handlexikon zur Wissenschaftstheorie, München 1992, S. 329-338.

Jantsch, E.; Waddington, C.H. (Hrsg.): Evolution and Consciousness. Human Systems in Transition, London, Amsterdam, Don Mills (Ontario), Sydney, Tokyo 1976.

Jaskow, P.L.; Klevorick, A.K.: A Framework for Analyzing Predatory Pricing Policy; in: Yale Law Journal, Vol. 89 (1979), S. 213-270.

Jensen, M.C.: Takeovers: their Causes and Consequences; in: Journal of Economic Perspectives, Vol. 2 (1988), S. 21-48.

Kade, G.; Hujer, R.: Sozialkybernetik, Düsseldorf, Wien 1974.

Kade, G.; Hujer, R.; Ipsen, D.: Wirtschaftskybernetik; in: Kade, G.; Hujer, R.: Sozialkybernetik, Düsseldorf, Wien 1974, S. 131-160.

Kahn, A.E.: The Relevance of Industrial Organization; in: Industrial Organization, Antitrust and Public Policy, Vol. 4 (1983), S. 3-18.

Kallfass, H.H.: Die Chicago School – Eine Skizze des "neuen" amerikanischen Ansatzes für die Wettbewerbspolitik; in: Wirtschaft und Wettbewerb, 30. Jg. (1980), S. 596-601.

Kamien, M.I.; Schwarz, N.L.: Limit Pricing and Uncertain Entry; in: Econometrica, Vol. 39 (1971), S. 441-454.

Kantzenbach, E.: Die Funktionsfähigkeit des Wettbewerbs, 2. Aufl., Göttingen 1967.
- Unternehmenskonzentration und Wettbewerb, HWWA-Diskussionspapier Nr. 9, Hamburg 1993.

Kantzenbach, E.; Kruse, J.: Kollektive Marktbeherrschung, Wirtschaftspolitische Studien 75, Göttingen 1989.

Kaufer, E.: Industrieökonomik – Eine Einführung in die Wettbewerbstheorie, München 1980.

Kaysen, C.; Turner, D.F.: Antitrust Policy. An Economic and Legal Analysis, Cambridge, Mass. 1959.

Khemani, R.S.; Shapiro, D.M.: On Entry and Mobility Barriers; in: Antitrust Bulletin (1988), S. 115-134.

Kirzner, I.M.: Market Theory and the Price System, Toronto, New York 1963.

– Wettbewerb und Unternehmertum, Tübingen 1978.

– (Hrsg..): Method, Process, and Austrian Economics, Essays in Honor of Ludwig von Mises, Lexington, Massachusetts, Torononton 1982.

– Uncertainty, Discovery, and Human Action: A Study of the Entrepreneurial Profile in the Misesian System; in: Kirzner, I.M. (Hrsg.): Method, Process, and Austrian Economics, Lexington, Massachusetts, Toronto 1982, S. 139-159.

– Discovery and the Capitalist Process, Chicago, London 1985.

– Unternehmer und Marktdynamik, München 1988.

Koblitz, G.; Rieter, H.: Wirtschaftliches Gleichgewicht – Zum "Glanz-Verfall" der zentralen Konzeption der theoretischen Ökonomie; in: Ollenburg, G.; Wedig, W. (Hrsg.): Gleichgewicht, Entwicklung und soziale Bedingungen der Wirtschaft, Berlin 1979.

Kommission der Europäischen Gemeinschaften: Horizontale Konzentration, Fusionen und Wettbewerbspolitik in der Europäischen Gemeinschaft; in: Europäische Wirtschaft, Nr. 40 (1989) Kap. 2 und 3.

– Bericht über die Wettbewerbspolitik 1991, Brüssel, Luxemburg 1992.

Koslowski, P.: Mechanistische und organistische Analogien in der Wirtschaftswissenschaft – eine verfehlte Alternative; in: KYKLOS, Vol. 36 (1983), S. 308-312.

Krakowski, M.: Dekonzentrationsprozesse in der Bundesrepublik Deutschland, FIW-Schriftenreihe, H. 110, Köln u.a. 1985.

Kreps, D.M.; Wilson, R.: Reputation and Imperfect Information; in: Journal of Economic Theory, Vol. 27 (1982), S. 253-279.

Kühne, K.: Evolutionsökonomie. Grundlagen der Nationalökonomie und Realtheorie der Geldwirtschaft, Stuttgart, New York 1982.

Lachmann, L.M.: The Science of Human Action; in: Economica, Vol. 18 (1951), S. 412-427.

– Nationalökonomie als Sozialwissenschaft; in: ders.: Marktprozeß und Erwartungen, München 1984, S. 162-176.

Lee, W.Y.: Oligopoly and Entry; in: Journal of Economic Theory, Vol. 11 (1975), S. 35-54.

Leibenstein, H.: General X-Efficiency Theory and Economic Development, New York 1978.

Lehmann-Waffenschmidt, M.: Economic Evolution: A General Equilibium Analysis, Heidelberg 1990.

Lenel, H.O.: Die Bedeutung der großen Unternehmen für den technischen Fortschritt, Tübingen 1968.

- Konzentration; in: Handwörterbuch der Wirtschaftswissenschaft, Bd. 4, Stuttgart u.a. 1978, S. 540-565.
- Ist zur Förderung der internationalen Wettbewerbsfähigkeit externes Unternehmenswachstum erstrebenswert?, in: ORDO, Bd. 38 (1987), S. 113-129.

Lewis, T.R.: Preemption, Divestiture, and Forward Contracting in a Market Dominated by a Single Firm; in: American Economic Review, Vol. 73 (1983), S. 1092-1101.

Lipsey, R.G.; Lancaster, K.: The General Theory of Second Best; in: Review of Economic Studies, Vol. 24 (1956/57), S. 11-32.

Littlechild, S.C.: Equilibrium and the Market Process; in: Kirzner, I.M. (Hrsg.): Method, Process, and Austrian Economics. Essays in Honor of Ludwig von Mises, Lexington u.a. 1982, S. 85-100.

Loasby, B.J.: The Austrian School; in: Mair, D.; Miller, A.G. (Hrsg.): A Modern Guide to Economic Thought. An Introduction to Comparative Schools of Thought in Economics, Aldershot, Brookfield 1991, S. 40-70.

Luhmann, N.: Soziologische Aufklärung I, 2. Aufl., Opladen 1971.

- Kybernetische Regelung; in: Kade, G.; Hujer, R.: Sozialkybernetik, Düsseldorf, Wien 1974, S. 233-239.
- Soziologische Aufklärung II, Opladen 1975.
- Soziale Systeme, Grundriß einer allgemeinen Theorie, Frankfurt a.M. 1984.

Lutz, T.: Kybernetik, Struktur und Simulation; in: Kade, G.; Hujer, R.: Sozialkybernetik, Düsseldorf, Wien 1974, S- 21-41.

Mair, D.; Miller, A.G. (Hrsg.): A Modern Guide to Economic Thought. An Introduction to Comparative Schools of Thought in Economics, Aldershot, Brookfield 1991.

Markert, K.: Beurteilungsgesichtspunkte diagonaler Zusammenschlüsse anhand amerikanischer Fälle; in: Gutzler, H. (Hrsg.): Wettbewerb im Wandel, Baden-Baden 1976.

- Die Mißbrauchsaufsicht über marktbeherrschende Unternehmen; in: Cox, H. u.a.: Handbuch des Wettbewerbs, München 1981, S. 297-329.

Marshall, A.: Principles of Economics, Nachdruck der 8. Aufl., London 1952.

Mason, E.S.: Price and Production Policies of Large-Scale Enterprice; in: American Economic Review, Supplement 29, März 1939.

Mathewson, I.; Stiglitz, J. (Hrsg.): New Developments in the Analysis of Market Structure, M.I.T. Press, Cambridge, Mass. 1986.

McGee, J.S.: Efficiency and Economies of Size; in: Goldschmid, H.J.; Mann, H.M.; Weston, J.F. (Hrsg.): Industrial Concentration: The New Learning, Boston, Toronto 1974, S. 55-97.

Milgrom, P.; Roberts, J.: Predation, Reputation, and Entry Deterrence; in: Journal of Economic Theory, Vol. 27 (1982), S. 280-312.

- Limit Pricing and Entry under Incomplete Information: an Equilibrium Analysis; in: Econometrica, Vol. 50 (1982), S. 443-459.

Mises, L. von: Human Action. A Treatise on Economics, London 1949.

- Markt; in: Handwörterbuch der Sozialwissenschaften, Bd. 7 (1961), S. 131-136.
- Nationalökonomie. Theorie des Handelns und Wirtschaftens, München 1980.

Modigliani, F.: New Developments on the Oligopoly Front; in: Journal of Political Economy, Vol. 66 (1958), S. 215-232.

Monopolkommission: Hauptgutachten III, 1978/79, Fusionskontrolle bleibt vorrangig, Baden-Baden 1980.

– Hauptgutachten IV, 1980/81, Fortschritte bei der Konzentrationserfassung, Baden-Baden 1982.

– Hauptgutachten V, 1982/83, Ökonomische Kriterien für die Rechtsanwendung, Baden-Baden 1984.

– Hauptgutachten VI, 1984/85, Gesamtwirtschaftliche Chancen und Risiken wachsender Unternehmensgrößen, Baden-Baden 1986.

– Hauptgutachten VII (1986/87), Die Wettbewerbsordnung erweitern, Baden-Baden 1988.

– Hauptgutachten IX (1990/91), Wettbewerbspolitik oder Industriepolitik, Baden-Baden 1992.

Möschel, W.: Effizienz und Wettbewerbspolitik; in: WiSt, 15. Jg. (1986), S. 341-346.

Narver, J.C.: Conglomerate Mergers and Market Competition, Berkeley, Los Angeles 1967.

Nelson, R.R.: Comments on a Paper by Posner; in: The University of Pennsylvania Law Review, Vol. 127 (1978/79), S. 949-952.

Neumann, C.W.: Historische Entwicklung und heutiger Stand der Wettbewerbstheorie, Königsstein 1982.

Newman, H.H.: Strategic Groups and the Structure-Performance Relationship; in: Review of Economics and Statistics, Vol. 60 (1978), S. 417-427.

O'Driscoll, G.P. Jr.: Monopoly in Theory and Practice; in: Kirzner, I.M. (Hrsg.): Method, Process, and Austrian Economics, Lexington u.a. 1982, S. 189-213.

Ordover, J.A.; Saloner, G.: Predation, Monopolization and Antitrust; in: Schmalensee, R.; Willig, R.D. (Hrsg.): Handbook of Industrial Organization, Vol. I., Amsterdam u.a. 1989, S. 537-596.

Otembra, W.: Die empirische Relevanz von Marktzutrittsbarrieren; in: Konjunkturpolitik, 28. Jg. (1982), S. 190-198.

Paque, K.H.: How far is Vienna from Chicago? An Essay on the Methodology of Two Schools of Dogmatic Liberalism; in: KYKLOS, Vol. 38, (1985), S. 412-434.

Penrose, E.: The Theory of Growth of the Firm, New York 1959.

Penzkofer, H.; Schmalholz, H.: Innovationstätigkeit in Abhängigkeit von Marktreife und Marktkonzentration, Schwerpunktprogramm der Deutschen Forschungsgemeinschaft, Marktstruktur und Gesamtwirtschaftliche Entwicklung, Arbeitspapier Nr. 12, München 1991.

Picot, A.; Franck, E.: Vertikale Integration; in: Hauschildt, J.; Grün, O. (Hrsg.): Ergebnisse empirischer betriebswirtschaftlicher Forschung, Stuttgart 1993.

Poeche, J. (Hrsg.): Das Konzept der "Workable competition" in der angelsächsischen Literatur, FIW-Dokumentation, H. 1, Köln u.a. 1970.

Popper, K.R.: Das Elend des Historizismus, 2. Aufl., Tübingen 1969.

– Logik der Forschung, 4. Aufl., Tübingen 1971.

Porter, M.E.: The Structure within Industries and Companies' Performance; in: Review of Economics and Statistics, Vol. 61 (1979), S. 214-227.

– Competitive Advantage, Creating and Sustaining Superior Performance, New York 1985.

– The Competitive Advantage of Nations, London u.a. 1990.

Posner, R.A.: Oligopoly and Antitrust Laws: A Suggested Approach; in: Stanford Law Review, Juni 1969.

– Economic Analysis of Law, 3. Aufl. Boston, Toronto 1975.

– Antitrust Law – An Economic Perspective, Chicago, London 1976.

– The Chicago School of Antitrust Analysis; in: University of Pennsylvania Law Review, Vol. 127 (1979), S. 925-948.

Prigogine, I.: Order through Fluctuation: Self-Organization and Social System; in: Jantsch, E.; Waddington, C.H. (Hrsg.): Evolution and Consciousness. Human Systems in Transition, London u.a. 1976, S. 93-126.

– Vom Sein zum Werden, München 1979.

Prigogine, I.; Nicolis, G.: Self-Organization in Non-Equilibrium Systems, New York 1977.

Prigogine, I.; Stengers, I.: Dialog mit der Natur, München 1983.

Radnitzky, G.: Die ungeplante Gesellschaft. Friedrich von Hayeks Theorie der Evolution spontaner Ordnungen und selbstorganisierende Systeme; in: Hamburger Jahrbuch für Wirtschaft und Gesellschaft (1984), S. 9-33.

Rahmeyer, F.: The Evolutionary Approach to Innovation Activity; in: Journal of Institutional and Theoretical Economics, Vol. 145 (1989), S. 275-292.

Ravenscraft, D.J.: Structure-Profit Relationships at the Line of Business and Industry Level; in: Review of Economics and Statistics, Vol. 65 (1983), S. 22-31.

Ravenscraft, D.J.; Scherer, F.M.: Mergers, Sell-offs and Economic Efficiency, Washington 1987.

Reder, M.W.: Chicago Economics. Permanence and Change; in: Jounal of Economic Literature, Vol. 20 (1982), S. 1-38.

Reinganum, J.F.: Uncertain Innovation and the Persistence of Monopoly; in: American Economic Review, Vol. 73 (1983), S. 741-748,

Rey, P.; Tirole, J.: The Logic of Vertical Restraints; in: American Economic Review, Vol. 76 (1986), S. 921-939.

Röpke, J.: Konzentration und Macht als Problem der Wettbewerbstheorie; in: ORDO, Bd. 24 (1973), S. 297-314.

– Wettbewerb als Problemlösungsverfahren; in: Witschaftspolitische Blätter, 23. Jg. (1976), S. 38-46.

– Die Strategie der Innovation, Tübingen 1977.

– Zur Stabilität und Evolution marktwirtschaftlicher Systeme aus klassischer Sicht; in: Streissler, E.; Watrin, C.: Zur Theorie marktwirtschaftlicher Systeme, Tübingen 1980, S. 124-154.

– Externes Unternehmenswachstum im ökonomischen Evolutionsprozeß; in: ORDO, Bd. 41 (1990), S. 151-172.

Rothhardt, U.: Statistische Konzentrationsmessungen in ausgewählten Mitgliedsstaaten der Europäischen Gemeinschaften, Univ. Diss., Heidelberg 1984.

Salop, S.: Strategic Entry Deterrence; in: American Economic Review, Vol. 69 (1979), S. 335-338.

Salop, S.; Scheffman, D.T.: Raising Rival's Costs; in: American Economic Review, Vol. 73 (1983), S. 267-271.

Schelling, Th. C.: The Strategy of Conflict, Cambridge, Mass. 1960.

Scherer, F.M.: Predatory Pricing and the Sherman Act: A Comment; in: Harvard Law Review, Vol. 89 (1976), S. 869-890.

– The Posnerian Harvest: Separating Wheat from Chaff; in: The Yale Law Journal, Vol. 86 (1976), S. 974 ff.

– The Causes and Consequences of Rising Industrial Concentration; in: Journal of Law and Economics, Vol. 22 (1979), S. 191-211.

– Industrial Market Structure and Economic Performance, 2. Aufl., Chicago 1980.

– The Economics of Vertical Restraints; in: Antitrust Law Journal, Vol. 52 (1983), S. 687-707.

– Innovation and Growth, Schumpeterian Perspectives, Cambridge, Mass. 1984.

– Stand und Perspektiven der Industrieökonomik; in: Bombach, G.; Gahlen, B.; Ott, A.E. (Hrsg.): Industrieökonomik, Theorie und Empirie, Tübingen 1985, S. 3 ff.

– Corporate Takeovers: the Efficiency Arguments; in: Journal of Economic Perspectives, Vol. 2 (1988), S. 69-82.

Scherer, F.M.; Ross, D.: Industrial Market Structure and Economic Performance, 3. Aufl., Boston u.a. 1990.

Schmalensee, R.: Entry Deterrence in the Ready-to-Eat Breakfast Cereal Industry; in: Bell Journal of Economics, Vol. 9 (1978), S. 305-327.

– Antitrust and the New Industrial Economics; in: American Economic Review, Vol. 72 (1982), S. 24 ff.

– Standards for Dominant Firm Conduct. What can Economics Contribute?, in: Hay, D.; Vickers, J. (Hrsg.): The Economics of Market Dominance, Oxford 1987, S. 61-88.

Schmalensee, R.; Willig, R. (Hrsg.): Handbook of Industrial Organization, Amsterdam 1989.

Schmidt, I.; Rittaler, J.B.: Die Chicago School of Antitrust Analysis – Wettbewerbstheoretische und -politische Analyse eines Credos, Baden-Baden 1986.

Schmidt, I.; Röhrich, M.: Zielkonflikte zwischen dem Erhalt kompetitiver Marktstrukturen und der Realisierung von Effizienzsteigerungen durch externes Unternehmenswachstum?, in: WiSt, H 4, April 1992.

Schmidt, I.: Ist "Größe an sich" gefährlich?, in: Wirtschaft und Wettbewerb, 36. Jg. (1986), S. 193-196.

Schmidt, I.; Kirschner, U.: Der Marktschließungseffekt; in: WiSt, H. 1 (1988), S. 23-25.

– Wettbewerbspolitik und Kartellrecht – Eine Einführung, 3. Aufl., Stuttgart, New York 1990.

Schmidtchen, D.: Wettbewerbspolitik als Aufgabe, Baden-Baden 1978.

Schumacher, D.; Straßberger, F.: Überlegungen zu einer erweiterten Berichterstattung über die technologische Wettbewerbsfähigkeit der Bundesrepublik Deutschland; in: Löbbe, K. (Hrsg.): Innovationen, Investitionen und Wettbewerbsfähigkeit der deutschen Wirtschaft, Untersuchungen des Rheinisch-Westfälischen Instituts für Wirtschaftsforschung, Heft 16, Essen 1995.

Schumpeter, J.A.: Capitalism, Sozialism, and Democracy, New York 1950.

– Theorie der wirtschaftlichen Entwicklung, 7. Aufl., Berlin 1987.

Schwarz, M.; Reynolds, R.J.L.: Contestable Markets: An Uprising in the Theory of Industry Structure: Comment; in: American Economic Review, Vol. 73 (1983), S. 488-490.

Schwartz, M.: The Nature and Skope of Contestability; in: Morris, D.J.; Sinclair, P.J.; Slater, M.D.; Vickers, J.S. (Hrsg.): Strategic Behaviour and Industrial Competition, Oxford 1986, S. 37-57.

Seiffert, H.; Radnitzky, G. (Hrsg.): Handlexikon zur Wissenschaftstheorie, München 1992.

Shepherd, W.: The Elements of Market Structure; in: Review of Economics and Statistics, Vol. 54 (1972), S. 25-37.

– The Economics of Industrial Organization, Englewood Cliffs 1979.

– "Contestability" vs. Competition; in: American Economic Review, Vol. 74 (1984), S. 572-587.

– Assessing "Predatory" Actions by Market Shares and Selectivity; in: Antitrust Bulletin (1986), S. 1-28.

Sims, J.; Lande, R.H.: The End of Antitrust – or a New Beginning?, in: Antitrust Bulletin (1986), S. 301-339.

Sleuwaegen, L.; Yamawaki, H.: The Formation of the European Common Market and Changes in Market Structure and Performance; in: European Economic Review, Vol. 32 (1988), S. 1451-1475.

Smirlock, M.; Gilligan, T.; Marshall, W.: Tobin's q and the Structure-Performance Relationship; in: The American Economic Review 1984, Dezember, S. 83-103.

Smith, A.: An Inquiry into the Nature and Causes of the Wealth of Nations, in deutscher Übersetzung von H.C. Recktenwald: Wohlstand der Nationen, München 1974.

Sosnick, S.H.: A Critique of Concepts of Workable Competition; in: Quarterly Journal of Economics, Vol. 72 (1958), S. 380-423.

Spence, M.: Entry, Capacity, Investment and Oligopolistic Pricing; in: The Bell Journal of Economics, Vol. 8 (1977), S. 534-544.

– The Learning Curve and Competition; in: Bell Journal of Economics, Vol. 12 (1981), S. 49-70.

– Contestable Markets and the Theory of Industry Structure: A Review Article; in: Journal of Economic Literature, Vol. 21 (1983), S. 981-990.

Stachowiak, H.: Kybernetik; in: Seiffert, H.; Radnitzky, G. (Hrsg.): Handlexikon zur Wissenschaftstheorie, München 1992, S. 182-186.

Stigler, G.J.: The Economies of Scale; in: Journal of Law and Economics (1958), S. 54-71.

– The Theory of Price, 3. Aufl., New York 1966.

– The Organization of Industry, Homewood, Ill. 1968.

Stigler, G.J.; Becker, G.S.: De Gustibus Non Est Disputandum; in: American Economic Review, Vol. 67 (1977), S. 76-90.

Stoneman, P.: The Economic Analysis of Technological Chance, Oxford 1983.

Sylos-Labini, P.: Oligopoly and Technical Process, Cambridge 1962.

Thoben, H.: Mechanistic and Organistic Analogies in Economics Reconsidered; in: KYKLOS, Vol. 35 (1982), S. 292-306.

Tietz, B.: Der internationale Markt der Unternehmenskäufe; in: Forschungsinstitut für Wirtschaftsverfassung und Wettbewerb (Hrsg.): Unternehmensstrukturen im europäischen Binnenmarkt, FIW-Schriftenreihe, Heft 137, Köln 1990.

Tietzel, M.: Idealisierte Erklärungen; in: Zeitschrift für allgemeine Wissenschaftstheorie XVII/2 (1986), S. 315-321.

Tirole, J.: The Theory of Industrial Organization, Cambridge, Mass. 1988.

Tolksdorf, M.: Stand und Entwicklungstendenzen der Wettbewerbstheorie; in: Wirtschaft und Wettbewerb, 30. Jg. (1980), S. 785-802.

Ursprung, H.W.: Evolution and the Economic Approach to Human Behavior; in: Journal of Social and Biological Structure, Vol. 11 (1988), S. 257-279.

Veltrup, B.: Die wettbewerbspolitische Problematik konglomerater Fusionen, Göttingen 1975.

Vickers, J.; Hay, D. (Hrsg.): The Economics of Market Dominance, Oxford 1987.

Walras, L.: Elements of Pure Economics or the Theory of Social Wealth, London 1954.

Weiss, L.W.: The Concentration-Profit Relationship and Antitrust; in: Goldschmid, H.J.; Mann, H.M.; Weston, J.F. (Hrsg.): Industrial Concentration: The New Learning, Boston 1974, S. 184-233.

Weitzmann, M.L.: Contestable Markets: An Uprising in the Theory of Industry Structure: Comment; in: American Economic Review, Vol. 73, S. 486-487.

Weizsäcker, C.F. von: Der Garten des Menschlichen, 5. Aufl., München, Wien 1977.

Weizsäcker, C.C. von: Barriers to Entry: A Theoretical Treatment, Heidelberg 1980.

Wenders, J.T.: Excess Capacity as a Barrier to Entry; in: Journal of Industrial Economics, Vol. 20 (1971) S. 14-19.

Wenzel, R.: Konzentration, Effizienz und Gewinne: Ökonometrische Tests der Chicago-School-Thesen für die Industrien der BR Deutschland, Bochum 1986.

Wickler, W.; Seibt, U.: Das Prinzip Eigennutz. Zur Evolution sozialen Verhaltens, München 1991.

Willeke, F.-U.: Grundsätze wettbewerbspolitischer Konzeptionen, Tübingen 1973.

Williamson, O.E.: Hierarchical Control and Optimum Firm Size; in: Journal of Political Economy, Vol. 75 (1967), S. 123-138.

– Economies as an Antitrust Defense: The Welfare Trade Offs; in: American Economic Review, Vol. 58 (1968), S. 18-36.

– Markets and Hierarchies: Analysis and Antitrust Implications: A Study in the Economics of Internal Organization, New York, London 1975.

– Predatory Pricing: A Strategic and Welfare Analysis; in: Yale Law Journal, Vol. 87 (1977), S. 284-340.

– The Modern Corporation: Origins, Evolution, Attributes; in: Journal of Economic Literature (1981), S. 1537-1568.

– The Economic Institutions of Capitalism. Firms, Markets, Rational Contracting, New York 1985.

– Vertical Integration and Related Variations on a Transaction-Cost Economics Theme; in: Stiglitz, J.E.; Mathewson, G.F. (Hrsg.): New Developments in the Analysis of Market Structure, London 1986, S. 149-174.

– Antitrust Economics: Mergers, Contracting, Strategic Behavior, Oxford, New York 1987.

Willke, H.: Systemtheorie, 4. Aufl., Stuttgart, Jena 1993.

Witt, U.: Individualistische Grundlagen der evolutorischen Ökonomik, Tübingen 1987.

– (Hrsg.): Studien zur Evolutorischen Ökonomik I, Schriften des Vereins für Socialpolitik, N.F. Bd. 195/I, Berlin 1990.

Witt, U.: Überlegungen zum gegenwärtigen Stand der evolutorischen Ökonomik; in: Biervert, B.; Held, M. (Hrsg.): Evolutorische Ökonomik. Neuerungen, Normen, Institutionen, Frankfurt a.M., New York 1992, S. 23-48.

Woll, A.: Freiheit durch Ordnung: Die gesellschaftspolitische Leitidee im Denken von Walter Eucken und Friedrich A. von Hayek; in: ORDO, Bd. 40 (1989), S. 87-97.

Yip, G.S.: Barriers to Entry. A Corporate-Strategy Perspective, Lexington, Massachusetts, Toronto 1982.

Zimmerli, W.Ch.: Geisteswissenschaften; in: Seiffert, H.; Radnitzky, G. (Hrsg.): Handlexikon zur Wissenschaftstheorie, München 1992, S. 88-101.

Duisburger Volkswirtschaftliche Schriften

(Fortsetzung von S. II)

Bd. 15: Thomas Apolte, **Politische Ökonomie der Systemtransformation**
Gruppeninteressen und Interessenkonflikte im Transformationsprozeß
Hamburg 1992, ISBN 3-89161-815-8, 244 Seiten, kart., DM 78,-

Bd. 16: Günther Dick, **Rationale Regulierung**
Ökonomische Probleme und Lösungsperspektiven
am Beispiel der öffentlichen Wasserversorgung
Hamburg 1993, ISBN 3-89161-816-6, 265 Seiten, kart., DM 78,-

Bd. 17: Gregor van der Beek, **Parteifinanzen**
Ein ökonomisch-finanztheoretischer Beitrag zur Reform
Hamburg 1994, ISBN 3-89161-817-4, 235 Seiten, kart., DM 78,-

Bd. 18: Iris Wellesen, **Institutionelle Neuerung und politischer Prozeß**
Die Erklärung von Regeländerungen über den politischen Markt
Hamburg 1994, ISBN 3-89161-818-2, 209 Seiten, kart., DM 78,-

Bd. 19: Karlheinz Kratz, **Finanzmarktvolatilität und monetäre Unsicherheit**
Hamburg 1994, ISBN 3-89161-819-0, 231 Seiten, kart., DM 78,-

Bd. 20: Wilfried Boroch, **Internationale Wettbewerbsfähigkeit der EU-Arzneimittelindustrie**
Markttheoretische Grundlagen, empirische Ergebnisse und binnenmarktpolitische Handlungserfordernisse
Hamburg 1994, ISBN 3-89161-820-4, 262 Seiten, kart., DM 86,-

Bd. 21: Henning Eckermann, **Bankkreditmärkte und Transmission monetärer Impulse**
Erklärungsansätze, informationstheoretische Fundierung und empirische Evidenz
Hamburg 1995, ISBN 3-89161-821-2, 230 Seiten, kart., DM 78,-

Bd. 22: Marion Weber, **Ökonomie der Arbeitsverfassung**
Die Organisation von Arbeitsbeziehungen in Unternehmen und Volkswirtschaften
– mit vier Fallstudien –
Hamburg 1996, ISBN 3-89161-822-0, 388 S., kart., DM 86,-

Bd. 23: Thomas Schwedler, **Gewerkschaften, Lohnstarrheit und Beschäftigung**
Weniger Arbeitslosigkeit durch eine Deregulierung der Lohnbildung?
Hamburg 1996, ISBN 3-89161-823-9, 315 S., kart., DM 86,-

Bd. 24: Frank B. Müller, **Geldpolitik und Finanzinnovationen**
Ein systemtheoretischer Ansatz für eine neue Geldpolitik in den USA
Hamburg 1996, ISBN 3-89161-824-7, 229 S., kart., DM 86,-

Bd. 25: Andrea Trosky, **Deutsche Kreditinstitute aus institutionenökonomischer Sicht**
Hamburg 1996, ISBN 3-89161-825-5, 323 S., kart., DM 86,-

Prof. Dr. Klaus Tiepelmann
Dr. Gregor van der Beek (Hrsg.)

Politik der Parafiski

Hamburg 1997, ISBN 3-89161-891-3, 440 Seiten, kart., DM 76,-

Die direkt oder indirekt öffentlich finanzierten Haushalte stehen wie kein anderer Gegenstand der Volkswirtschaftslehre in der öffentlichen Diskussion. Tiepelmann und van der Beek legen nach der *Theorie der Parafiski* (Berlin u.a.O., 1992) einen weitgespannten Überblick über die zahlreichen konkreten Intermediäre vor.

Dabei unterscheiden die Herausgeber zwischen den klassischen parafiskalischen Institutionen einerseits (wie den gesetzlichen Sozialversicherungsträgern) und andererseits solchen Intermediären, die erst im Lichte neuerer theoretischer Zugänge zu den Parafiski gerechnet werden, wie politische Parteien, öffentliche Banken, Wohlfahrtsverbände, internationale Organisationen, neue Formen der Budgetausgliederung in Österreich und ein (vorgeschlagener) Ökoparafiskus Umweltbundesbank. Die Palette der Beiträge umfasst auch historische Darlegungen sowie grundsätzliche Überlegungen zu den Möglichkeiten und Grenzen von Parafiski.

Inhaltsübersicht:

S + W Steuer- und Wirtschaftsverlag

Agnesstr. 60 · 22301 Hamburg · Tel. (040) 46 26 21 · Fax (040) 46 33 76